1일 1페이지
조선사 365

1일 1페이지 조선사 365

읩다 보면 역사의 흐름이 트이는 조선 왕조 이야기

유정호 지음

믹스커피
MIXCOFFEE

조선을 알면 현재가 보인다

조선은 우리에게 매우 친숙한 역사입니다. 소설과 드라마 등 대중 매체를 통해 가장 많이 접하는 시대가 조선인 만큼 조선에 대한 사람들의 관심도와 중요도는 높을 수밖에 없습니다. 하지만 조선은 다른 왕조보다 시간상으로 가까운 만큼 많은 기록이 남아 있어 우리가 알아야 하는 내용이 방대합니다. 그래서일까요? 조선의 역사를 바르게 이해하고 기억하기란 생각보다 쉽지 않습니다. 조선의 역사는 가장 친숙하면서도 머리를 지끈지끈 아프게 만듭니다. 역사적 평가도 가치를 과거와 현재 중 어디에 두느냐에 따라 그 평가가 크게 달라지면서 조선에 대한 객관적인 서술이 어려운 것도 사실입니다.

그러나 생각을 조금만 바꾸면 우리가 가장 많이 알고 있는 역사가 조선이며, 더 많은 것이 알고 싶어지는 역사도 조선사입니다. 실제로 조선의 역사는 일상에서 활용도가 매우 높습니다. 조선 왕의 이름과 주요 사건을 아는 것만으로도 평소 교양이 매우 풍부해 보일 수 있습니다. 훈구파와 사림파, 4번의 사화, 임진왜란과 병자호란, 붕당과 탕평책, 세도정치 등 주요 사건과 세종, 이황·이이, 이순신, 정약용 등의 인물을 안다면 어떤 자리에서도 자신을 드러내는 데 부족함이 없을 것입니다.

사실 누구에게 보여주기 위해서가 아니라도 조선의 역사는 아는 그 자체만으로도 보람과 재미를 느낄 수 있습니다. 조선을 배경으로 만든 책과 영화, 그리고 드라마가 많은 만큼 역사를 알면 일상에서 그 내용을 보다 쉽게 이해해 더 많은 재미를 얻을 수 있습니다. 가까운 이들에게 영화와 드라마의 배경을 설명해줄 수 있다면 역사를 공부한 보람과 뿌듯함을 느낄 수도 있겠죠. 또한 국내 관광지는 조선의 역사와 관련된 장소가 많은 만큼 그 역사를 알고 여행을 떠난다면 기존과 다른 색다른 여행을 즐길 수 있습니다.

특히 자녀를 둔 부모님이라면 역사의 필요성을 더욱 실감하고 있을 것입니다. 미취학 아동이나 초등학생을 둔 부모님의 경우 역사를 매우 두려워하는 분이 많습니다.

처음 역사를 접하는 아이들은 궁금증이 많습니다. 책을 읽을 때마다 나오는 새로운 인물과 사건, 그리고 생소한 역사 용어를 재밌어하고 궁금해합니다. 그러나 아이들은 기초 지식이 부족하고, 자료를 스스로 찾기 어려워하는 만큼 가장 가까운 부모님에게 질문을 많이 합니다. 그럴 때마다 부모님들은 학창 시절 역사 좀 공부해놓을 걸 하면서 때늦은 후회를 합니다. 아이들이 중고등학생이 되어서도 역사는 부모님을 괴롭힙니다. 학교에서 공부를 마치고 온 아이가 "역사는 당최 이해가 가지 않는다. 왜 배우는지 모르겠다."라고 말할 때, 부모로서 과거의 자신의 모습을 떠올리며 대답을 머뭇거리게 됩니다.

자녀를 두지 않았더라도 많은 분이 학창 시절 역사를 배울 때 의미도 모른 채 달달 외우기만 했던 안 좋은 경험이 있는 만큼 역사책을 손에 잡기가 쉽지 않습니다. 혹은 다시 공부하려고 해도 어디서부터 어떻게 공부해야 할지 고민에 빠지게 됩니다. 정말 크게 마음을 먹고 역사 공부를 해도 사건과 사건 간의 연관성이 이해되지 않고, 역사가 무슨 의미가 있나 싶어지면서 책을 덮게 됩니다.

그러나 역사는 우리가 살아가는 데 있어 꼭 필요한 학문입니다. 역사는 우리의 정체성을 확인시켜주고, 앞으로 우리가 어떻게 살아가야 할지 알려주는 이정표가 됩니다. 또한 역사도 유행이 있어 새로운 사건과 인물이 매번 새롭게 등장합니다.

한 예로 2018년 큰 인기를 얻었던 〈미스터 션샤인〉이란 드라마가 있습니다. 일반 백성이 왜 의병이 될 수밖에 없었는지를 보여주는 훌륭한 작품이었죠. 드라마는 허구지만, 그 속에는 우리가 배웠던 많은 역사가 있었습니다. 극 중 초반에 나오는 신미양요는 미군이 강화도를 침략했을 때 조선군이 이들을 물리치고 척화비를 세웠다고 학창 시절 중요하게 배웠습니다. 그러나 이때 우리가 단순히 미국이 쳐들어와 병사들이 이를 물리쳤다는 내용만이 아닌, 조선 병사들이 무기가 떨어지자 미군 병사의 눈에 모래를 뿌리며 저항하고 포로가 되지 않기 위해 스스로 바다에 몸을 던졌다는 것을 기억한다면, 드라마는 물론 우리가 알던 역사가 조금 다르게 보이지 않을까요?

최근 역사는 왕 중심의 특정 인물을 중요시하는 역사에서 벗어나 민중에게 초점이 맞춰지고 있습니다. 그만큼 다양한 역사적 사실을 알아야 하는 당위성이 높아지고 있는 추세입니다. 그래서 이 책은 조선시대의 주요 사건과 인물, 그리고 제도를 쉽게 풀이해 설명했습니다. 그러면서도 조선시대의 숨겨진 이야기들과 흥미로운 설화도 기록해 책을 읽는 동안 지루하지 않도록 구성했습니다. 1년 365일 동안 1일 1페이지씩 가볍게 1~2분만 읽으면 조선 518년의 역사를 모두 훑어볼 수 있습니다. 물론 조선의 방대한 역사를 이 한 권에 모두 담을 수도 없고, 깊이 있게 다룰 수는 더더욱 없습니다. 그러나 이 책을 출간하는 목적이 누구든 조선의 역사에 보다 쉽게 접근하도록 도움을 주기 위함이었던 만큼 365개의 주제를 하루에 하나씩 읽으면 조선을 이해하고, 그 내용을 일상에서 활용하는 데 부족함이 없을 거라 생각됩니다.

이 책은 기본적으로 모든 사건을 시간순으로 기록했습니다. 조선 27명의 왕을 골자로, 시간의 흐름에 따라 왕의 업적, 가계도, 사건·인물·제도·설화순으로 편제했습니다. 그러나 사건이나 제도가 온전히 한 명의 왕에서 시작되고 끝나지 않는 경우가 많습니다. 그런 경우에는 우선 사건이나 제도가 시작된 시점을 기준으로 편제했습니다. 두 번째로 비슷한 주제끼리 엮어 이해를 돕도록 구성했습니다. 세 번째로 특정 왕에게 적용하지 않아도 되는 역사는 업적이 적은 왕에게 배분했습니다. 마지막으로 해시태그를 통해 전반적인 내용을 미리 훑어볼 수 있도록 했습니다. 해시태그의 답을 본문에서 찾아본다면 더욱 재미있게 읽을 수 있을 것입니다. 다만 사건 및 인물과 관련된 연도의 경우 음력과 양력 중 어느 것을 사용하느냐에 따라 1년 정도 차이가 있을 수 있음을 고려해주시면 감사하겠습니다.

역사에 흥미가 있는 분, 역사를 좋아하는 분, 역사를 알고 싶은 분, 대한민국을 사랑하는 분들이라면 누구라도 편하게 『1일 1페이지 조선사 365』를 읽으셨으면 좋겠습니다. 특히 조선에 관심이 있다면 꼭 읽어보시기를 권해드립니다. 조선을 알면 현재가 보이고, 앞으로 우리가 가야 할 방향이 보일 거라 자신합니다.

　『방구석 역사여행』으로 좋은 인연을 맺게 된 출판사 믹스커피와 두 번째 작품을 함께할 수 있게 되어 개인적으로 매우 기쁩니다. 출판시장에서 역사 분야가 수익을 내기 어려운 상황임에도 불구하고 역사의 중요성을 인식하고, 역사의 대중화를 위해 노력해주신 믹스커피 대표님을 비롯해 책을 출판하는 데 도움을 주신 모든 분에게 다시 한번 감사의 말씀을 올립니다.

유정호

『1일 1페이지 조선사 365』제대로 읽는 법

• 이 책은 조선의 왕 27명을 주제로 모든 사건을 시간순으로 구성했습니다.
• 왕이 바뀔 때마다 왕의 기본 정보와 업적, 가계도를 가장 먼저 넣었습니다.
  그 후 해당 왕으로부터 뻗어나온 사건·인물·제도·설화를 카테고리순이 아닌
  시간순으로 구성했습니다.

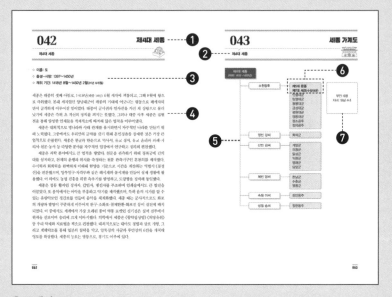

❶ 주제어
❷ 주제어에 해당하는 시기의 왕
❸ 왕의 기본 정보
❹ 왕의 기본 업적
❺ 왕의 가계도
❻ 차기 왕 또는 차기 왕의 직계 존속(차기 왕의 아버지 등)
❼ 왕의 부인 및 자녀 수

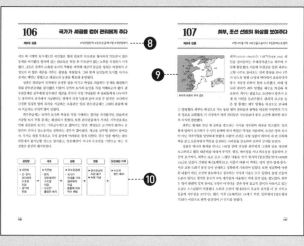

❽ 본문 내용을 미리 확인해볼 수 있는 해시태그
❾ 본문 내용의 이해를 돕는 지도
❿ 본문 내용의 이해를 돕는 도표

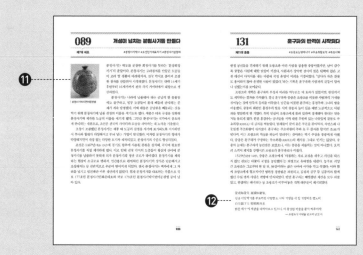

⓫ 본문 내용과 관련된 이미지 자료
⓬ 본문 내용과 관련된 시구 또는 인용문

『1일 1페이지 조선사 365』 체크리스트

하루 한 장씩 읽은 페이지를 체크해보세요.

001 ☐	027 ☐	053 ☐	079 ☐	105 ☐	131 ☐	157 ☐
002 ☐	028 ☐	054 ☐	080 ☐	106 ☐	132 ☐	158 ☐
003 ☐	029 ☐	055 ☐	081 ☐	107 ☐	133 ☐	159 ☐
004 ☐	030 ☐	056 ☐	082 ☐	108 ☐	134 ☐	160 ☐
005 ☐	031 ☐	057 ☐	083 ☐	109 ☐	135 ☐	161 ☐
006 ☐	032 ☐	058 ☐	084 ☐	110 ☐	136 ☐	162 ☐
007 ☐	033 ☐	059 ☐	085 ☐	111 ☐	137 ☐	163 ☐
008 ☐	034 ☐	060 ☐	086 ☐	112 ☐	138 ☐	164 ☐
009 ☐	035 ☐	061 ☐	087 ☐	113 ☐	139 ☐	165 ☐
010 ☐	036 ☐	062 ☐	088 ☐	114 ☐	140 ☐	166 ☐
011 ☐	037 ☐	063 ☐	089 ☐	115 ☐	141 ☐	167 ☐
012 ☐	038 ☐	064 ☐	090 ☐	116 ☐	142 ☐	168 ☐
013 ☐	039 ☐	065 ☐	091 ☐	117 ☐	143 ☐	169 ☐
014 ☐	040 ☐	066 ☐	092 ☐	118 ☐	144 ☐	170 ☐
015 ☐	041 ☐	067 ☐	093 ☐	119 ☐	145 ☐	171 ☐
016 ☐	042 ☐	068 ☐	094 ☐	120 ☐	146 ☐	172 ☐
017 ☐	043 ☐	069 ☐	095 ☐	121 ☐	147 ☐	173 ☐
018 ☐	044 ☐	070 ☐	096 ☐	122 ☐	148 ☐	174 ☐
019 ☐	045 ☐	071 ☐	097 ☐	123 ☐	149 ☐	175 ☐
020 ☐	046 ☐	072 ☐	098 ☐	124 ☐	150 ☐	176 ☐
021 ☐	047 ☐	073 ☐	099 ☐	125 ☐	151 ☐	177 ☐
022 ☐	048 ☐	074 ☐	100 ☐	126 ☐	152 ☐	178 ☐
023 ☐	049 ☐	075 ☐	101 ☐	127 ☐	153 ☐	179 ☐
024 ☐	050 ☐	076 ☐	102 ☐	128 ☐	154 ☐	180 ☐
025 ☐	051 ☐	077 ☐	103 ☐	129 ☐	155 ☐	181 ☐
026 ☐	052 ☐	078 ☐	104 ☐	130 ☐	156 ☐	182 ☐

183 ☐	209 ☐	235 ☐	261 ☐	287 ☐	313 ☐	339 ☐
184 ☐	210 ☐	236 ☐	262 ☐	288 ☐	314 ☐	340 ☐
185 ☐	211 ☐	237 ☐	263 ☐	289 ☐	315 ☐	341 ☐
186 ☐	212 ☐	238 ☐	264 ☐	290 ☐	316 ☐	342 ☐
187 ☐	213 ☐	239 ☐	265 ☐	291 ☐	317 ☐	343 ☐
188 ☐	214 ☐	240 ☐	266 ☐	292 ☐	318 ☐	344 ☐
189 ☐	215 ☐	241 ☐	267 ☐	293 ☐	319 ☐	345 ☐
190 ☐	216 ☐	242 ☐	268 ☐	294 ☐	320 ☐	346 ☐
191 ☐	217 ☐	243 ☐	269 ☐	295 ☐	321 ☐	347 ☐
192 ☐	218 ☐	244 ☐	270 ☐	296 ☐	322 ☐	348 ☐
193 ☐	219 ☐	245 ☐	271 ☐	297 ☐	323 ☐	349 ☐
194 ☐	220 ☐	246 ☐	272 ☐	298 ☐	324 ☐	350 ☐
195 ☐	221 ☐	247 ☐	273 ☐	299 ☐	325 ☐	351 ☐
196 ☐	222 ☐	248 ☐	274 ☐	300 ☐	326 ☐	352 ☐
197 ☐	223 ☐	249 ☐	275 ☐	301 ☐	327 ☐	353 ☐
198 ☐	224 ☐	250 ☐	276 ☐	302 ☐	328 ☐	354 ☐
199 ☐	225 ☐	251 ☐	277 ☐	303 ☐	329 ☐	355 ☐
200 ☐	226 ☐	252 ☐	278 ☐	304 ☐	330 ☐	356 ☐
201 ☐	227 ☐	253 ☐	279 ☐	305 ☐	331 ☐	357 ☐
202 ☐	228 ☐	254 ☐	280 ☐	306 ☐	332 ☐	358 ☐
203 ☐	229 ☐	255 ☐	281 ☐	307 ☐	333 ☐	359 ☐
204 ☐	230 ☐	256 ☐	282 ☐	308 ☐	334 ☐	360 ☐
205 ☐	231 ☐	257 ☐	283 ☐	309 ☐	335 ☐	361 ☐
206 ☐	232 ☐	258 ☐	284 ☐	310 ☐	336 ☐	362 ☐
207 ☐	233 ☐	259 ☐	285 ☐	311 ☐	337 ☐	363 ☐
208 ☐	234 ☐	260 ☐	286 ☐	312 ☐	338 ☐	364 ☐
						365 ☐

역사는 모든 과학의 기초이며
인간 정신 최초의 산물이다.

토머스 칼라일(Thomas Carlyle)
영국 비평가 겸 역사가

001

제1대 태조

◇ 이름: 성계
◇ 출생-사망: 1335~1408년
◇ 재위 기간: 1392년 7월~1398년 9월(6년 2개월)

고려의 장군이었던 이성계는 홍건적에게 빼앗긴 개경을 탈환하고 원나라 군대를 격퇴하면서 명장으로 이름을 알렸다. 특히 1380년(우왕 6년)에 아지발도가 이끄는 왜구를 운봉에서 크게 이긴 황산대첩은 가장 대표적인 승리다. 이 외에도 많은 전투에서 승리한 이성계는 고려 후기의 정국을 크게 변화시킬 수 있는 주요 인물로 성장했다.

고려 말, 명나라의 철령위 설치 문제로 요동 정벌이 추진되자 이성계는 4불가론을 내세우며 요동 정벌을 반대했다. 하지만 1388년(우왕 14년), 최영의 결정에 밀려 어쩔 수 없이 우군도통사로 요동 정벌에 출정한 이성계는 좌군도통사 조민수를 설득해 위화도에서 회군했다. 최영 장군을 겪고 조정을 장악한 이성계는 9세의 창왕을 임금으로 모셨으나, 이듬해 창왕마저도 신돈의 아들이라는 이유로 폐위시키고 공양왕을 새로이 즉위시켰다. 이후 1391년(공양왕 3년), 삼군도총제사가 되어 전제 개혁을 단행해 조선 건국의 경제적 발판을 마련한 뒤 1392년(공양왕 4년) 7월, 공양왕에게 선양받아 조선을 건국하고 태조로 즉위했다.

이성계는 고려와의 차별성을 두기 위해 조선의 수도를 한양으로 옮기고 조선에 맞는 새로운 법전을 편찬했다. 또 향교와 성균관을 건립해 유학을 진흥하면서 고려 후기 많은 문제를 일으켰던 불교를 억압했다. 하지만 이성계는 나라의 기틀은 세운 것과 달리 왕위 계승 문제를 제대로 해결하지 못했다. 아버지인 이성계가 계비 강씨의 아들인 이방석을 세자로 책봉한 것에 불만을 품은 이방원에 의해 제1차 왕자의 난이 발발했고, 이성계는 방석과 방번 두 아들과 정도전을 비롯한 여러 신하를 잃었다.

이성계는 제1차 왕자의 난을 주도했던 이방원의 요청으로 둘째 아들 방과(정종)를 다음 왕으로 결정하고 상왕으로 물러났다. 그 후 제2차 왕자의 난으로 이방원이 왕위에 오르자, 이를 못마땅하게 여겨 서울을 떠나 소요산과 함주 등에 머물렀다. 이때 태종(이방원)이 아버지 이성계가 서울로 돌아오길 바라는 마음으로 함흥에 있는 이성계에게 보낸 신하를 이성계가 모두 죽여버렸다는 이야기에서 함흥차사란 말이 생겨났다. 1402년(태종 2년), 서울로 돌아온 태조 이성계는 불교에 의지하며 세월을 보내다 1408년(태종 8년)에 죽었다. 태조의 능호는 건원릉으로, 그 능은 경기도 구리시에 있다.

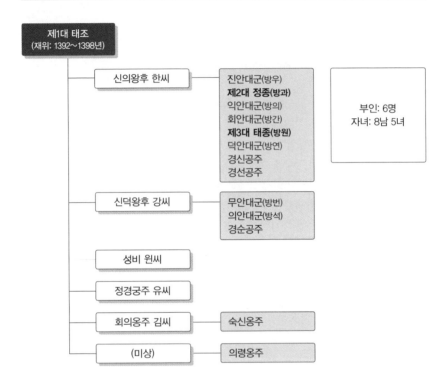

제1대 태조
(재위: 1392~1398년)

신의왕후 한씨
- 진안대군(방우)
- **제2대 정종(방과)**
- 익안대군(방의)
- 회안대군(방간)
- **제3대 태종(방원)**
- 덕안대군(방연)
- 경신공주
- 경선공주

부인: 6명
자녀: 8남 5녀

신덕왕후 강씨
- 무안대군(방번)
- 의안대군(방석)
- 경순공주

성비 원씨

정경궁주 유씨

회의옹주 김씨
- 숙신옹주

(미상)
- 의령옹주

003

창업을 예견하는 꿈을 꾸다

제1대 태조

#이성계꿈 #무학대사해몽 #석왕사배나무

젊은 시절 이성계는 고려의 앞날을 걱정하며 전국을 돌아다니던 중 함경도 안변에서 꿈을 꾸었다. 꿈의 내용이 특별하다고 생각한 이성계는 해몽을 잘한다는 노파를 찾아 갔다. 꿈 이야기를 들은 노파는 자신이 해몽할 수 있는 이야기가 아니라며, 이성계에게 설봉산에서 불도를 공부하는 무학대사를 찾아가라고 알려줬다.

꿈의 의미가 더욱 궁금해진 이성계는 무학대사를 찾아가 자신이 꾼 꿈을 이야기했다. "첫 번째 꿈에서는 어떤 마을을 지나가는데 닭이 울어대고, 집집마다 방아 찧는 소리가 들려왔습니다. 그리고 하늘에서 꽃이 떨어졌습니다. 두 번째 꿈에서는 헛간에 있는 서까래 3개를 등에 짊어지고 나오다가 거울 깨지는 소리에 잠에서 깼습니다." 이성계의 꿈 이야기를 들은 무학대사는 서까래 3개를 가로로 맨 것은 왕(王)자의 모습으로 훗날 그가 왕이 될 것이라 예언했다. 덧붙여 앞으로는 누구에게도 꿈 이야기를 절대 하지 말라고 당부했다.

이성계는 무학대사의 해몽을 듣고 많은 생각에 잠겼다. 자칫 고려의 역적으로 처형될 수 있는 무서운 해몽이었다. 이성계는 고심 끝에 이 꿈을 나라를 바로잡으라는 하늘의 계시로 여겼다. 고려의 많은 백성이 수탈과 학정, 그리고 외적의 침입으로 괴로워하다 죽어가는 모습을 더는 볼 수 없었던 이성계는 고려의 신하가 아닌 새로운 나라의 군주로서 세상을 바꿔야겠다고 결심했다.

이성계는 자신이 가야 할 길을 알려준 무학대사를 위해 사찰을 세우고, 천 일 동안 기도를 올렸다. 이성계가 왕이 될 것을 예언한 꿈을 해석하고 세운 사찰이라는 뜻으로 이름을 '석왕사'라 붙였다. 조선이 건국된 후 이성계는 조선 건국의 뜻을 세울 수 있게 해주었던 석왕사를 크게 중건하고 부처님께 감사의 기도를 올렸다. 조선 건국에 크게 이바지했던 태종도 조선 건국의 시작이라고 할 수 있는 석왕사를 방문해 사찰 입구에 소나무를 심고, 인근 지역의 소나무 벌채를 엄금했다. 또한 석왕사 경내에 심은 배나무에서 열린 배는 왕에게 진상하도록 해, 건국의 의미를 늘 잊지 않으려 했다.

기록에 의하면 고려 말인 1350년부터 1392년까지 왜구의 침입은 500회가 넘었다. 당시 왜구는 단순한 해적이 아닌 일본의 영주가 관리하는 정규 군대의 성격이 강했다. 왜구는 적게는 20척에서 많게는 400여 척의 배로 충청도, 전라도, 경상도를 포함한 전국을 대상으로 살육과 노략질을 일삼으며 고려를 위협했다.

1380년(우왕 6년), 500여 척의 선단을 이끌고 침입한 왜구를 고려군은 진포에서 화포를 이용해 모두 격침해버렸다. 배가 없어져 일본으로 돌아갈 수 없게 된 왜구는 남도 지방을 돌아다니며 닥치는 대로 백성을 죽이고 약탈했다. 고려는 500여 명의 병사를 박수경과 배언에게 주며 왜구를 토벌하게 했지만, 결국 패배하고 말았다. 고려군을 상대로 승리한 왜구는 자신들의 뜻대로 고려를 움직일 수 있다는 착각에 빠졌다. 전북 남원에 자리 잡은 왜구는 고려에 과도한 요구사항을 제시하며, 뜻대로 되지 않을 경우 개경을 쑥대밭으로 만들겠다고 고려를 위협했다. 이에 위기를 느낀 고려 조정은 고려 제일의 명장 이성계를 양광·전라·경상 삼도도순찰사에 임명해 왜구 토벌을 명했다.

이성계의 고려군과 아지발도가 이끄는 왜구는 남원 황산의 북서쪽에서 전투를 벌였다. 전투 초반 왜구의 기세에 고려군은 고전을 면치 못했으나, 이성계의 뛰어난 용맹과 지도력으로 결국 승리를 거두었다. 이때의 승리로 고려는 말 1,600필을 비롯해 왜구로부터 거둬들인 병기가 셀 수 없이 많았다고 한다. 또한 죽은 왜구가 흘린 피가 냇물을 가득 채워 인근 백성이 일주일 가까이 물을 마시지 못했다고도 전해진다.

황산대첩에서의 이성계와 아지발도의 대결은 설화가 되어 전해지고 있다. 설화에 따르면 아지발도는 어린 나이지만 뛰어난 무예를 갖춰 고려군에게 연신 패배를 안겨준 명장이었다. 이성계는 그런 아지발도를 잡기 위해 황산에 진지를 구축했다. 그런데 이상하게도 아지발도는 황산으로는 들어오지 않았다. 들리는 말에 따르면 아지발도가 자신이 황산에서 죽는다고 했던 누이의 예언을 믿기 때문이라고 했다. 이에 이성계는 한 할머니에게 아지발도를 찾아가 황산이 근처에 없다는 거짓말을 해달라고 부탁했다. 할머니의 말을 철석같이 믿고 군대를 끌고 온 아지발도는 퉁두란(이지란)이 쏜 화살을 맞고 말에서 떨어졌다. 이를 본 이성계는 쏜살같이 달려가 아지발도의 목구멍에 활을 쏘아 그를 죽여버렸다. 또는 이성계가 아지발도의 투구를 맞추었고, 퉁두란이 그를 죽였다고도 한다. 이때 아지발도가 흘린 피가 황산다리 아래 바위를 물들이자, 사람들은 그 바위를 피바위라 불렀다.

005

고려를 떡에 담다

제1대 태조

#조랭이떡유래 #이성계왕씨죽이다 #개성상인설날소망

계절에 따라 먹는 음식 중 하나인 조랭이떡은 개성 지방에서 즐겨 먹던 음식으로, 흡사 땅콩을 까기 전 모습 또는 눈사람처럼 생겼다. 조랭이떡에는 여러 전설이 내려오는데 그중에서도 널리 알려진 것이 태조 이성계와 관련된 내용이다.

고려의 많은 충신은 이성계가 세운 조선이 오래가지 못할 것으로 생각하고, 자신의 고향으로 내려가 고려를 다시 일으킬 기회만 엿보고 있었다. 아직 많은 사람이 자신을 왕으로 인정하지 않고 있다는 사실을 너무도 잘 알고 있던 이성계는 고려 왕족과 고려에 충성을 맹세한 이들을 죽이기 시작했다. 조선왕조실록에도 '태조 3년 손흥종이 왕씨를 거제 바다에 빠뜨려 죽였다.' '중앙과 지방에 명령해 왕씨의 남은 자손을 찾아 모두 죽이다.' 등 여러 기록이 남아 있다. 이는 이성계가 건국 초 불안정한 정세를 우려했음을 보여준다.

고려 왕족은 살아남기 위해 성씨를 왕(王)씨에서 옥(玉)·전(全)·전(田) 등의 한자로 바꿨다. 이런 모습에 분노한 개성 사람들은 가래떡 끝을 비틀어 잘라버리며 조선에 대한 복수와 고려의 부활을 다짐했다고 한다. 이때 끝이 비틀린 가래떡이 조랭이떡의 기원이 되었다.

조랭이떡에 대한 또 다른 이야기로는 뛰어난 상술로 만상·내상·경강상인과 더불어 조선 경제를 주무르던 개성상인의 이야기가 있다. 송상이라 불리는 개성상인은 의주의 만상과 동래의 내상과 함께 중국과 일본 사이에서 중계무역을 담당했다. 이들은 특히 외국에서 인기가 높았던 인삼과 홍삼을 주요 물품으로 삼아 다양한 물건을 사고 팔면서 큰 이익을 남겼다. 전국에서 가장 돈을 많이 벌던 개성상인들은 설 명절만 되면 엽전 꾸러미처럼 생긴 떡을 넣고 국을 끓였다. 엽전 모양의 떡으로 만든 떡국을 먹으며 많은 돈을 벌게 해달라고 기원한 것이다. 이때 먹었던 떡이 조랭이떡이 되었다는 설도 있다.

이성계가 사랑한 여인

강비로 더 잘 알려진 태조 이성계의 둘째 부인 신덕왕후(?~1396년)의 집안은 충혜왕과 공민왕 때 큰 권력을 가지고 있던 권문세족이었다. 무인으로서 세운 공로는 높지만, 변방 출신으로 한계를 느끼던 이성계는 중앙 권력에 접근하기 위해 신덕왕후와 결혼했다. 그러나 설화에서는 이성계와 강비의 만남을 운명적으로 표현하고 있다.

호랑이 사냥에 나섰던 이성계가 갈증을 느끼던 중 우물가의 처녀를 발견하고 물을 청했다. 처녀는 물이 담긴 바가지에 버들잎을 띄운 뒤, 체하지 않게 천천히 마시라며 건네주었다. 이 모습에 감동한 이성계는 처녀를 아내로 맞이했는데, 설화는 이 여인을 신덕왕후라고 설명하고 있다. 고려 태조 왕건과 장화왕후의 이야기와 비슷하다.

1391년(공양왕 3년), 이성계의 첫 번째 부인 신의왕후가 죽자 신덕왕후는 현비로 책봉되어 실질적인 조선의 첫 번째 왕후가 되었다. 신덕왕후는 방번과 방석 두 아들과 경순공주를 두었는데, 이성계의 사랑을 바탕으로 자신의 둘째 아들 방석을 세자로 책봉했다. 이를 두고 이방원을 중심으로 신의왕후의 여러 아들이 반발하자, 신덕왕후는 화병으로 숙었다.

신덕왕후를 너무도 사랑했던 이성계는 사대문 안에 능을 조성하지 못하도록 정한 국법을 어기고 현재 영국대사관 자리로 추정되는 지역에 신덕왕후의 능을 조성했다. 이성계는 여기에 그치지 않고 흥천사를 세워 신덕왕후의 명복을 빌었다. 지금의 서울시청 앞 정동이란 지명은 신덕왕후의 능인 정릉이 있었던 데에서 유래한다.

태종 이방원의 입장에서는 신덕왕후가 매우 마음에 들지 않았다. 자신의 친어머니인 신의왕후가 이성계의 사랑을 받지 못하고 죽은 데다, 조선 건국에 기여한 것이 없는 방석이 세자가 될 수 있었던 것도 신덕왕후의 계략 때문이라고 생각했기 때문이다. 태종은 이성계가 죽자 신덕왕후의 지위를 후궁으로 격하시키고, 묘를 지금의 성북구 지역으로 이장했다. 이 과정에서 정릉에 있던 석물을 모두 땅에 묻었다가, 이듬해 청계천 광통교를 만들 때 정릉에 있었던 병풍석을 거꾸로 뒤집어 다리의 자재로 사용했다.

신덕왕후는 1669년(현종 10년), 죽은 지 270여 년 만에 지위가 복위되고 종묘에 배향되었다. 신덕왕후의 위패가 종묘에 배향되는 날 정릉에는 비가 내렸는데, 백성들은 이 비를 신덕왕후의 원한을 씻는 비란 의미로 세원지우(洗寃之雨)라 불렀다.

007

요동 정벌을 반대하다

#명의철령위설치목적 #고려의요동정벌 #이성계의4불가론

고려 말 1388년(우왕 14년), 명나라가 철령 이북(함경도와 강원도의 경계 지역)의 땅을 원나라 영토로 인식하고, 70여 개의 병참 군영을 두는 철령위 설치를 추진했다. 고려를 길들이면서 영토를 확장하려는 목적이었다. 명의 입장에서는 두 가지 목적 중 하나만 성취해도 큰 이익을 얻는 상황이었다. 반대로 고려의 입장에서는 영토를 빼앗길 수도 없고, 그렇다고 원을 북으로 몰아낸 신흥 강국인 명과 전쟁할 수도 없는 최악의 상황이었다.

고려는 철령위 설치를 반대하는 의사를 명에 전달했으나, 명은 고려의 항의를 묵살하며 철령위 설치를 재통보했다. 결국 고려 우왕은 무력 충돌을 주장하던 최영의 의견을 받아들여 5만 명의 군사로 요동 정벌을 준비했다. 이성계는 요동 정벌이 가지고올 파장을 우려하며 정벌을 반대했으나 그의 의견은 조정에서 묵살되었다.

요동 정벌에 불만을 품은 채 어쩔 수 없이 우군도통사로 나선 이성계는 위화도에 머물면서 비를 핑계로 진군하지 않았다. 이 기간 이성계는 좌군도통사 조민수를 찾아가 4불가론을 내세우며 회군의 정당성을 피력했다. 이에 설득된 조민수가 회군에 동참하자, 이성계는 군대를 돌려 개경을 장악했다. 하지만 위화도회군을 기점으로 조선을 건국할 수 있었던 이성계가 재위 시절 정도전과 요동 정벌을 추진하자, 후대 사람들은 이성계의 4불가론에 담겨 있던 진짜 의도가 무엇인지에 대해 여러 이견을 보였다.

◇ **이성계의 4불가론**

첫째, 작은 나라가 큰 나라를 거스를 수 없다(以小逆大 一不可).

둘째, 여름은 농사철이라 군사를 동원할 수 없다(夏月發兵 二不可).

셋째, 모든 군사가 싸우러 나간 틈을 타서 왜구가 침범할 것이다(擧國遠征 倭乘其虛 三不可).

넷째, 지금은 덥고 비가 오는 때라서 활을 붙인 아교가 떨어지고, 군사들이 병에 걸릴 것이다(時方署雨 弩弓解膠 大軍疾疫 四不可).

008

제1대 태조   #위화도회군 #이성계와최영전투 #조민수제거

1388년(우왕 14년), 우왕은 요동 정벌을 위해 군대를 징집하고 최영을 팔도도통사에 임명하며 그에게 총지휘를 맡겼다. 그리고 자신은 직접 요동 정벌을 지원하기 위해 서경에 머물렀다. 하지만 요동 정벌을 위한 출정이 다가올수록 최영이 없는 정국 운영은 불안했다. 결국 우왕은 최영을 서경에 머무르게 한 뒤, 이성계와 조민수만 요동 정벌에 출정시켰다. 요동 정벌에 처음부터 불만을 품고 있던 이성계는 최영이 서경에 머물자, 이것이 자신의 세력을 약화시키려는 최영의 계략이 아닌지 의구심이 생겼다.

이성계와 조민수가 이끄는 정벌군은 압록강 지류에 있는 위화도에 도착했으나, 비가 많이 와서 건널 수 없다는 이유로 14일간 움직이지 않았다. 이 기간 이성계는 좌군도통사 조민수에게 4불가론을 제시하며 회군을 종용했다.

우왕과 최영이 이들이 위화도에서 오래 머무는 것을 질책하자, 위기를 느낀 조민수는 이성계와 뜻을 같이하기로 했다. 이성계와 조민수가 군대를 되돌렸다는 소식을 들은 우왕과 최영은 급히 개경으로 돌아가 이들에게 맞설 준비를 했다. 그러나 이성계가 이끄는 요동 정벌군은 정예병으로 이루어진 대군인 반면, 개성에는 최영이 지휘할 군사가 많지 않았다. 결국 군대가 없는 최영은 제대로 싸워보지도 못한 채 이성계에게 패하고 말았다.

하루 만에 개경을 함락한 이성계와 조민수는 창왕을 옹립하고 우왕은 강화도로 유배를 보냈다. 가장 위협이 되었던 최영은 고봉(고양시)으로 유배를 보낸 뒤 처형했다. 우왕과 최영을 제거한 이성계는 고려의 좌시중이 되었고 조민수는 우시중이 되어 고려 조정을 장악했다. 그러나 위화도회군으로 서로 손을 잡은 이 둘의 관계는 오래가지 못했다. 조선을 건국할 준비를 하던 이성계는 사사건건 자신의 길을 가로막는 조민수를 가만두지 않았다.

1389년(창왕 1년), 추진하던 과전법을 조민수가 반대하자 이성계는 조준의 탄핵을 이용해 그를 창녕으로 유배 보냈다. 조민수는 유배지에서 풀려난 이후에도 우왕이 공민왕의 자손이 아니라는 이성계의 주장에 반대하다 이듬해 창녕에서 죽었다. 이로써 요동 정벌의 중심에 있던 우왕, 최영, 이성계, 조민수 중에서 이성계를 제외한 나머지 모두가 제거되면서 조선 건국이 한 발짝 앞으로 다가왔다.

009

건국의 첫걸음은 토지개혁부터

제1대 태조

#이성계토지개혁 #과전법특징 #과전법한계

고려 말에는 권문세족이 불법으로 토지를 점유하고 승계하면서 국가 운영을 위한 세수 확보가 제대로 이루어지지 않았다. 위화도회군으로 권력을 장악한 정도전과 조준 등 신진 사대부들은 고려 말의 폐단을 바로잡는 동시에 조선 건국에 필요한 경제적 기반을 마련할 필요성을 느꼈다. 또한 조선 건국에 참여하는 사대부들에게 경제적 보상을 지급해 이들의 충성을 이끌어내야 했다. 정도전을 비롯한 신진 사대부들은 이처럼 여러 목적을 가지고 과전법이라는 토지개혁에 착수했다.

1390년(공양왕 2년), 이들은 먼저 종래의 모든 토지대장을 불태워 전제 개혁의 토대를 마련했다. 이듬해에는 과전법을 통해 전국의 토지를 국가 수조지로 파악하고, 왕궁·관아·역 등 국가 기관과 국가 관련 일을 하는 자에게 수조권을 부여했다. 그 결과 토지는 왕실과 국가 기관이 수조권을 행사할 수 있는 공전, 개인이 수조권을 행사할 수 있는 사전으로 구분되었다.

공전에는 공해전(公廨田)·학전(學田)·역전(驛田) 등이 있으며, 사전에는 과전(科田)·군전(軍田)·공신전(功臣田)·외역전(外役田) 등이 있었다. 특히 관리에게 지급되는 과전의 경우 경기 지방의 토지에만 한정하고, 품계에 따라 10~150결을 차등 지급했다. 그리고 고려의 전시과와는 달리 땔감을 공급받을 수 있는 임야인 시지를 없앴다.

과전법에서는 원칙적으로 관리가 퇴직하거나 죽으면 수조권을 국가에 반환하도록 했다. 그러나 일부 관료들은 수신전·휼양전·공신전 등을 이용해 토지를 세습하기 시작했다. 여기에 계유정난 등 여러 정변에서 공신으로 책봉되는 관료의 수가 증가하면서 수조권으로 지급할 토지도 급격히 줄어들었다. 결국 관료들에게 수조권을 나누어줄 토지가 부족해지자 새로운 대안 마련이 촉구되었다.

- 수신전: 관리의 미망인이 재가하지 않을 때 지급되는 토지
- 휼양전: 관리가 죽었을 경우 미성년 자녀에게 지급되는 토지
- 공해전: 관아의 경비를 조달하기 위해 지급되는 토지

010

조선이 건국되다

제1대 태조

#공양왕폐위 #이성계왕으로추대 #조선창업

1392년 7월 12일, 공양왕은 이성계의 집을 찾아가서 술자리를 가졌다. 왕이 신하를 부르는 것이 아니라 왕이 신하의 집을 찾아가는 모습에서 많은 사람은 고려의 실질적인 주인이 누구인지를 알 수 있었다. 술자리를 갖던 도중 시중 배극렴이 왕대비에게 공양왕을 폐하는 것을 허락해달라고 요청했다. 배극렴은 공양왕이 임금의 도리를 다하지 못하고, 어리석은 행동으로 국정을 혼란케 하는 등 왕의 자격이 없다고 했다.

아무런 힘이 없던 왕대비는 고려의 국운이 다했음을 받아들이고 공양왕을 폐하는데 동의했다. 왕대비로부터 공양왕을 폐위한다는 교지를 받은 남은과 정희계가 공양왕이 거처하는 시좌궁에 들어서자, 공양왕은 "내가 본디 임금이 되고 싶지 않았는데, 여러 신하가 나를 강제로 왕으로 세웠습니다. 내가 어리석고 둔해 일이 돌아가는 것을 알지 못하니 어찌 신하의 심정을 거스른 일이 없겠습니까?"라며 눈물을 흘렸다. 그리고 이성계에게 고려의 왕위를 물려준 뒤 원주로 향했다.

다음 날인 13일, 왕대비는 나랏일을 감독하고 인사권을 총괄하는 감록국사에 이성계를 임명했다. 16일에는 배극렴과 소준이 옥새를 바치기 위해 이성계의 집을 찾았다. 많은 사람이 이러한 역사적인 순간을 놓치지 않기 위해 몰려들었을 때, 대사헌 민개만이 불쾌한 기색을 감추지 못했다. 이성계는 민개를 죽이려는 남은을 말리고, 모인 이들에게 옥새를 가지고 돌아가라고 타일렀다. 배극렴과 조준은 이성계가 돌아가라고 말했음에도 불구하고 집 안으로 들어와 옥새를 바쳤다.

옥새를 보고 놀란 이성계가 이천우를 붙잡고 겨우 침실 밖으로 나오자, 백관이 절을 올리며 만세를 외쳤다. 배극렴의 주도 아래 모든 문무백관이 한목소리로 이성계에게 공양왕이 임금의 도리를 잃고 스스로 물러났으니 군정과 국정의 사무를 통솔하는 왕이 되어달라고 외쳤다. 이성계는 왕의 자리를 감당할 수 없다고 고사했으나, 문무백관이 물러서지 않았다. 결국 이들의 뜻을 허락한 이성계는 수창궁으로 자리를 옮겼다. 신하들의 하례를 받은 이성계는 육조판서 이상의 관원을 불러 자신을 잘 보좌해달라고 당부했다. 이로써 34대 474년을 끝으로 고려는 망하고, 새로운 국가인 조선이 창업했다.

011

국호를 정하다

제1대 태조

#명의국호선택 #무시할수없는조선 #결론은조선

조선은 명나라에 건국을 알리며, 국호를 조선(朝鮮)과 화령(和寧) 중에서 하나를 선택해 달라고 부탁했다. 명나라 홍무제는 "동이의 국호 중에서 오직 조선이란 칭호가 아름다울 뿐 아니라, 그 유래가 오래되었으니 이 이름에 근본해 따를 수 있을 것이다. 하늘을 본받아 백성을 다스려 후손을 길이 창성하게 하라."라며 조선을 선택했다. 이로써 고려를 이은 새로운 나라의 이름은 조선이 되었다.

나라의 국호를 명나라가 선택했다는 점에서 사대주의가 시작되었다는 주장도 있다. 그러나 조선으로 국호가 결정되기까지 많은 정치적 역학관계를 따지고 보면 이는 조선의 매우 실리적인 선택이었음을 알 수 있다. 14세기 말 원나라를 북쪽으로 내쫓고 새롭게 등장한 명나라는 동아시아 패권을 장악하며 주변국에게 명을 섬기는 사대 질서로의 편입을 요구했다. 조선도 예외일 수 없었지만, 내막을 자세히 살펴보면 명나라에게 조선의 건국과 이성계는 불편하고 껄끄러운 존재였다.

명나라에 충성을 맹세했던 고려가 망하고 새롭게 등장한 조선이 명나라가 추구하는 사대 질서 안으로 들어올지는 미지수였다. 만약 조선이 명나라에 쫓겨 몽골고원으로 이동한 북원과 손을 잡으면 명은 큰 위협에 직면할 수밖에 없었다. 더욱이 이성계의 뛰어난 무공은 명나라도 너무 잘 알고 있었다. 10만 명의 홍건적을 수천 명의 병사로 격파해 개경을 수복하고, 원나라 장수 나하추의 공격도 봉쇄시킨 이성계는 명에게도 두려운 존재였다. 또한 수많은 여진족이 이성계를 따르는 것도 무시할 수 없었다.

조선도 정권 교체의 격변기에서 무리하게 명과 무력 충돌을 일으킬 필요가 없었다. 조선의 건국을 부정할 수 없는 상황에서 국호를 결정해달라는 부탁은 명의 위신을 높이는 일이었다. 결국 조선이 국호를 선택해달라고 요청하고, 명이 선택해주는 시나리오는 조선과 명 모두에게 이익이 되는 일이었다. 홍무제가 선택한 '조선'은 내부적으로 기자와 단군의 후계자라는 점에서 고구려를 계승한 고려보다 정통성을 강화할 수 있었다. 그리고 백성들의 반발을 줄여주는 역할도 했다.

반면 이성계의 고향 '화령(함경도 영흥 옛 이름)'은 두 나라의 우호적인 관계를 보여주는 것이 없었다. 오히려 화령은 원나라의 수도를 일컫는 명칭이기도 했다. 조선은 화령이 고려를 계승하면서 한민족을 대표하기에는 부족한 이름이라는 사실을 알고 있었다. 그렇기에 '화령'은 명나라가 '조선'을 선택할 수밖에 없도록 만든 오답지에 불과했다.

012

천도를 둘러싸고 대립한 불교와 유교

태조 이성계가 조선을 건국했지만 아직은 여전히 고려에 충성하는 관료와 백성이 많았다. 그런 상황에서 개경을 수도로 삼고 머문다는 것은 고려를 잊지 못하는 사람들을 자극해 자칫 반란이 생길 수도 있는 상황이었다. 따라서 고려를 잊고 새로운 출발을 하기 위해 수도를 옮길 필요가 있었다. 더욱이 불교와 유교, 그리고 풍수지리 사상 등 모두를 충족할 수 있는 좋은 지역으로 수도를 옮긴다면 왕건이 송악을 수도로 삼으며 얻었던 효과처럼 조선도 건국의 정당성을 부여받을 수 있었다.

개경에 근거지를 둔 관료와 백성들은 수도 이전을 강하게 반대했으나, 조선으로서는 어차피 한 번은 치러야 할 일이었다. 태조가 강력하게 수도 이전을 천명하자 권중화가 계룡산을 새로운 수도로 삼자고 강하게 추천했다. 직접 계룡산을 방문한 이성계는 매우 흡족해하며 수도 건설을 위한 공사를 지시했다. 그러나 10개월에 걸쳐 공사가 한창 진행되던 중 조선의 개국공신 하륜이 풍수지리상 계룡산이 망국의 자리라고 주장하는 바람에 공사는 중단되고 말았다. 일설에는 이성계의 꿈에 한 노인이 나타나 이곳은 정씨가 도읍할 땅이니 물러가라고 이야기했다고도 전해진다.

계룡산으로 수도를 옮기려던 계획이 수포로 돌아가자, 다시 수도 선정을 두고 논의가 이루어졌다. 이때 거론된 장소가 오늘날 서울의 연희동·신촌 지역과 왕십리 지역, 그리고 경복궁 자리였다. 하륜은 도선의 비기를 근거로 연희동·신촌 지역을 수도로 정하자고 주장했으나, 권중화와 조준이 반대했다. 이때 무학대사가 왕십리 지역을 답사하다 만난 노인에게서 "서북쪽으로 십 리를 가면 좋은 땅이 보일 것이오."라는 말을 들었다며 경복궁 자리를 추천했다(왕십리 지명은 노인이 무학대사에게 왕이 머물 곳이 십 리 밖에 있다고 알려주었다는 전설에서 나왔다고 알려진다). 이후 여러 사람이 모여 오랜 논의 끝에 궁궐은 경복궁 자리에 세우기로 최종 결정되었다.

경복궁이 지어지자 궁궐을 보호할 성곽을 쌓는 과정에서 정도전을 비롯한 유학자들이 삼각산 인수봉 안으로 성곽을 쌓아야 한다고 주장했다. 반면 무학대사는 인수봉은 노승이 오백나한(석가의 제자인 500인의 성자)에게 예배하는 형국이라며 인수봉 밖으로 성곽을 쌓아야 한다고 주장하며 이에 팽팽하게 맞섰다. 누구의 손을 들어주기 어려웠던 이성계는 하늘의 뜻을 묻는 제를 올렸는데, 신기하게도 다음 날 선을 그어놓은 듯 인수봉을 경계로 눈이 녹아 있었다. 하늘의 계시라 생각한 이성계는 유학자들의 의견을 따라 인수봉 안으로 성곽을 지었다. 조선시대의 불교는 이때부터 쇠퇴하게 되었다고 한다.

013 한양으로 수도를 옮기다

제1대 태조

#한양천도 #신도궁궐조성도감설치 #서울시민의날

태조 이성계가 한양을 새로운 수도로 삼으려 하자 하륜을 제외한 많은 신하가 반대했다. 이성계는 아랑곳하지 않고 1394년(태조 3년) 8월 13일, 한양으로의 천도를 결정했다. 천도를 향한 이성계의 뜻이 변하지 않을 것을 눈치챈 신하들은 더는 천도에 반대하지 않았다. 태조가 당시 최고 정무 기관이었던 도평의사사에 한양 천도에 대한 의견을 묻자 도평의사사는 "앞뒤 산하의 형세가 빼어나고 사방의 도리(道里)가 고르고 배와 수레가 통하니, 이곳에 도읍을 정해 후세에 영구토록 전승하면 하늘과 백성의 뜻에 맞을 것입니다."라고 답했다.

도평의사사가 태조의 뜻을 받들어 천도를 국가 방침으로 결정하자, 태조는 다음 달인 9월에 임시 관아인 신도궁궐조성도감을 설치하고 천도 준비에 들어갔다. 정도전은 종묘·사직·관청·시가지·도로의 터를 지도로 작성하고, 심덕부와 김주 등은 한양에 머물며 수도 건설을 관리·감독했다. 수도를 옮기는 일이 중차대한 일이었던 만큼 궁궐과 관청 등을 짓는 데 여러 해가 필요했으나, 마음이 급한 태조는 10월 28일 한양부의 객사를 이궁으로 삼아 거처를 곧바로 옮겼다.

태조가 수도를 옮기고 싶은 마음을 이토록 강하게 표출하다 보니, 공사 속도가 눈에 보일 정도로 빠르게 진행되었다. 이듬해인 1395년(태조 4년) 9월, 종묘사직과 궁궐이 완공되자 정도전이 법궁의 이름을 '경복궁'으로 제안했다. 그해 12월 태조 이성계는 새로운 나라의 새로운 수도, 한양의 경복궁으로 입궁했다. 그리고 다시 이듬해에 수도를 방비하는 도성과 사대문, 그리고 사소문이 완공되면서 경복궁은 법궁의 지위를 완벽하게 갖추게 되었다.

서울시는 1994년부터 태조가 한양부 객사로 거처를 옮기고 정무를 본 10월 28일을 '서울 시민의 날'로 제정했다. 이날은 사물놀이나 조선시대 과거시험 재현 등 서울시 곳곳에서 서울 천도를 기념하는 거리 축제가 벌어진다.

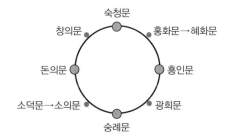

- 사대문: 숭례문(남), 숙청문(북), 흥인문(동), 돈의문(서)
- 사소문: 홍화문→혜화문(동북), 광희문(동남), 소덕문→소의문(서남), 창의문(서북)

014

명과 불편해지다

태조 이성계는 국가의 안정을 위해 명에 즉위 사실을 알리고 조선이란 국호를 받았다. 맹목적으로 명을 숭상하고 받드는 것이 아닌, 명분과 실리라는 두 마리의 토끼를 잡기 위해 명의 사대 질서 안에 들어간 것이었다. 그러나 명나라가 오만하고 강압적인 자세로 조선을 길들이기 위해 무리한 요구를 해오자, 태조는 정도전과 요동 정벌 계획을 세웠다.

조선의 요동 정벌 계획을 눈치챈 명나라는 정벌 계획을 무산시키는 동시에 조선을 속국으로 길들이기 위해 태조가 요구한 조선 국왕의 인신(印信)과 고명(誥命)을 보내지 않았다. 태조를 왕으로 인정하지 않음으로써 조선을 압박하겠다는 태도였다. 명은 여기에 그치지 않고 조선이 보낸 문서에 무례한 말이 있다며 작성자 정도전을 보내라고 몇 년에 걸쳐 트집을 잡았다. 이는 요동 정벌을 추진하는 정도전을 명에 감금해 요동 정벌 계획을 포기하게 하려는 목적이었다.

명나라의 태도는 1398년(태조 7년)에 제1차 왕자의 난으로 정도전이 이방원에게 죽고 태조가 상왕으로 물러나자 바뀌었다. 사신을 위협할 존재가 사라졌다고 안도한 것이었다. 마침 명도 조선에 강경했던 홍무제가 죽고 황위 계승 문제로 시끄러웠다. 명에서도 대외적으로 위협이 될 수 있는 조선과의 껄끄러운 문제를 매듭지을 필요성이 대두되었다. 때마침 조선과 명나라의 왕이 모두 바뀌면서 두 나라는 급속하게 화해의 분위기를 탔다. 이후 태종이 즉위하는 해에 조선은 명나라로부터 인신과 고명을 받았다.

그러나 1390년(공양왕 2년), 파평군 윤이와 중랑장 이초가 명나라로 도망가서 이성계를 이인임의 아들이라고 거짓 보고한 말이 기록된 《대명회전》을 바로잡으려는 '종계변무' 문제는 해결되지 못했다. 태조 이후의 왕들은 이인임은 이성계의 정적으로, 둘은 부자지간이 아님을 거듭 강조하며 명나라에 《대명회전》의 잘못된 부분을 바로잡아달라고 요구했지만 번번이 거부당했다. 명나라는 종계변무 문제는 홍무제의 유훈이라 변경할 수 없다는 이유로 이 문제를 200년 가까이 조선을 압박하는 데 사용했다. 종계변무 문제는 이후 200여 년이 지난 1584년(선조 17년)에 가서야 해결될 수 있었다.

015

제1차 왕자의 난이 일어나다

#정도전의사병혁파 #방석세자책봉 #제1차왕자의난

정도전은 강력한 왕이 다스리는 나라보다는 군신이 조화를 이루는 재상 정치를 실현하고 싶었다. 이를 위해 왕족과 훈신들의 세력을 약화시키는 한편, 이전 세대에는 없었던 과감한 개혁을 추진해나갔다. 뛰어난 능력과 이성계의 신뢰를 바탕으로 정국의 주도권을 장악한 정도전에게 불가능이란 보이지 않았다. 개혁의 시작점은 1392년(태조 1년)에 설치한 의흥삼군부를 통해 사병제를 혁파하고 국가가 병권을 장악하는 것이었다. 의흥삼군부 설치 과정에서 사병을 보유한 왕족과 훈신, 그리고 무장 세력들의 반발이 거셌지만 정도전은 요동 정벌을 위한 진법 훈련 강화를 명분으로 삼아 개혁을 멈추지 않았다.

반면 이방원은 정몽주를 죽이며 스스로 조선 건국에 큰 역할을 했다고 생각했으나 개국공신에 책봉되지 못한 상태였다. 그런 상황에서 이복형제인 방석이 세자로 책봉되고, 정도전이 사병을 폐지하려 하자 이방원은 큰 위기감을 느꼈다.

1398년(태조 7년), 태조가 병으로 눕자 정도전이 신의왕후의 여러 아들을 궁궐로 불러들였다. 이 소식을 들은 이방원과 그의 추종 세력은 정도전이 자신들을 제거하기 위한 계략을 꾸민다고 생각했다. 더욱이 궁문 앞에 불이 켜져 있지 않은 것을 보자, 이들은 자신들의 생각이 옳았음을 확신하고 정변을 준비했다. 그러나 정변을 일으키기로 한 당일에 참여한 사람이 매우 적었다. 하륜이 추천한 이숙번을 비롯해 이거이·조영무·민무구 등이 참가했지만 그 수가 총 40여 명이 안 되었다. 나중에 합세한 인원을 합쳐도 100여 명에 지나지 않았으며, 무기도 부족해 몽둥이만 들고 쫓아온 이도 10여 명이었다.

하지만 이들은 머릿수에 연연하지 않고 광화문 앞으로 달려나갔다. 반면 세자 방석은 반정군이 남산까지 꽉 들어찼다는 잘못된 정보에 전의를 상실하고 군을 움직이지 않았다. 이방원이 이끄는 반정군은 정도전 일행이 남은의 첩 집에 모여 있다는 정보를 입수하고 곧바로 그곳으로 급습했다. 심효생 등이 현장에서 피살당하는 틈을 타 정도전은 민부의 집으로 피신했다. 그러나 곧바로 발각된 정도전은 이방원에게 목숨을 구걸하다 죽었다. 이방원은 난을 일으킨 이유로 "정도전과 남은 등이 어린 서자를 세자로 꼭 세우려고 나의 동모 형제들을 제거하려 하므로, 먼저 선수를 썼다."라고 밝혔다.

제1차 왕자의 난 이후 세자의 자리에서 쫓겨난 방석은 귀양을 가는 도중 살해되었다. 얼마 뒤 다른 이복형제인 방번도 죽었다. 권력을 장악한 이방원은 권력을 위해 형제를 죽였다는 비난을 피하고자 둘째 형 방과를 세자로 책봉할 것을 주장했다. 태조 이성계도 이를 받아들여 방과를 세자로 책봉하고, 한 달 뒤 왕위를 물려주었다.

016

정도전, 조선을 설계하다

#정도전역성혁명 #이성계와만남 #조선의장량

서자로 태어난 정도전(1342~1398년)은 어려서부터 매우 영특했다. 이색 밑에서 정몽주와 함께 학문을 익힌 정도전은 19세에 성균시에 합격하고, 2년 뒤 관직 생활을 시작했다. 이후 성균관 박사로 재직하며 제자들의 존경을 받았고, 실무행정에도 뛰어난 모습을 보여주었다. 그러나 정도전은 현실에 안주하기보다는 기울어가는 고려를 바로잡고 싶은 마음이 가득했다.

1375년(우왕 1년), 정도전은 북원 사신을 맞이하는 문제로 국가보다 자신들의 이익을 우선하는 권문세족과 부딪혔다. 이 일로 정도전은 이인임을 비롯한 권문세족의 미움을 받고 전라도 나주 회진현으로 유배를 가게 되었다. 2년간의 유배 생활이 끝난 후에도 정도전은 그를 위험한 인물로 간주한 권문세족에 의해 복직되지 않았다. 정도전은 삼각산 밑에서 후학을 양성하려 했으나, 이마저 뜻대로 되지 않아 부평과 김포로 이사를 다니며 떠돌이 생활을 해야 했다.

이 기간 정도전은 백성들의 피폐한 삶을 직접 보며 고려에 더는 희망이 없다고 판단했다. 역성혁명을 계획한 정도전은 1383년(우왕 9년), 함주의 이성계를 찾아가 새로운 세상에 관한 이야기를 나누고 그와 뜻을 함께하기로 했다. 이듬해 이성계의 추천으로 성균관 대사성이 되어 중앙 정계로 진출하게 된 정도전은 위화도회군 이후 밀직부사로 승진해 조민수를 제거하고 과전법을 추진했다.

하지만 정도전을 견제하는 세력도 만만치 않았다. 1391년(공양왕 3년), 정도전은 봉화에 유배되고, 예천 감옥에 투옥되기도 했다. 그러나 정몽주가 이방원에 의해 죽자 정도전은 정계로 곧바로 복귀해 이성계를 왕으로 추대하는 등 조선 건국에 큰 활약을 펼치며 조선의 개국공신이 되었다. 개국 후에는 한양으로 수도를 옮기는 총책임자로서 경복궁을 비롯한 건축물을 완성하고, 전각에 이름을 붙였다. 또한《조선경국전》을 지어 조선의 통치 규범을 제시했으며,《경제문감》을 통해 재상과 수령 등 정치 조직에 대한 초안을 마련했다.

정도전은 요동 수복 운동 전개와 사병 혁파를 위한 노력을 기울였으나, 방석을 세자로 지지하면서 이방원을 비롯한 왕족의 반발을 샀다. 결국 1398년(태조 7년), 제1차 왕자의 난 때 종사를 위태롭게 했다는 명목으로 죽임을 당했다. 스스로를 한나라 장량에 비유하며 개국의 주역이라고 믿었던 정도전은 결국 이방원에게 죽었지만, 왕도정치를 꿈꾸었던 그의 국가 운영 방침은 조선 운영 원칙의 토대가 되었다.

017

노비의 유형

제1대 태조

#공노비 #사노비 #노비유형

천민을 대표하는 노비는 자신에게서 끝나지 않고 자손에게도 세습되는 가혹한 신분이었다. 특히 조선의 노비는 태어나는 순간부터 인간이 아닌 재산 증식을 위한 매물이 되어 자유가 박탈되었다. 보통은 책이나 드라마로 노비의 생활을 자주 접하다 보니 노비 세습이 당연한 줄 아는 경우가 많지만, 노비의 세습을 인정하지 않던 중국과 비교해보면 조선의 노비가 매우 열악한 신분이었음을 알 수 있다.

태조는 권문세족의 세력을 약화하는 동시에 국가 재정을 확충하는 방편으로 노비변정도감을 설치해 노비의 신분을 바로잡는 데 노력했다. 태종은 사찰을 정리하는 과정에서 사원 노비를 공노비로 삼아 군기감 등에 배치하고 신공(身貢)을 받아 재정을 확보했다. 세종도 2번에 걸쳐 사찰 노비를 공노비로 만들었다. 이 과정에서 노비로 신분을 위장해 조세의 의무를 회피하던 양인을 찾아내기도 했다.

양인의 수가 많아질수록 세금과 군인을 안정적으로 확보하는 만큼, 태종은 아버지의 신분을 따르는 종부법을 시행했다. 당시 양인이 천민을 첩으로 삼는 경우가 많았기에 종부법의 실행으로 양인의 수는 많이 증가했다. 하지만 이에 대한 반발이 거세지자 세종은 종부법을 어머니의 신분을 따르는 종모법으로 환원시켰다.

노비는 소유주의 유형에 따라 왕실이나 관청에 소속된 공노비와 개인에게 소속된 사노비로 나뉘었다. 공노비는 관청의 일을 하며 노동력을 제공하는 선상노비와 정해진 현물을 납부하는 납공노비로 구분했다. 공노비는 매매되거나 양도되는 경우가 적어 사노비보다 안정적인 삶을 살아갈 수 있었다. 반면 사노비는 주인의 집에 기거하면서 집안일을 하고 농사를 짓는 솔거노비와 주인과 떨어져 농사를 지으며 현물로 몸값을 내는 외거노비로 구분했다. 외거노비는 가정을 이루면서 주인의 토지 외에도 다른 사람의 논과 밭을 경작할 수 있어, 자신의 노력 여하에 따라 얼마든지 여유로운 생활이 가능했다. 그러나 주인과 함께 사는 솔거노비의 경우 자신만의 시간과 경제력을 갖는다는 것은 매우 어려운 일이었다.

018

비참한 노비의 삶

#노비몸값 #노비생사여탈 #노비매매

《경국대전》은 노비를 매매할 경우 관청에 신고해야 하며, 개인 간에 노비를 몰래 매매하다 걸리면 관청이 노비와 거래대금을 모두 몰수하도록 규정하고 있다. 시대에 따라 다르지만 남자 노비의 경우 《경국대전》은 16~50세 노비를 저화 4천 장, 16세 이하나 50세 이상의 노비를 3천 장이라 밝히고 있다. 오늘날 화폐 가치로 따져보면 남자 노비 둘을 데리고 가야 소 한 마리와 바꿀 수 있었던 셈이니, 노비가 소보다도 못한 처우를 받았음을 어렵지 않게 생각할 수 있다.

《세종실록》에 따르면 주인이 종을 죽인 사건이 일어나 세종이 법으로 노비를 보호하고자 했으나, 반대가 심했다는 기록이 나온다. 변계량은 "정치를 하는 데는 명분보다 중요한 것이 없습니다. 주인과 종 사이의 높고 낮음에도 명분이 있습니다. 법이란 윗사람을 높이고 아랫사람을 억누르도록 해야 합니다."라며 반대 의사를 명확히 밝혔다.

이렇다 보니 조선시대 노비는 소나 말보다 훨씬 싸면서도 유용가치가 좋은 '재산'에 불과했다. 원칙적으로는 노비종모법에 따라 어머니가 노비인 경우만 자녀에게 노비라는 신분이 세습되어야 했지만 사실상 이것이 잘 지켜지지 않았다. 부모 중 어느 누구라도 한쪽이 노비면 자연스레 자식도 노비가 되어 살아가는 것이 일반적이었다. 예를 들어 주인이 자신의 여자 노비를 가난한 양인 노총각에게 아내로 준 후, 그 둘 사이에서 자식이 생기면 다시 여자 노비와 자식을 회수했다. 양인 노총각은 아내와 자식을 빼앗길 수 없어 스스로 노비가 되니, 여자 노비의 주인은 이런 식으로 양인 노총각과 그의 자식까지도 소유할 수 있었다.

조선시대는 노비 매매도 문제였지만 주인이 노비의 생사여탈권을 쥐고 있다는 것이 더 큰 문제였다. 주인은 노비를 죽여도 관청에 보고만 하면 아무런 처벌을 받지 않았다. 중종 때 홍언필의 처 송씨는 시기와 질투심이 많았다. 송씨는 홍언필이 아침에 물을 떠 온 여종의 손을 잡는 것을 목격하고는, 다음 날 여종의 손을 잘라버렸다. 홍언필이 윤삼계의 여종과 잠자리를 한 사실을 알게 되었을 때는 여종에게 심한 매질을 하고 빗으로 얼굴을 긁는 폭행을 저지르기도 했다. 그러나 송씨는 국가로부터 어떠한 처벌도 받지 않았다. 오히려 의지와 기개를 겸비한 여장부로 평가받았다.

019 단군에 대한 인식이 변하다

일연의《삼국유사》는 단군에 관한 가장 오래된 기록이다. 일연이《삼국유사》에서 단군과 고조선의 역사를 다룬 이유는 민족의 자긍심을 고취해 국난을 이겨내려는 데 있었다. 조선도 고려 말의 어려운 상황을 이겨내면서 찬탈이라는 오명을 벗기 위해 건국의 정당성을 단군에서 찾았다.

조선은 국호를 '조선'으로 정한 데에 '조선 단군이 동방에서 처음으로 천명을 받은 임금이며, 기자는 처음으로 교화를 일으킨 임금이다.'라는 이유를 제시했다. 이는 중국의 사대 질서를 따르면서도, 중국과 대등한 역사를 가진 민족이라는 점을 강조하려는 목적이 담겨 있다.

조선은 기자를 중국의 요 임금과 같은 존재로 간주하고, 중국처럼 봄·가을에 제사를 지내도록 했다. 1412년(태종 12년)에는 평양의 기자 묘에서 단군의 제사를 같이 지내며, 단군과 기자를 조선의 국왕으로 부르도록 했다. 세조는 기자보다 단군을 강조해 단군의 위패를 '조선시조단군지위', 기자의 위패를 '후조선시조기자지위'라 불렀다.

그러나 16세기, 조선에 성리학이 뿌리를 내리면서 단군에 대한 인식이 변화하기 시작했다. 이 시기에는 단군 숭상을 중화질서에 어긋나는 행위로 여기며, 단군이 요 임금과 같은 시기의 인물이라는 점을 부정했다. 그 결과 우리나라의 시조라는 의미를 담고 있는 단군보다 중국의 문물을 전달해준 기자를 더 높이 평가하고 받들며, 조선에 대해서 작은 중국이라는 의미의 '소중화'라는 인식을 가졌다.

17세기에 들어서자 국학운동이 일어나며 단군을 재평가하는 움직임이 일어났다. 허목은《동사》에서 단군조선을 정통 국가로 인식했으며, 홍만종은《동국역대총목》에서 '단군-기자-삼국-통일신라'로 이루어지는 역사를 제시했다. 18세기에는 단군에 관한 연구가 활발해지면서 체계적인 결과물이 나오기 시작했다. 안정복은《동사강목》에서 우리의 역사가 중국의 문물을 통해 발전한 것이 아니라, 단군이 나라를 세워 독자적인 문화를 이룩했음을 강조했다. 이종휘는《동사》에서 기자를 부정하고 단군에게 정통성이 있다고 밝혔다. 이런 움직임은 정책에도 반영되었다. 숙종은 평양의 삼성사에 있는 단군의 축문을 '전조선(前朝鮮) 단군'이라 바꿨다. 정조도 단군을 우리나라 최초의 성인으로 여기며, 단군의 묘를 수리하고 잘 관리하도록 명했다. 구한말에는 환인·환웅·단군을 삼신일체로 신격화한 대종교가 창립되었다. 이는 독립운동의 주축이 되었고, 민중들에게 민족에 대한 자긍심을 고취하는 데 큰 역할을 했다.

020

불교가 쇠퇴해 명맥만을 유지하다

#억불정책 #불교인식변화 #숭유억불정책

고려 말 성리학을 공부한 신진 사대부가 성장하면서 불교에 대한 비판이 일어났다. 그러나 불교를 완전하게 배제하는 것이 아닌 불교사원의 폐단과 승려들의 비행만을 문제 삼았다. 유학자였던 이제학은 유교의 인(仁)과 의(義)가 불교에서 말하는 자비와 상통하는 것으로 해석했다. 불교는 배척의 대상이 아닌 개혁의 대상일 뿐이었다.

그러나 조선이 건국되자 불교에 대한 인식이 바뀌었다. 정도전은《불씨잡변》을 통해 억불정책을 주장했다. 태조도 정도전의 의견을 따라 도첩제를 통해 승려의 숫자를 줄이고, 사원전에 부여되었던 면세의 혜택을 줄였다. 하지만 태조 개인의 돈독한 불심과 더불어 무학대사 등 조선 건국에 불교계의 지원이 있었기에 큰 탄압은 이루어지지 않았다. 죽은 신덕왕후를 위해 흥천사를 세울 정도로 왕실에선 여전히 불교를 믿고 지원했다.

태종이 즉위하자 이전과는 상황이 달라졌다. 태종은 나라의 재앙을 막는 비보 사찰을 지역별로 배분하고, 여기에 포함되지 않은 사찰이 보유한 토지와 노비를 몰수했다. 그 결과 11개에서 7개로 종단이 축소되어 242개의 사찰만이 남았다. 종파별로도 사원·사원전·노비 그리고 승려의 수를 법적으로 제한했다. 세종도 억불정책을 계승해 각 종파를 선·교 양종으로 병합하고 사원이 가지고 있던 토지와 노비를 몰수했다. 또한 승려의 도성 출입을 금지했다. 그러나 세종 때에도 서울에 있는 사원의 주지는 대부분 양반 자제였으며, 왕실에서도 천재지변이 일어나면 승려를 동원해 기우제를 올리는 등 불교 행사를 진행했다.

성종은 즉위 초 도첩제를 강화해 양반은 포 100필, 상민은 150~200필을 내야 승려가 될 수 있도록 했다. 1492년(성종 23년)에는 도첩제마저도 폐지해 일반 백성이 승려가 되는 길을 막고, 도첩이 없는 승려는 군역과 부역에 종사하도록 했다. 연산군도 흥천사와 대원각사 등 여러 사찰을 폐찰하고 승려를 노비로 만들었다. 중종은 승과를 폐지하고《경국대전》에 승려의 출가를 규정한 도승조를 삭제해 국가와 불교의 공적인 관계를 완전히 끊어버렸다.

조선이 건국되고 일관되게 숭유억불 정책이 이어지면서 불교는 부녀자들이 믿는 종교로 전락했다. 승려들은 도심지에 거주하지 못했고, 깊은 산속에 암자를 짓고 불교의 명맥을 이어가는 것도 힘들어했다. 그나마 명종 때 문정왕후와 보우대사에 의해 승과가 부활하는 등 불교가 잠시 중흥하는 것처럼 보였으나, 성리학의 나라가 된 조선에서 불교는 다시 예전의 영광을 되찾지 못했다.

021

◇ 이름: 방과
◇ 출생-사망: 1357~1419년
◇ 재위 기간: 1398년 9월~1400년 11월(2년 2개월)

정종은 젊은 시절 아버지 이성계와 전장을 누비던 뛰어난 장수였다. 용맹과 지략을 갖춘 정종은 특히 장수로서 지리산과 해주를 침입한 왜구를 토벌하고, 백성들의 어려움을 다독였다. 위화도회군 이후 공양왕을 옹립한 공로를 인정받아 추충여절익위공신에 책록된 정종은 조선이 건국된 후에도 그 공로가 인정되어 영안군에 봉해졌으며, 의흥삼군부종군절제사로 병권을 잡기도 했다. 그러나 그는 스스로 왕이 되고자 하는 생각을 갖지는 않았다.

1398년(태조 7년) 제1차 왕자의 난 이후, 이방원이 자신을 세자로 추천하자 정종은 "당초부터 대의를 주창하고 오늘에 이르기까지 모든 업적은 정안군(이방원)의 공로인데, 내가 어찌 세자가 될 수 있느냐?"며 거절했다. 그는 이방원이 다시 세자로 자신을 추천한 뒤에야 세자의 지위를 받아들였고, 한 달 뒤 왕으로 즉위했다. 그리고 이듬해 개경으로 수도를 옮겼다.

정종은 자신이 이방원 대신 잠시 왕의 자리를 맡고 있다는 것을 너무도 잘 알았다. 그리하여 왕위를 동생 이방원에게 물려줄 때까지 자신의 의지대로 국정을 운영하지 않았다. 나라의 일은 이방원에게 맡기고, 자신은 격구와 사냥 등을 즐기며 왕의 자리에 미련이 없음을 계속 보여주었다.

결국 정종 때 실권을 쥔 이방원이 조선의 기틀을 잡는 개혁을 주도하면서 조선은 많은 제도와 기구가 신설되었다. 당시 최고 정무 기관이던 도평의사사가 의정부로 개편되어 정무를 담당했고, 중추원이 삼군부로 개편되면서 군정을 담당했다. 이로써 군정이 분리되었고 왕족과 신하들이 보유하고 있던 사병제는 폐지되었다.

1400년(정종 2년) 제2차 왕자의 난 이후, 이방원에게 왕위를 물려주고 상왕으로 물러난 정종은 인덕궁에 머물며 유유자적한 삶을 즐겼다. 다른 형제와는 달리 권력에 큰 욕심을 부리지 않은 정종은 이후 20년 가까이 편안한 삶을 살다가 63세의 나이로 죽었다. 그는 묘호 없이 공정대왕이라 불리다가 1681년(숙종 7년) 정종이란 묘호를 받았다. 정종의 능은 북한 지역의 개풍군에 있다.

제2대 정종
(재위: 1398~1400년)

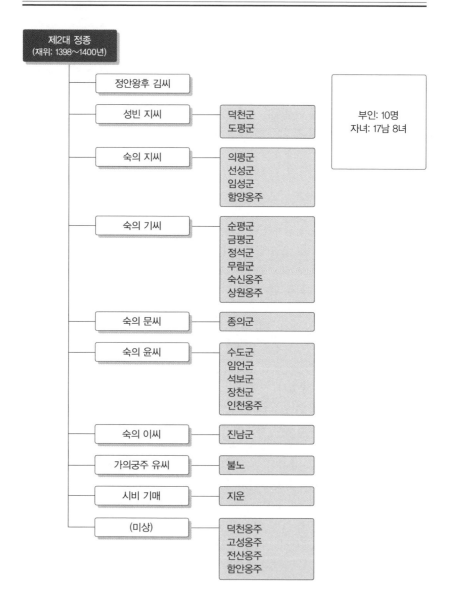

	정안왕후 김씨	
	성빈 지씨	덕천군 도평군
	숙의 지씨	의평군 선성군 임성군 함양옹주
	숙의 기씨	순평군 금평군 정석군 무림군 숙신옹주 상원옹주
	숙의 문씨	종의군
	숙의 윤씨	수도군 임언군 석보군 장천군 인천옹주
	숙의 이씨	진남군
	가의궁주 유씨	불노
	시비 기매	지운
	(미상)	덕천옹주 고성옹주 전산옹주 함안옹주

부인: 10명
자녀: 17남 8녀

023

이방원의 경쟁자가 나타나다

제2대 정종

#박포의불만 #이방간의야심 #제2차왕자의난

스스로 왕으로 즉위하기에는 시기상조라 여겼던 이방원에 의해 이성계의 둘째 아들 이방과(정종)가 조선의 제2대 왕이 되었다. 여기에는 태조 이성계가 자신이 사랑하는 아들 방석과 방번을 죽인 이방원에게 왕위를 넘겨주지 않으려던 마음도 한몫했다. 그리하여 어쩔 수 없이 왕위에 오른 정종은 이방원에게 모든 정무를 맡기며, 권력의 중심이 자신이 아님을 문무백관에게 공공연히 보여주었다.

그러나 정종이 왕위에 미련을 갖지 않는 가운데, 이방원이 태조의 인정을 받지 못했다는 사실은 다른 형제들이 왕위에 욕심을 갖도록 만들었다. 특히 야심이 컸던 넷째 아들 이방간은 이방원을 제치고 다음 왕이 되고자 하는 마음을 종종 보였다. 제1차 왕자의 난 때 정도전이 이방원을 제거하려 한다는 정보를 제공했던 박포가 이러한 방간의 마음을 읽고 접근했다.

박포는 제1차 왕자의 난에서 자신의 역할이 가장 컸다고 생각하며 이후 많은 포상을 기대했다. 그러나 생각과 달리 자신이 논공행상에서 일등공신이 되지 못하자 이에 불평을 일삼다가 이방원에 의해 죽주(충북 영동)로 귀양을 가게 되었다. 그리하여 이방원에게 원한을 품은 박포는 이방원이 이방간을 죽이려 한다는 거짓 정보를 흘렸다. 이 거짓 정보를 그대로 믿고 분개한 이방간은 사병을 동원하는 동시에 정종과 상왕 이성계에게 이방원을 제거하자고 주장했다. 그러나 이방간의 뜻과는 달리 정종과 상왕 모두 이방간을 꾸짖으며 사병을 동원하지 말고 그에게 가만히 있으라고 했다.

이방원을 제거할 명분이 사라지면서 이방간은 아버지와 형의 지원을 기대할 수 없게 되었다. 더욱이 이방간은 모든 면에서 이방원에게 훨씬 뒤처졌음에도 불구하고 군사를 일으켜 개경에서 이방원의 군사와 시가전을 벌였다. 애초에 이방원의 적수가 되지 못했던 이방간은 결국 체포되어 유배를 가게 되었고, 난을 부추긴 박포는 처형당했다.

이로써 모든 경쟁자를 제거하며 최고의 실권자가 된 이방원은 본격적으로 왕이 되기 위한 작업에 나섰다. 이방원에게 왕위를 넘겨줄 때가 되었음을 직감한 정종은 태조의 허락하에 1400년(정종 2년) 2월, 이방원을 왕세제로 책봉하고 그해 11월에 왕위를 선양했다. 이방원이 왕으로 즉위하는 계기가 되었던 제2차 왕자의 난을 '방간의 난' 또는 '박포의 난'이라고 부른다.

024

조선은 종묘사직이다

제2대 정종

#종묘의미 #사직의미 #조선=종묘사직

종묘사직은 역대 왕의 위패인 신위를 모시는 종묘와 토지와 곡식을 주관하는 신을 모시는 사직을 합쳐서 부르는 말이다. 종묘와 사직은 아무런 연관이 없어 보이지만, 이 두 글자가 붙어 종묘사직이 되는 순간 그 뜻은 왕실과 국가가 된다. 즉 종묘사직은 조선이 되고, 조선은 종묘사직이 된다.

조선은 성리학을 통치 이념으로 삼고 나라를 운영했다. 왕이 강력한 힘을 가지고 나라를 운영하는 것이 아닌, 관료와 충분한 토의를 거쳐 합의를 이룬 뒤 국정을 운영하는 것을 최고로 여겼다. 또한 모든 백성이 효를 중요한 가치로 여기고 생활하도록 규범을 정하고 권장했다. 왕조차도 효를 행하지 않으면 사람의 도리를 모르는 자로 낙인찍혀 임금의 자리에서 쫓겨나기도 했다. 광해군이 인목대비를 폐위하자 서인들이 "불효를 저지른 자는 왕이 될 자격이 없다."라며 반정을 일으킨 역사가 이를 증명한다. 그래서 조선의 왕들은 관료와 백성에게 효를 행하는 모범을 보이기 위해 선왕의 영혼을 담은 신주를 종묘에 모셔놓고 정성 들여 제를 올렸다.

다른 한편으로는 선왕의 신주를 종묘에 모셔놓는 것만큼 왕에게 중요한 것이 농업 진흥이었다. 농업 국가인 조선은 무엇보다도 풍년을 맞는 것이 중요했다. 백성들이 굶을 걱정 없이 살 수 있을 때가 바로 태평성대로, 풍년일 때야말로 조선의 모든 것이 정상적으로 운영될 수 있었다. 만약 흉년이 들면 민심이 떠나고 역심을 품는 사람이 나타날 가능성이 커졌다. 그렇기에 왕은 매년 풍년이 될 수 있도록 벼가 잘 여물 수 있는 따사로운 햇살과 대지를 적시는 비를 내려주는 하늘에 제사를 올려야 했다. 하지만 중국과 사대 관계를 맺고 있는 조선은 하늘에 제사를 올릴 수 없었다. 하늘에 제사를 지내는 것은 중국의 황제만이 행할 수 있었기 때문이었다. 결국 조선의 왕들은 하늘 대신 농사에 영향을 주는 토지와 곡식의 신에게 제사를 올렸고, 그 장소가 바로 사직단이었다.

선왕에게 효를 다하고, 농업을 장려하는 것이 조선의 왕이 해야 할 가장 중요한 역할이자 책무였다. 신하들이 "종묘사직을 생각하시옵소서!"라고 외치는 소리는 선왕의 유지를 받들어 나라와 백성을 위한 현명한 통치를 요구하는 것이었다.

025

한눈에 보는 과거제도

제2대 정종

#문과 #무과 #잡과

조선은 고려시대 때 관리를 선발하던 과거제도를 그대로 계승하는 것을 넘어, 거기에 무과를 신설하는 등 선발 종목을 추가하고 세분화했다. 신분보다는 능력 위주의 사회를 만들어 운영하고자 했던 조선의 국가 운영의 방침은 문관, 무관, 기술관을 선발하는 과거제도에 잘 반영되어 있다.

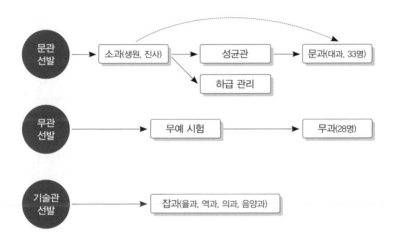

문과는 크게 생원·진사를 뽑는 소과(小科)와 관료를 선발하는 대과(大科)로 나뉜다. 소과는 사마시(司馬試)로, 대과는 문과(文科)로도 불린다. 소과의 경우 3년마다 생원과 진사를 각각 100명씩 선발했다. 생원은 경학의 이해 정도를 기준으로 선발했으며, 진사는 문학 능력을 기준으로 선발했다.

소과(사마시)는 문과와는 달리 왕이 등급을 매기는 전시(殿試) 없이 초시와 복시(회시)만 치러졌다. 초시는 각각 200명을 선발하는 한성시와 500명(경상도 100명, 충청도 90명, 전라도 90명, 경기도 60명, 강원도 45명, 평안도 45명, 황해도 35명, 함경도 35명)을 선발하는 향시로 나누어졌다. 초시를 통과한 이들은 예조에서 실시하는 복시에서 생원과 진사로 각각 100명씩만 합격했다. 이들은 흰 종이에 쓰인 합격 증서 백패를 받는 순간, 성균관 상재생으로 진학하거나 문과에 응시할 자격을 얻었다. 또는 음직을 통해 하급 관리로 나가기도 했다. 조선시대 소과는 총 229회 시행되어 4만 7,748명이 합격했다. 그러나 급제해 관리로 나간 자는 7,438명에 불과했다.

대과(문과)는 3년마다 시행되는 식년시와 특별 시험인 별시로 나누어졌다. 소과와 달리 초시·복시·전시 3단계로 이루어졌으며, 12간지 가운데 자·묘·오·유가 들어간 해에 시행되었다. 식년시의 초시는 향시·한성시·관시 3개가 있었다. 향시는 150명(경상도 30명, 충청도 25명, 전라도 25명, 경기도 20명, 강원도 15명, 평안도 15명, 황해도 10명, 함경도 10명), 한성시 40명, 관시 50명으로 총 240명을 뽑았다.

복시에서는 각 도의 인구 비율로 선발하던 방식과는 달리 성적만으로 33명을 선발했다. 이렇게 뽑힌 이들은 왕이 면접하고 등급을 나누는 전시에 나갈 수 있었다. 전시에 오른 33명은 갑과 3명, 을과 7명, 병과 23명으로 구분했고, 이 중 갑과 1등이 장원이 되었다. 문과에 합격한 이들은 붉은 종이에 쓴 합격 증서인 홍패와 함께 종6품의 실직에 나갈 수 있었다. 현직 관리가 과거에 응시해 합격한 경우에는 1~4품계까지 승진할 수 있었다.

별시는 정해진 시기 없이 왕의 즉위와 같은 국가의 경사나 민심을 얻기 위한 목적으로 시행되었다. 식년시보다는 별시가 조선시대에 더 많이 시행되었는데, 별시의 종류로는 증광시·별시·알성시·정시 등이 있었다. 조선시대에 별시는 638회 치러져 총 9,014명이 관료로 선발되었으며, 정기시인 식년시는 167회 치러져 총 6,123명이 선발되었다.

027

무과 시험

제2대 정종

#무과신설 #무과시험과목 #신분제불만해소

조선시대에 들어 관료 선발의 가장 큰 변화는 무과 신설이었다. 이는 고려와는 달리 조선이 국방력 강화에 힘을 쓰는 동시에 문무의 균형을 추구한다는 것을 의미했다. 또한 조선은 사병을 국가의 관료로 흡수해 혁파하고자 하는 목적이 있었다. 1402년(태종 2년)에 처음 시행된 무과는 3년마다 실시되는 정기시와 국가 행사나 국방력 강화 등 필요에 의해 실시되는 별시로 나누어졌다.

무과는 무예의 실력과 더불어《손자》와 같은 병법서의 이해 정도를 묻는 시험으로 이루어졌다. 무예의 실력을 검증하는 것은 무술 실력이 없는 양반들이 출세를 위해 무과를 선택하지 못하도록 하는 데 있었고, 병법서를 묻는 것은 무관들이 문관에 뒤처지지 않도록 하는 데 있었다. 그래서 임진왜란에서 크게 활약한 이순신은 백전백승의 뛰어난 무관이면서도《난중일기》와 같은 뛰어난 작품을 남길 수 있었다.

무과도 정기시인 식년시의 경우 문과와 같이 12간지 가운데 자·묘·오·유가 들어가는 해에 초시·복시·전시 3단계에 걸쳐 시행되었다. 초시는 훈련원에서 주관하는 원시(院試)와 각 도별로 시행하는 향시가 있었다. 원시 70명과 향시 120명(경상도 30명, 충청·전라도 각 25명, 강원·황해·평안·함경도 각 10명)으로 선발된 총 190명은 병조에서 실시하는 복시에서 28명으로 간추려졌다. 이들은 전시에서 갑과 3명, 을과 5명, 병과 20명으로 등급이 매겨졌으며, 합격자에게는 합격 증서인 홍패가 주어졌다.

별시의 경우 식년시보다 자주 열렸으며 식년시 정원인 28명보다 더 많은 인원이 선발되었다. 양난 이후 무과 별시는 수시로 열렸는데, 경우에 따라서는 수백 수천 명의 합격자가 나오기도 했다. 1676년(숙종 2년)에는 무과에서 1만 8,251명이 선발되는 일도 있었고, 같은 해에 여러 번 별시가 열리기도 했다. 그 결과 무과의 권위가 낮아져서 무과가 만과(萬科)로 불리기도 했다. 그래도 무과는 조선시대에 양반으로 신분을 상승하지 못하는 서얼과 평민들의 불만을 해소하는 역할을 했다.

028

잡과 시험

#잡과과목 #잡과시험절차 #잡과특수성

기술관을 선발하는 과거시험인 잡과는 통역관을 선발하는 역과, 의사를 선발하는 의과, 천문학·지리학·명과학(命課學, 길흉화복에 관한 학문)에서 일할 관리를 선발하는 음양과, 법률전문가를 뽑는 율과가 있었다. 잡과는 문과·무과와는 달리 전시 없이 초시와 복시만 시행되었다. 그리고 왕이 선발하는 형식이 아닌 해당 관청의 제조와 예조 당상이 필요에 따라 잡과를 열어 기술관을 선발했다.

원칙적으로 잡과는 3년마다 역과 19명, 의과 9명, 음양과 9명, 율과 9명을 선발해야 했지만 이는 잘 지켜지지 않았다. 이 중에서 역과는 경험이 많은 사람을 중용해야 하는 특성상 오래도록 일할 수가 있었다. 하지만 그만큼 선발하는 역관의 수가 적어 3년마다 시행되는 식년시와 비정기적으로 시행되는 증광시 두 가지만 존재했다. 역과는 한어·몽골어·여진어·일본어 4과가 있었고, 초시는 사역원(司譯院), 복시는 예조와 사역원이 역인을 선발했다. 단, 조선과 사대 관계인 명나라의 언어를 통역할 역관을 뽑는 한어과는 평안·황해도 관찰사에게 향시를 시행할 수 있는 권한이 주어졌다.

의과도 역과와 같이 식년시와 대증광시로 시행되었다. 초시는 전의감, 복시는 예조와 전의감에서 의원을 선발했다. 의과는 풍부한 의학 지식과 치료 경험이 필요한 만큼 주로 한자를 배운 서얼들이 전의감과 혜민서에서 교육을 받고 응시하는 경우가 많았다. 그러나 《동의보감》을 저술한 허준처럼 지인의 추천을 받아 의관이 되는 예도 있었다.

율과는 형조의 고율사(考律司)가 식년시를 주관해 선발했다. 식년시 외에는 별시인 증광시가 시행되었으며, 관리가 부족할 경우 취재가 열리기도 했다. 율관의 경우 종6품까지만 오를 수 있었다. 음양과는 관상감에서 초시를 주관해 1차로 인원을 선발한 뒤, 예조와 관상감이 공동으로 복시를 시행해 관원을 선발했다. 음양과에 선발되면 관상감에서 일정 기간 실무를 익힌 뒤 업무를 맡을 수 있었다.

잡과에 합격한 이들은 대부분 서얼과 평민 출신이 많았으며, 잡과에 합격한 이들에게는 합격 증서인 백패가 주어졌다. 그러나 문과의 백패와는 달리 잡과의 백패에는 예조인(禮曹印)만 찍혀 있었다. 잡과는 많은 지식과 경험이 필요한 전문직이었던 만큼 잡과에 합격한 이들은 양반들에 견주어 학문 수준이 낮지 않았다.

029
신분보다 능력을 중시하다

제2대 정종   #양천제 #반상제 #양반의미

조선 전기는 폐쇄적인 신분 사회를 고집하지 않고, 양인이라면 누구라도 관료가 될 수 있는 길을 열어놓았던 시기였다. 이 당시의 신분제를 양천제라고 하는데, 양천제는 국가에 세금을 내는 조건으로 자유를 누리던 양인, 그리고 재산으로 여겨지며 자유를 박탈한 천민으로 신분을 구분했다. 조선 초 양반이란 개념도 고정된 지배계층이 아닌, 관제상의 문반과 무반을 일컫는 말이었다. 궁궐에서 조회할 때 남쪽을 바라보는 국왕의 시선을 기준으로 동쪽에는 문반(문신)이 위치하고, 서쪽에는 무반(무신)이 섰다. 그래서 문반(文班)과 무반(武班)을 합쳐서 양반(兩班)이라고 불렀을 뿐, 양반은 조선 중·후기처럼 특정 신분을 일컫는 말이 아니었다.

조선 초에는 관리를 선발하는 과정에서 능력을 우대하는 풍토를 제도적으로 보장했다. 고려시대에는 문신만 선발하는 과거제를 운영했지만, 조선은 무과 시험을 시행해 능력 있는 무인을 선발했다. 과거의 응시 자격도 특별한 제한이 따르지 않아서 양인이라면 누구라도 지원할 수 있었다. 물론 경제적 여건이나 사회적 처지가 열악해서 실제로 과거에 응시할 수 있는 사람은 많지 않았지만, 그래도 제도적으로 보장은 해놓았었다.

반면 개인의 능력이 아닌 선조 덕택으로 관직에 나가는 음서제는 대상과 혜택을 대폭 축소해놓았다. 음서제는 양반 신분을 유지하기 위한 목적으로 운영되었을 뿐, 국가에 필요한 인재를 유입하기 위한 목적이 아니었다. 그래서 음서로 등용된 관료들은 과거에 합격하지 못하면 고위 관리로의 승진이 어려웠다. 고위 관리가 추천한 인물을 등용하는 천거의 경우도 기존 관리를 대상으로만 실시해 능력이 검증되지 않은 인물이 임용되는 걸 경계했다.

그러나 시간이 흐르면서 양반들은 특권을 누리기 위해 과거에 응시하는 자격 조건으로 사조(증조부·조부·부·외조) 안에 관직이 나간 인물이 있는지를 보았다. 만약 사조 안에 관직에 나간 인물이 없다면 현직 관료의 보증서인 보단자를 첨부토록 했다. 이로써 신분을 양인과 천민으로 나누었던 양천제가 신분을 양반·중인·상민·천민으로 구분하는 반상제로 변화했고, 결국 조선 중기 이후의 신분제는 폐쇄적 신분제가 되었다.

030

제3대 태종

◇ 이름: 방원
◇ 출생−사망: 1367~1422년
◇ 재위 기간: 1400년 11월~1418년 8월(17년 10개월)

태조 이성계의 다섯째로 태어난 이방원은 문무에 뛰어난 재능을 보였다. 17세의 나이로 문과에 급제한 이방원은 태조 이성계의 자랑이자 조선 건국에 있어 가장 큰 조력자였다. 특히 이방원이 조선 건국에 가장 걸림돌이었던 정몽주와 나눈 〈하여가〉와 〈단심가〉는 이방원의 학문 수준이 높았음을 보여준다.

그러나 조선이 건국되자 이방원은 정도전에 의해 정치에서 배제되며 위기에 처해졌다. 정안군으로 봉해지기는 했으나 태조 이성계의 아들이라는 이유로 공신이 되지 못한 이방원은 세자를 책봉하는 과정에서도 배극렴 등 여러 관료의 추천을 받았으나 끝내 배제되었다. 어린 이복동생 방석이 세자가 되고, 정도전의 사병 혁파로 위기감을 느낀 이방원은 1398년(태조 7년), 태조가 병으로 눕자 제1차 왕자의 난을 일으켰다.

방석과 정도전을 죽이며 난에 성공한 이방원은 왕위를 둘째 형 방과에게 넘겨주고 왕실의 실권을 잡았다. 그 후로는 허수아비로 정종을 내세워 사병을 혁파하고 관제 개혁 등을 통해 왕권을 강화했다. 1400년(정종 2년), 이방원은 논공행상에 불만을 품은 박포와 넷째 형 방간이 난을 일으키자 이를 진압하고 정종으로부터 왕위를 물려받았다. 이를 제2차 왕자의 난이라 불렀다.

왕이 된 태종 이방원은 처남 민무구·민무희 4형제를 시작으로 왕권을 위협할 수 있는 세력을 숙청하기 시작했다. 태종은 일찌감치 장남 양녕대군을 세자로 삼았으나 그가 여러 문제를 일으키자, 셋째 아들 충녕대군을 왕으로 즉위시켰다. 이후 군사권과 인사권을 가진 상왕으로 세종을 뒷받침하다가 1422년(세종 4년)에 죽었다.

태종의 업적은 다양하다. 태종은 의정부와 6조 중심의 행정체계를 완성하고, 8도 체제를 정비했다. 또 의금부를 설치해 왕권을 강화하면서도 민심을 다독이기 위해 신문고를 설치했다. 억불숭유 정책으로는 많은 사찰을 폐쇄하고 노비와 토지를 몰수했다. 그리고 서얼의 관직 진출을 억제하는 서얼차대법을 제정했으며, 호패법을 실시해 정부가 백성들을 직접 관리·통제할 수 있게 했다. 태종의 능호는 헌릉으로, 그 능은 서울 서초구에 있다.

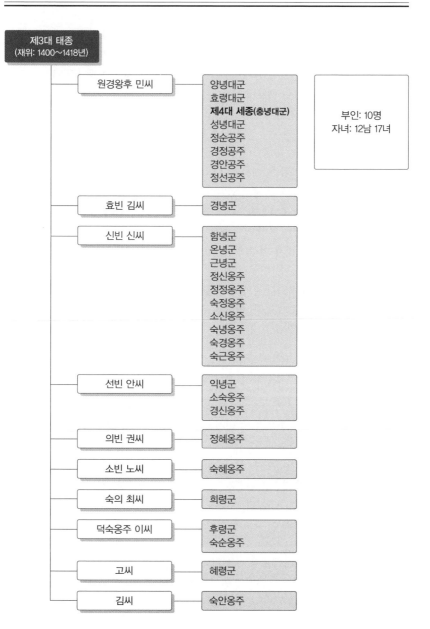

제3대 태종
(재위: 1400~1418년)

원경왕후 민씨
- 양녕대군
- 효령대군
- **제4대 세종(충녕대군)**
- 성녕대군
- 정순공주
- 경정공주
- 경안공주
- 정선공주

부인: 10명
자녀: 12남 17녀

효빈 김씨
- 경녕군

신빈 신씨
- 함녕군
- 온녕군
- 근녕군
- 정신옹주
- 정정옹주
- 숙정옹주
- 소신옹주
- 숙녕옹주
- 숙경옹주
- 숙근옹주

선빈 안씨
- 익녕군
- 소숙옹주
- 경신옹주

의빈 권씨
- 정혜옹주

소빈 노씨
- 숙혜옹주

숙의 최씨
- 희령군

덕숙옹주 이씨
- 후령군
- 숙순옹주

고씨
- 혜령군

김씨
- 숙안옹주

032

제3대 태종

함흥차사는 실제 역사가 아니다

#함흥차사원문 #함흥차사유래 #박순의죽음

일상에서 소식이 없는 사람을 말할 때 함흥차사라는 단어를 사용한다. 함흥차사는 조선 후기의 야담을 모아놓은 《축수편》에 처음 실린 말로, 태조 이성계와 태종 이방원의 불편한 관계에서 비롯된 말이었다. 함흥차사의 배경은 두 차례의 왕자의 난으로 화가 난 이성계가 함흥에 머물던 때로 올라간다.

이성계는 아버지인 자신의 뜻을 어기고 형제를 죽여 왕이 된 이방원을 용서할 수 없었다. 그리하여 이방원과 같은 공간에 있는 것이 너무도 싫었던 이성계는 자신이 어린 시절을 보낸 함흥으로 내려갔다. 이성계가 함흥으로 내려간 사건은 이방원에게는 큰 정치적 부담으로 다가왔다. 태상왕인 이성계가 자신을 인정하지 않는 것으로 세상에 비치면 자칫 반란이 일어날 수도 있었다. 이방원은 어떡하든 이성계가 서울로 돌아오도록 차사(중요한 일을 위해 파견하는 임시직)를 보내 그를 설득하려 했으나, 차사들은 모두 이성계에게 죽임을 당해 돌아오지 못했다.

이방원의 고심이 커지자 이성계와 많은 전장을 함께 누볐던 박순(?~1402년)이 자처해 함흥으로 갔다. 박순은 이성계의 마음을 돌리기 위한 방편으로 두 마리의 말을 별궁 양 끝에 떨어뜨려 묶었다. 이성계와 술을 마시며 옛일을 이야기하는 도중에 어미와 떨어진 망아지가 슬프게 울자, 박순은 무릎을 꿇고 "짐승도 부모를 이처럼 그리워하듯, 태종도 매일 그리워 울고 있습니다. 저와 함께 돌아가시지요."라며 이성계를 설득했다. 이 말에 크게 노한 이성계가 박순을 죽이려 칼을 뽑는 순간, 서까래에서 새끼 쥐를 입에 문 어미 쥐가 떨어졌다. 떨어지면서 크게 다쳐 움직이기 어려운 상태의 어미 쥐가 새끼를 구하려 움직이자, 이성계의 마음도 어지러워졌다.

자식을 생각하는 미물의 모습에 심란해진 이성계는 차마 박순을 죽일 수 없어 그를 돌려보냈다. 하지만 많은 가신이 이성계를 농락한 박순의 죄를 물으며 그를 꼭 죽여야 한다고 읍소했다. 박순만큼은 죽이고 싶지 않던 이성계는 시간을 끌다 결국 가신들에게 "그가 용흥강을 건넜으면 더는 쫓지 말라"고 했다. 죽을 고비를 넘기고 도망치다 긴장이 풀려 병이 난 박순은 용흥강 강변에 있는 주막에서 하룻밤 더 머무르다 이성계의 가신에게 잡혀 죽고 말았다. 이것이 《축수편》 속 야담의 결말이다.

사실 실제 역사는 이와 좀 다르다. 이성계는 이방원이 보낸 차사를 죽이지 않았다. 기록에 의하면 박순과 송유만이 희생된 것으로 나온다. 또한 박순조차도 조사의의 반란 때 죽었다. 함흥차사 야담은 실제 역사와 다르지만, 이 이야기는 당시 백성들이 태조와 태종의 불편했던 관계를 어떻게 인식했는지 보여준다.

033 신문고로 백성의 이야기를 듣다

제3대 태종

#신문고설치 #신문고울리는절차 #신문고실패원인

조선은 힘이 아닌 도(道)로써 나라를 다스리는 것을 천명으로 삼았다. 특히 태종은 두 차례의 왕자의 난을 통해 임금으로 즉위한 만큼, 백성들에게 좋은 이미지를 심어주어야 했다. 1401년(태종 1년), 마침 안성학장 윤조와 전 좌랑 박전이 송나라의 등문고를 사례로 들며 백성들의 억울한 이야기를 들어줄 수 있는 제도를 운영하자는 상소를 올렸다. 이에 태종은 억울한 백성들이 직접 왕에게 호소할 수 있는 신문고를 설치했다.

백성이 신문고를 울리면 의금부 당직청이 사연을 접수해 왕에게 보고토록 했다. 왕은 보고서를 통해 사실을 확인하고 문제를 해결해주었다. 그러나 억울한 일이 생겼다고 아무나 신문고를 울릴 수 있는 것은 아니었다. 일차적으로 한양은 주장관, 지방은 관찰사에게 억울한 사건을 고발해야 했다. 그리고 다음 단계로 사헌부가 문제를 고발하도록 했다. 이 과정을 모두 마치고 나서도 문제가 해결되지 않으면 비로소 신문고를 울릴 수 있었다.

모든 단계를 거쳤다고 해도 신문고를 울려서는 안 되는 항목이 있었다. 하급 관원이 상사를 고발하거나 노비가 주인을 고발하는 내용으로는 신문고를 울릴 수 없었다. 이외에도 백성이 수령이나 관찰사를 고발해서도 안 되었으며, 타인을 이용해 고발하는 것도 금지했다. 무엇보다 사실이 아닌 것을 고발한 경우에는 무고죄로 벌을 받았다.

신문고는 태종 이후 폐지되었다가 후대 왕들에 의해 다시 설치되고 폐지되기를 여러 번 반복했다. 세조 때는 신문고를 울리려다 시간을 알리는 북을 잘못 치는 바람에 폐지되었고, 명종부터 효종 때까지는 신문고 대신 징을 쳐서 억울함을 울리는 격쟁제로 대체되었다. 이후 영조 때 신문고가 다시 설치되었으나 제대로 운영되지는 않았다. 신문고가 한양에 위치해 지방에 사는 백성들은 사용하기 어려웠으며, 신문고를 울렸다 해도 약자의 처지에서 고발 내용을 제대로 입증하기란 굉장히 어려운 일이었다. 그리고 고발할 수 있는 내용도 조상을 위하거나, 남편을 위하는 일 등으로 한정되어 있었다.

결국 신문고를 울리는 사람은 한양에 거주하는 양반이나 관리에 한정되는 경우가 많았다. 무엇보다도 왕이 신문고를 통해 백성들의 억울한 이야기를 듣고 해결해줄 의지가 부족했다는 점이 신문고의 제 기능을 살리지 못한 가장 큰 원인이었다.

034

다시 한양으로 수도를 옮기다

제3대 태종

#한양으로재천도 #하륜무악추천 #천도에관한점괘

태상왕이 된 이성계는 왕이 된 이방원을 만나는 첫 자리에서 한양으로의 천도를 물었다. 태조에게 있어 한양으로 수도를 옮기는 것은 특별한 의미가 있었다. 이는 태상왕으로서의 권위를 확보하는 동시에 사랑하는 여인 신덕왕후 강씨의 능이 있는 곳으로 가는 일이었다. 무엇보다도 한양 천도는 자신이 이룬 조선 건국의 상징이었다.

그러나 많은 관료는 태조의 뜻과 달리 한양으로의 재천도를 반대했다. 타협점으로 개성과 한양 두 곳 모두를 수도로 삼자고 주장하는 관리도 있었다. 깊이 고심하던 태종은 결국 태조 이성계의 손을 들어주는 것이 훨씬 이득이 크다고 판단했다. 1405년(태종 5년), 태종은 한양으로 환도할 것을 의정부에 통보하고 궁궐 수리를 위한 임시 관아인 궁궐수보도감을 설치하도록 했다.

이때 하륜이 태종을 찾아와 풍수지리적으로 한양보다는 무악이 수도로 적합하다며 다시 생각해봐야 한다고 주청했다(지금의 서대문 지역으로, 조선시대 때는 서울에 포함되지 않았다). 태종은 왕자의 난에서 큰 공을 세우며 자신을 왕으로 만들어준 하륜의 의견을 무시할 수 없었다. 천도의 장소로 한양, 개경, 무악 세 곳이 나오자, 태종은 종묘에서 선조들의 뜻을 물어 결정하겠다고 선언했다. 조준, 조휴, 김희선, 박석명, 이천우 다섯 명과 종묘에 들어간 태종은 쇠돈을 던져 점을 쳤다. 그 결과 한양은 2길 1흉이 나왔고, 개경과 무악은 1길 2흉이 나왔다.

태종은 종묘에서 나온 점괘에 따라 한양으로 수도를 옮기겠다고 발표했다. 이후에도 한양 천도에 대한 반대가 있었지만, 태종은 한양으로 천도하겠다는 의지를 바꾸지 않았다. 이궁으로 창덕궁을 지은 태종은 1405년(태종 5년) 10월, 개경에서 한양으로 수도를 옮겼다. 그리고 경복궁이 아닌 창덕궁에서 문무백관들의 하례를 받았다. 이는 경복궁 전각 곳곳에 정치적 라이벌이던 정도전의 흔적이 남아 있었기 때문이기도 했고, 경복궁은 왕자의 난이 벌어진 곳이기에 태종에게 좋지 않은 기억이 많았기 때문이었다. 또한 관료들과 백성들에게서 태종에 대한 안 좋은 소리와 구설수가 나올 가능성을 사전에 차단하기 위한 목적도 있었다.

035

왜가 바친 코끼리를 키우다

#조선최초코끼리 #코끼리살인 #코끼리재판

고려 말 노략질을 일삼던 왜구들은 조선이 건국되자 예전과 상황이 많이 달라졌음을 금세 알아차렸다. 조선은 약한 국방력을 가졌던 고려와는 너무도 달랐다. 과전법을 통한 경제적 안정을 토대로 강군을 보유한 조선이 두려워진 일본 국왕 원의지는 1411년 (태종 11년), 더는 조선을 침략할 의사가 없음을 보여주기 위해 조선에 사절단과 함께 코끼리를 선물로 보냈다.

코끼리를 처음 본 태종과 관료들은 크게 당황했다. 일본 국왕이 보내온 동물을 돌려보낼 수도 없어서 말을 관리하던 사복시에 코끼리를 맡겼다. 사복시는 마구간을 확장해 코끼리 집을 만들고, 사료로 콩을 먹였다. 문제는 코끼리가 하루에 콩을 81L나 먹는다는 사실이었다. 활용 가치도 없으면서 곡식을 많이 먹는 코끼리는 왕실 재정을 어렵게 만드는 천덕꾸러기로 전락하고 말았다.

이듬해 공조전서 이우가 괴이한 모양의 코끼리가 있다는 소식에 궁금함을 참지 못하고 코끼리를 구경하러 왔다. 흐느적거리는 긴 코와 나무껍질 같은 피부를 보고 이우가 코끼리의 추함을 비웃으며 침을 뱉자, 화가 난 코끼리는 이우를 밟아 죽였다. 재판 과정에서 병조판서 유정현은 "코끼리는 이익도 없이 1년에 수백 석의 콩을 먹습니다. 그런데 사람까지 죽였으니 마땅히 코끼리도 죽여야 하나 이는 의도치 않은 살인이었습니다. 그리고 일본 국왕이 보낸 선물이라는 점을 고려해 전라도 해도로 이 코끼리를 유배 보내야 합니다."라고 주장했다. 태종은 유정현의 의견을 따라 코끼리를 섬으로 유배 보냈다.

유배지에 온 죄인을 관찰하고 보고해야 하는 책무에 따라 전라도 관찰사가 섬에 있는 코끼리에 대한 보고서를 올렸다. "코끼리가 날로 수척해지고, 사람만 보면 눈물을 흘린다."라고 적힌 보고서를 읽은 태종은 미물이 고생하는 것에 안쓰러움을 표하며 코끼리를 뭍에 올라와 살게 하라는 명령을 내렸다. 그러나 전라도 관찰사의 재량으로는 코끼리 사료를 감당할 수 없었다. 1420년(세종 2년), 전라도 관찰사는 더는 감당할 수 없다며 코끼리를 충청·경상도와 돌아가면서 키우자는 청원서를 제출했다. 이에 따라 삼도를 돌며 고된 생활을 하던 코끼리는 공주에서 노비를 죽이는 살인을 또 저질러 다시 유배를 가게 되었다. 이후 세종이 물과 풀이 좋은 곳에서 코끼리를 병들어 죽게 하지 말라는 기록을 마지막으로 조선 최초의 코끼리는 사람들의 기억에서 잊혀졌다.

036

신분증을 발급하다

제3대 태종

#호패발급이유 #호패정착노력 #신분별호패

1413년(태종 13), 태종은 모든 양인에게 호패 착용을 명했다. 호패란 오늘날의 주민등록증과 같이 자신의 신분을 증명할 수 있도록 국가에서 발급한 신분증이었다. 태종 이전까지만 해도 국가는 백성의 숫자가 얼마나 되는지 정확히 파악하지 못하고 있었다. 그러나 고려와는 달리 조선은 모든 지역에 지방관을 파견해 백성을 파악할 수 있는 토대를 갖추면서 호패 발급이 가능했다.

태종은 16세 이상의 남자에게 호패를 지급해 민정(民丁)의 수를 파악하고, 이를 바탕으로 군역과 요역(국가 권력에 의해 백성들의 노동력이 무상으로 수취되는 것)을 부과해 국가 운영에 필요한 노동력과 세금을 거두고자 했다. 그러나 호패를 받지 않으려고 하거나, 위조하는 등 백성들의 반발 또한 만만치 않았다. 호패를 받는 순간 각종 세금이 부과되어 곤궁한 삶으로 이어지는 경우가 많았기 때문이었다. 《세종실록》에 따르면 호패를 받은 자가 전체 인구의 10~20% 정도였다고 하니, 조선 백성들에게 호패 착용이 정착되기까지 많은 어려움이 따랐음을 어렵지 않게 짐작할 수 있다.

역대 왕들은 호패의 순기능이 크다는 것을 알고 호패를 정착시키기 위해 여러 노력을 기울였다. 세조의 경우 호패에 관한 사무를 담당하는 호패청을 두었고, 인조는 호패를 착용하지 않으면 효수형에 처하는 등 강력한 제재 수단을 강구했다. 그 결과 숙종 때는 호패 착용이 정착될 수 있었다.

호패는 신분과 발급 시기에 따라 모양과 재질이 달랐다. 2품 이상의 관료와 삼사의 관원은 관청에서 제작한 호패를 받았다. 반면 일반 백성은 자신의 이름, 신분, 직역, 거주지 등을 담은 종이를 관청에 제출한 뒤, 사실 여부를 확인받은 후에 호패를 지급받았다. 신분에 따라 호패의 재질도 달랐다. 양반의 경우 호패를 상아처럼 고급 자재로 만들었지만, 상민의 경우 대부분 나무로 제작했다. 숙종 때는 휴대가 간편하면서도 위조를 방지할 수 있는 종이로 만들어진 지패가 제작되기도 했다.

037

더는 반정을 허용하지 않는다

제3대 태종

#외척사전제거 #민무구4형제처형 #원경왕후와갈등

두 차례의 왕자의 난을 통해 왕에 오른 태종은 강력한 왕권으로 나라의 안정을 이루고자 했다. 그러기 위해서는 장차 위협이 될 수 있는 종친과 외척을 견제할 필요성이 있었다. 그 첫 번째 대상은 공신이면서 외척인 민무구 4형제였다. 그러나 이들은 왕자의 난에서 큰 공을 세웠고, 외척으로 막강한 권세를 누리고 있었기에 제거한다는 것이 쉬운 일이 아니었다.

태종은 먼저 민무구 4형제가 어떤 생각을 하고 있는지 알아보기 위해 1406년(태종 6년), 양녕대군에게 왕위를 선위하겠다고 말했다. 다른 관료들은 말도 안 되는 이야기라며 크게 반대했으나, 민무구 4형제만은 소극적인 태도로 일관했다. 이런 모습은 이들이 양녕대군을 통해 권력을 잡으려 한다는 인식을 태종에게 심어주었다. 태종이 민무구 4형제를 제거할 마음이 있다는 것을 눈치챈 개국·정사·좌명 등 삼공신은 1409년(태종 9년), 민무구 4형제가 권세와 부를 탐하며 종친들에게 불손한 행동을 한다며 이들을 탄핵했다. 태종은 이들을 바로 처형해 후환을 없애고 싶었지만 장인 민제를 생각해 유배만 보내고 그쳤다.

삼공신들은 민제가 죽자, 다시 민무구 4형제의 잘못을 논하며 이들의 처형을 강력히 주장했다. 태종은 민무구와 민무질을 제주도로 유배 보낸 뒤, 이들이 스스로 목숨을 끊게 했다. 태종의 부인이자 민무구 형제의 누이인 원경왕후가 이 일로 자리에 눕자, 유배 가지 않은 민무휼과 민무회가 누이를 위로하려 궁으로 병문안을 왔다. 누이를 위로하고 집으로 돌아가던 두 형제는 양녕대군을 만나 두 형의 죽음에 대한 서운함과 억울함을 토로했다.

민무휼과 민무회가 양녕대군을 만나 두 형의 죽음이 억울하다고 호소한 사실이 알려지자 관료들은 가만있지 않았다. 양녕대군이 왕이 되면 민씨 형제들이 두 형제를 죽음으로 몰아넣은 자신들을 가만두지 않을 것이 자명했기 때문이었다. 관료들은 두 민씨 형제마저도 처벌해야 한다고 연일 상소를 올렸고, 태종은 기다렸다는 듯 민무휼과 민무질을 고문한 뒤 처형했다.

태종은 원경왕후의 형제를 모두 죽여, 혹시라도 모를 외척의 발호를 사전에 막아버렸다. 이 과정에서 민무구 4형제만이 아니라 왕권에 위협이 될 수 있는 다른 관료도 숙청해 강력한 왕권을 확보했다. 그러나 태종과 원경왕후의 사이는 되돌릴 수 없을 정도로 멀어졌다. 왕자의 난의 숨은 공로자였던 원경왕후는 자신의 친정을 멸문지화시킨 태종과 자주 싸웠고, 이로 인해 폐비가 될 위기에 처하기도 한다.

038

문익점의 공로를 기억하다

#목화보급 #문익점과아들 #추위에서벗어나다

문익점(1329~1398년)이 서장관(조선시대에 외국에 보내는 사행직의 하나)으로 원나라에 갔다 돌아올 때, 목화씨를 붓 통에 숨겨왔다는 사실이 진짜인지에 대한 여러 논란이 있다. 문익점이 목화씨를 가져오기 이전부터 고려에서 목화가 재배되고 있었고, 목화씨를 붓 통에 숨겨야 할 정도로 목화가 원의 중요한 자원이었는지에 대한 의구심 때문이다. 그러나 문익점이 우리나라에서 목화 재배 보급에 크게 기여했다는 사실은 변함이 없다.

문익점은 경남 산청군 단성면 사월리에 내려와서 장인 정천익과 함께 목화를 심었다. 그러나 정확한 재배 방법을 알지 못해 심었던 목화 중에서 단 한 그루만 살릴 수 있었다. 문익점과 정천익은 여기서 포기하지 않고 3년간의 노력 끝에 우리나라 환경에 맞는 목화 재배에 성공했다. 그러나 재배에 성공했어도 목화씨를 제거하고 실을 뽑아내는 방법을 알지 못해 난감한 상황이었다. 때마침 목화에서 씨를 빼고 실을 뽑는 방법을 아는 원나라 출신의 승려 홍원이 정천익의 집에 방문했다. 정천익과 문익점은 승려 홍원에게서 목화에서 실을 뽑아내는 방법을 배워 전국에 보급했다. 다른 이야기로는 문익점의 아들 문래가 실을 뽑는 법을 발명하고, 문익점의 손자 문영이 면포 짜는 법을 발명했다고도 한다.

논란과는 상관없이 문익점이 우리나라에 목화씨를 들여와 보급에 노력한 결과, 조선시대에 들어서 백성 모두가 추위에서 벗어날 수 있게 되었다는 점은 사실이다. 태종 때에 이르면 목화 재배와 면포 만드는 방법이 정착되어, 일본에 무명을 수출하는 동시에 목화 종자와 제직 기술을 알려줄 정도로 면포 제작이 크게 발전했다. 세조 때는 천민들도 목화로 만든 따뜻한 옷을 입고 겨울을 날 수 있게 되었고, 16세기에는 목화로 만든 무명이 대량 생산되면서 옷의 기능을 넘어 화폐의 기능도 갖게 되었다.

태종은 문익점의 공덕을 높이 평가해 문익점 사후 그의 품계를 참지정부사 강성군으로 올리고, 문익점의 아들에게도 정3품의 사헌감찰직을 주었다. 세종은 문익점을 백성을 풍요롭게 만든 제후란 뜻으로 부민후라 부르고, 문익점에게 충선공이란 시호를 내려주었다. 이후 문익점의 고향 단성에 도천서원을, 전라남도 장흥에 월천사우를 세워 문익점의 공로를 기렸다.

039

양녕대군, 세자에서 쫓겨나다

제3대 태종

#양녕대군세자책봉 #양녕대군여자문제 #세종우애

두 차례의 왕자의 난을 통해 왕위에 오른 태종은 일찌감치 큰아들 양녕대군(1394~1462년)을 세자로 책봉했다. 이때가 1404년(태종 4년)으로 양녕대군의 나이는 10세에 불과했다. 이토록 세자를 빨리 책봉한 것은 건국 초 불안했던 정국에서 왕권을 안정화하기 위해서였다.

태종이 건재한 상황에서 양녕대군이 왕위를 계승하는 데는 문제될 것이 하나도 없었다. 오히려 양녕대군이 왕위에 오르지 못한 원인은 세자를 두고 벌어지는 신하들의 권력 투쟁보다는 세자 자체에 있었다. 어려서부터 문무에 능했던 양녕대군은 태종의 기대에 부응하며 성장했다. 13세의 어린 나이에 진표사를 맡아 명나라에 새해 인사를 다녀오기도 했으며, 태종이 아프면 정무를 맡아 별 탈 없이 잘 운영했다.

그러나 태종의 바람과는 달리 성년이 될수록 양녕대군은 사냥과 여자에 푹 빠져 세자 수업을 소홀히 했다. 태종은 양녕대군의 행동을 고치기 위해 양녕대군에게 매와 여자를 공급하는 구종수와 이오방을 유배 보냈지만, 상황은 좀처럼 나아지지 않았다. 오히려 양녕대군은 곽선의 첩 어리를 임신시키는 등 세자로서 해서는 안 될 행동을 저질렀다. 이로 인해 양녕대군의 장인 김한로와 황희는 양녕대군을 보호하려다가 처벌받기도 했다.

반면 셋째 충녕대군(세종)은 뛰어난 학문과 통찰력으로 태종의 마음을 흔들고 있었다. 이러한 것을 아는지 모르는지 양녕대군은 태종에게 자신의 문제, 특히 여자에 관해 관여하지 말아달라며 반항했다. 이를 계기로 태종은 유정현을 중심으로 양녕대군을 폐세자시키라는 관료들의 상소를 받아들여 양녕대군을 폐세자하고, 충녕대군을 세자로 책봉했다. 그러나 양녕대군은 폐세자가 된 것에 구애받지 않고, 교외로 사냥을 다니는 등 유유자적한 생활을 보냈다. 세종이 즉위한 후에도 양녕대군은 여러 문제를 일으켰는데, 그때마다 세종은 양녕대군이 벌인 일을 수습해주며 우애 있는 모습을 보였다.

세종이 죽고 왕실의 어른이 된 양녕대군은 젊은 시절 정치에 무관심했던 모습과 달리 정치적 행보를 걷기도 했다. 세조의 즉위를 인정했던 양녕대군은 세조에게 안평대군과 단종을 죽일 것을 건의하기도 했다. 물론 안평대군과 단종의 죽음이 양녕대군의 건의로만 이루어진 것은 아니지만, 왕실의 대표로서 그가 세조에게 힘을 실어준 것은 틀림없었다. 양녕대군이 젊은 시절과는 달리 노년에 정치에 참여한 것을 두고, 왕위를 충녕대군에게 넘기려고 세자 시절 일부러 문제를 일으켰다는 주장도 있다.

040

조선왕조실록을 편찬하다

#실록편찬과정 #실록보관 #세계기록유산등재

태조가 자신이 죽은 이듬해 《태조실록》을 편찬하도록 명령한 이후, 조선시대는 왕이 죽으면 곧바로 실록청을 만들어 실록 편찬을 준비했다. 우선 왕의 재위 연도를 고려해 실록청을 1~6개의 방으로 나누어 자료를 수집했고, 실록을 편찬할 준비를 마쳤다. 방 위에는 도청을 두어 실록 편찬을 관리·감독했다. 정1품 영사 중에 1명을 실록총재관에 임명해 총감독을 맡기고, 대제학과 학문에 뛰어난 문신을 낭청으로 임명했다.

실록을 편찬할 기구와 관리가 배정되면 선왕 때 사관을 지냈던 전임 사관들이 집에 보관 중이던 사초(사기의 초고)를 실록청에 제출했다. 이외에도 《승정원일기》·《시정기》·《경연일기》·개인 문집·야사 등의 자료가 실록청으로 모였다. 모든 문서가 다 모이면 각 방의 낭청이 이를 연대순으로 정리하고, 각 방의 당상이 이를 검토하는 초초(初草) 과정이 마무리되었다.

초초 과정에서 정리된 문서가 도청으로 넘겨지면, 도청의 당상과 낭청이 다시 이를 첨삭하는 중초(中草) 작업이 이루어졌다. 도청의 당상과 총재관이 중초 작업을 마친 실록의 내용을 감수하고, 문장과 체제를 통일하는 정초(正草) 작업을 끝내면 실록 편찬이 비로소 마무리되었다. 실록 편찬이 마무리되면 사초와 시정기 등 실록 편찬에 사용된 자료와 초초·중초를 자하문 밖의 세검정 부근 개울가에서 씻어 기록을 없앴다. 이는 실록 편찬에 들어가는 사초를 충분히 검토했다는 자신감과 함께 후대에서 실록을 변경하거나 왜곡하지 못하도록 하기 위해서였다. 이렇게 완성된 실록은 인쇄 과정을 거쳐 춘추관과 사고에 보관했다. 사고에 보관된 실록은 사관만이 열람할 수 있도록 해, 후대에 혹시라도 실록이 변경될 수 있는 여지를 없앴다.

실록은 본문, 세주, 사론 세 부분으로 구성되었다. 본문은 시간 순서에 따라 사실을 서술하는 편년체로 기술되었고, 세주에는 본문을 보충하는 설명이 적혔다. '사신왈(史臣曰)'로 시작하는 사론에는 역사를 기록한 담당자들이 역사적 사건이나 인물을 평가한 내용이 담겼다. 사론은 유교적이고 도덕적인 관점에서 그 평가가 이루어졌는데, 성리학이 뿌리를 내리는 성종 때부터 내용이 급격히 증가해 《중종실록》에는 1천 편이 넘게 수록되기도 했다. 많은 사람이 오랜 시간 심혈을 기울여 역사를 객관적으로 기술하고, 내용의 조작이나 변경이 없도록 철저하게 관리해온 《조선왕조실록》은 1997년 유네스코 세계기록유산으로 등재되었다.

041

사초와 사관, 역사를 기록하다

#춘추관인원 #전임사관업무 #사초열람

역사 편찬 기구인 춘추관은 60여 명의 사관으로 구성되었다. 그러나 60여 명이 전부 춘추관에 모여 일을 하는 것은 아니었다. 예문관의 봉교, 대교, 검열 등 8명만이 춘추 관에서만 일하는 전임 사관이었고, 나머지는 다른 기관의 관원을 겸하고 있는 겸임 사관이었다. 겸임 사관은 사초와 상소문을 실은 《승정원일기》와 함께 각 관청의 기록을 날짜순으로 정리해 기록한 《시정기》를 춘추관에 보내는 역할을 맡았다. 전임 사관들 은 겸임 사관이 보낸 사초와 《시정기》를 정리하는 일을 맡았다.

전임 사관 8명의 주 임무는 왕이 신료들과 정사를 논의하는 내용을 옆에서 기록 하는 것이었다. 전임 사관은 왕이 있는 곳이라면 어디든 따라다니며 왕의 말과 행동을 모두 기록했다. 그만큼 사관은 뛰어난 학식과 체력, 그리고 양심이 요구되었다. 사관에 게 요구되는 자질을 '삼장지재'라고 하는데, 역사 서술 능력인 재(才), 해박한 역사 지 식인 학(學), 현실을 직시해 공정하게 평가할 수 있는 식(識)이 그것이었다. 그러나 이런 자질이 있다고 해도 가문에 문제가 없고, 동료와 선후배 간에 유대 관계가 좋아야 했 다. 그리고 예문관의 추천도 받아야 했다. 이 모든 조건을 갖추고 삼정승과 춘추관·예 문관·참찬의 당상관들로부터 테스트를 받아 합격해야만 비로소 사관이 될 수 있었다.

기록물인 사초는 입시사초와 가장사초로 나뉘었다. 입시사초는 전임 사관이 왕의 언행을 기록해 춘추관에 제출한 것이고, 가장사초는 인물에 대한 평가나 민감한 정치 현안에 대한 평가를 집에서 기록한 것이었다. 사초는 왕과 관료들의 평가가 담겨 있기 때문에 언제나 문제가 될 소지가 컸다. 그래서 고관 대신만이 아니라 왕조차도 열람하 지 못하도록 했다.

조선시대에 사초를 직접 본 왕은 조선을 건국한 태조만이 유일했다. 폭군으로 악 명을 떨쳤던 연산군조차도 김종직의 〈조의제문〉과 관련된 사초 일부만을 간신히 볼 수 있었다. 그러나 이 일로 무오사화가 일어났기에 이후의 왕들은 더욱 사초를 열람할 수 없었다. 그만큼 사관은 권력에 휘둘리지 않고 소신껏 기록을 남길 수 있었다. 예를 들어 현종이 사관에게 언관(사간원과 사헌부에 속해 임금의 잘못을 지적하고 백관들의 비행을 꾸짖 던 벼슬아치)과의 언쟁을 기록하지 못하도록 지시했을 때 사관이 그 자리에서 왕명의 부 당함을 밝히고 모든 일을 기록했을 정도였다. 이처럼 《조선왕조실록》은 왕과 고관 대 신들에게 휘둘리지 않고 오랜 기간 객관적으로 기록되면서 여러 사람이 검증하는 절 차를 통해 만들어졌기에 매우 신빙성이 높은 자료로 인정받고 있다.

◇ 이름: 도

◇ 출생-사망: 1397~1450년

◇ 재위 기간: 1418년 8월~1450년 2월(31년 6개월)

세종은 태종의 셋째 아들로, 1418년(태종 18년) 6월 세자에 책봉되고, 그해 8월에 왕으로 즉위했다. 본래 세자였던 양녕대군이 태종의 기대에 어긋나는 행동으로 폐세자되면서 급격하게 이루어진 일이었다. 태종이 군사권과 인사권을 가진 채 상왕으로 물러났기에 세종은 즉위 초 자신의 정치를 펴지는 못했다. 그러나 태종 사후 세종은 집현전을 통해 양성한 인재들을 적재적소에 배치해 많은 업적을 이루어냈다.

세종은 대외적으로 명나라와 사대 관계를 유지하면서 자주적인 나라를 만들기 위해 노력했다. 그중에서도 우리만의 글자를 갖기 위해 훈민정음을 창제한 것은 가장 큰 업적으로 손꼽힌다. 세종은 한글과 한문으로 역사서, 유교 경서, 유교 윤리와 의례·지리서·천문·농서 등 다양한 분야를 자주적인 입장에서 연구하고 정리해 편찬했다.

세종은 과학 분야에서도 큰 업적을 쌓았다. 천문을 관측하기 위해 경복궁에 간의대를 설치하고, 천체의 운행과 위치를 측정하는 천문 관측기구인 혼천의를 제작했다. 수시력과 회회력을 완벽하게 이해해 한양을 기준으로 시간을 계산하는 역법서 《칠정산》을 편찬했으며, 앙부일구·자격루와 같은 해시계와 물시계를 만들어 실제 생활에 활용했다. 이 외에도 농업 진흥을 위한 측우기를 발명하고, 도량형을 정비해 통일했다.

세종은 청동 활자인 경자자, 갑인자, 병진자를 주조하며 인쇄술에서도 큰 발전을 이끌었다. 또 음악에서는 아악을 부흥하고 악기를 제작했으며, 특히 음의 시가를 알 수 있는 유량악보인 정간보를 만들며 음악을 체계화했다. 세종 때는 군사적으로도 화포의 개량과 발명이 꾸준하게 이루어져 완구·소화포·철제탄환·화포전 등이 실전에 배치되었다. 이 중에서도 세계에서 가장 오래된 종이 약통 로켓인 신기전은 실제 전투에서 위력을 선보이며 승리에 크게 이바지했다. 의학에서 세종은 《향약집성방》 《의방유취》 등 우리 약재와 치료법을 책으로 편찬했다. 대외적으로는 대마도 정벌과 삼포 개항, 그리고 계해약조를 통해 일본의 침략을 막고, 압록강의 사군과 두만강의 6진을 개척해 영토를 확장했다. 세종의 능호는 영릉으로, 그 능은 경기도 여주에 있다.

043

세종 가계도

제4대 세종

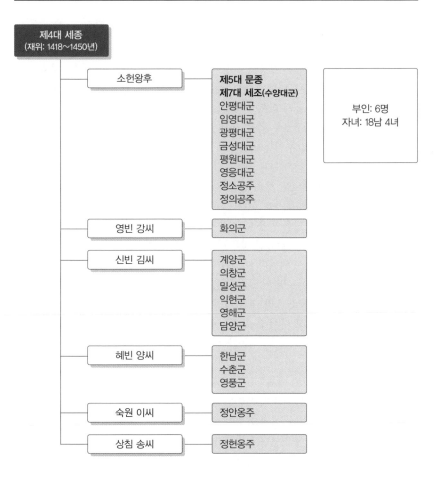

제4대 세종
(재위: 1418~1450년)

소헌왕후 — **제5대 문종** / **제7대 세조(수양대군)** / 안평대군 / 임영대군 / 광평대군 / 금성대군 / 평원대군 / 영응대군 / 정소공주 / 정의공주

영빈 강씨 — 화의군

신빈 김씨 — 계양군 / 의창군 / 밀성군 / 익현군 / 영해군 / 담양군

혜빈 양씨 — 한남군 / 수춘군 / 영풍군

숙원 이씨 — 정안옹주

상침 송씨 — 정현옹주

부인: 6명
자녀: 18남 4녀

044

한 번 잡은 책은 놓지 않다

제4대 세종

#세종학구열 #천번읽은구소수간 #세종기억력

세종이 뛰어난 업적을 이룰 수 있었던 바탕에는 그의 학문 탐구에 대한 열정과 노력이 있었다. 세종이 충녕대군이던 시절, 그는 건강을 돌보지 않고 책을 읽느라 잦은 병치레로 고생을 많이 했다. 태종은 세종의 건강이 우려되어 방에 있던 모든 책을 강제로 빼앗아 세종이 공부하지 못하도록 막았다. 세종은 책을 빼앗기는 와중에도 병풍 사이에 《구소수간》을 숨겨놓고 몰래 읽으며 학업을 계속 이어나갔다. 서거정의 《필원잡기》에 따르면 세종은 이 시기 《구소수간》을 천 번 이상 읽었다고 한다.

《구소수간》은 원나라 두인걸이 송나라 구양수와 소동파가 소식을 주고받은 편지를 모아놓은 책이다. 이 책은 한문 서찰을 작성하는 데 기본이 되는 책으로, 다양한 내용을 다루고 있다. 늘 새로운 것을 상상하고 그것을 현실로 구현했던 세종의 모습은 《구소수간》에서 만들어졌을 수도 있다. 그래서였을까? 세종은 왕이 되어서도 《구소수간》을 손에서 놓지 않고 밥을 먹을 때도 좌우에 펴놓고 보았다고 한다.

세종은 《구소수간》만을 읽었던 것은 아니었다. 《좌전》과 《초사》 등 어떤 책이든 한 번 손에 잡히면 백 번 이상 읽었다. 머리가 총명하지 못해서 책을 많이 읽었던 것이 아니었다. 사관의 기록에 따르면 어느 날 세종이 총제 원민생과 판승문원사 조숭덕에게 한어를 번역한 여러 서적을 소리 내 읽게 한 일이 있었는데, 세종은 이들이 읽은 내용을 한 글자도 틀리지 않고 다시 읊을 정도로 뛰어난 암기력을 가지고 있었다고 한다. 이 외에도 세종은 수많은 신하의 이름과 경력, 그리고 가문까지 모두 외웠으며, 한 번 본 얼굴은 몇 년이 지나도 기억해냈다고 한다.

또 한번은 세종이 예문 대제학 윤형에게 서책에 대해 질문한 일이 있었다. 윤형이 여러 책을 참고해 대답을 잘하자, 세종은 윤형에게 책을 몇 번이나 보기에 이토록 잘 기억할 수 있는지를 물었다. 이에 윤형이 30번 정도 읽는다고 대답하자, 세종 자신도 평소 여러 책을 백 번 이상 읽는다고 말했다는 기록이 있다.

세종 때 뛰어난 학자들이 나올 수 있었던 것은 세종의 재능과 열정, 그리고 노력이 신하들을 능가했기 때문이다. 더욱이 세종은 모든 관료가 자신과 함께 새로운 세상을 만들 수 있는 역량을 갖추기를 바랐다. 왕이 목표를 제시하고 먼저 모범을 보였기에 세종 때의 관료들 역시 뛰어난 역량을 갖출 수 있었다.

045

장인의 죽음을 바라보다

제4대 세종

#태종의배려 #죄없이죽은심온 #세종효심

태종은 충녕대군을 세자로 책봉한 뒤, 곧바로 그에게 왕위를 물려주었다. 하지만 군권과 인사권까지는 넘겨주지 않은 채 여전히 실질적인 권력은 갖고 있었다. 이는 세종이 종친과 신료들에게 흔들리지 않는 굳건한 왕으로 자리매김할 수 있도록 도와주기 위해서였다. 그런 관점에서 태종은 장차 위협이 될지도 모를 세종의 장인 심온(1375~1418년)을 제거해 외척이 부리는 권세를 견제하고자 했다.

심온은 11세라는 어린 나이로 감시(監試)에 급제하며 많은 이의 기대를 받던 인물이었다. 조선이 건국되자 심온은 대호군을 비롯해 한성부 판윤 등 여러 관직을 거치며 맡은 바 소임을 다했다. 사람들은 심온에 대해 평가하기를, 인자하고 온순하면서도 관리들의 기강을 바로잡는 엄격함을 가지고 있다고 했다. 이런 그가 세종의 장인이 되자 많은 이가 좋아했다. 그러나 태종은 심온의 평가가 너무 좋다는 사실이 마음에 들지 않았다.

마침 많은 사람이 명나라 사신으로 떠나는 영의정 심온을 배웅하는 모습을 본 태종은 외척이 부릴 권세를 걱정했다. 여기에 병조좌랑 안헌오가 '심온의 동생이던 심정이 태종이 왕위에서 물러났음에도 군권을 놓지 않은 것을 비난했다.'라고 고해바치자, 태종은 심온을 죽이기로 마음먹었다.

우선 태종은 병조참판 강상인이 군사 업무를 세종에게만 보고한 것을 문제 삼아 그를 모반죄로 심문했다. 사기그릇의 깨어진 조각인 사금파리에 무릎을 꿇리고 무거운 돌을 얹는 압슬형을 견디지 못한 강상인은 심온이 역모를 꾀하고 있다는 거짓 자백을 했다. 이를 근거로 태종은 명에서 돌아오던 심온을 의주에서 체포한 뒤, 수원으로 압송해 심문했다. 하루 사이에 세 차례나 압슬형을 받은 심온은 결국 고문을 이기지 못하고 역모죄를 시인하면서 태종에 의해 사약을 들게 되었다. 그의 나이 44세였다.

당시 세종은 장인이던 심온이 고문을 당하는 순간에도 왕의 업무를 보았다. 부인 소헌왕후가 아버지를 살려달라고 간청했으나 세종은 아무런 행동을 취하지 않았다. 오히려 태종이 벌인 잔치에 참석하며 심온의 죽음에 간여하지 않는 모습을 보였다. 세종은 태종이 죽고 자신의 정치를 펼 수 있게 되었을 때도 심온의 관작을 복구해주지 않았다. 이는 태종을 향한 세종의 효심과 배려심이었다. 심온은 문종 때에 이르러서야 관작이 복구되고 시호가 내려졌다.

046

대마도를 정벌하다

제4대 세종

#왜구노략질 #태조대마도정벌 #태종대마도정벌

조선이 건국되고 왜구의 노략질이 갑자기 근절된 것은 아니었다. 당시 일본은 내란으로 지방 세력이 통제되지 않던 시기였고, 70년 가까이 한반도를 침략하던 노략질이 한순간에 사라질 상황이 아니었다. 하지만 조선의 입장에서는 계속되는 왜구의 노략질을 꼭 근절해야만 했다. 태조는 왜구의 노략질을 막기 위해 조선에 귀화하는 왜인과 사절단을 받아들이면서도 변경(邊警)에 대한 방비를 강화했다. 그럼에도 1393년부터 1397년까지 왜구는 53회나 출몰하며 조정의 골치를 썩였다.

특히 1396년(태조 5년), 왜구가 수군만호를 살해하고 16척의 병선을 빼앗는 등 노략질로 인한 피해가 심해지자 태조는 대마도 정벌을 시행했다. 우정승 김사형을 5도 병마도통처치사로 임명해 5도에서 차출한 병선을 이끌고 대마도를 정벌토록 했다. 대마도 정벌은 태조가 흥인문 밖까지 나가 정벌을 마치고 온 군대를 환영했을 정도로 큰 성과를 거두었고, 이후 대마도주(대마도 관리)는 예물을 바치며 교역에만 집중하면서 큰 문제를 일으키지 않았다.

태종 때도 왜구의 노략질은 있었지만 내부분은 작은 규모였다. 그러나 1419년(세종 1년), 왜구가 배 39척을 이끌고 충청도 도두음곶 만호를 죽이는 만행을 저지르며 황해도까지 노략질하는 일이 발생했다. 세종에게 왕위를 물려주었지만 군권을 가지고 있던 상왕 태종은 세종의 안정적인 국정 운영을 위해 대마도 정벌을 준비했다.

태종은 3군 도통사에 영의정 유정현을 임명하고, 3군 도체찰사 이종무에게 대마도 정벌군을 지휘토록 했다. 우선 대마도주가 정벌 사실을 알지 못하도록 대마도주의 사신을 함경도로 유배 보내고, 조선에 거주하던 왜인을 충청도와 강원도로 이동시켰다. 정벌 준비를 마친 이종무는 227척의 병선에 1만 7,285명의 병졸을 이끌고 1419년(세종 1년) 6월 19일 대마도로 출발했다. 대마도에 도착한 정벌군은 항복을 권했으나 대마도주가 응하지 않자 공격을 퍼부었다. 왜병 114명을 죽이고 2천여 채의 집을 불태우며 강력한 토벌을 시행한 조선 정벌군은 왜구가 다시는 노략질을 할 수 없도록 129척의 선박을 빼앗아 20척만 남기고 모두 불태워버렸다.

물론 정벌군의 피해도 있었다. 대마도주의 저항이 계속되자 이로군(대마도의 한 지형)에 병사를 상륙시키고, 왜구를 토벌하러 섬 깊숙이 진군하다 백수십 명의 병사를 잃기도 했다. 대마도주는 이로군에서 작게 승리하긴 했지만, 조선군이 대마도를 차지할까 두려워 군대를 물러주기를 간청하며 항복했다. 이종무의 대마도 정벌 소식은 일본의 다른 지역에도 영향을 미쳐 조선을 노략질하는 왜구가 확연히 줄어드는 효과를 가져왔다.

047

남자의 귀고리를 금하다

제4대 세종

#귀고리풍속 #조선인식별방법 #귀고리단속

남자가 귀고리를 하고 다니는 것은 삼국시대부터 이어진 우리의 전통이었다. 당나라에 입국한 여러 사신의 모습이 담긴 〈왕회도〉를 살펴보면 고구려·백제·신라의 사신 모두가 귀고리를 하고 있다. 이 풍습은 조선시대에도 이어져 많은 남자가 신분에 상관없이 귀고리를 하고 다녔다.

세종도 귀고리 착용을 금지하기보다는 허용하는 모습을 보였다. 1419년(세종 1년) 세종은 금과 은이 우리나라에서 생산되지 않으니 금과 은으로 술잔이나 밥그릇을 만들지 말라는 교서를 내렸다. 이때 몇 가지 품목은 제외했는데, 이 중 하나가 사대부 자손들의 귀고리였다. 그만큼 귀고리는 사치 품목이 아닌, 일상에서 빠져서는 안 되는 물품이었다. 중종 때도 양평군이 9세 때 큰 진주 귀고리를 했다는 기록이 남아 있는 것으로 보아 왕실에서도 귀고리 착용이 일상의 한 부분이었음을 알 수 있다.

이처럼 귀고리는 모든 남성이 하고 다닐 정도로 보편적인 풍속이었지만 이것은 성리학이 뿌리를 내리는 조선 중기부터 문제가 되기 시작했다. 1572년(선조 5년), 선조는 "신체발부를 훼손하지 않는 것이 효의 시작이다. 우리나라의 크고 작은 사내아이들이 귀를 뚫고 귀고리를 달아 중국 사람에게 업신을 받으니 부끄러운 일이다. 이후로는 오랑캐의 풍속을 일체 고치도록 가르쳐라. 한양은 이달을 기한으로 하되 혹 꺼리어 따르지 않는 자는 엄하게 벌을 주도록 하라."라고 교지를 내렸다.

그러나 어명만으로는 그동안 해오던 남성의 귀고리 착용을 막지 못했다. 20년 뒤인 임진왜란과 정유재란 때, 명나라 사신과 이덕형이 나눈 대화는 남성들의 귀고리가 얼마나 보편적이었는지를 보여준다. 명나라 사신과 이덕형은 군공을 노리는 일부 군인들이 일반 백성을 죽여놓고 왜적을 죽였다고 속이는 문제를 해결할 방안으로 죽은 이의 귓불에 귀고리 구멍이 있는지를 살피자는 의견을 나누었다. 이는 선조의 어명 이후로도 남성들이 계속 귀고리를 하고 있었음을 보여준다.

조선시대에 남성이 귀고리를 하고 다닌 데는 크게 두 가지 이유가 있었다. 첫 번째는 귀고리를 신분과 권력의 상징으로 여겼기 때문이었다. 조선시대는 신분이 높을수록 금과 은을 사용해 크고 화려한 귀고리를 하고 다녔다. 두 번째는 멋이었다. 당시 남성들은 자신의 개성을 뽐내는 데 귀고리를 활용했다. 하지만 성리학이 뿌리를 내리면서 점차 남성의 귀고리 착용은 줄어들다가 사라졌다. 마침내는 귀고리에 대한 인식의 변화가 생겨, 남성의 귀고리 착용을 부정적으로 보는 평가가 보편화되었다.

048 장영실, 끝내 신분을 극복하지 못하다

제4대 세종   #장영실출신 #장영실업적 #비참한말로

장영실(1390년경~?)의 아버지는 원나라 소주 또는 항주 출신이었고, 어머니는 관청에 소속된 기생이었다. 종모법에 따라 어머니의 신분을 물려받은 장영실은 부산 동래의 관노로 살아갔다. 그러던 어느 날 장영실의 손재주가 뛰어나 못 고치는 물건이 없다고 한양까지 알려지자 태종은 장영실을 한양으로 불러들였다. 인재를 우대하는 세종은 장영실이 철을 다루는 제련과 축성·농기구·무기 제조 등 다양한 방면에서 두각을 드러내자 그에게 깊은 관심을 두었다.

1421년(세종 3년), 세종은 장영실의 능력을 키우기 위해 명나라로 그를 유학 보내 과학기술을 익히도록 했다. 장영실이 중국에서 공부를 마치고 돌아오자 세종은 그를 궁궐의 재물과 보물을 관리하는 상의원 별좌로 임명해 천민의 신분을 벗게 해주었다. 이는 세종이 장영실을 활용하고자 하는 굳은 의지와 장영실의 능력, 그리고 신분 이동이 가능했던 조선 초였기에 가능한 일이었다.

1434년(세종 16년), 천민의 신분을 벗어던진 장영실은 시간을 자동으로 알려주는 자격루를 만들었다. 제작된 자격루에 크게 흡족한 세종은 장영실에게 포상으로 정4품 호군의 관직을 내렸다. 많은 이가 장영실에게 내린 관직이 과하다고 반대했지만, 세종은 태종 시절 평양 관노 김인이 호군이 되었던 사실을 제시하며 앞으로도 장영실을 중히 여기겠다는 의지를 보여주었다. 세종의 태도에 감복한 장영실은 더욱 일에 매진해 천체의 운행을 관측하는 혼천의를 제작하고, 물시계 옥루를 만들었다. 장영실의 업적이 쌓이고 쌓일수록 그의 직책도 올라가 장영실은 종3품의 대호군까지 승진했다.

이처럼 세종의 총애를 받던 장영실이었지만, 그의 마지막은 너무나 허무했다. 세종은 강원도 이천에 있는 온천까지 타고 갈 안여(가마) 제작에 장영실을 책임자로 임명했다. 이천으로 가는 도중 세종이 탄 안여가 비로 인해 질퍽해진 길에서 부서지는 사고가 발생했다. 세종은 장영실에게 안여가 부서진 책임을 물어 곤장 80대를 때리고 그를 유배 보냈다. 이후 장영실의 생사에 대한 기록이 나오지 않는다. 이 과정에서 의문스러운 점은 장영실에게 안여가 부서질 리 없다고 장담했던 조순생은 세종의 특별 지시로 처벌받지 않았다는 사실이다. 이를 두고 간의대 제작으로 생긴 명나라와의 갈등에서 장영실을 보호하려 했다는 주장과 장영실의 폐기론 등 여러 주장이 제기되었지만 현재 확실하게 밝혀진 것은 아무것도 없다.

049

젊은 학자를 양성하다

제4대 세종

#집현전기능강화 #세종집현전사랑 #집현전계승

세종은 즉위 초 개국에 참여했던 많은 관료가 관직에서 물러나거나 죽으면서 새로운 인재가 필요했다. 무엇보다 세종이 구상하는 국가 운영을 위해서도 기존의 틀에 박힌 관리보다는 젊고 능력 있는 신진 인사가 필요했다. 그 방안으로 세종은 1420년(세종 2년)에 고려 인종과 조선 정종 때 운영되었던 집현전을 부활시켰다.

세종은 젊고 능력 있는 관료 10명을 선발해 집현전을 운영하려 했으나, 관청 책임자들이 업무를 핑계로 선발된 관료를 내놓지 않았다. 세종은 집현전의 필요성을 절감하지 못하는 관료들에게 화를 내며 이들에게 반강제적으로 선발된 관료를 내놓게 했다. 그 결과, 1435년(세종 17년)에는 집현전에서 수학하는 관리가 32명까지 늘어났고 이후 20명 내외로 정원이 고정되었다.

집현전에 선발된 관료는 학문 연구에만 매진할 수 있도록 다른 관직으로의 이동이 허락되지 않았다. 집현전 내에서 직제학 또는 부제학까지 승진한 관료는 육조나 승정원 등으로 나가 그동안 익힌 역량을 발휘토록 했다. 세종이 인재를 양성하고자 특별히 집현전을 세운 만큼, 집현전 학사에게는 많은 특혜가 주어졌다. 구하기 힘든 서적을 국가에서 제공했고, 업무를 멈추고 집이나 사찰 등지에서 편안하게 공부할 수 있는 사가독서제가 주어졌다. 세종은 집현전에 대한 애정과 관심이 커, 집현전을 수시로 방문해 학사를 격려하고 그들의 실력을 시험했다. 그 덕분에 집현전 학사들은 늘 긴장을 풀지 못하고 밤늦게까지 학문 연구에 매진해야만 했다. 한 예로 집현전에서 책을 읽다 잠든 신숙주에게 세종이 자신이 입고 있던 옷을 손수 덮어준 사건은 세종의 관심과 기대, 그리고 집현전 학자들의 노력을 잘 보여준다.

집현전에서는 유교만이 아니라 전문 분야를 선택해 공부할 수 있는 여건도 마련해주었다. 그 결과 집현전은 유교·역사·지리·의학·천문 등 다양한 분야의 책을 편찬할 수 있었고, 신숙주·박팽년·하위지·설순 등 집현전에서 배출된 학자들은 새로운 문물제도를 만드는 데 큰 역할을 했다. 1442년(세종 24년)에는 세자의 정무 처결 기관인 첨사원이 집현전에 설치되면서 집현전의 정치적 영향력이 강화되었다. 문종 때는 집현전 학사들이 정치적 의견을 왕에게 직접 건의하며 정책 운영의 핵심 기관으로 성장했다.

그러나 세조는 집현전이 왕권을 약화시키는 기구라고 생각해 그 기능을 축소하다가, 박팽년·하위지 등 집현전 학자 출신이 단종 복위를 도모한 사건을 계기로 1456년(세조 2년)에 집현전을 폐지했다. 집현전은 비록 폐지되었지만, 성종 때 홍문관으로 계승되어 조선 전기의 문물을 완성하는 데 크게 이바지했다.

050

족보가 만들어지다

제4대 세종

#족보역사 #최초족보 #족보기능

족보란 시조를 기점으로 현재 자손까지의 계보를 기록한 책이다. 종적으로는 시조에서부터 이어지는 세계(世系)를 알 수 있고, 횡적으로는 동족 간 혈연적 거리를 알게 해준다. 족보는 중국 후한 시대 이후로 고관을 배출하는 가문이 중요해지면서 시작되었고, 육조 시대부터는 족보와 함께 보학(譜學, 족보를 연구하는 학문)이 본격적으로 발달했다.

우리나라에서는 조선 초부터 족보가 본격적으로 만들어지기 시작했다. 최초의 족보는 1423년(세종 5년) 편찬된 문화 류씨의 《영락보》로 알려져 있으나 지금은 현존하지 않는다. 현재 남아 있는 가장 오래된 족보는 1476년(성종 7년)에 간행된 안동 권씨의 《성화보》다.

족보에 기록되는 자손의 범위는 시기에 따라 달랐다. 15~16세기에는 친손과 외손에 상관없이 모든 자손을 족보에 기록했다. 성리학이 뿌리를 내리는 17세기부터는 가문에 따라 차이는 있지만, 외손은 3대 이하 또는 사위만 기록하며 족보 기록이 부계를 강조하는 형식으로 변화되었다. 남녀의 기재 순서도 16세기까지는 태어난 순서대로 기록했으나, 17세기부터는 남자를 먼저 기록하고 여자를 뒤에 기록했다. 더러는 여자를 기록하지 않고 사위만을 기록하기도 했다.

족보는 일반적으로 성씨의 근원과 내력을 기록한 서문으로 시작한다. 본문에서는 시조와 중시조를 설명하고 분묘도와 시조 발상지를 표시한 지도를 넣었다. 또한 이름·생년월일·관직 등 족보에 올라간 사람을 한눈에 볼 수 있는 주요 자료를 간결하게 표시했다. 마지막은 시조를 시작으로 세대순으로 이름을 표기한 계보표를 실었다.

족보는 조선시대 양반으로 하여금 그 지위를 유지하며, 일족의 결속을 강화하는 기능을 했다. 또 조상의 업적을 통해 자부심을 느끼면서 동족끼리의 협동과 단결을 이끌어냈다. 양반들은 외적으로는 족보를 통해 혼인 가문을 선택하고, 내적으로는 족보를 자신들이 다른 신분보다 우월하다는 척도로 삼았다. 족보는 한 성씨의 사적인 기록이지만 조선 후기에는 공문서의 기능도 가졌다. 조선시대에 동성 간의 혼인을 판단하는 근거 자료가 되기도 했고, 면역 대상자를 확인하는 용도로 사용되기도 했다.

051 우리 풍토에 맞는 농서를 만들다

제4대 세종

#우리농서필요성 #농사직설편찬 #농업생산력증대

농경지가 부족한 한반도에 자리 잡은 왕조들은 늘 농업 진흥에 큰 노력을 기울였다. 그렇기에 중국의 선진 농법을 배우거나, 오랜 경험으로 익힌 농사 기술을 보급할 필요가 있었다. 그러나 중국에서 들여온 농업 서적은 중국과는 기후와 토양이 다른 한반도에 맞지 않는 부분이 많았다. 고려 후기까지 축적된 농업 기술도 일부 지역에서만 활용될 뿐, 전국적으로 보급되지는 않았다. 하지만 농업을 국가 경제의 근본으로 삼은 조선에서는 농업 진흥을 위한 노력은 선택이 아닌 필수였다.

세종은 정초와 변효문에게 농부들의 경험을 수집해, 유익하고 필요한 농업 기술을 책으로 편찬하도록 지시했다. 세종의 명을 받은 정초와 변효문은 관찰사를 통해 평생 농사를 지은 노인들의 경험과 농업 전문가의 지식을 수집한 자료를 바탕으로 1429년 (세종 11년) 《농사직설》을 편찬했다. 이 책은 현재 남아 있는 최고로 오래된 농업 서적이자, 우리나라 풍토에 맞는 농사법이 제시된 첫 번째 책이 되었다.

《농사직설》은 비곡(종자의 선택과 저장), 지경(논밭갈이), 종마(삼 재배법), 종도(벼 재배법), 종서숙(기장·조·수수 재배법), 종직(피 재배법), 종대두소두(콩·팥·녹두 재배법), 종맥(보리·밀의 재배법), 종호마(참깨 재배법), 종교맥(메밀 재배법)의 10개 항목으로 기술되어 있다. 《농사직설》을 통해 조선에는 모내기법이 일부 지역에서 이루어졌으며, 2년 3작이 전국적으로 보편화되었음을 알 수 있다. 또한 인분과 재거름을 퇴비로 활용하면서 예전보다 농업 생산량 또한 많이 증가된 사실도 알려준다. 이 외에도 쟁기, 고무래, 호미 등 《농사직설》 안에 다양한 농기구가 소개되어 있어, 《농사직설》은 현재 당시 농민들의 생활상을 파악하는 데 많은 도움을 주고 있다.

세종은 《농사직설》이 완성된 이듬해 지방 관아에 책을 배포하고 관아에서 농사 진흥에 힘쓰도록 지시했다. 이런 노력으로 세종 시절에는 농업이 크게 발달하면서, 세종은 조선시대 통틀어 가장 많은 조세를 거둔 왕이 되었다. 농업의 발달로 튼튼해진 국가 재정으로 세종은 영토를 넓히고 여러 문물을 만들 수 있었다. 《농사직설》은 이후 편찬되는 농서에도 많은 영향을 끼치며 조선의 농업 발달에 크게 이바지했다.

052

공부에만 전념토록 하다

제4대 세종

#사가독서제 #인재양성 #사가독서제변천

조선은 무가 아닌 문으로 통치하는 국가였다. 특히 세종은 학문을 사랑하고 장려했던 군주로서 인재의 중요성을 누구보다도 잘 알았다. 1426년(세종 8년), 세종은 권채·신석견·남수문에게 "내가 너희에게 집현관을 제수(임금이 직접 벼슬을 내림)한 것은 나이가 젊고 장래가 있으므로 글을 읽혀서 실제 효과가 있게 하고자 함이었다. 그러나 각각 직무로 인해 독서에 전념할 겨를이 없으니 출근하지 말고 집에서 글을 읽어 성과를 나타내어 내 뜻에 맞게 하고, 글 읽는 규범에 대해서는 변계량의 지도를 받으라."라고 지시하면서 비로소 집현전 관료들의 사가독서제가 시작되었다. 즉 사가독서(賜暇讀書)란 젊은 문신에게 휴가를 주어 학문에 전념하게 하는 제도였다.

세종은 집에서도 책 읽기가 쉽지 않다는 의견이 나오자, 빈 사찰에서 공부할 수 있도록 독서당을 건립했다. 하지만 1456년(세조 2년), 세조가 집현전을 폐지하면서 사가독서제는 사라졌다. 그러나 학문을 장려하던 성종은 세조가 폐지한 사가독서제를 부활하는 것에 그치지 않고 1483년(성종 14년), 용산의 빈 사찰을 수리해 독서당이라는 편액을 내리고 이를 활용토록 했다. 사가독서제는 연산군 때 또다시 잠시 폐지되기는 했어도 중종 이후 부활해 계속 운영되었다.

젊은 관료가 사가독서에 선발된다는 것은 능력을 인정받아 고속 승진할 기회를 얻었음을 의미했다. 왕은 선발된 관료에게 직접 술을 건네며 공부에 전념할 것을 당부했다. 제도적으로도 사가독서에 선출된 관료는 당상관급으로 대우받았으며, 학문을 총괄하는 대제학은 사가독서제를 거친 관료 중에서 선발했다.

그러나 1592년, 선조 때 임진왜란이 일어나면서 정치·경제적으로 어려워진 국가 형편으로 인해 사가독서제는 운영되지 못했다. 1608년(광해 1년), 대제학 유근의 청으로 한강 별영을 사가독서의 장소로 삼았으나, 결국 그곳 또한 제 기능을 하지는 못했다. 사가독서제는 이후 영조 때까지 명맥을 유지하다가, 정조가 규장각을 설립해 사가독서제를 흡수하면서 역사에서 사라졌다.

사가독서제는 1426년부터 1773년까지 1명에서 최대 12명까지 48회에 걸쳐 320명을 선발했다. 사가독서는 조선이 학문과 인재를 숭상했음을 보여주는 상징이었으며, 사가독서로 능력을 키운 관료들은 조선을 이끌어가는 주역으로 성장했다.

053

대호大虎 김종서 죽다

#대호김종서 #6진개척 #김종서피살

충청남도 공주에서 태어난 김종서(1383~1453년)는 어려서부터 뛰어난 학문 실력을 보여주었다. 16세의 나이로 과거에 급제해 관직에 오른 김종서는 주로 외지에서 백성을 돌보고 나라의 안위를 지켰다. 무엇보다 김종서의 가장 큰 업적은 1433년(세종 15년)에 이루어진 6진 개척이다.

세종은 여진족에 내분이 일어났다는 소식을 듣고 영토를 확장할 절호의 기회를 얻었다고 생각했다. 그리고 영토 개척이라는 막중한 임무를 김종서에게 맡겼다. 무인이 아니었던 김종서에게 6진 개척을 맡긴 것은 그에 대한 세종의 믿음이 얼마나 컸는지를 보여준다. 세종의 기대에 김종서는 결과로 답했다. 김종서는 6진을 개척하는 과정에서 여진족이 쏜 화살이 바로 앞 책상에 꽂혀도 앞으로 나아가는 데 두려움이 없었다. 독이 든 음식으로 생명에 위협을 받아도 자신이 맡은 책무를 다하기 위해 물러서지 않았다. 그 결과 김종서는 함길도도관찰사로 종성·온성·회령·경원·경흥·부령 6진을 개척해 조선의 영토를 두만강까지 넓혔다. 개척 이후에도 7년 동안 함길도 병마절제사를 겸직하면서 두만강 유역에 조선인 정착을 도왔다.

김종서는 문인으로서도 큰 업적을 세웠다. 1395년(태조 4년)에 편찬된《고려사》가 미흡하다는 세종의 지적에《고려사》의 재간행 총책임자가 되어 1451년(문종 1년),《고려사》를 재편찬했다. 이어 고려 왕조에서 본받을 만한 내용을 담은《고려사절요》를 편찬했다.

문무에 걸쳐 모든 방면에 뛰어난 능력을 보이며 큰 호랑이라는 뜻의 '대호'라 불린 김종서는 세종과 문종의 신뢰를 받으며 국정을 이끌어나갔다. 문종은 김종서에 대한 신뢰가 대단해 죽기 직전, 그에게 어린 단종의 보필을 간곡히 부탁할 정도였다. 김종서는 문종의 유훈에 따라 황보인과 함께 단종을 보필했으나, 수양대군(훗날 세조)은 김종서가 왕권을 위협한다고 생각했다.

수양대군은 계유정난 과정에서 직접 김종서의 집을 찾아가, 그를 갓끈을 빌리러 왔다는 거짓말로 안심시킨 뒤 철퇴로 때려죽였다. 김종서는 철퇴를 맞고도 살아났지만, 혹시라도 그가 살아 있을지 모른다고 생각한 수양대군이 보낸 부하에게 다시 붙잡혀 죽임을 당했다. 수양대군은 김종서가 역모를 일으킨 대역죄인이라며 백성들이 볼 수 있게 저잣거리에 김종서의 잘린 머리를 걸어두었다. 수양대군에게 억울하게 죽은 김종서의 명예가 회복된 것은 이로부터 200여 년이 훌쩍 지난 1746년(영조 22년)이었다.

054

영토를 개척하다

제4대 세종

#4군6진개척 #4군최윤덕 #6진김종서

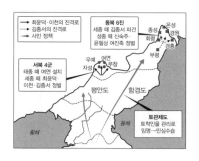

명나라는 사대주의를 내세우며 주변 국가를 강력하게 압박했다. 조선도 명의 사대 질서에서 예외일 순 없었다. 그러나 조선은 대외적으로 명의 속국임을 자처했을 뿐, 실질적으로는 자주적인 국정 운영을 이끌어나갔다. 그런 와중에 여진족의 잦은 침략은 조선의 입장에서 큰 부담이었다. 여진족과 전쟁을 벌이면 명이 군대를 파병해 조선을 압박할 가능성이 컸기 때문이었다. 무엇보다 조선은 여진족으로 인해 재산과 목숨을 잃어가는 백성을 보호할 의무가 있었다.

세종은 명나라의 새 황제가 주변 국가들과 원만한 관계를 유지하려 한다는 기조를 읽고 이를 영토 개척의 기회로 여겼다. 세종은 우선 명나라 영토를 침범할 생각이 없음을 보여주기 위해 1만 마리의 말을 명에 조공했다. 동시에 여진족의 침략으로 조공로 확보가 어렵다고 하소연하며, 명의 허락하에 여진족을 토벌하고 싶다는 의사를 전했다. 명에게 여진족 토벌이라는 명분을 제시하면서도 영토 개척이라는 실리를 얻으려는 현명한 외교술이었다.

명도 여진족 토벌에 반대하지 않자 세종은 북방 개척을 위한 시동을 걸었다. 1432년(세종 14년), 세종은 평안도도절제사 최윤덕에게 황해·평안도에서 차출한 군사 1만 5천 명으로 여진족을 토벌하게 해 조선군은 4명만 죽는 대승을 거두었다. 조선은 그곳에 자성군을 설치하며 빼앗은 영토를 우리의 영토로 편입했으나, 여진족의 침략은 그치지 않았다. 1437년(세종 19년), 세종은 평안도도절제사 이천을 보내 여진족을 재정벌하며 1443년(세종 25년)에 4군을 완성했다.

두만강 방면은 태종 시절 경성으로 부(府)를 옮길 정도로 여진족의 잦은 침입을 받던 지역이었다. 세종은 여진족의 분열을 틈타 김종서를 함길도도절제사로 임명해 1434년(세종 16년)부터 1449년(세종 31년) 부령부 설치를 끝으로 6진을 완성했다.

4군 6진을 확보하면서 조선은 압록강과 두만강을 경계로 하는 국경선이 완성되었다. 그러나 사람들은 이 지역으로 이주를 꺼렸다. 산이 많고 추운 날씨로 농사를 짓기 어려운 데다, 여진족의 침입에 대한 불안감 때문이었다. 하지만 세종은 굴하지 않고 사람들을 강제 이주하는 사민 정책을 펴, 결국 두만강과 압록강까지 영토를 확장했다.

055 우리나라 의학서를 편찬하다

제4대 세종　　　　　　　　#향약집성방집성 #우리의학서편찬 #한의학기본서

1431년(세종 13년), 세종은 집현전 직제학 유효통과 전의감정 노중례에게 우리의 약재와 치료 방법을 담은 의학서적을 집필하도록 명령했다. 이로부터 2년 뒤인 1433년(세종 15년), 85권 30책이라는 엄청난 분량의 의학서《향약집성방》이 편찬되었다.

《향약집성방》은 임상치료편(1~75권)과 한약학편(76~85권)으로 구성되어 있다. 임상치료편에는 외과·부인과·소아과 등 959개의 증상으로 질병을 구분해놓았다. 병에 따라 원인과 증상을 제시하고, 1만 700여 개의 민간요법과 치료 방법을 설명했다. 한약학편은 약을 만드는 방법과 복용 방법, 그리고 약의 용량을 체계화해 설명해놓았다. 또한 우리나라 약재를 광물성·식물성·동물성 약재로 구분해 채취 시기와 효능을 밝히는 동시에 의원과 백성들이 쉽게 이해하고 활용할 수 있도록 약 이름을 중국식 약재 이름이 아닌 우리나라에서 부르는 이름으로 기록했다.

사실 이러한 방대한 분량의《향약집성방》이 2년이라는 짧은 시간 안에 만들어진 것은 아니었다. 세종은 유효통과 노중례에게 의학서를 만들라고 명령을 내리기 10년 전부터 의학서를 편찬할 준비를 하고 있었다. 1421년(세종 3년)에는 황자후를 명나라에 보내 우리나라에서 생산되지 않는 중국의 약재를 구해왔으며, 1423년(세종 5년)에는 김을해와 노중례를 명나라에 보내 향약과 중국 약재를 비교·연구토록 했다.

세종은 중국의 약재와 의학서를 연구한 이후 각 도의 관찰사에게 약초를 조사하도록 명령하고, 이를 바탕으로 한반도에서 채취되는 약초와 약초의 채취 시기를 파악했다. 1428년(세종 10년)에는 그동안의 연구 결과를 담은《향약채취월령》을 간행해 수백 종이 넘는 약초의 고유 이름과 특성을 한눈에 볼 수 있도록 정리했다. 이처럼 10년에 걸친 노력의 결실이 바로《향약집성방》이었다.

우리의 의학 지식과 중국의 의학 지식을 접목한《향약집성방》의 편찬으로, 우리나라의 의학 수준은 한 단계 발전할 수 있었다. 이후《향약집성방》은 한의학의 기본서가 되었고, 허준이《동의보감》을 편찬하는 데 큰 도움을 주었다. 또한 많은 백성의 질병을 치료하는 데 없어서는 안 될 의학서가 되었다. 오늘날에도《향약집성방》은 의학 지식의 습득과 함께 우리의 옛 언어를 밝히는 중요한 자료로 활용되고 있다.

안평대군(1418~1453년)은 세종의 셋째 아들로 1438년(세종 20년)에 다른 왕자들과 야인을 토벌했으며 김종서·황보인과 함께 수양대군을 견제했다. 안평대군은 수양대군에 맞서 황표정사 회복에 노력했으나 계유정난으로 실패했다. 계유정난 이후 강화도로 귀양을 갔다가 교동에서 36세에 사사되었다. 시·서·화에 모두 뛰어나 삼절이라 불렸으며, 당대 제일의 서예가로 이름을 날렸다. 안평대군의 꿈 얘기를 듣고 안견이 그린 〈몽유도원도〉에 안평대군이 적은 발문이 유명하다.

임영대군(1419~1469년)은 세종의 넷째 아들로, 1430년(세종 12년)에 안평대군과 성균관에 입학했다. 세종의 명을 받아 총통 제작을 감독했고, 문종의 명을 받아 화차를 제작했다. 이후 세조를 보좌하며 신임을 얻었다.

광평대군(1425~1444년)은 세종의 다섯째 아들로, 태조와 신덕왕후 강씨의 첫째 아들인 방번의 봉사손으로 입양되었다. 성균관에서 학문을 익혔던 광평대군은《효경》《사서삼경》등에 능통했으며 국어와 음률, 그리고 산수에 밝았다. 6진 중에서 종성의 경재소를 맡아 국방 강화 및 풍속 교화에 힘썼으나, 20세라는 젊은 나이에 죽었다.

금성대군(1426~1457년)은 세종의 여섯째 아들로, 태조와 신덕왕후 강씨의 두 번째 아들인 방석의 봉사손으로 입양되었다. 단종이 즉위하자 사정전에서 수양대군과 함께 단종의 보필을 약속했다. 금성대군은 수양대군이 단종을 내쫓고 왕위에 오른 것에 반발하다 삭녕으로 유배되었다. 이후 단종이 노산군으로 강봉되어 강원도 영월에 유배되자, 유배지에서 순흥부사 이보흠과 단종 복위를 위한 정변을 계획했다. 그러나 관노의 고발로 뜻을 이루지 못하고 반역죄로 죽었다.

평원대군(1427~1445년)은 세종의 일곱째 아들로, 학문에 재능을 보였으나 천연두로 죽었다. 세종은 평원대군의 죽음을 불교로 극복하려 했는데, 이는 숭불이 이루어지는 계기가 되었다.

영응대군(1434~1467년)은 세종의 여덟째 아들로, 세종이 영응대군의 집인 동별궁에서 죽을 정도로 아버지 세종에게 큰 사랑을 받았다. 영응대군은《명황계감》의 가사를 한글로 번역했으며 글과 그림, 그리고 음악에 뛰어났다.

057

농사를 위해 강수량을 측정하다

제4대 세종

#세계최초강수량측정기 #측우기만든목적 #문종업적

세종이 집권했던 시기에는 과학이 매우 발달해 다른 나라에 비해 선진 문물이 많이 만들어졌는데, 그중 대표적인 것이 측우기다. 둥근 원통의 모양을 갖춘 측우기는 강수량을 측정하는 도구로 유럽보다 200년이나 앞서 만들어졌다. 그러나 아쉽게도 세종 때 만들어진 측우기는 오늘날 볼 수가 없다. 현존하는 가장 오래된 것은 공주 충청감영에 보존된 측우기로 1837년(헌종 3년)에 제작된 것이다. 높이 32cm에 안지름 1cm, 깊이 10.8cm의 충청감영 측우기를 통해 세종 때 만들어진 측우기의 모습을 추정하고 있다.

측우기가 만들어지기 전까지 조선은 강수량을 측정하는 기준과 도구가 없었지만 조정에서는 늘 강수량을 측정했다. 다만 땅에 스며든 빗물의 깊이로 이를 측정하다 보니 토양에 따라 측정 기록이 달라져서 수치를 표준화하기가 어려웠다. 세자 시절의 문종은 강수량 측정의 오류를 해결하는 방법으로 구리로 그릇을 만들어 강수량을 측정하는 측우기를 제작했다. 그리하여 조선은 1441년(세종 23년), 호조에서 서운관과 마전교 서쪽, 그리고 한강 변 암석에 문종이 제작한 측우기를 설치하고 지방의 각 고을에도 도자기로 만든 측우기를 내려보내 강수량을 측정하게 했다.

1442년(세종 24년)에는 도별로 길이 1척 5촌, 지름 7촌으로 규격화시킨 측우기를 설치하도록 했다. 그리고 고을 수령에게 강수량과 더불어 비가 내린 날짜와 시간을 기록해 중앙에 보고하도록 했다. 그 결과 지역별 강수량 데이터를 기반으로 농업 진흥과 조세 확보에 힘을 기울일 수 있었다. 이러한 측우기 제도는 임진왜란과 병자호란을 겪으면서 중단되었다가 1770년(영조 46년)에 다시 부활되었다.

측우기를 만든 이유에 대해서는 크게 두 가지 주장이 있다. 국가에서 강우량을 통계 내어 농사 진흥에 활용했다는 주장과 기우제의 도구로 왕의 권위를 높이는 데 측우기를 사용했다는 주장이다. 하지만 두 주장 모두 백성을 사랑하고 그들을 도와주려는 애민정신이 담겨 있다는 공통점은 분명하다. 현재 측우기를 설치했던 측우대는 관상감 측우대, 창덕궁 규장각 측우대, 경상감영(선화당) 측우대, 통영 측우대 4개가 남아 있으며, 공주 충청감영 측우기는 국보 제329호로 지정되어 있다.

058

서울을 기준으로 시간을 정하다

제4대 세종

#역법중요성 #칠정산편찬 #일본표준시사용

조선시대까지 왕의 가장 중요한 업무 중 하나는 하늘의 변화를 읽어내는 것이었다. 하늘은 왕을 평가하는 상징적인 주체였으며, 농업을 진흥하기 위해서도 천문을 아는 것은 꼭 필요한 일이었다. 세종도 예외일 수 없었다. 1422년(세종 4년), 일식이 일어날 것이란 서운관의 보고에 세종은 신하들과 소복을 입고 하늘을 맞이할 준비를 마쳤다. 그러나 일식이 서운관이 예측한 시간보다 15분 늦게 나타나자, 세종은 담당 관리를 처벌했다.

세종이 즉위할 당시 조선은 원의 역법인 수시력을 사용하고 있었지만, 그 원리를 정확하게 이해하고 있지는 못했다. 그로 인해 시간을 제대로 계산하지 못해 많은 오차가 발생하자, 세종은 우리나라에 맞는 역법을 바로 세우고자 했다. 1430년(세종 12년), 세종은 역법의 발전에 크게 기여한 정초(?~1434년)를 칭찬했다. 역법을 바로 세우는 일이 명과의 사대 관계를 벗어나는 행동이 아니라는 사실을 신하들에게 인식시키는 동시에, 뛰어난 관리를 역법 계산에 참여시키려는 의도였다.

그 후 왕의 관심 아래 정초와 정인지가 중심이 되어 1442년(세종 24년)에는 비로소 서울을 기준으로 하는 역법을 담은 《칠정산내편》이 편찬되었다. 이로써 조선은 역사상 최초로 서울을 기준으로 정확한 시간을 계산할 수 있게 되었다. 이후 1444년(세종 26년)에는 김담과 이순지가 아라비아역법(회회력법)을 연구해 《칠정산외편》을 편찬했다. 현재 우리가 사용하는 1년(365일 5시 48분 45초)보다 1초 짧게 계산되는 《칠정산》은 조선의 과학 기술이 매우 높은 수준이었음을 보여준다. 세종 때 이처럼 뛰어난 역법을 만들 수 있었던 것은 조선이 간의, 혼천의, 앙부일구, 자격루 등 열다섯 가지의 천문 관측기구를 제작하고 사용했기에 가능한 일이었다.

그러나 우리나라는 서울을 기준으로 계산한 역법을 일제강점기 이후 사용하지 못하고 있다. 일제가 침략을 위한 철도 부설 과정에서 서울 표준시보다 30분 빠른 동경 표준시를 우리나라에 적용했기 때문이다. 광복 이후 서울을 기준으로 하는 표준시를 잠시 사용한 적이 있지만, 1912년 1월부터 지금까지 우리는 일본의 표준시를 사용하고 있다.

형평성에 맞춰 조세를 거두다

조선시대에 들어오면서 농업은 급속도로 발달했다. 인분을 비롯한 각종 비료의 사용으로 땅의 비옥도가 높아지면서 평지의 논밭은 물론 산지까지 연작 상경이 가능해졌다. 쌀의 품종 개량과 함께 경상도 일부 지역에서는 모내기법이 시행되면서 변화된 농업 생산량을 반영하는 새 공법(貢法)에 대한 논의가 이루어졌다.

세종은 풍흉과 토지의 비옥도로 조세를 거두는 연분구등법과 전분육등법이란 제도를 신설하고 운용했다. 연분구등법은 그 해에 태풍이나 장마 등 날씨에 따라 농업 생산력이 달라지는 현실을 감안하지 않고 일률적으로 조세를 거두는 폐단을 바로잡기 위해 만들어졌다. 1443년(세종 25년)부터 풍흉의 정도를 상상년(上上年)부터 하하년(下下年)까지의 아홉 단계로 나누는 논의가 시작되었고, 이는 1444년(세종 26년)에 시행되었다. 그리하여 풍작인 해에는 최고 등급인 상상년을 적용해 토지 1결당 20말을 징수했고, 여기서 한 단계 아래 등급으로 내려올 때마다 2말씩 적게 거두어 마지막 단계는 4말만 거두었다.

전분육등법은 토지의 비옥도에 따라 등급을 여섯 단계로 나누어 조세를 차등적으로 징수한 제도다. 1444년(세종 26년), 전제상정소는 약 23.1cm의 주척(길이를 재는 자의 하나)을 기준으로 토지를 측량했는데, 토지의 등급에 따라 다른 길이의 자를 사용해 결(結)*의 실제 면적을 다르게 했다. 그 결과 세금을 회피하기 위한 목적으로 하등전에 올렸던 토지는 1~3등전으로 등급이 상향되고, 산에 조성된 토지는 5~6등전으로 하향되며 조세의 형평성이 맞춰졌다.

그러나 16세기에 들어서자 연분구등법과 전분구등법은 제대로 시행되지 못했다. 과전법이 무너지고 지주전호제가 보편화되자 전국의 많은 토지가 일부 권력자에게 집중되었다. 그 결과 세금을 납부할 농민들이 토지에서 쫓겨나면서 국가는 조세를 제대로 걷지 못했다. 또한 국가 기강이 무너져 수확량을 매번 제대로 측정하지 못하는 가운데 과세 기준을 제대로 이해하지 못하는 관리들로 인해 연분구등법과 전분육등법은 제 기능을 상실해버렸다. 결국 1635년(인조 13년)에는 토지의 등급을 대부분 낮게 책정해 1결당 4~6말을 거두는 영정법으로 대체되면서, 형평성에 맞게 조세를 거두었던 연분구등법과 전분육등법은 사라졌다.

* 결: 세종 시기 1등전의 1결의 넓이는 9,859.7㎡(약 3천 평)

060 한글을 창제하다

제4대 세종

#한글필요성 #한글창제원리 #한글보급노력

동아시아 문화권의 공통 요소는 한자, 율령, 유교, 불교다. 그중에서도 한자는 수천 년 동안 중국을 중심으로 동아시아의 모든 국가가 의사 전달의 수단으로 활용했다. 중국 문화에 흡수·동화되지 않기 위해 한자를 대체할 문자를 만든 나라는 많았지만, 대부분 한자를 모방하거나 변형하는 수준에 그쳤다. 우리나라도 이두와 향찰 등을 만들어 사용했으나, 한자를 보완하는 역할에 국한되었다.

고려 말에 성리학이 전래되면서 사회 전반적으로 사람들의 의식 수준이 높아지자, 조선은 건국의 정당성을 백성들에게 알릴 필요성을 느꼈다. 또한 고려시대와 달라진 조선의 이념과 제도를 국민들에게 이해시키고 국가 경영을 안정화하기 위해서도 우리 어순에 맞으면서도 활용하기 쉬운 문자가 필요했다.

국가를 통치하면서 우리만의 문자가 필요하다고 생각한 세종은 해박한 지식을 바탕으로 기존에 없던 새로운 문자인 한글을 창제했다. 한글을 구성하는 자음은 사람의 발음 기관을 본뜬 ㄱ·ㄴ·ㅁ·ㅅ·ㅇ을 토대로 만들고, 그 소리에 화·수·목·금·토 오행의 의미를 담았다. 그리고 하늘과 땅, 사람을 의미하는 •·ㅡ·ㅣ를 기본으로 삼아 나머지 모음을 만들었다. 이로써 자음과 모음을 초성·중성·종성으로 조합해 모든 소리를 적을 수 있는 문자가 세상에 등장했다.

한글은 1443년(세종 25년)에 창제되었으나, 많은 유생의 반대로 바로 반포되지 못했다. 세종의 명령을 받은 집현전 학자와 진평대군이 《고금운회거요》의 자음을 한글로 표기하려 하자, 최만리는 중국과 다른 문자를 만드는 것은 큰 나라에 대한 예의가 아니고 스스로 오랑캐가 되는 일이라며 이를 반대했다. 세종은 3년 동안 신하들을 설득한 끝에 1446년(세종 28년)에 한글을 반포했지만, 여전히 한글 사용에 대한 반대는 그칠 줄 몰랐다. 한 예로 한글로 《삼강행실도》를 제작해도 충신과 효자가 더 많이 나오지 않는다는 이유로 한글 사용을 금지하자는 상소가 연일 올라오기도 했다.

그러나 세종은 한글을 보급하는 데 멈춤이 없었다. 세종은 신숙주와 성삼문 등 집현전 학자를 통해 한글을 해설한 《훈민정음 해례본》을 편찬했다. 이후 한자의 발음을 우리에 맞게 적용하기 위한 《동국정운》《홍무정운역훈》 등의 운서를 간행했다. 또 백성들에게 조선 건국의 정당성을 알리기 위한 《용비어천가》와 백성을 교화하기 위해 석가모니의 일대기를 적은 《석보상절》을 편찬했다. 그리고 백성에게 도움을 줄 수 있는 《농사직설》도 편찬했다. 그러나 한글은 여전히 지배층에게 외면받으며 여성과 상민, 그리고 능력 없는 서리들이나 사용하는 언문이라 불렸다.

061

백성을 위한 윤리 책을 만들다

제4대 세종   #삼강행실도 #그림책 #국가권장도서

1428년(세종 10년), 진주에 사는 김화라는 사람이 아버지를 살해한 일이 벌어졌다. 조정 관료들은 부모를 해친 행위는 불효 중의 불효라며 아비를 살해한 자식을 엄벌로 다스려야 한다고 주장했다. 그러나 세종의 생각은 달랐다. 백성에게 무엇이 옳고 그른 행동인지 알려주지도 않고, 오직 처벌만 하는 것은 근본적인 문제 해결이 아니라고 생각했다.

세종은 옳고 그름을 가르는 판단 기준으로 중국 한나라의 동중서와 반고가 강조했던 삼강(三剛)을 택했다. 삼강은 군위신강(君爲臣綱), 부위자강(父爲子綱), 부위부강(夫爲婦綱)으로 이루어졌는데, 군위신강은 임금과 신하의 도리, 부위자강은 부모와 자식의 도리, 부위부강은 남편과 부인의 도리를 설명하는 것으로 간결하면서도 쉽게 이해할 수 있는 덕목이었다. 또한 유교를 국가 이념으로 선택한 조선에 있어서도 꼭 지켜져야 하는 덕목이기도 했다.

1434년(세종 16년), 세종은 삼강을 바탕으로 글을 모르는 백성을 위한 윤리지침서 〈삼강행실효자도〉〈삼강행실충신도〉〈삼강행실열녀도〉 3권 1책으로 이루어진 《삼강행실도》를 편찬했다. 그 내용에는 중국과 우리나라의 효자·충신·열녀 110명의 사례를 담았는데, 읽는 사람 모두가 쉽게 공감해 올바른 행동을 할 수 있도록 이야기를 구성했다. 또한 글을 읽지 못하는 백성을 위해서 안견을 중심으로 최경, 안귀생 등 유명 화원이 본문에 그림을 그려 넣도록 했다. 또 책의 마지막 부분에는 내용을 한눈에 알아볼 수 있는 시를 적어 넣었다.

1481년(성종 12년)에는 한자를 모르는 백성을 위해 책의 내용을 1/3로 줄이는 동시에 한글로 《삼강행실도》를 편찬했다. 《삼강행실도》는 조선시대 윤리 지침서의 기준이 되는 중요한 서적으로서 중종 때의 《이륜행실도》와 정조 때의 《오륜행실도》가 편찬될 수 있는 토대가 되었다. 《삼강행실도》는 조선을 넘어 일본에서도 큰 인기를 얻으며 국가에서 권장하는 베스트셀러가 되었다.

| 고사관수도

명문가에서 태어난 강희안(1417~1464년)은 어려서부터 학문에 뛰어난 능력을 보였다. 그는 21세에 진사시에 합격하고, 25세에 급제해 관직에 나아갔다. 세종을 이모부로 둔 집안 덕분에 관직에 오른 것이 아님을 보여주듯 그는 정인지와 함께 정음(正音) 28자를 해석하고 기록했다. 이외에도 신숙주와 《운회》를 한글로 번역하고, 《용비어천가》를 쉽게 이해할 수 있도록 풀이했다. 또한 한양 및 전국 지도를 만드는 일에도 참여하는 등 다방면에서 많은 활약을 펼쳤다.

그러나 세종이 죽고 계유정난으로 세조가 집권하자 강희안은 위기에 봉착했다. 세조의 명에 따라 사은부사로 명에 다녀오며 원종공신에 올랐지만, 강희안은 사육신 성삼문과 친분이 있다는 이유로 단종 복위에 참여한 것으로 오해받아 심문을 당했다. 다행히 성삼문이 자신들과 역모를 꾀하지 않았다고 진술하면서 역모의 혐의를 벗을 수 있었다.

강희안의 이름이 세상에 널리 알려지게 된 것은 그의 뛰어난 글과 그림, 그리고 해박한 지식 때문이었다. 강희안이 지은 화훼와 원예를 다룬 《양화소록》은 조선 후기 실학자였던 서유구가 《임원경제지》를 편찬할 때 많은 도움을 주었다. 《양화소록》은 일본에 넘어가서 일본의 원예 농업을 발전시키는 토대가 되기도 했다.

무엇보다 강희안은 세종 때 안견·최경과 더불어 시·서·화에 모두 뛰어난 삼절로 불렸다. 그중에서도 글씨가 명필이어서 강희안의 글씨를 자본(字本)으로 한 금속활자인 동활자(을해자)가 만들어지기도 했다. 강희안의 글과 그림은 명나라에도 널리 알려져, 중국인들은 강희안의 글과 그림을 얻는 것을 최고의 자랑으로 여겼다. 그러나 안타깝게도 자신의 글과 그림이 뛰어나지 않다고 생각한 강희안은 세상 밖으로 작품을 내놓기를 꺼려해, 오늘날 많은 작품이 남아 있지는 않다. 강희안의 작품 중 하나인 〈고사관수도〉는 중고등학교 교과서에 조선 전기의 문화를 대표하는 작품으로 수록되어 많은 사람에게 널리 알려져 있다.

063
국가에서 복지제도를 시행하다

제4대 세종   #장애인복지 #세종의복지제도 #노인복지

어느 시대의 군주보다도 세종은 사회적 약자에 대한 배려를 적극적으로 시행한 왕이었다. 스스로도 당뇨병인 소갈증 등으로 몸이 좋지 않은 것도 하나의 이유였지만, 근본적으로 타인의 고통에 공감하고 그 고통을 함께 해결하고자 했던 훌륭한 성품이 조선의 복지제도를 만들어냈다.

조선시대는 장애인을 중증인 독질인(篤疾人), 몸에 질병이 남아 있는 잔질인(殘疾人), 고칠 수 없는 폐질인(廢疾人)으로 크게 세 단계로 구분해 관리했다. 세종은 장애인을 학대하는 사람에게는 가중 처벌을 내리는 엄벌제도를 시행하면서, 장애인과 그를 돕는 부양자에게는 부역과 잡역을 면제해주었다. 또한 장애인이 스스로 자립할 수 있도록 장애인에게 일자리를 제공했다. 예를 들어 시각장애인에게는 복이 오기를 기도하며 불교 경전을 읽는 독경사, 점을 치는 점술가, 악기 연주자의 직책을 주어 생계 수단을 제공했다.

세종은 결혼과 출산에 관한 복지제도도 마련해 운영했다. 가난해 결혼하지 못하는 사람은 친족이 돕도록 하고, 이마저도 어려운 사람에게는 관청에서 곡식을 지급해 결혼할 수 있게 했다. 출산에서 있어서도 관청의 여종이 임신하면 출산 한 달 전부터 일을 쉬게 하고, 아이를 낳으면 100일 동안 휴가를 주었다. 남편에게도 30일의 휴가를 주어 산모를 도울 수 있도록 했다. 여성이 세쌍둥이를 낳으면 1년 치에 해당하는 쌀과 콩을 지급하며 출산을 장려했다.

세종은 죄인을 옥에 가두는 것이 죄를 징계하자는 것이지, 사람을 죽게 하는 것이 아님을 강조했다. 이 시기 관헌들은 죄인들이 병에 걸리지 않도록 옥내를 늘 정결하게 관리하고, 병에 걸린 죄인에게는 약을 지급해 병을 치료하도록 도왔다. 또한 가난하거나 옥바라지를 할 사람이 없는 경우 관아에서 옷과 먹을 것을 주도록 했다. 이 외에도 두 달에 1번은 죄수를 목욕시키고, 겨울에는 바닥에 짚을 깔아 죄인들이 얼어 죽지 않도록 배려했다.

세종은 부모가 없거나 버려진 아이들에게도 신경을 기울였다. 아이를 버린 사람을 고발할 경우 포상을 내리는 한편, 고아를 입양하도록 사회적으로 장려했다. 국가에서도 제생원을 통해 아이들을 돌보도록 했다. 80세 이상이 되는 노인은 신분에 상관없이 양로연을 통해 장수를 축하해주고 세금을 면제해주었다. 이처럼 장애인, 임산부, 죄인, 아동, 노인에 이르기까지 국가가 사회적 약자에 대해 배려한 경우는 역사상 흔치 않은 일이었다.

064

제5대 문종

◇ 이름: 향
◇ 출생−사망: 1414∼1452년
◇ 재위 기간: 1450년 2월∼1452년 5월(2년 4개월)

문종은 1421년(세종 3년)에 세자로 책봉되고 1450년(문종 즉위년) 2월에 36세의 나이로 왕위에 올랐다. 문종은 30여 년간 세자로 있으면서 몸이 약한 세종을 보필해 정무를 돌봤다. 이후 1445년(세종 27년)에 세종이 병이 들어 국정을 돌보지 못하자 국정을 맡아 안정적으로 운영했다. 이 기간 문종은 백성의 삶을 직접 돌보면서도, 적재적소에 인재를 배치하는 등 훌륭한 군주의 모습을 보였다.

그러나 그의 결혼 생활은 순탄치 않았다. 문종은 김오문의 딸을 아내로 맞이했으나 둘의 사이가 원만치 않아 첫 번째 왕비를 폐출했다. 두 번째로 맞이한 아내인 봉씨는 궁녀와 동성애를 나누다가 폐출되었다. 다행히도 세 번째 세자빈인 현덕왕후와는 사이가 좋아 단종을 낳았다.

왕으로 즉위한 문종은 역사를 기록하고 정리하는 작업에 착수했다. 이민족과의 전쟁을 기록한《동국병감》과 고려의 역사를 담은《고려사》및《고려사절요》를 간행해 사고에 보관했다. 또 부왕의 기록인《세종실록》163권을 완성해 김종서·황보인·정인지 등에게 감수를 맡겼다.

군사적으로 문종은 3군의 12사를 5사로 줄이는 병제 정비를 통해 군대를 강병으로 육성하려고 노력했다. 또한 변방을 안정시키기 위해 서울 도성을 비롯한 전국의 주요 읍성을 보수하거나 축성하는 역사를 벌였다. 세종 때 조선의 영토로 편입된 변경 지역의 방비도 튼튼히 해 여진족의 재침입을 경계했다.

그러나 평소 건강이 좋지 않았던 문종은 자신의 죽음을 일찍이 예견하고 수양대군과 금성대군에게 단종을 보필해달라고 유언을 남겼다. 더불어 김종서와 황보인 등 재상들과 집현전 학자에게도 단종의 보위를 부탁한 뒤, 재위 2년 4개월 만인 38세에 죽었다. 문종의 능호는 현릉으로, 그 능은 경기도 구리시에 있다.

065

문종 가계도

제5대 문종

제5대 문종
(재위: 1450~1452년)

현덕왕후 ── 제6대 단종
            경혜공주

귀인 홍씨

사칙 양씨 ── 경숙옹주

부인: 3명
자녀: 1남 2녀

066

봉씨, 동성애로 파문을 일으키다

#문종여인들 #봉씨동성애 #세자빈퇴출

문종은 14세가 되던 해에 김오문의 딸 김씨와 혼례를 올렸다. 문종은 어린 나이이기도 했지만, 부인인 김씨보다는 학문에 더 관심을 두었다. 김씨는 문종이 자신에게 관심을 두지 않자 문종에게 궁녀의 가죽신 코를 태워 만든 가루를 먹이거나 뱀 가루를 먹이는 등 투기를 부렸다. 결국 세종과 소헌왕후는 김씨가 국모의 자질이 부족하다고 여기고 김씨를 폐출했다.

1429년(세종 11년), 문종이 두 번째로 얻은 빈은 문종과 동갑인 봉여의 딸 봉씨였다. 문종은 두 번째 부인인 봉씨에게도 관심을 보이지 않았다. 19세의 성인이던 봉씨는 문종이 자신을 찾지 않는 것에 크게 실망하고 날마다 외로워했다. 이때 큰 궁궐에서 누구에게도 마음을 나누지 못하고 힘들어하던 봉씨에게 소쌍이라는 여종이 다가왔다. 소쌍이는 밤마다 능수능란하게 봉씨를 안마해주고, 봉씨의 옆에 누워 함께 사랑을 나누었다.

소쌍을 통해 욕정을 알아버린 봉씨는 더욱 문종을 그리워했지만, 그럴수록 문종의 마음은 멀어져갔다. 자신에게 적극적으로 구애하는 봉씨를 부담스러워한 문종은 궁녀 권씨를 자주 찾았고, 그 사이에서 아이가 생겼다. 소헌왕후는 세종과 논의해 문종의 아이를 가진 권씨(훗날 현덕왕후)를 정4품 승휘로 봉했다.

봉씨는 문종의 사랑을 받지 못하는 상황에서 권씨가 아이를 낳자 질투심과 외로움이 더욱 커졌다. 봉씨는 문종에게 받지 못한 사랑을 소쌍과 또 다른 궁녀인 석가이와의 만남으로 채웠다. 셋의 은밀한 만남이 많아질수록 소쌍과 석가이는 봉씨를 차지하기 위해 치정 싸움을 자주 벌였다.

어느 날 문종은 봉씨가 머무는 침전을 지나다 우연히 소쌍과 석가이가 봉씨를 차지하려고 싸우는 소리를 듣게 되었다. 봉씨가 두 궁녀와 동성애를 벌이고 있다는 사실에 너무 놀란 문종은 어머니 소헌왕후에게 자초지종을 말하며 도움을 요청했다. 소헌왕후는 즉각 봉씨를 불러 동성애를 벌인 사실이 있는지를 묻자, 봉씨는 자신이 문종에게 사랑을 받지 못해 외로워 벌인 일이라며 오히려 책임을 문종에게 돌렸다. 봉씨에게 개선의 여지가 없다고 판단한 소헌왕후는 세종과 논의해 봉씨를 폐출했다. 1436년(세종 18년), 폐출당한 봉씨는 친정으로 돌아갔으나 집안을 망신시켰다는 죄명으로 아버지에게 죽임을 당했다. 그리고 봉씨의 아버지 봉여도 곧이어 자결했다.

067 황희, 재상의 표본이 되다

#양녕대군지지 #황희잘못 #세종보필

조선을 대표하는 청백리이자 명재상인 황희(1363~1452년)는 태조·정종·태종·세종·문종 5명의 왕을 보필했다. 황희는 고려 말 음서제로 복안궁녹사가 된 뒤, 과거에 합격해 성균관 학관이 되었다. 고려가 망하자 조선에 협력하지 않고 두문동에 은거했지만, 황희를 눈여겨봤던 태조 이성계가 끊임없이 그를 조정으로 불러들였다.

태조의 정성에 감읍한 황희는 새로운 세상을 만들어보겠다는 의지를 갖고 다시 세상 밖으로 나와 성균관 학관에 부임했다. 이후 자신의 역량을 펼치며 많은 일을 한 결과 1415년(태종 15년), 이조판서가 되었다. 당시 태종이 양녕대군을 폐세자시키고 충녕대군을 세자로 책봉하려 하자 황희는 "장자가 아닌 아랫사람을 세우는 것은 화를 부르는 일입니다. 세자가 미쳤다고는 하나, 성품이 훌륭하오니 치유에 힘쓰십시오."라며 충녕대군 책봉을 반대했다. 많은 관료가 태종의 눈치를 살피며 몸을 사리는 것과 달리 꿋꿋하게 자신의 소견을 굽히지 않았던 황희는 이 일로 남원으로 유배 가게 되었다.

비록 자신의 즉위를 반대했었지만, 안정적인 정국을 운영하기 위해 황희가 꼭 필요한 인물이라 판단한 세종은 그를 다시 조정으로 불러들였다. 이후 황희는 세종의 기대에 부응하듯 강원도 관찰사를 비롯한 여러 관서의 책임자로 맡은 바 일을 완벽하게 수행했다. 세종에게 황희는 없어서는 안 될 인재여서, 세종은 그의 잘못을 덮어주는 경우도 간혹 있었다. 황희가 박포의 아내와 간통한 혐의를 받았을 때나, 제주 감목관 태석균의 감형을 사사로이 사헌부에 청탁한 일로 문제가 커졌을 때도 황희를 파직했다가 얼마 뒤에 조정으로 다시 불러들였다.

황희는 재상으로 재직하면서 세종이 추진했던 일들이 원만하게 이루어질 수 있도록 국정을 잘 이끌었다. 그 결과 세종 때에 여러 문물제도가 완성되고 농업과 과학 기술 등이 발전할 수 있었다. 문종은 황희가 죽자 관료들에게 세종의 묘정에 황희를 배향하는 문제에 대해 어떻게 생각하는지 물었다. 김종서를 비롯한 의정부 대신들은 "황희는 재상으로서 전쟁에서 세운 공로는 없지만, 20여 년 동안 임금을 보좌한 공로는 매우 커서 대신의 체통을 얻었으니 선왕에게 배향하는 것에 모든 사람이 동의할 것입니다."라며 황희의 배향에 동의했다. 경기도 파주시에는 황희의 묘와 더불어 황희가 노년에 갈매기를 벗 삼아 여생을 즐기려고 지었다는 정자 반구정이 있다.

068

명에게 명분을 주고 실리를 얻다

제5대 문종

#조선과명나라 #사대외교폐해 #사대외교이익

조선 건국 후 태조 이성계는 명나라에 사신을 파견해 새로운 왕조의 개창을 알리면서 국호의 변경을 요청했다. 그러나 명나라가 국호와 국왕의 칭호를 허락하지 않자, 태조는 어쩔 수 없이 고려권지국사라는 칭호로 외교사절과 외교문서를 보내야 했다. 명으로부터 조선 개국을 인정받지 못하면 대내외적으로 반기를 드는 세력이 나타날지도 모른다고 생각한 태조는 말 9,800필을 보내며 명과의 관계를 회복하려고 노력했다. 태조는 이마저도 안 될 시 요동을 정벌해 명과의 관계를 재정립하고자 했다.

세월이 흘러 태종이 즉위하고 명의 주원장이 죽자, 명과 조선의 관계는 우호적으로 변했다. 명은 그동안 보내지 않던 고명과 인장을 조선에 보내 조선의 개국을 인정했고, 조선과 명은 비로소 평화를 유지할 수 있었다. 그러나 환관과 처녀를 진헌하던 일과 명에 바칠 세공, 그리고 종계변무 문제처럼 해결해야 할 부분은 여전히 남아 있었다. 명나라 사신이 조선에 환관과 처녀를 내놓으라며 횡포를 많이 부리자, 조선의 백성들 사이에서는 딸을 일찍 시집보내는 조혼의 풍습이 만들어졌다. 또한 조선 정부도 터무니없이 많은 양의 금을 요구하는 명나라를 속이기 위해 광산을 폐쇄해야만 했다.

다행히 세종이 훌륭한 외교술을 펼쳐 명나라에 환관과 처녀를 바치던 일은 그만하게 되었다. 또한 명나라에 바칠 세공의 품목도 금과 은 대신 소·말·포로 바꾸게 되었다. 종계변무 문제는 1584년(선조 17년)에 가서야 해결되었다. 《대명회전》에 이성계의 아버지로 잘못 표기되어 있던 이인임의 이름은 그렇게 200여 년이 지나고서야 지워졌다.

명은 조선에 수시로 외교 사신을 보냈지만, 조선은 동지사·정조사·성절사·천추사 등 1년에 4차례만 정기적으로 사절단을 보낼 수 있었다. 조선은 명에 사절단이 많이 갈수록 경제적 이익을 얻는 만큼, 사은사·주청사·진하사·변무사 등의 이름으로 명나라에 수시로 사신을 보냈다. 사신단은 명나라에 조선의 토산물을 가져가고, 명으로부터는 서적·의약·자기·비단 등을 받아오면서 공식적인 무역 기능도 담당했다. 이와는 별도로 사신단을 따라간 일행은 개인적으로 물건을 거래하는 사무역을 행했다.

명과의 무역은 선진 문물을 받아들이면서 부족한 물자까지 얻을 수 있다는 점에서 매우 중요한 일이었다. 200여 년간 조선과 명나라는 여러 갈등을 겪기도 했지만, 실리와 명분을 챙기는 선에서 사대 외교를 함으로써 양국은 경제·문화적 실리를 얻었다. 특히 조선은 명으로부터 받는 고명과 인장으로 왕권의 정당성을 인정받을 수 있었다.

069 당근과 채찍으로 일본을 관리하다

제5대 문종

#조선과일본 #정벌과회유 #일본수출입품

일본의 남북조시대, 경제적 어려움을 해결하려는 규슈 지방의 일본인은 왜구가 되어 고려를 자주 침략했다. 왜구가 일으키는 소동은 당시 고려를 흔들 만큼 큰 우환이었다. 그리하여 조선은 건국 초 왜구에게 강경하게 맞서면서도 왜구를 회유하는 정책을 함께 전개했다. 기본적으로 조선과 일본의 공식적인 외교 방식은 일본의 막부 정권이 조선에 일본국왕사를 파견하고, 조선에서는 통신사를 보내는 형식이었다. 조선과 일본의 교역은 대체로 동래에 설치된 왜관에서 대마도주가 조공을 바치는 형식으로 이루어졌다.

세종 때인 1419년(세종 1년), 조선은 이종무를 파견해 대마도를 정벌하고, 1443년(세종 25년)에는 경제적인 목적으로 침략하는 왜구를 달래기 위해 내이포(웅천)·부산포(동래)·염포(울산) 3포에 왜관을 설치했다. 그 결과 왜구의 노략질이 줄어들면서 평화로운 시기가 찾아올 수 있었다. 그러나 일본은 1510년(중종 5년)에 삼포왜란과 1544년(중종 39년)에 사량진왜변을 일으키며 또다시 조선의 골칫덩이가 되었다. 조선은 일본의 침략에 강경하게 맞서기보다는 교역을 허락해주는 1512년(중종 7년)의 임신약조와 1547년(명종 2년)의 정미약조로 갈등을 해결하고자 했다.

조선 초에는 경제적 문제를 해결하는 동시에 조선의 선진 문물을 배우기 위해 조선으로 건너오는 일본인이 많았다. 그 수가 계속 늘자 조선은 도서·행장·노인·문인 등의 제도를 통해 왜선의 수를 제한했다. 그러나 조선에 오는 왜인의 수는 계속 늘어만 갔다. 1년 동안 조선에 들어온 5천~6천 명의 일본인에게 사용하는 비용만 1만 석이나 되었다. 이는 조선 경제에 큰 부담으로 작용했다.

조선과 일본의 교역품은 매우 다양했는데, 조선은 마포, 면포, 명주, 하문석, 호피, 약재, 대장경, 문방구, 서적 등 일본이 갖지 못한 선진 문물을 일본에 전해주었다. 특히 곡물이 부족했던 일본은 조선으로부터 쌀과 콩 등의 곡류와 자신들이 만들지 못하던 목면을 수입해갔다. 1486년(성종 17년), 한 해에만 일본이 조선에서 가져간 목면은 50만 필로, 일본에게 조선은 식량과 의복을 제공해주는 중요한 나라였다. 반면 조선이 일본에서 가져온 것은 구리, 황, 향료, 후추 등 광산물이나 향신료 등의 원료 위주여서 크게 도움이 되는 물건은 별로 없었다.

070

당근과 채찍으로 여진을 관리하다

제5대 문종

#조선과여진 #무역소와토벌 #북방개척

고려는 거란·여진·몽골족의 침략을 받으며 많은 국난을 겪었다. 고려 말에도 원과 홍건적의 침략으로 입었던 피해를 기억하는 조선은 주변국과 원만한 대외 관계를 맺는 것이 무엇보다 중요했다. 조선은 동아시아의 강자로 등극한 명나라의 요구대로 사대 질서를 수용하며 중국과 원만한 관계를 유지했으나, 여러 부족으로 나누어져 통제되지 않는 여진족은 늘 골칫거리였다.

조선은 여진족도 일본처럼 회유와 토벌을 병행하는 교린정책으로 관리했다. 평상시의 여진족은 조선을 상국으로 받들면서 정치·경제적 실리를 취했다. 여진족이 조선 국왕에게 인사를 올리고 예물을 바치면, 조선은 여진족이 필요로 하는 물품을 나누어 주었다. 이와 별도로 조선은 여진족과 맞닿아 있는 종성과 경원에 무역소를 설치해 여진족이 필요로 하는 생필품을 제공하며 그들을 회유했다. 여진족이 가져오는 물건은 주로 말을 비롯한 담비 털가죽과 곰 가죽 등 모피류 및 토산품이었고, 조선은 면포를 비롯한 쌀과 콩 같은 식량을 제공했다. 이 외에도 조선은 무기와 농기구를 만들 수 있는 철을 나눠주기도 했다.

조선은 신하로서 예의를 갖추는 여진족 추장에게 무관직 벼슬을 내리고, 이들의 세력 크기에 따라 정3품 상호군에서 종7품 부사정을 하사했다. 조선으로 귀화하는 여진족에게는 성과 이름, 그리고 집과 토지를 제공했다. 이처럼 강경책보다 유화책을 우선으로 삼았던 것은 여진족의 약탈을 막기 위한 목적이 컸다.

그러나 여진족이 국경을 침범해 조선의 백성을 약탈할 경우에는 군대를 동원해 여진족을 강력하게 토벌했다. 특히 세종은 함길도 방면으로 김종서를, 평안도 방면으론 최윤덕을 보내 4군 6진을 설치하며 적극적인 북방 개척에 나섰다. 두만강과 압록강을 경계로 영토를 넓힌 세종은 삼남 지역의 백성을 수차례에 걸쳐 북방으로 강제 이주시켜 북방을 영구히 우리 영토로 만들고자 했다.

북방으로 강제 이주된 백성들은 면세 등 여러 혜택이 주어졌으나, 협소한 토지와 추운 기후, 그리고 여진족의 침략을 못 견디고 도망치는 사람이 많았다. 하지만 세조 때까지 이러한 사민 정책은 꾸준하게 추진되면서, 조선은 영토를 두만강과 압록강까지 확고히 할 수 있었다. 조선 중기까지 조선은 우위적인 입장에서 여진을 통제했지만, 임진왜란 이후부터 이 관계는 역전되었다. 병자호란 때 조선은 삼전도에서 여진과 군신 관계를 맺으면서 조선 후기에는 여진족이 세운 청나라의 사대 질서를 수용했다.

◇ 이름: 홍위
◇ 출생-사망: 1441~1457년
◇ 재위 기간: 1452년 5월~1455년 6월(3년 2개월)

단종은 1448년(세종 30년), 8세에 왕세손으로 책봉되고 문종이 즉위하는 1450년(문종 즉위년) 8월에 세자로 책봉되었다. 세종과 문종의 사랑을 듬뿍 받으며 성장하던 단종에 게 아버지 문종의 죽음은 삶이 크게 바뀌는 변곡점이 되었다. 자신이 얼마 살지 못할 것을 알았던 문종은 뛰어난 능력과 야심을 가진 동생들이 걱정되었다. 12세의 어린 단 종이 왕의 자리를 감당하지 못할까 걱정된 문종은 영의정 황보인과 우의정 김종서에 게 어린 임금을 보필할 것을 당부하는 유언을 남겼다. 그리고 성삼문과 박팽년 등 집 현전 출신의 관리들에게도 단종을 도와달라고 부탁했다. 마지막으로 수양대군과 금성 대군을 불러 이들이 혹시라도 다른 마음을 품지 못하도록 단종을 부탁한다는 말을 잊 지 않았다.

왕의 책무를 다하기에 너무 어렸던 단종은 모든 대소사를 의정부와 육조에서 처리 하도록 했다. 특히 인사 문제에 있어서는 황보인과 김종서 등 조정 대신에게 크게 의 존했다. 황보인과 김종서가 인사 대상자의 이름에 황색으로 점을 찍어 올리면 단종은 아무런 문제 제기 없이 점이 찍혀 있는 종이에 적힌 그대로 사람을 임명했다. 시간이 흐를수록 수양대군을 비롯한 여러 왕족은 국가의 권력이 대신에게 빼앗긴다고 생각하 며 근심했다.

결국 단종의 숙부였던 수양대군(세조)이 한명회 등 자신의 측근 세력을 동원해 1453년(단종 1년) 10월, 계유정난을 일으켰다. 정변에 성공한 수양대군은 황보인과 김 종서 등을 죽이고, 안평대군 부자를 강화도로 귀양 보냈다. 단종은 자신에게 왕위를 지 킬 힘이 없음을 깨닫고, 조정을 장악한 수양대군에게 왕위를 물려준 뒤 상왕이 되었다.

그러나 단종을 복위하려는 움직임은 계속 일어났다. 1456년(세조 2년), 성삼문·유 응부 등 사육신이 단종의 복위를 도모하면서 단종은 노산군으로 강봉되고 강원도 영 월로 유배 보내졌다. 1457년(세조 3년), 이곳에서 단종은 세조가 보낸 사약을 거부하고 17세의 나이에 스스로 목을 매어 죽었다. 단종은 1681년(숙종 7년)에 노산대군으로 추 봉되고 1698년(숙종 24년)에 신규의 상소로 복위가 결정되었다. 단종의 능호는 장릉으 로, 그 능은 강원도 영월에 있다.

제6대 단종
(재위: 1452~1455년)

정순왕후 송씨

부인: 1명
자녀: 없음

073
누런 종이가 계유정난을 일으키다

제6대 단종

#황표정사 #단종실록 #계유정난

단종은 태어난 지 이틀 만에 어머니가 죽고, 10세가 되던 해엔 할아버지 세종이 죽었다. 그리고 아버지 문종마저도 일찍 죽으면서 12세라는 어린 나이에 왕이 되었다. 어린 단종에게는 그가 스스로 정무를 볼 수 있을 때까지 도와주고 보호해줄 직계 가족이 아무도 없었다. 단종의 아버지 문종은 가장 믿으면서도 반대로 위협이 될 수 있는 수양대군과 금성대군을 불러 단종의 보필을 부탁했다. 그리고 김종서와 황보인 등 중신에게도 단종의 안위를 당부했다.

단종이 즉위하고 인사와 관련된 일을 처리할 때, 김종서와 황보인 등은 인사 대상자의 이름에 누런빛의 종이를 붙여 올렸다. 그럼 단종은 그 위에 점을 찍어 사람을 임명했다. 이를 황표정사(黃標政事)라고 한다. 이로 인해 이조와 병조가 가지고 있던 인사 문제까지 의정부가 담당하며 의정부의 권력이 강화되자, 수양대군을 비롯한 왕실 종친들은 이를 심각한 위기로 여겼다.

《단종실록》 즉위년에 의하면 "이번 정사에서 의정부 당상들이 매일 빈청에 나아가고, 이조·병조의 당상이 의논에 참여해, 제수(除授)하는 대성·정조·연변 고을의 장수와 수령은 반드시 3인의 성명을 썼으나, 그중에 쓸 만한 자 1인을 취해 황표를 붙여 아뢰면 노산군이 다만 붓으로 낙점할 뿐이었다. 당시 사람들은 이를 황표정사라고 일컬었다."라고 기록되어 있다.

단종 1년 9월 13일 기록에도 "정부 대신이 매양 제수할 때를 당하면 벼슬 하나에 세 사람을 천망(후보)하고서, 쓰고자 하는 자의 이름 아래에 표를 해 계달하므로 사론(士論)이 그르게 여겼고 노산군도 그 잘못을 알고 못 하게 한 것이 오래였는데, 이에 이르러 황보인과 김종서가 다시 황표를 썼다."라고 기록되어 있다. 세조 때 제작된 《단종실록》이라는 점을 감안하더라도 당시 황표정사에 대해 부정적 여론이 형성되었음을 보여준다. 결국 황표정사는 수양대군이 계유정난을 일으키는 명분이 되어, 조선의 역사를 바꾸는 큰 요인으로 작용했다.

074

김종서를 죽여라

#김종서죽음 #수양대군반정 #계유정난

수양대군은 한명회와 권람을 불러 매일 밤낮으로 앞으로 나아가야 할 방향을 논의했다. 이들은 황표정사로 운영되는 현 체제가 오래 지속되면 나라의 주인이 바뀔 수도 있다고 생각했다. 결국 이들은 대호라 불리는 김종서를 제거하고 나라를 바로 세우기로 결정했다.

한명회는 무예가 뛰어난 홍달손과 양정 등 수십 명의 장사를 수양대군에게 추천하며 반정을 일으킬 군사를 모았다. 수양대군은 반정군이 마련되자 1453년(단종 1년) 10월 10일, 활쏘기 대회를 명분으로 수십 명의 장정을 데리고 밖으로 나섰다. 세조는 권람과 한명회에게 돈의문(서대문)을 맡기고, 자신은 직접 김종서의 집을 찾아갔다.

늦은 밤 아무것도 모르는 김종서와 그의 아들 승규는 자신의 집을 방문한 수양대군을 반갑게 맞이했다. 수양대군은 김종서에게 사모(대군 또는 고위 관료가 쓰는 관모)의 뿔이 떨어졌다며 빌려줄 수 있는지 물었다. 김종서가 수양대군의 부탁을 흔쾌히 허락하고 아들 승규에게 사모를 가져오라고 말하는 순간, 수양대군의 장수 양정이 김종서에게 철퇴를 휘둘렀다. 승규가 이를 보고 몸을 날려 김종서를 안아 보호하려 했지만 역부족이었다. 양정이 연이어 휘두른 철퇴에 승규는 목숨을 잃었다.

철퇴를 맞고 움직이지 않는 김종서가 죽었다고 확신한 수양대군은 궁궐로 들어가 단종을 찾아갔다. 수양대군은 김종서와 황보인이 안평대군을 추대하려는 역모를 꾸미며, 어쩔 수 없이 김종서를 죽이고 오는 길이라고 말했다. 단종은 수양대군의 말을 믿고 자신을 살려달라고 애원했다. 그 시각 죽은 줄 알았던 김종서는 자리에서 일어나 주변에 도움을 요청하고 있었다. 하지만 혹시라도 김종서가 살았을지 모른다고 생각한 수양대군이 보낸 이흥상에 의해 발각되어 결국 죽고 말았다.

가장 두려워하던 김종서가 죽은 것을 확인한 수양대군은 단종의 이름으로 모든 고위 관료를 궁궐로 불러들였다. 아무 영문도 모르고 궁궐로 입성한 관료들은 성문 안에서 살생부를 들고 있는 한명회와 마주했다. 한명회의 손짓 하나에 그들의 생사가 결정되는 순간이었다. 한명회는 수양대군에 협조하지 않을 것 같은 황보인, 조극관 등을 그 자리에서 무참하게 죽였다.

입궁하지 않은 이들도 살생부에 이름이 올라가 있는 이상 살아날 수 없었다. 안평대군은 귀양 보내졌다가 죽임을 당했고, 군권을 가지고 있던 병조판서 민신은 문종의 능인 현릉에서 비석 세우는 일을 감독하다가 참살되었다. 이로써 수양대군은 계유정난을 성공시키며 권력을 장악하게 된다.

075

삼촌에게 왕위를 넘기다

제6대 단종

#안평대군죽음 #강제혼인 #상왕단종

계유정난으로 자신을 돌봐줄 이가 하나도 없게 된 단종은 늘 수양대군이 무서웠다. 서슬 퍼런 눈으로 자신을 내려다보며 명령하는 수양대군은 과거의 숙부도, 신하도 아니었다. 가장 무섭고 두려운 존재일 뿐이었다. 조정의 모든 관료들도 단종의 말보다는 수양대군의 지시만을 받들었다.

단종은 수양대군의 꼭두각시가 되어 안평대군을 강화도로 유배 보내고, 온 백성이 알 수 있도록 김종서와 황보인 등이 반역을 저질러 이들을 죽였다는 교서를 내렸다. 사헌부와 사간원이 안평대군을 역모의 우두머리라고 주장하자, 전국 각지에서 안평대군을 죽여야 한다는 상소가 연이어 올라왔다. 이에 단종은 수양대군의 지시를 거부하지 못하고 이순백을 강화도로 보내 안평대군에게 사약을 내렸다.

수양대군은 계유정난이 왕위를 찬탈하기 위한 목적이 아니었음을 보여주기 위해 단종의 가례를 준비했다. 단종은 문종의 삼년상이 끝나지 않았다며 가례를 거부했지만, 수양의 뜻을 알고 있는 관료들의 거듭되는 압박에 판돈녕부사 송현수의 딸을 비로 맞이했다.

영의정과 병조판서, 그리고 이조판서까지 겸하며 모든 권력을 장악한 수양대군은 삼년상이 끝나지 않은 단종에게 상복을 그만 입어도 된다고 말했다. 단종은 수양대군의 뜻을 거부했지만, 단종의 뜻에 따르는 이는 예조참의 어효첨뿐이었다. 단종은 이를 계기로 자신의 뜻대로 상복을 입을 수조차 없는 현실을 깨닫는 동시에, 수양대군의 진짜 목적이 무엇인지 알게 되었다.

1455년(단종 3년) 6월, 단종은 내시 전균을 통해 왕위를 넘기고 싶다는 교지를 수양대군에게 전했다. 수양대군은 단종을 찾아가 자신은 왕이 될 생각이 없으니 교지를 거두어달라고 말했으나, 형식적인 거절일 뿐이었다. 1455년(단종 3년) 6월 10일, 단종은 성삼문과 박팽년에게 옥새를 가져오게 한 뒤, 옥새를 수양대군에게 넘겨주었다. 이로써 아무 실권도 없는 상왕이 된 단종은 창경궁으로 거처를 옮겼고, 수양대군이 제7대 왕인 세조로 즉위했다. 세조는 단종에게 공의온문, 왕비 정순왕후에게는 의덕이라는 존호를 올리며 상왕을 존중하는 모습을 세상에 보여주고자 했다. 그러나 옥새를 건네는 현장에 있던 성삼문과 박팽년 등 많은 관료는 세조를 죽이고 단종을 복위시킬 것을 굳게 결심했다.

스스로 대금황제라 칭하다

#호랑이잡는이징옥 #이징옥의난 #어이없는죽음

이징옥(?~1453년)은 어렸을 때 호랑이를 산 채로 잡았다고 전해질 정도로 힘이 매우 센 장수였다. 1416년(태종 16년), 이징옥은 무과에 장원급제한 뒤 함길도(함경도)에서 여진족을 상대로 백성과 영토를 지키는 데 큰 공을 세웠다. 특히 김종서를 도와 6진을 개척하는 데 큰 활약을 펼쳤던 이징옥은 1434년(세종 16년) 함길도도절제사가 되었다. 세종과 문종은 이징옥의 능력과 충성심을 특별히 아꼈다. 이징옥이 부모님의 삼년상을 치르기 위해 관직에서 물러나려는 것도 허락하지 않고 북방의 군대를 맡길 정도였다.

계유정난을 일으킨 수양대군은 뛰어난 무장이며 막강한 군대를 지닌 이징옥이 가장 신경 쓰였다. 세종과 문종의 총애를 받았고, 6진을 개척하며 김종서와 특별한 관계를 맺었던 이징옥이 단종의 복수를 외치는 순간 큰 전쟁을 피할 수 없었다. 결국 수양대군은 이징옥을 제거하기로 마음먹고 1453년(단종 1년), 박호문을 이징옥의 후임 함경도도절제사로 임명했다. 그리고 해임된 이징옥이 한양으로 돌아오는 순간 그를 제거하기로 계획했다.

수양대군의 속셈을 눈치챈 이징옥은 한양으로 내려오던 발걸음을 길주로 돌렸다. 자신의 후임으로 온 박호문을 죽이고 군대를 장악한 이징옥은 종성으로 향했다. 자신만의 군대로는 역부족이라 생각한 이징옥은 스스로를 대금황제(大金皇帝)라 칭하며 여진족과의 연합을 준비했다. 이징옥이 반란을 일으켰다는 소식을 들은 수양대군은 중외병마도통사가 되어 토벌군을 준비했다. 동시에 이징옥을 죽이는 자에게 큰 포상을 내릴 것을 약속하면서 여진족에게는 이징옥을 도우면 가만두지 않겠다고 경고했다. 큰 내란으로 이어질 것 같았던 이징옥의 난은 부하였던 정종과 이행검의 배반으로 허무하게 끝나버렸다. 정종과 이행검에 의해 죽은 이징옥의 시신은 다시 한번 거열형을 받아 찢겼고, 그의 머리는 3일 동안 높은 곳에 매달렸다가 한양으로 보내졌다.

수양대군은 이징옥의 난과 관련된 사람들을 무리하게 제거할 경우 반발이 커질 것을 우려했다. 아직 이징옥의 형제들이 군대를 장악하고 있었고, 이징옥이 스스로를 대금황제라 칭했던 만큼 여진족의 반발이 걱정되었다. 무엇보다도 계유정난을 인정하지 않는 세력이 이징옥의 죽음을 명분 삼아 결집하는 것을 경계했다. 수양대군은 이징옥의 남은 형제를 처벌하지 않고, 이징옥을 죽인 정종과 이행검에게 포상을 내리는 것으로 빠르게 일을 마무리 지었다. 그러나 이징옥의 죽음은 이후 1467년(세조 13년)의 이시애의 난에 영향을 미치게 되었다.

077 죄질에 따라 형벌을 다르게 하다

#조선형벌 #태장도유사 #사형결정

조선의 형벌은 명나라의 대명률을 토대로 운영했으나, 조선에 맞지 않는 경우에는 왕이 내린 행정명령서인 수교를 활용했다. 그러나 기본적으로는 형벌의 경중에 따라 '태-장-도-유-사' 다섯 단계로 나누어 가벼운 체벌부터 사형까지 시행했다.

태형(笞刑)은 비교적 가벼운 죄를 다뤘다. 물푸레나무로 만든 곤장으로 죄의 형량에 따라 10·20·30·40·50대까지 죄인의 볼기를 때려 형을 집행했다. 태형의 경우 매를 맞는 대신 돈이나 면포를 납부하는 속형으로 형벌 대체가 가능했다.

장형(杖刑)은 옹과 눈을 제거한 가시나무로 만든 곤장으로 60·70·80·90·100대까지 죄인의 볼기를 때렸다. 장형은 보통 죄인을 먼 곳으로 보내는 유형과 함께 집행되었으며, 태형처럼 돈이나 면포를 내고 매를 맞지 않는 속형이 가능했다.

도형(徒刑)은 죄인에게 관아에서 기와를 굽거나 종이를 만드는 일 등 고된 노동을 시키는 징역형으로, 보통 장형이 이루어진 뒤 시행되었다. 도형은 죄의 경중에 따라 1년에서 3년까지 다섯 단계로 처벌했으며, 태형·장형과 마찬가지로 속형이 가능했다.

유형(流刑)은 큰 죄를 저지른 사람에게 먼저 장형 100대를 때린 후, 먼 곳으로 유배를 보내는 벌이었다. 유배지는 대명률에 따라 2,000·2,500·3,000리의 3등급으로 나뉘었으나, 조선의 영토로는 실행할 수 없는 거리였다. 그래서 유형을 받은 죄인을 데리고 여기저기를 돌아다니면서 거리를 맞춘 뒤에 유배지로 향했다. 유배지에 도착한 죄인은 유형이 끝날 때까지 스스로 생계비를 부담해야 했다. 다만 1449년(세종 31년)부터는 유배인이 처첩 및 미혼 자녀와 함께 지낼 수 있도록 했다.

사형(死刑)은 매우 큰 죄를 저지른 사람의 목숨을 빼앗는 것으로, 목을 매달아 죽이는 교형과 목을 베는 참형으로 나누어졌다. 이 외에도 사형의 방법으로는 기시·효수·거열·능지처사(지해)형이 있었다. 기시는 시신을 토막 내어 시장에 전시하는 형벌이며, 효수는 참수한 죄인의 머리를 나무에 매달아 높이 전시하는 형벌이었다. 거열은 사람의 사지를 수레에 묶어 찢어 죽이는 형벌로, 반역죄와 같은 큰 죄를 저질렀을 때 시행되었다. 능지처사는 살아 있는 상태에서 칼로 온몸을 여섯 토막으로 절단해 죽이는 형벌이었으나, 조선에서는 거열로 대신했다.

조선은 형벌이 정당한 절차를 걸쳐 진행될 수 있도록 엄격하게 관리했다. 가벼운 죄를 다스리는 태형만 수령이 직접 시행할 수 있을 뿐, 장형 이상의 형벌은 관찰사에게 보고하고 상부의 지시를 따르게 했다. 사형의 경우에도 세 차례 재판을 거친 뒤, 왕이 최종적으로 결정하도록 했다.

078

제7대 세조

◇ 이름: 유
◇ 출생−사망: 1417~1468년
◇ 재위 기간: 1455년 6월~1468년 9월(13년 3개월)

세종의 둘째로 태어난 세조는 왕자 시절 한글 창제에 참여하고,《석보상절》을 편찬하는 등 세종을 도와 여러 업적을 세웠다. 세조는 어린 단종이 즉위하면서 왕권이 무너지고, 김종서를 중심으로 한 재상들이 정권을 좌지우지한다고 여겼다. 결국 세조는 왕권을 바로 세운다는 명분으로 계유정난을 일으켜 김종서·황보인 등 여러 중신과 형제를 죽이고 권력을 장악했다.

단종에게 왕위를 넘겨받은 세조는 이시애의 난과 사육신의 난 등 여러 위기를 맞았지만, 강력한 군주로서 많은 개혁을 이루어냈다. 우선 왕이 정국을 주도하기 위해 의정부 서사제를 폐지했다. 그리고 육조직계제를 통해 강력한 왕권을 행사할 수 있는 제도를 구축했다. 또한 지방에 있는 유향소를 폐지해 토호 세력을 약화하고, 중앙에서 내려보낸 수령을 통해 백성을 직접 지배하는 중앙집권체제를 완성했다.

세조는 호적과 호패제를 강화해 양인의 숫자를 정확하게 파악한 뒤 조세와 군역을 확보했다. 군제도 5위로 개편해 군대를 강력하게 만든 다음, 신숙주로 하여금 해금 두만강 유역의 여진족을 토벌하게 했다. 압록강 유역의 여진족이 남이와 강순에게 토벌되면서 세조 시기에는 북방이 안정되었다. 이를 바탕으로 세조는 남쪽의 백성을 북쪽으로 옮기는 사민 정책을 꾸준히 진행해 압록강과 두만강을 경계로 하는 영토를 확고히 했다. 경제적으로는 과전법이 제 기능을 하지 못하자, 현직 관료에게만 토지를 지급하는 직전법을 실시했다.

세조는 집현전을 폐지하며 관료의 성장을 막는 한편, 국가 운영의 기틀이 되는《경국대전》을 편찬하는 작업을 시작했다. 이 외에도《국조보감》《동국통감》등의 사서를 편찬하며 문물을 집대성했다. 특히 번역 기관인 간경도감을 설치해《법화경》등 불경을 한글로 번역하면서 한글이 일반 백성에게 보급되고 활용될 수 있는 기반을 마련했다. 세조의 능호는 광릉으로, 그 능은 남양주시에 있다.

제7대 세조
(재위: 1455~1468년)

정희왕후 윤씨 ─── 덕종(의경세자)
제8대 예종
의숙공주

근빈 박씨 ─── 덕원군
창원군

부인: 2명
자녀: 4남 1녀

080

조선 최초로 수렴청정을 맡다

#계유정난의숨은공로자 #정의왕후슬픔 #최초수렴청정

세조가 계유정난에 성공할 수 있었던 배경에는 정희왕후(1418~1483년)가 있었다. 《송와잡설》에 따르면 정희왕후는 세조와 결혼할 사이가 아니었다고 한다. 며느리에 대한 욕심이 컸던 세종은 세조의 배필감으로 고려시대부터 명문가였던 파평윤씨 윤번의 첫째 딸을 생각하고 있었다. 그런데 첫째보다는 둘째 딸이 더 총명하고 예쁘다는 소리를 들은 세종은 11세에 불과했던 소녀(정희왕후)를 세조의 배필로 삼았다.

세조와 정희왕후는 마음속 이야기를 허심탄회하게 많이 나눌 정도로 부부 관계가 좋았다. 세조는 계유정난을 앞두고 정희왕후에게 거사 계획을 알렸다. 정변이 실패하면 겪어야 할 일을 너무도 잘 알던 정희왕후는 세조를 말렸다. 그러나 안평대군이 세조의 거사 계획을 알게 되었다는 소식에 정희왕후는 부리나케 세조를 찾아갔다. 실패에 대한 걱정으로 망설이던 세조에게 정희왕후는 손수 갑옷을 입혀주며 "꼭 성공하실 것입니다. 아무 걱정하지 마시고 뜻대로 하시옵소서."라고 그를 격려했다. 이는 아마도 그 순간 세조가 가장 듣고 싶었던 말이었을 것이다.

계유정난이 성공하고 왕후에 올랐지만, 정희왕후에게는 큰 슬픔이 연이어 다가왔다. 큰아들 의경세자가 갑자기 죽고, 노년에는 사랑하는 남편인 세조가 피부병으로 고통스러워하는 모습을 묵묵히 지켜봐야 했던 것이다. 왕에 즉위한 둘째 아들 예종마저도 즉위 1년 2개월 만에 죽으면서 정희왕후는 두 자식을 먼저 하늘로 보내는 아픔을 맞았다. 그러나 슬퍼할 겨를도 없이 나라를 위해 다음 보위를 결정해야만 했다.

정희왕후는 예종의 아들 제안대군이 겨우 4세라는 점을 내세워 그를 후계자에서 제외했다. 의경세자의 첫째 아들 월산대군은 16세로 왕위에 오르는 데 문제가 없었지만, 그는 세력이 약하다고 생각했다. 고심 끝에 정희왕후는 의경세자의 둘째였던 13세의 자산군을 다음 왕으로 선택했다. 자산군은 성년에 이를 때까지 수렴청정을 통해 자신이 보호할 수 있고, 자산군의 장인이 한명회였기에 그가 누구보다 든든한 힘이 되어줄 것이라 믿었기 때문이었다. 또한 이것이 최고의 권력을 쥐고 있는 한명회를 자극하지 않고 왕권을 지켜나갈 수 있는 최선의 방법이기도 했다.

예종의 뒤를 이어 왕으로 즉위한 자산군(성종)이 20세가 되는 해까지, 정희왕후는 자산군을 뒤에서 든든하게 보호했다. 그리고 그가 올바른 성군이 되도록 학문과 자질을 부단히 가르쳤다. 이후 성종이 직접 친정을 하게 되자, 정희왕후는 세조가 피부병을 치료하던 온양으로 자주 행차하며 말년을 보냈다. 조선시대 최초로 수렴청정을 했던 정희왕후는 온양에서 생을 마감했고, 세조가 묻힌 광릉에 누웠다.

081

형에게 반기를 들다

제7대 세조

#금성대군역모 #관노때문에실패한역모 #사라진순흥부

세종의 여섯째 아들 금성대군(1426~1457년)은 문종 앞에서 수양대군과 함께 단종을 끝까지 보필하기로 약속했다. 그러나 문종 앞에서 단종 보필을 약속했던 수양대군이 계유정난으로 정권을 잡자, 금성대군은 선왕의 유지를 지키지 못했음에 마음이 늘 불편했다. 아버지와 형의 유지를 어기고 어린 단종을 압박하는 수양대군을 몰아내고 싶었지만, 현실적으로 자신의 힘으론 불가능했다.

1455년(세조 1년), 세조가 단종을 내쫓고 왕으로 즉위하는 모습을 본 금성대군은 가까운 이들에게 눈물을 흘리며 한탄했다. 이런 모습을 눈여겨본 세조는 사육신 역모의 책임을 물어 단종을 강원도 영월로 유배 보낼 때, 금성대군도 유배형에 처했다. 삭녕에서 경기도 광주, 그리고 경상도 순흥으로 유배지를 옮겨 다닐 때마다 금성대군의 마음에는 억울함과 분노가 치솟았다.

금성대군은 순흥부사 이보흠이 세조의 집권에 불만을 품고 있다는 사실을 확인하고, 함께 세조를 죽이고 단종을 복위시키기로 약속했다. 이들은 직접 군사를 모집하는 한편, 충청과 영남 지역에 단종 복위에 참여할 군사를 모집하는 격문을 돌렸다. '순흥을 근거로 한다. 죽령과 조령을 출동시켜 통신을 차단하고 영남을 장악한다. 단종을 순흥으로 모셔와 복위를 준비한다. 세조를 제거하고 심복을 제거한다.'라고 적힌 격문을 본 이들이 이에 참여하면서, 거사 준비는 차근차근 이루어졌다.

그러나 이들의 거사 계획은 어이없게도 관노에 의해 실패했다. 순흥부사 밑에 있던 한 관노가 출세하려고 일부러 금성대군의 시녀 금연과 정분을 통한 뒤, 군사를 모집하는 격문을 훔쳐 달아난 것이었다. 관노는 격문을 갖고 한양으로 향하다 자신의 행동거지를 이상하게 여긴 풍기현감에게 잡히고 말았다. 풍기현감은 관노를 죽이며 거사 계획이 새 나가는 것을 막았으나, 정작 자신이 거사의 성공에 대해 의문을 품었다.

관노가 격문을 훔쳐 달아날 정도로 허술하게 준비되는 거사의 모습에 반역의 실패를 확신한 풍기현감은 세조를 택했다. 금성대군이 역모를 꾀했다는 사실을 접한 세조는 크게 화를 내며 금성대군에게 사약을 내렸다. 순흥부사 이보흠은 평안도 박천으로 유배 보내졌다가 처형당했다. 세조의 분노는 여기에 그치지 않았다. 순흥부를 풍기·영주·봉화에 분산시켜 귀속시킴으로써 행정구역에서 아예 없애버렸다.

관노로 인해 거사에 실패한 금성대군은 1739년(영조 15년)에 정민이라는 시호를 받으며 명예를 회복할 수 있었다. 그리고 1791년(정조 15년)에는 단종의 능인 장릉 배식단에 배향하는 육종영의 한 사람으로 선정되었다.

082

세조를 죽이고 단종을 모셔라

#사육신난 #별운검폐지 #김질배신

집현전 학자였던 정인지·성삼문·하위지 등은 계유정난의 정난공신으로 선정되었다. 이들이 공신으로 선정될 수 있었던 것은 황보인과 김종서에게 권력이 집중되는 것을 못마땅하게 생각해 수양대군의 행보에 동의했기 때문이었다. 그러나 세조가 단종을 내쫓고 왕으로 즉위하자, 집현전 출신의 관료들은 뜻이 갈렸다. 신숙주처럼 세조와 함께하는 사람도 있었지만, 성삼문과 하위지처럼 단종 복위에 목숨을 바치기로 한 사람도 있었다.

1456년(세조 2년), 세조의 즉위를 승인하기 위해 방문한 명나라 사신의 송별회가 한창 준비 중인 때였다. 단종의 복위를 함께 이루자고 약속했던 유응부와 성삼문의 아버지 성승이 세조의 경호를 맡는 별운검이 되자, 집현전의 학자들은 이를 절호의 기회라 여겼다. 이들은 계유정난이 역모였음을 명나라 사신에게 알린 뒤, 세조를 죽이고 단종을 복위하고자 했다. 거사에 참여했던 주요 인물은 유응부·성삼문·박팽년·이개·하위지·유성원이었다.

송별회가 열리기로 한 날, 느낌이 좋지 않았던 한명회는 세조를 찾아가 연회 장소가 좁으니 별운검을 폐지하자고 주장했다. 마침 세자가 아파서 연회에 나오지 못하는 상황인 만큼 한명회의 의견이 옳다고 여긴 세조는 별운검을 대동하지 않은 채 연회를 조촐하게 진행했다. 반면 거사를 준비한 이들은 갑자기 별운검이 폐지되자 거사 계획이 누설되었다고 생각했다. 유응부는 그 자리에서 당장 세조를 죽이자고 했으나, 성삼문을 비롯한 나머지 동지들은 거사를 연기하기로 결정하고 해산했다.

그 자리에 있던 김질은 거사가 실패하리라 생각하고, 장인 정창손을 찾아가 도움을 요청했다. 사위 김질에게서 거사 계획을 들은 정창손은 바로 자리에서 일어나 세조를 찾아가 역모 사실을 알렸다. 그제서야 그 모든 과정을 알게 된 세조는 의금부와 형조, 그리고 포도청을 동원해 단종 복위에 참여했던 모두를 잡아들였다. 그리고 직접 국문을 진행하며 단종 복위 운동의 전말을 밝혀냈다.

죽음으로 충의를 지키다

세조가 직접 죄를 추궁하는 자리에서 유응부를 비롯한 사육신은 당당했다. 유응부는 국문을 당하는 자리에서 세조의 죄를 읊으며 김질의 밀고를 한탄했다. 그리고 성삼문을 비롯한 동지들에게 연회 날 세조를 죽이러 가자는 자신의 말을 따라주지 않아 일이 이 지경에 이르렀음을 한탄했다. 잘못을 인정하지 않고 오히려 자신을 혼내는 유응부에 화가 난 세조는 유응부의 살가죽을 벗기고 달군 쇠로 배 밑을 지지는 고문을 가했다. 가혹한 고문에도 유응부는 뜻을 굽히지 않고 오히려 "쇠가 식었으니 다시 달구어오라."며 호통쳤다.

성삼문도 국문에서 당당한 자세를 잃지 않았다. 자신은 단종의 신하로서 당연히 해야 할 일을 했을 뿐이라며 오히려 세조에게 죄를 물었다. 더불어 밀고자 김질을 자신들과 똑같이 처벌해달라고 요청했다. 반면 강희안은 거사에 가담하지 않았는데 억울하게 잡혀 왔으니 풀어주라고 요구했다. 성삼문은 결국 '이 몸이 죽고 죽어 무엇이 될꼬 하니, 봉래산 제일봉에 낙락장송 되었다가, 백설이 만건곤할 제 독야청청하리라.'란 시를 남기고 처형되었다.

박팽년은 충청감사로 있던 세조에게 시절 신하를 뜻하는 신(臣) 대신 크다는 뜻의 거(巨)로 표기한 장계를 올리며 세조의 신하이기를 거부했다. 세조가 준 녹봉도 창고에 그대로 쌓아둘 정도였다. 김질이 박팽년을 회유하러 오자, "까마귀 눈비 맞아 희난 듯 검노매라. 야광명월이야 밤인들 어두우리. 임 향한 일편단심이야 변할 줄이 있으랴."라고 적힌 시 한 수를 세조에게 전해달라며 건넸다. 박팽년은 계속되는 고문을 이기지 못하고 옥에서 숨을 거두었다.

집에서 목숨을 끊은 유성원과 허조 등을 제외한 거사와 관련된 많은 사람이 40여 일 동안 고문을 받고 처형되었다. 사형 집행만 여덟 차례에 걸쳐 진행되었고, 가장 끔찍하다는 거열형으로 처형당한 숫자만 41명에 달했다. 거사를 주도한 사람들의 자식은 교형에 처해졌고, 여성은 모두 노비가 되었다. 일설에 따르면 박팽년의 여종이 자기 아들과 박팽년의 아들을 바꿔치기한 결과 박팽년은 사육신 중 유일하게 자손을 남길 수 있었다고 한다.

시신을 수습하면 역적으로 처벌되는 규정으로 사육신의 시신이 며칠이나 방치되고 있을 때, 생육신 김시습이 홀로 시신을 수습해 노량진 자리에 묻었다. 1782년(정조 6년), 정조는 그 자리에 신도비를 세워 사육신의 충절을 기억하도록 했고, 현재 그 자리는 사육신역사공원이 되어 많은 시민이 방문하는 장소가 되었다.

084 사병제를 없애고 중앙군을 강화하라

#사병혁파 #중앙군정비 #5위구성

고려는 무신 집권기와 원 간섭기를 거치면서 중앙군제가 무너지고 사병제가 발달했다. 정도전이 이성계의 사병 집단인 가별초를 보고 "이런 군대라면 무슨 일인들 못 하겠습니까?"라고 말한 것은 그만큼 사병 집단이 중앙군보다 우월했음을 보여준다. 태조 이성계는 자신의 사병을 기반으로 조선을 건국했으나, 왕이 되자 오히려 사병제가 그를 위협하는 존재가 되었다. 태조는 요동 정벌을 준비하는 과정에서 정도전을 내세워 사병제를 혁파하려 했으나, 이는 왕자의 난으로 중단되고 말았다.

태종 이방원도 사병을 동원해 왕에 즉위했지만, 사병제를 폐지하는 데 있어 주저함이 없었다. 정종 때 권근이 사병 혁파를 역설하자, 이에 동의하며 사병제를 중앙군으로 편제하는 작업을 진행해 삼군부 아래 10사를 두었다. 세종은 중앙군을 12사로 확대했으나, 문종은 이를 다시 5사로 축소하며 정예화했다. 5위가 정착된 것은 1457년(세조 3년)이었다. 세조는 5사의 명칭을 5위로 바꾸며 군을 체계화했다.

위는 각부에 5부를 두었고, 부는 보병 2통과 기병 2통을 통솔했다. 그리고 그 아래를 '여(125명)-대(25명)-오(5명)-졸'로 구성했다. 각 위의 병력은 균일하지는 않았지만 한양을 경비하는 동시에 변란 시 동원되는 중앙군으로서 조선 최강의 부대였다. 5위의 병력은 취재를 통해 선발된 갑사로 채워졌지만, 양인 가운데 군역을 지는 정병도 포함시켰다.

5위는 의흥위, 용양위, 호분위, 충좌위, 충무위로 이루어졌다. 위흥위는 양반 자제 중에서 선발한 1만 8천 명 정도의 부대로, 서울 중부와 개성부·경기·강원·충청·황해도의 군사를 거느리고 다스렸다. 용양위는 3천 명으로 구성된 기마병 위주의 부대로 서울 동부와 경상도의 군사를 통할했고, 호분위는 왕실 종친이 주로 참여하는 500여 명의 부대로 서울 서부와 평안도의 군사를 통솔했다. 충좌위는 공신들의 자제들이 주로 참여하는 2,500명의 부대로 서울 남부와 전라도 군사를 통할했으며, 충무위는 이성 왕족이나 왕비족의 자제와 정병이 주로 참여하는 4만 2천 명의 부대로 서울 북부와 함경도의 군사를 통할했다. 그러나 시간이 흐르면서 양반의 자제들이 군역을 기피하고, 문신이 5위의 높은 자리를 차지하면서 5위는 제 기능을 잃어버렸다. 그 결과 임진왜란 이후 5위는 중앙군으로서의 기능을 잃어버리고 궁성을 숙식하며 지키기만 했다.

085

시간이 흐르면서 군역이 해이해지다

제7대 세조

#군역체제정비 #세조보법제 #양반군역회피

조선은 16~60세의 양인 남자는 군역의 의무를 지게 했다. 단, 관료나 향리처럼 직역을 담당하거나 향교에서 공부하는 교생 등 학생과 천민은 군역의 의무를 부여하지 않았다. 조선에 군역 체제가 확립된 것은 1464년(세조 10년)이었다. 3정(丁)을 단위로 1명의 정군을 내는 봉족 체제가 신분제 분화와 양반들의 군역 회피로 가난한 백성에게만 군역을 물리게 되자, 세조는 새로운 보법 체제로 국방력을 강화하는 개혁을 추진했다.

토지와 인정(성인 남성 또는 장정)을 고려해 하나의 군 단위인 군호(軍戶)를 편성하는 보법 체제는 하나의 호(戶)에서 군에 복무하는 1명의 정군을 내도록 했다. 그리고 그 1명의 정군에 2명의 인정을 배정했다. 2명의 인정은 봉족 또는 보인이라 했으며 정군의 가족을 경제적으로 도와주게 했다. 또한 토지 5결을 1정에 준하도록 했고, 노비의 자녀들도 봉족수로 계산했다. 이로써 2정 1보의 군역 편성의 기준이 세워지면서 군역을 지는 숫자가 60만에 이를 정도로 병력이 증가했다. 그리고 모든 신분이 군역의 의무를 지는 국민개병제가 완성되면서 조선은 군사 강국으로 발돋움할 수 있었다.

그러나 세조의 보법 체제는 노비도 봉족 수로 계산하는 방식이어서 대토지와 노비를 많이 소유한 지배층의 반발을 가져왔다. 성종 이후로는 공부하는 학생이라는 이유로 양반은 군역을 지지 않으면서, 상민 계층만이 군역을 담당하게 되었다. 상민이 양반의 몫까지 군역을 지고 정군으로 나가다 보니, 보법 체제는 무너지기 시작했다. 요역(국가 권력에 의해 백성들의 노동력이 무상으로 수취되는 것)도 보법 체제의 붕괴에 따라 같이 무너졌다. 상민만이 정군으로 군역을 지다 보니, 요역을 담당할 사람이 부족해졌다. 결국 노인과 어린이가 어쩔 수 없이 요역의 의무를 져야 했다.

군역과 요역을 동시에 지게 된 일부 상민들은 부담을 이기지 못하고 마을에서 도망치거나, 승려나 아전이 되어 군역의 의무를 회피하고자 했다. 군역을 회피하는 상민이 늘어날수록 남아 있는 상민들이 책임져야 할 몫이 더욱 커지는 악순환이 반복되면서 국가 시스템은 붕괴하기 시작했다.

하지만 상민 대다수가 토지를 떠나 살아갈 수는 없었다. 이들은 다른 사람에게 돈을 주고 군역을 지게 하는 대립제를 통해 군역에서 벗어나고자 했다. 결국 양인 개병제가 무너진 16세기에 국가가 대립제를 인정한 결과, 조선은 국경을 방어할 군인이 없는 나라가 되었다. 그 대가로 임진왜란 초반 일본군을 맞아 고전하게 된다.

진관 체제를 제승방략으로 바꾸다

조선 초에는 평안도와 함경도의 북방을 담당하는 군사 편제가 나머지 지역과 달랐다. 북방지역은 고려 말 홍건적과 몽골의 군대에 맞서는 데 적합한 익군으로 운영되었다. 익군이란 비상시 군정 이외의 일반 민가의 남자도 군대에 편성해, 짧은 시간에 많은 군인을 소집 후 방어에 나서는 체제였다. 반면 나머지 지역은 병마도절제사가 있는 영이나 첨절제사가 있는 진의 군대로, 적의 침입을 방어하는 영진군 체제로써 운영되었다.

세조는 평안도와 함경도 익군제의 효율성을 접목한 군익도 체제를 모든 지역에 적용했다. 각 도를 여러 군익도로 나누고, 각 군익도마다 인근 여러 마을을 중·좌·우 3익으로 편성해 유사시에 대비하도록 했다. 그러나 군익도 체제가 행정구역을 담당하는 지방 관아와 책임 소재가 발생하는 등 여러 문제가 나타났다. 세조는 이 문제를 해결하기 위해 1457년(세조 3년), 기존의 군익도 체제를 절제사와 첨절제사가 있는 거진(巨鎭)이 주변의 여러 진을 거느리고 독자적으로 전쟁을 수행하는 진관 체제로 바꾸었다.

각 진관은 자신이 맡은 지역만 방어할 뿐, 다른 진관이 어려움에 처해도 도와주지 않았다. 그 결과 적군은 왕이 있는 한양까지 가는 길목에 있는 모든 진관과 전투를 치르며 많은 시간과 병력을 소모할 수밖에 없었다. 또한 진관이 적군을 막는 사이 중앙군은 적에 대한 정보를 입수해 전투에 효과적으로 대처할 수 있었다. 대규모 군대의 침략이 사라지고 여진족과 일본이 소규모로 노략질을 하는 상황에서 진관 체제는 가장 효과적이고 적절한 방어 체제였다.

그러나 진관 체제는 15세기 이후 대립제와 방군수포제 등으로 군역이 무너지면서 제 기능을 상실했다. 적군을 막아야 할 진관에는 장부상에만 군인이 있을 뿐, 실제 운영되는 병력은 얼마 되지 않았다. 진관 체제가 더는 효과가 없음을 확인하게 된 것은 1555년(명종 10년)에 일어난 을묘왜변이었다. 왜적이 쳐들어와도 맞서 싸울 군대가 없음을 알게 된 정부는 진관 체제를 제승방략 체제로 바꾸었다. 제승방략은 적의 침입시 각 읍의 수령들이 군사를 이끌고 지정된 장소에 집결하면 중앙에서 내려온 병·수사가 모인 군대를 지휘해 적군과 싸우는 방식이었다. 그나마 얼마 되지 않는 병력을 하나로 모아 군대의 구실을 갖추게 하려는 고육책일 뿐이었다. 한 예로 임진왜란 당시 신립 장군이 제승방략에 따라 군대를 모아 탄금대에서 일본군과 싸웠으나 패하고 만 일을 들 수 있다. 이 패배로 조선에 일본군을 막을 군대가 사라지자, 일본군은 큰 전투 없이 손쉽게 한양을 점령할 수 있었다.

087
시동생에게 침을 뱉다

#현덕왕후복수 #세조와싸우다 #세조피부병원인

세조가 단종을 죽이고 얼마 되지 않았을 때의 일이다. 세조가 업무를 마치고 고단한 몸으로 침소에 들어 깊은 잠을 자던 중, 꿈에 단종의 어머니 현덕왕후가 나타났다. 현덕왕후는 무서운 눈빛으로 세조를 노려보며 "선왕이 조카를 잘 보필해달라는 부탁을 받고, 천금 같은 약속까지 하지 않았더냐. 그런데 왕위를 빼앗은 것도 모자라 내 아들을 죽였으니, 나도 네 아들의 목숨을 가져가겠다."라며 큰 소리로 울부짖었다.

담력이 남달랐던 세조는 죽은 현덕왕후가 소리 지르는 모습에 놀라지 않고, 오히려 "죽은 자가 이승에 와서 왕을 협박하다니. 썩 물러나거라."라고 소리를 지르며 맞받아쳤다. 세조가 잘못을 빌지 않고 오히려 자신에게 큰소리치는 모습에 화가 난 현덕왕후는 세조의 얼굴에 침을 뱉고 세자가 있는 방으로 사라졌다. 현덕왕후가 아들의 방으로 가지 못하게 막으려고 몸부림치던 세조는 잠에서 깨어났다. 세조가 정신을 차리기도 전, 잠시 후 세자가 위중하다는 내시의 외침이 들려왔다. 세조는 불길한 마음에 부리나케 세자가 있는 동궁으로 달려갔으나 이미 의경세자는 숨이 멎어 있었다.

현덕왕후가 자신의 아들을 죽였다는 데 너무 화가 난 세조는 그 자리에서 현덕왕후의 무덤을 파헤치라고 명령했다. 병사들이 현덕왕후가 묻혀 있는 소릉에 가서 무덤을 파헤치자 무덤에서는 도저히 맡을 수 없는 역한 냄새가 올라왔다. 세조의 명을 어길 수 없었던 병사들이 코를 움켜쥐고 관을 끄집어내려 했으나 관은 꿈쩍도 하지 않았다. 어쩔 수 없이 병사들이 도끼로 관을 찍어 없애려 하자, 관이 스스로 무덤에서 나왔다. 놀란 군졸들은 관을 불에 태우려 했으나, 하늘에서 비가 내려 이마저도 불가능했다. 두려움에 떨던 병사들은 어찌할 바를 모르다가 관을 강에 버렸다.

한 농부가 떠내려가던 현덕왕후의 관을 양지바른 곳에 묻어주자, 그날 밤 농부의 꿈에 현덕왕후가 나타나 감사의 인사와 함께 앞으로 일어날 일들을 알려주었다. 그 덕택으로 농부는 큰 부자가 될 수 있었다. 반면 세조는 현덕왕후가 뱉은 침을 맞은 후, 죽을 때까지 피부병으로 고생했다고 한다. 그러나 의경세자는 단종보다 한 달 전에 죽었기 때문에 현덕왕후가 세조의 큰아들 의경세자를 죽였다는 이야기는 야사일 뿐, 사실이 아니다. 그럼에도 이러한 야사가 전해지는 것은 많은 백성이 단종의 죽음을 안타까워했기 때문이다.

현직 관료에게만 수조권을 부여하다

#지급토지부족 #직전법시행 #지주전호제시행

고려시대 때 전시과 체제에서 수조권이 반납되지 않아 생긴 폐단을 잘 아는 조선은 과전법을 시행하면서 관리가 사망하면 수조권을 무조건 반납하도록 했다. 하지만 이 원칙은 잘 지켜지지 않았다. 우선 원칙이 지켜지지 않은 배경에는 모든 군현에 수령이 파견되면서 고려보다 관료의 수가 전체적으로 증가한 데 있었다. 또한 거듭되는 정변으로 공신의 수도 늘어나 있었다. 일부 관료들은 수신전·휼양전·공신전을 이용해 수조권을 자손에게 물려주는 편법을 남발했고, 개국공신과 정변공신은 지급된 공신전이 세습이 가능하다는 사실을 이용해 토지를 축적했다. 결국 수조권을 경기도에 한정시켜 놓은 과전법은 시간이 흐르면서 관리들에게 지급할 토지가 부족해지는 문제에 직면했다. 이로 인해 관료들은 서로의 수조권이 우선이라며 자주 다투었고, 세금을 바쳐야 하는 전객은 세금을 걷으러 오는 여러 명의 전주와 마찰을 일으켰다.

세조는 과전법의 폐단을 막는 한편, 자신을 도와주었거나 자신의 지배를 인정한 관료에게 포상을 지급하기 위한 재정 확충이 필요했다. 이를 위해 세조는 1466년(세조 12년), 자신을 따르는 현직 관료에게만 수조권을 부여하고, 수신전과 휼양전을 폐지하는 직전법을 시행했다. 그 결과 과거와 달리 곡물을 바쳐야 할 전주가 줄어들게 되면서 백성들의 불만이 감소했다. 정부 또한 농민을 직접 지배하면서, 왕에게 충성하지 않는 관료에게 경제적 불이익을 줄 수 있는 이점을 얻었다.

그러나 직전법은 초창기 의도와는 달리 다른 부작용도 만들어냈다. 퇴임하면 수조권이 사라지는 것을 두려워한 관료들은 토지에 대한 세금과 볏짚을 규정보다 더 많이 걷는 등 온갖 편법으로 부를 축적했다. 정부는 관리들의 부정을 막기 위해 수조율과 볏짚 징수량을 법으로 정했다. 관리가 세금을 걷는 전주인 경우, 세금의 등급을 정하는 답험손실을 하지 못하도록 해 농민을 보호하고자 했다. 하지만 관리들의 부정과 수조권 남발이라는 근본적인 문제를 해결하지 못하면서 직전법은 결국 사라지게 되었고, 이로써 조선의 토지 제도는 직접 토지를 소유해 부를 축적하는 지주전호제로 넘어가게 되었다.

089 개성이 넘치는 분청사기를 만들다

제7대 세조

#분청사기역사 #조선전기대표자기 #분청사기실명제

| 분청사기박지연어문편병

분청사기는 백토를 분장한 회청사기를 뜻하는 '분장회청사기'의 준말이다. 분청사기는 고려청자를 만들던 도공들이 고려 말 생활이 어려워지자, 전국 각지로 흩어져 조잡한 청자를 만들면서 시작되었다. 분청사기는 대략 14세기 후반부터 16세기까지 전국 각지 가마터에서 대량으로 생산되었다.

분청사기는 나라에 납품해야 하는 공납의 한 물품임에도 불구하고, 일부 도공들이 몰래 빼돌려 판매하는 문제가 계속 발생했다. 이에 태종은 공납품을 빼돌리는 것을 막기 위해 분청사기에 납품 관청의 이름을 새기도록 했다. 세종은 더욱 규정을 강화해 분청사기에 제작한 도공의 이름을 새기게 했다. 그만큼 분청사기는 국가에서 중요하게 관리하는 재원으로, 조선은 전국의 가마터와 도공을 파악하는 데 노력을 기울였다.

초창기 조잡했던 분청사기는 세종 때 도공의 실명을 자기에 표기하도록 지시하면서 무늬와 형태가 다양해지고 무늬 넣는 기법이 발전했다. 이처럼 분청사기의 형태가 다양해지면서 개성 있는 다양한 토기가 제작되었고, 분청사기의 수준도 향상되었다.

조선은 1467년(세조 13년)에 경기도 광주에 사옹원 분원을 설치해, 국가에 필요한 분청사기를 직접 제작하게 했다. 이로 인해 전국 각지의 도공들이 왕실과 관아에 분청사기를 납품하지 못하게 되자 분청사기의 생산 규모가 작아졌다. 분청사기를 제작하는 현장이 소규모로 변하자, 민간용으로 판매하던 분청사기의 장식은 단순해지고 조잡해지는 등 전반적으로 수준이 떨어지게 되었다. 결국 분청사기는 백자에게 그 자리를 넘기고 임진왜란 이후 생산되지 않았다. 현재 분청사기를 대표하는 작품으로 국보 177호인 분청사기인화문태호와 국보 179호인 분청사기박지연어문편병 등이 남아 있다.

090 북방 인구를 늘려라

제7대 세조

#사민정책역사 #이주대상자변경 #이주민토지지급

조선은 홍건적과 왜구의 침략에 힘들어하던 허약한 고려하고는 달랐다. 과전법으로 토지 분배가 이루어지면서 국가의 체질이 바뀐 것이다. 농민은 토지를 소유하고 그 대가로 세금을 납부하면서 조선의 국고는 가득 채워졌다. 백성들의 삶이 안정되고 군역을 질 수 있는 양인이 늘어나는 만큼 군사력도 강해졌다.

태조는 이를 바탕으로 굳건한 나라를 만들고 싶었다. 그러기 위해선 우선 북방을 안정시킬 필요가 있었다. 함경도는 태조 자신이 태어난 고향이자 조선을 세울 수 있던 기반이었다. 평안도는 동아시아 최강자였던 명나라와의 외교를 위해서도 매우 중요한 장소였다. 북방을 확고히 우리 영토로 만들어 안정시킬 필요성이 대두되자 1398년(태조 7년), 태조는 그 첫 번째 작업으로 함경도 나선에 있던 공주성을 수리해 경원부를 설치하고, 백성들을 이곳으로 이주시키는 사민 정책을 실시했다.

태종 역시 북방으로의 사민 정책을 이어나갔다. 그러나 근본적으로 북방 영토를 확보해도 백성이 이곳에서 살려고 하지 않아 큰 효과를 보지 못했다. 무엇보다 북방지역은 기후가 춥고 농사를 지을 농경지가 부족했다. 또한 여진족을 비롯한 북방 민족의 침입 때문에 안전을 담보할 수도 없었다. 하지만 조선은 멈추지 않고 왕이 바뀌어도 백성을 북방 지역으로 이주시키는 사민 정책만큼은 계승했다.

4군 6진을 개척하기 이전의 사민 정책은 함경·평안도 남쪽에 살던 사람을 국경으로 이주시키고, 그 자리에 하삼도(충청·전라·경상)에 살던 사람을 채워 넣는 방식이었다. 그러나 4군 6진이 완성된 이후에는 영토 확장보다는 농지 확보로 목적이 바뀌어, 농사에 능한 하삼도의 백성을 직접 국경 지역으로 이주시켰다. 하지만 오랜 기간 군역의 의무를 져야 하는 고역과 흉년 등으로 백성들이 도망치는 경우가 많았다.

세조는 하삼도의 백성을 강제 이주시키는 정책을 이어가면서도 토지 지급이라는 보상을 제시해 백성이 도망가는 원인을 해결하고자 했다. 기본적으로 13~15명으로 이루어진 1호(戶)가 북방으로 이주하면, 30결 정도의 토지를 나누어주었다. 이때 지급되는 토지는 황무지가 아닌 원래 원주민이 소유한 토지를 빌려주어 바로 농사를 지을 수 있게 했다. 그리고 정착이 안정될 때까지 면세와 군역을 일정 기간 면제해주었다. 양반들의 참여도 끌어내기 위해 품계와 직위에 따라 10~30결의 토지를 지급했지만, 의도했던 것만큼 참여율은 높지 않았다. 성종 때까지 이어진 사민 정책은 시간이 흐르며 안정화되었으나, 평안도와 함경도에 대한 지역 차별까지는 없애지 못했다.

091

조선의 장량으로 불리다

#버려진한명회 #세조의장량 #한명회부관참시

한명회(1415~1487년)는 명에서 '조선'이라는 국호를 받아온 한상질의 손자로서 명문가 집안에서 태어났다. 그러나 칠삭둥이로 태어난 한명회는 살아남기 어렵다는 이유로 버려졌다. 다행히 집안의 여종이 안타까운 마음에 한명회를 몰래 안고 들어와 지극정성으로 보살핀 결과 한명회는 무사히 자랄 수 있었다. 새 생명을 얻은 한명회는 사랑을 받기보다는 집안의 무관심과 미움을 받으며 어린 시절을 보냈다. 성인이 되어서도 과거시험에 연거푸 떨어지다가, 40세가 넘은 늦은 나이에 음서제로 개성의 경덕궁직을 맡으며 집안의 망신거리로 살았다.

평생 구박받던 한명회에게 인생 역전이 이루어진 것은 권람의 소개로 그가 수양대군을 만나면서부터였다. 누구도 한명회의 능력을 알아봐주지 않던 것과는 달리 수양대군은 한명회를 보자마자 "그대야말로 나의 자방(한나라 유방을 도왔던 장량)이로다."라며 한명회를 높이 평가했다. 한명회는 자신을 믿어준 수양대군의 믿음을 저버리지 않고, 계유정난을 성공시키는 중추적인 역할을 해냈다.

수양대군이 왕으로 즉위하자 한명회는 승승장구하며 권력을 잡아갔다. 특히 사육신이 단종을 복위시키려던 움직임을 꺾은 한명회는 세조의 신임을 더욱 얻었다. 한명회는 군대를 다루는 데도 능력이 있었다. 1459년(세조 5년)에 한명회는 황해·평안·함경·강원 4도의 제찰사가 되어 변방 지역을 돌아다니며 국경 지대를 안정시켰다.

다시 중앙으로 돌아온 한명회는 우의정을 시작으로 영의정에 올라 권력의 정점에 섰다. 반란을 일으킨 이시애와 편지를 나누었다는 밀고에 신숙주와 함께 역모죄로 투옥되기도 했지만, 곧 풀려났다. 세조에게 있어 한명회는 없어서는 안 될 조력자이면서 사돈지간으로 맺어진 끈끈한 관계였기에 가능한 일이었다.

세조는 말년에 남이를 등용해 너무 거대해진 한명회를 견제하려 했다. 그러나 한명회는 세조가 죽고 예종이 즉위하자, 바로 남이를 역모죄로 처형해 자신의 권력을 더욱 강화했다. 성종이 즉위했을 때는 어린 왕을 대신해 정무를 담당하면서 병권까지 장악했다. 그러나 자신의 딸인 공혜왕후(성종 비)가 죽고 성종이 직접 정치를 펴자, 한명회는 점차 권력에서 밀려났다.

연산군 때는 폐비 윤씨의 죽음과 관련해 무덤이 파헤쳐지고, 시신이 토막 나는 부관참시를 당했다. 그리고 한명회의 목은 한양 사거리에 걸려 사람들의 조롱거리가 되었다. 한명회의 신원은 중종반정으로 연산군이 물러난 뒤에야 복위될 수 있었다. 한명회의 묘는 서울에서 멀리 떨어진 천안에 있다.

092
세조에 반기를 들다

제7대 세조

#이시애의난 #북청전투패배 #이운로배반

이시애(?~1467년)는 길주(현재 함경북도 김책시)에서 태어났다. 이시애는 조선 초기에 북방 개척을 위해 토착민을 중용했던 정책의 혜택을 입어 1450년(문종 1년)에 호군이 되었다. 이후 세조 때 경흥진 병마절제사를 거쳐 첨지중추부사·판회령 부사에 오르며 승승 장구했다. 그러나 이징옥의 난이 일어난 이후 서북지역에 대한 차별과 억압이 시작되자 승승장구의 기세는 꺾였다. 정부는 토호들에게 관직을 주지 않고, 중앙에서 파견된 지방관이 모든 업무를 관장하도록 했다. 중앙에서 파견된 수령은 유향소를 통해 지방을 통제하며, 토착민들의 권리를 제한했다.

회령부사를 지내다가 부친상으로 관직에서 물러난 이시애는 1467년(세조 13년), 세조의 정책에 반감을 품고 반란을 준비했다. 그리고 부친의 장례식에 모인 집안 식구를 중심으로 함경도 지역 사람들을 불러 모았다. 이시애는 "남도의 군대가 바다와 육지로 올라와 함경도 군민을 모두 죽이려 한다."는 거짓말로 반정군을 이끌고 절도사 강효문과 길주목사 설징신 등을 죽였다. 이시애의 난에 함경도의 군인과 백성들은 그동안의 울분을 터트리며 중앙에서 내려온 수령을 죽이기 시작했다.

이시애는 중앙정부에 혼란을 주고자 "병마절도사 강효문이 한명회·신숙주와 결탁해 함경도 군대를 이끌고 한양으로 올라가려 한다. 그러니 함경도 사람을 고을 수령으로 삼아야 한다."라고 조정에 거짓 보고를 넣었다. 세조는 곧바로 한명회와 신숙주 등을 잡아들였지만, 이시애의 반란군이 단천·북청을 차지하고 남쪽을 향해 내려오자 곧 거짓임을 알고 한명회와 신숙주를 풀어주었다.

세조는 귀성군 이준을 병마도총사로 삼고, 어유소·강순·남이 장군에게 3만의 군대를 주어 토벌을 명령했다. 그러나 여진족까지 끌어들인 이시애는 자신이야말로 왕명을 받은 절도사라고 주장하며 함흥에 있던 관찰사 신면을 죽이고, 체찰사 윤자운을 사로잡았다. 그러나 세조가 직접 친정(親征)을 계획하는 등 강경책으로 나서자, 이시애 군대는 당황하기 시작했다. 또한 북청에서 이루어진 두 차례의 전투에서 패배하자 이시애의 군대에는 내분이 일어났다. 연이은 패배로 승리에 대한 확신이 사라지고, 자신들이 반란군이었다는 사실을 알게 된 병사들은 군대에서 빠르게 이탈하기 시작했다. 이를 눈치챈 조정은 허유례를 보내 이시애의 부하를 회유했다. 결국 정부의 꼬임에 넘어간 이운로는 이시애의 형제를 붙잡아 토벌군에게 넘겼고, 그렇게 난은 진압되었다. 세조는 이시애를 참수하고 함경도를 남·북으로 나누었다. 그리고 길주는 길성현으로 강등했다.

093

◇ 이름: 황
◇ 출생−사망: 1450~1469년
◇ 재위 기간: 1468년 9월~1469년 11월(1년 3개월)

세조의 둘째 아들로 태어난 예종은 형 의경세자가 19세에 죽자 1457년(세조 3년), 세자로 책봉되었다. 아버지 세조의 영향을 많이 받은 예종은 어려서부터 영특하면서도 강단이 있었다. 무엇보다 왕이 중심이 되어 나라를 이끌어가야 한다는 세조와 뜻을 같이했다.

그러나 예종이 즉위하는 1468년(예종 즉위년)은 계유정난의 공신 한명회·신숙주 대 세조가 힘을 실어준 남이와 구성군이 대립하던 시기였다. 당시 19세던 예종은 강력한 두 세력을 휘어잡기에 연륜과 경험이 모두 부족한 상황이었다. 한명회와 신숙주가 세조의 유언에 따라 원상(院相)에 오르자, 예종은 남이를 겸사복장으로 강등했다. 그리고 얼마 뒤 역모죄로 남이를 강순과 함께 처형했다.

예종은 한명회·신숙주와 국정 운영을 두고 갈등하다가, 재위 1년 3개월 만인 20세의 나이에 갑자기 죽었다. 이를 두고 예종의 독살설이 제기되기도 했다. 예종에게는 아들 제안대군이 있었으나, 제안대군이 어리다는 이유로 의경세자의 아들 자을산군(성종)이 왕위를 계승했다.

예종은 재위 기간이 짧았지만 꽤 많은 국정 활동을 해낸 왕이었다. 1469년(예종 1년)에 예종은 삼포에서 일본과의 사무역을 금지했으며, 직전수조법을 제정해 둔전에서 백성들이 농사를 지을 수 있도록 허락했다. 또한 지도 〈천하도〉를 통해 세계관을 정립하고, 《무정보감》을 통해 조선의 건국부터 예종까지의 정변과 전쟁을 모두 기록했다. 세조 때 추진되었던 《경국대전》 편찬 사업도 이어나갔으나 일찍 죽는 바람에 이를 반포하지는 못했다. 예종의 능호는 창릉으로, 그 능은 경기도 고양시에 위치해 있다.

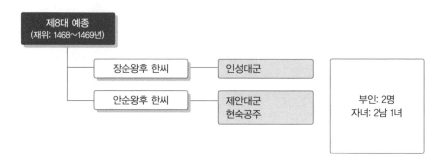

제8대 예종
(재위: 1468~1469년)

장순왕후 한씨 — 인성대군

안순왕후 한씨 — 제안대군
현숙공주

부인: 2명
자녀: 2남 1녀

095

죽어서 신神이 되다

#27세병조판서 #한명회견제 #남이처형

남이(1441~1468년)는 세조의 고종사촌의 아들로, 13세의 어린 나이에 아버지를 여의고 홀어머니 밑에서 성장했다. 무(武)보다는 문(文)을 숭상하던 조선에서 남이는 왕실 종 친임에도 무인의 길을 택했다. 호방한 성격과 출중한 무예를 갖춘 남이는 무인으로서 스스로 엄청난 자부심을 가졌다. 1460년(세조 6년) 무과에 급제한 뒤에도 1466년(세조 12년)에 다시 무과에 도전해 또 한 번 급제한 사실에서 그의 자부심을 엿볼 수 있다.

남이가 27세라는 젊은 나이에 병조판서에 오를 수 있었던 것은 무인으로서의 뛰 어난 능력과 업적도 있었지만, 세조의 뒷받침이 있었기에 가능했다. 세조는 말년에 한 명회와 신숙주의 세력이 너무 커져 그들이 왕권을 위협한다고 여겼다. 그리하여 이들 을 견제하기 위해 구성군 이준과 남이에게 많은 군공을 쌓게 하고, 이를 명분 삼아 힘 을 실어주고자 했다.

남이는 세조의 뜻에 부응해 많은 군공을 쌓아갔다. 1467년(세조 13년)에는 포천과 영평 일대에서 백성을 괴롭히던 도적을 토벌했다. 또한 그해 나라를 큰 위기에 빠뜨린 이시애의 난이 일어나자, 진북장군 강순의 휘하에 선봉장으로 나서 화살을 몸에 맞으 면서도 군을 진두지휘해 북청 전투를 승리로 이끌었다. 북청 전투가 이시애의 난을 진 압한 결정적인 계기였던 만큼 이후 남이의 명성은 매우 높아졌다. 그 뒤에도 명의 요 동군과 함께 남만주의 건주여진을 토벌하면서 여진족 추장 이만주를 죽이는 등 여러 업적을 쌓은 남이는 그간의 공로를 인정받아 적개공신으로 선정되었다. 세조는 이를 바탕으로 남이를 공조판서 및 왕궁 호위를 담당하는 겸사사장에 임명했다.

1468년(세조 14년), 연회 도중 남이는 세조가 구성군 이준을 편애한다는 말을 했다 가 하루 동안 투옥되고 겸사복장에서 파직되었다. 그러나 두 달 만에 공조판서와 오위 도총부 도총관을 겸직한 뒤 병조판서에 올랐다. 남이는 여전히 세조의 두터운 신임을 받고 있었다. 이에 위기를 느낀 한명회와 신숙주 등은 한계희를 내세워 남이를 병조판 서의 자리에서 물러나게 했다. 예종이 즉위하자 한명회와 신숙주는 이번에는 유자광을 내세워 남이를 제거하려는 음모를 꾸몄다. 남이가 밤하늘의 혜성을 보고 "이것은 묵은 것을 없애고, 새것을 나타나게 하려는 징조"라고 말한 것을 두고 그가 역모를 준비하고 있는 것이라고 고발한 것이다. 이로 인해 남이는 결국 거열형으로 처형되었다.

순조 때 가서야 남이는 남공철의 요청에 따라 강순과 함께 사면되고 관작이 복구 되었다. 이후 조선이 망하기 직전인 1910년에 충무 시호를 받았다. 현재 남이의 묘는 경기도 화성에 있다.

096

여성의 지위 낮지 않았다

제8대 예종

#여성지위 #재산상속 #혼인과재혼

고려시대 여성은 조선시대보다 상대적으로 지위가 높고 자유로웠다. 반면 성리학을 통치 이념이자 사회 윤리로 선택한 조선은 남성과 여성이 같지 않다는 논리로 여성들의 지위를 낮추며 여러 제약을 걸었다. 고려에서 조선으로 넘어오면서 여성의 지위는 한순간에 낮아지지 않았다. 조선 전기 여성들은 고려시대만큼은 아니어도 여전히 어느 정도의 권리를 가지고 자유롭게 행동했다.

세조 때 만들어져 성종 때 완성된 조선의 법전《경국대전》에서는 재산 분배 시 아들과 딸, 장남과 차남, 기혼·미혼에 상관없이 모두에게 똑같이 재산을 나눠주도록 규정했다. 단, 본처와 첩의 자식은 유산의 양이 달랐고, 특정 자녀에게 더 많은 재산을 남길 수도 있었다. 단종 때 김미라는 여인이 유산을 모두 차지하고 동생들에게 나눠주지 않자, 관찰사가 개입해 형제들에게 재산을 똑같이 나눠준 사례도 있다.

혼인에 있어서도《경국대전》은 남자 15세, 여자 14세가 되면 결혼할 수 있다고 규정했다. 만약 양가 부모 중 아픈 사람이 있거나 부모가 50세가 넘는 경우, 관에 신고하면 12세도 혼인이 가능했다. 혼인의 형태도 정도전을 시작으로 사대부들이 남자 집에서 계속 생활하는 친영제를 주장했지만, 백성들은 이를 받아들이지 않고 예전 방식대로 남자가 여자의 집에서 일정 기간 살다 독립하는 남귀여가혼을 선호했다. 세종이 숙신옹주를 친영제로 시집보내며 모범을 보였지만 큰 효과는 없었다. 결국 친영제는 조선 후기에 가서야 정착될 수 있었다. 조선 중기의 인물 신사임당이 친정집에서 아이를 낳고 키운 게 당시에 문제가 되지 않았음이 이를 증명한다.

이 시기는 여성의 재혼도 가능했다. 태종 때 영돈영부사 이지가 과부와 결혼하자 관료들이 그의 탄핵을 요구했다. 이에 태종은 배우자를 잃은 남녀가 재혼하는 것이 무슨 문제냐며 다시는 이를 문제 삼지 말라고 했다. 그러나 재혼을 문제 삼는 상소가 계속 올라오자, 성종은《경국대전》에 재가하거나 절개를 못 지킨 여인의 아들과 손자, 서얼 자손은 문과·생원·진사시에 응시하지 못하게 하는 재가금지법을 만들었다. 이혼은 고려시대와 마찬가지로 여성은 요구할 수 없었고, 남성만이 부모의 동의를 얻어 요구할 수 있었다. 이때 남성이 이혼 사유로 내세운 근거는 칠거지악*이었다.

---

* **칠거지악**: 예전에 아내를 내쫓을 수 있는 이유가 되었던 일곱 가지 허물. 시부모에게 불손함, 자식이 없음, 행실이 음탕함, 투기함, 몹쓸 병을 지님, 말이 지나치게 많음, 도둑질을 함 따위다.

097 내명부에 소속되어 궁녀로 살아가다

제8대 예종

#내명부 #궁녀선발 #결혼금지

품계를 받고 왕과 왕비를 보필하는 궁녀의 조직을 내명부라 부른다. 내명부는 크게 내관과 궁관으로 나누어지는데, 내관은 후궁으로 정1품의 빈, 종1품의 귀인, 정2품의 소의, 종2품의 숙의, 정3품의 소용, 종3품의 숙용, 정4품의 소원, 종4품의 숙원이 있었다. 이들은 왕의 여인으로서 자식을 생산하는 중요한 일을 맡았기에 삼정승을 비롯한 고관 대신들과 같은 품계를 받을 수 있었다. 후궁에는 신분이 높고 명망 있는 가문의 여인도 있었지만, 시녀·관비 등 미천한 출신으로 왕의 승은을 받아 후궁이 되는 예도 있었다. 후궁의 품계는 자식의 유무로 품계가 나뉘었는데, 아들을 낳는 경우 품계가 더 높아졌다. 또한 왕이 후궁을 얼마나 사랑하느냐에 따라 품계가 달라지기도 했다.

궁관은 궁궐에서 일을 도맡아 하는 궁녀로, 정5품의 상궁에서 종9품의 주변궁으로 나뉘었다. 이들은 품계가 없는 무수리를 종으로 삼아 지휘 및 관리하며, 왕과 왕비를 비롯한 왕족을 보필했다. 궁녀는 보통 10년에 한 번 뽑았는데, 상궁의 추천을 받은 4~10세 사이의 여아가 입궁했다. 이때 집안에 병이 들었거나, 죄를 지은 사람이 있어서는 안 되었다. 또한 반드시 처녀라야 입궁이 허락되었다. 이때 처녀를 확인하기 위해 팔목에 앵무새의 피를 떨어뜨렸는데, 팔목에 피가 맺히지 않고 흘러내리면 처녀가 아니라고 판단했다.

궁궐에 들어가도 바로 궁녀가 되는 것은 아니었다. 새앙각시라 불리는 기간 동안 교육과 실습을 받은 뒤에야 궁녀가 될 수 있었다. 궁녀는 왕에게 언제 승은을 입을지 모르는 여인들이었기에 절대로 남자와 만나선 안 되었다. 만약 남자와 정분을 통하는 경우 처형당했다. 궁궐을 나와 궁녀의 신분에서 벗어나도 연애와 결혼은 허용되지 않았다. 만약 이를 어기면 궁녀와 결혼한 남자도 곧장 100대의 형벌을 받아야 했다. 결국 궁녀가 출세하거나 남성과 정분을 나눌 수 있는 방법이란 경종의 어머니 장희빈과 영조의 어머니 숙빈 최씨처럼 오로지 왕의 승은밖에는 없었다. 궁녀는 모시던 상전이 죽거나, 가뭄이 심하게 들면 음기를 쫓는다는 의미로 잠시 궁궐 밖에 나올 수 있었으나, 원칙적으로 늙고 병들기 전에는 궁궐 밖으로 나올 수 없었다.

098 관혼상제의 절차를 중요하게 여기다

#관례절차 #혼례절차 #상례절차 #제례절차

조선시대는 관혼상제와 관련된 의식과 절차를 매우 중요하게 생각해 이를 규격화하고 제도화했다. 관례는 성인이 되었음을 주변에 알리고 축하를 받는 의식으로 보통 15~20세 전후로 의식을 치렀다. 관례를 올린 남성은 성인으로 인정받고, 문중 모임 등에 참석할 자격을 얻었다. 관례를 앞둔 남성은 가족과 일가친척을 집으로 초청한 뒤, 의식에 필요한 옷과 신발을 갖추고 마당에 앉았다. 그러면 인근에 덕과 명망 있는 어른이 남성의 머리를 빗겨주고, 관을 씌워주며 그에게 성인이 되었음을 알렸다. 그 후 조상의 신주를 모셔놓은 사당에 성인이 되었음을 알리고, 자리에 참석한 분들에게 절을 올리는 것으로 성인식은 마무리되었다. 여성의 경우는 남성과 달리 혼례를 올리기 전 머리에 비녀를 꽂는 간단한 의식 절차로 관례가 이루어졌다.

혼례는 남녀의 결혼식으로서 의혼(議婚)·대례(大禮)·후례(後禮)의 세 단계로 이루어졌다. 혼인 날짜를 정하고 예물과 폐백을 주고받는 의혼이 끝나면, 신부의 집에서 신랑과 신부가 서로에게 절을 올리며 평생을 함께하기로 약속하고 신혼 첫날밤을 보내는 대례가 이뤄졌다. 이후 두 사람이 신랑의 집으로 와서 일가친척에게 폐백을 올리고 인사를 하는 후례를 끝내면 특별한 일이 없는 한 남녀는 부부로서 일생을 같이했다.

상례는 사람이 죽었을 때 행하는 의식 절차로 흉례라고도 했다. 일생을 다 마치지 못하고 젊은 나이에 죽는 것을 흉상으로 보았고, 노인이 되어 일생을 다 마치고 죽는 것을 길상으로 여겼다. 우선 사람이 죽으면 시신을 주물러 굽은 곳 없이 반듯한 자세가 되도록 펴주고, 가족들은 상투를 풀고 곡을 했다. 이후 깨끗이 씻긴 시신과 함께 고인의 머리카락 일부와 깎은 손발톱을 관에 넣고, 시신의 입에다 저승 가는 노자로 엽전이나 쌀을 넣었다. 조문객의 방문이 끝나고 시신을 매장하고 나면, 자녀들은 삼년상을 치렀다.

제례는 부모를 포함한 선조들에게 감사한 마음을 담아 제사를 지내는 것으로서 사당제(祠堂祭)·사시제(四時祭)·이제(禰祭)·기일제(忌日祭)·묘제(墓祭) 다섯 가지가 있다. 제례의 경우 지역과 문중에 따라 의식의 절차와 방법이 다르지만, 일반적으로는 대부분 음식을 차려놓고 술을 따른 뒤 2번의 절을 통해 선조의 혼령이 오기를 기다렸다. 그런 후 일정 시간이 지나면 제사에 참여한 모두가 절을 한 다음 밥에 숟가락을 꽂아두었다. 그 뒤로는 조상에게 다시 술을 올린 뒤 엎드린 상태로 선조의 혼령이 식사하기를 기다린 후 2번 절하는 것으로 제례를 마무리했다.

◇ 이름: 혈
◇ 출생-사망: 1457~1494년
◇ 재위 기간: 1469년 11월~1494년 12월(25년 2개월)

세조의 장남으로 일찍 죽은 의경세자의 둘째 아들이었던 성종은 13세에 왕으로 즉위
했다. 작은 숙부였던 예종이 재위 1년 3개월 만에 죽자, 할머니 정희왕후가 형이었던
월산대군과 예종의 아들 제안대군을 제치고 성종을 왕으로 선택했다. 여기에는 실권
을 가진, 성종의 장인이던 한명회의 영향력이 크게 작용했다. 그는 성종의 장인이 되
었다. 성종의 첫 번째 아내이자 한명회의 딸 공혜왕후가 1474년(성종 5년) 죽자, 성종은
윤기견의 딸을 계비로 맞이했다. 둘 사이에서 연산군이 태어났으나, 부부 간에 갈등이
심해 윤씨는 폐비 되었다가 사약을 받아 죽었다.

성종은 성년이 되기까지 정희왕후가 수렴청정하고, 한명회와 신숙주가 원상으로
서 국정을 보필했다. 이후 성종이 직접 정치를 하게 되자 성종은 김종직, 김굉필 등 사
림 세력을 등용해 한명회를 비롯한 훈구파를 견제했다. 한편 사림들이 중앙 정계에 진
출하면서 조선은 성리학적 질서가 더욱 강화되고, 여러 문물제도가 완성되었다.

성종은 세조 때부터 편찬 작업이 이루어지던 《경국대전》과 《국조오례의》를 완성
하고 반포하면서 조선시대의 통치 규범을 완성했다. 이외에도 《동국통감》《동국여지
승람》《동문선》을 편찬하며 문화 진흥에 힘썼다. 성종은 세조 때 없어진 집현전의 후
신으로 홍문관을 창설하고, 뛰어난 문신에게 학문 연구를 할 수 있는 사가독서제를 운
영했다.

국방과 외교에도 힘을 기울여 압록강 유역의 여진족은 윤필상, 두만강 유역의 여
진족은 허종을 통해 진압했다. 일본에게는 삼포를 중심으로 무역량을 증가시켜 왜구
의 침략을 예방했다. 조선 전기의 문물을 정비하고 완성한 성종은 재위 25년이라는 긴
시간 동안 왕으로 많은 업적을 쌓았지만, 실제로는 38세라는 젊은 나이에 창덕궁에서
생을 마감했다. 성종의 능호는 선릉으로, 그 능은 서울 강남구에 있다.

제9대 성종
(재위: 1469~1494년)

- 공혜왕후

- 정현왕후 윤씨
  - **제11대 중종**
  - 신숙공주

- 폐비 윤씨
  - **제10대 연산군**

- 명빈 김씨
  - 무산군

- 귀인 정씨
  - 안양군
  - 봉안군
  - 정혜옹주

- 귀인 권씨
  - 전성군

- 귀인 엄씨
  - 공신옹주

- 숙의 하씨
  - 계성군

- 숙의 홍씨
  - 완원군
  - 회산군
  - 견성군
  - 익양군
  - 경명군
  - 운천군
  - 양원군
  - 혜숙옹주
  - 정순옹주
  - 정숙옹주

- 숙의 김씨
  - 휘숙옹주
  - 경숙옹주
  - 휘정옹주

- 숙용 심씨
  - 이성군
  - 영산군
  - 경순옹주
  - 숙혜옹주

- 숙용 권씨
  - 경휘옹주

부인: 12명
자녀: 16남 12녀

101

국가 의식을 규정하다

제9대 성종

#국조오례의편찬 #국가의식체계화 #오례

국가 체제가 안정되자 조선은 국가의 의식을 정리하고 이를 체계화할 필요성을 느꼈다. 세종은 허조에게 길례(제사 의식), 가례(혼례, 외교), 빈례(사신 접대), 군례(군사 의식), 흉례(장례 의식)에 관련된 오례의 규정을 정리해 편찬하라고 지시했다.

그러나 고려시대까지 토착 종교와 불교, 그리고 유교를 혼합해 사용하던 의식을 하나로 통일하기에는 그 내용이 너무 방대했다. 또한 의식의 절차와 방법에 관한 다양한 의견을 하나로 통합하려면 많은 시간과 노력이 필요했다. 결국 오례는 세종 때 다 정리되지 못하고 세조까지 이어졌다. 세조는 강희맹에게 오례를 마무리하도록 당부했지만, 실제로 오례가 완성된 것은 시간이 한참 지난 1474년(성종 5년)이었다.

여러 왕들의 바람으로 만들어진《국조오례의》는 길례 56개, 가례 50개, 빈례 6개, 군례 7개, 흉례 91개 조목으로, 총 8권 5책으로 구성되었다.《국조오례의》의 내용 대부분은 왕실과 국가의 의례 위주로 구성되었으며, 민간에서 지켜야 할 기준은 부수적으로 제시되었다.

① 길례: 사직·종묘와 국가의 제사 의식, 농사와 관련된 제사 의식, 그리고 관료나 일반 백성이 조상의 무덤에 지내는 시향에 관한 내용이 담겨 있다.
② 가례: 왕의 성혼이나 즉위, 세자·왕녀·종친의 혼인과 책봉에 관련된 의식 등이 담겨 있다.
③ 빈례: 중국 사신과 일본·유구 등 주변 외국 사신을 접대하는 의식이 담겨 있다.
④ 군례: 군대의 열병과 무예를 강습하는 강무 등 군대 의식이 담겨 있다.
⑤ 흉례: 왕과 왕비의 국장과 세자와 세자빈의 예장에 관한 규정이 담겨 있다. 이 외에도 관료와 일반 백성의 장례 관련 의식이 규정되어 있다.

세종은《향약집성방》을 편찬한 뒤, 의서들을 종류별로 분류하고 정리하는 작업을 진행했다. 세종은 이 작업에 집현전 김예몽과 유성원 등 많은 관료를 참여시키고, 안평대군에게 감수 작업을 맡길 정도로 깊은 관심을 가지고 추진했다. 그 결과 1445년(세종 27년)에《의방유취》가 완성되었다.

365권이나 될 정도로 엄청난 분량의《의방유취》는 문종과 세조 때 266권 264책으로 정리·축소했으나 인쇄하지는 못했다.《의방유취》가 편찬되어 세상에 나오게 된 것은 22년이나 지난 1477년(성종 8년)이었다. 그럼에도 대량으로 출간하지 않고 30질만 인쇄해 내의원·전의감·혜민서·활인서 등 의료기관에만 배포했다.

《의방유취》는 병의 증상을 91종으로 나누고 그 증상에 해당하는 병론을 제시했다. 편찬까지 22년이라는 시간이 걸린 만큼 책에는 164종에 달하는 의서가 반영되었다. 그중에는 오늘날 중국에 남아 있지 않은 의서도 반영되어 있어《의방유취》는 동아시아의 고전 의학을 연구하는 데 많은 도움을 주고 있다. 또한《의방유취》는 세종 때 편찬된《향약집성방》과 함께 중국의 의학을 받아들이면서도 우리의 진통 의술과 치료 방법을 정리·반영한 결과로서, 조선 중후반 우리의 의학이 발전하는 토대를 마련했다.

22년 동안 심혈을 기울여 만든《의방유취》는 현재 모두 소실되고, 유일하게 임진왜란 때 가토 기요마사가 12책이 없는《의방유취》를 약탈한 것만이 남아 있다. 일본이 약탈한《의방유취》는 센다이의 의사 구토가(工藤家)에 보관되어 있다가, 일본 궁내성 도서료에 이관되어 보관되고 있다.

《의방유취》는 1852년(철종 3년), 일본인 의관이던 기타무라에 의해 원본보다 작은 크기로 다시 출판되어 활용되었다. 일본은 강화도조약 체결 당시 조선 정부의 환심을 사기 위해 수호예물로《의방유취》2질을 조선에 주었다. 이에 고종은 태의원에 1질을 보관하고, 나머지 1질은 전의관 홍철보에게 하사했다. 현재 태의원에서 보관하던《의방유취》는 여러 권이 빠진 채 장서각도서에 보관되어 있고, 홍철보에게 하사한 것은 연세대학교 도서관에 소장되어 있다. 1965년에는 경희대학교에서 11책으로 간행해 의학 발전에 활용하고 있다.

103 나라의 근간을 흔든 죄로 죽다

제9대 성종   #여성억압 #어우동간통 #불평등한처벌

조선 초는 고려시대의 풍속이 남아 있어 남녀 간에 정을 통하는 것이 어느 정도 허용되고 있었다. 그러나 성종 때에 이르면서 조선은 여성의 정조를 매우 중요하게 여기며 칠거지악을 내세워 여성 활동에 많은 제약을 가했다. 특히 어우동과 폐비 윤씨의 죽음은 여성 통제에 대한 정부의 강력한 의지를 보여주는 사건이었다.

양반 출신 어우동(?~1480년)은 태강수와 결혼해 평범하면서도 순탄한 삶을 사는 듯 보였다. 그러던 중 1480년(성종 11년), 어우동이 방산수 이란과 수산수 이기와 간통했다는 고발이 의정부에 접수되었다. 의정부는 이란과 이기의 벼슬 임명장을 박탈하고 이들에게 장 100대와 3년 동안 옥에 가두는 형벌을 내려야 한다고 주장했다. 그러나 성종은 형벌이 지나치다며 장형 대신 벌금형인 속전으로 대신하게 한 뒤, 고신(조정에서 내리는 벼슬아치의 임명장)만 빼앗은 채 이들을 먼 지방으로 내쫓았다.

그러나 사건은 이것으로 마무리되지 않았다. 사헌부 대사헌 정괄이 어우동 사건이 미온적으로 끝났다며 강력한 조사와 처벌을 요구했다. 정괄은 방상수 이란이 심문을 받는 과정에서 어우동과 간통한 사람이 어유소·노공필·김세적·김칭·김휘·정숙지 등이 있다고 밝혔는데도 제대로 조사가 이루어지지 않은 것에 대해 문제를 제기했다. 그러나 성종과 일부 관료들은 방산수 이란이 자기가 피해자임을 강조하려고 어유소를 비롯한 나머지 사람들을 끌어들였다고 보았다. 그 결과 어우동과 간통했다는 남자 대부분이 처벌받지 않거나 작은 옥고만 치르는 것으로 마무리되었다.

반면 어우동은 남성들과 다르게 무거운 형벌로 다스려졌다. 의금부는 어우동이 수산수 이기와 방산수 이란 외에 생원 이승언, 서리 오종련·감의형, 생도 박강창, 양인 이근지, 사노 지거비와 간통해 신분제를 어지럽혔다며, 그 죄로 장 100대에 유배형 2천리에 처해야 한다고 주장했다. 하지만 성종은 어우동을 죽이지 않으면 훗날 같은 일이 벌어졌을 때 징계할 수단이 없다며 어우동에게 사형을 내렸다.

이 시기, 어우동과 간통한 양반들은 약한 처벌을 받거나 혐의 없음으로 풀려난 것과는 달리 어우동만 처형당한 것은 조선시대의 남녀 차별이 매우 심각했음을 보여준다. 또한 어우동과 간통한 사람 중에 상민과 천민에게만 죄를 물었다는 점에서 조선시대가 엄격한 신분제 사회였다는 것을 알 수 있다.

104

칠거지악 중 투기로 죽다

#성종얼굴할퀴다 #연산군생모 #폐비윤씨죽다

성종의 계비이자 연산군의 어머니인 폐비 윤씨(?~1482년)는 판봉상시사 윤기무의 딸로, 1473년(성종 4년)에 후궁으로 간택되어 종2품 숙의에 봉해졌다. 윤씨는 후궁 시절 검소하고 온화한 성품으로 정희왕후(세조의 왕비), 안순왕후(예종의 계비), 소혜왕후(성종의 어머니) 3명의 대비를 잘 보필하며 성종의 총애를 받았다.

윤씨가 입궁한 이듬해 성종의 첫 번째 부인 공혜왕후가 죽었다. 원칙적으로는 왕비를 새로 뽑아야 했지만 왕실은 윤씨가 그간 보여준 행실과 성종의 아이를 임신한 점을 고려해 윤씨를 왕비로 간택했다. 그러나 왕비가 된 윤씨는 후궁 때와 달리 왕비로서 하지 말아야 할 행동을 많이 했다. 윤씨는 연산군을 낳은 후 성종이 예전처럼 자신을 사랑해주지 않자 투기가 심해져서 성종의 총애를 받는 후궁을 저주하거나 후궁이 먹는 음식에 독극물인 비상을 넣으려는 못된 행동을 해 구설에 올랐다.

윤씨는 1479년(성종 10년)에 성종의 얼굴을 할퀸 죄로 정희왕후에 의해 궁궐에서 쫓겨났다. 정희왕후는 다음 왕비를 뽑는 과정에서 구설수를 없애기 위해 폐비 윤씨를 내쫓는 데 동의하지 않은 19세의 숙의 윤씨를 왕비로 택했다. 이후 폐비 윤씨는 세간에 잊힌 듯싶었으나 연산군을 세자로 책봉하는 과정에서 일이 다시 불거졌다. 많은 관료가 연산군이 왕이 되었을 때 그의 친모가 폐비되었다는 사실이 큰 문제가 될 수 있으니 윤씨를 다시 궁으로 불러들여야 한다고 주장한 것이었다.

그러나 성종의 친모인 소혜왕후(인수대비)가 폐비 윤씨의 복위를 크게 반대했다. 반면 성종은 폐비 윤씨에 대한 동정론이 퍼지자 윤씨가 안쓰럽게 여겨지며 보고 싶어졌다. 성종은 내시를 통해 폐비 윤씨가 어떻게 지내는지 살피고 오게 했으나, 소혜왕후의 지시를 받은 내시는 "윤씨가 반성 없이 곱게 단장하고 교만을 부리면서, 원자가 장성해 보위에 오르면 궁중에 복수하겠다고 했다."며 성종에게 거짓을 보고했다.

안준경의 말을 믿은 성종은 폐비 윤씨로 인해 훗날 문제가 생길 것을 우려해, 조정 대신들과 상의하에 윤씨에게 사약을 내렸다. 궁궐로 돌아갈 것을 기대하던 폐비 윤씨는 결국 1482년(성종 13년), 사약을 받고 죽었다. 성종은 폐비 윤씨를 동대문 밖에 묻고 묘비도 세우지 못하게 막았다가 7년 후에야 묘비 세우는 것을 허락했다. 그리고 유언으로 자신이 죽은 뒤 100년 동안 폐비 윤씨 문제를 거론하지 말라고 했다. 연산군은 왕으로 즉위한 뒤 폐비 윤씨를 제헌왕후로 추존하고 묘호도 회릉으로 격상했으나, 연산군이 폐위되자 윤씨도 폐비로 다시 강등되었고 회릉도 폐비윤씨지묘로 격하되었다. 폐비 윤씨의 묘는 고양 서삼릉에 있다.

105

법전으로 국가의 기틀을 마련하다

제9대 성종

#경국대전반포 #율령격식의미 #법전의미

조선은 건국하면서 법전 편찬을 통해 국가의 기틀을 마련하려고 노력했으나 쉽지 않은 일이었다. 조선은 1394년(태조 3년)에는 정도전이 《조선경국전》을, 1397년(태조 6년)에는 조준의 주도 아래 《경제육전》을 편찬했다. 이와 더불어 조선은 왕이 내린 교지와 조례 등을 모은 《속육전》을 통해 국가를 운영하려 했으나, 법의 내용이 중복되고 모순되는 등 문제점이 많았다. 세조는 이를 해결하기 위해 육전상정소를 설치해 이·호·예·병·형·공전을 완성했다. 그러나 세조가 죽으면서 법전은 반포되지 않았다. 예종은 세조의 뜻을 계승해 법전의 내용을 더 보충한 뒤 반포하려 했으나, 예조의 이른 죽음으로 이 역시 이루어지지 않았다. 결국 법전의 완성은 1484년(성종 15년) 《경국대전》이 반포되면서 마무리되었다. 성종은 《경국대전》의 내용을 후대에 고치지 못하도록 규정하고, 이듬해 반포했다.

《경국대전》은 기본적으로 중국의 율령격식을 토대로 만들어졌다. 율(律)은 범죄를 저지른 사람을 처벌하는 형법이고, 영(令)은 제도에 관한 행정적인 법령이다. 격(格)은 개정된 율령을 보충하거나 수정한 것이고, 식(式)은 시행세칙으로 다른 법령의 보조적인 역할을 했다. 고려시대가 당나라의 율령을 토대로 법을 운영했다면, 조선은 명나라의 《대명률》을 활용했다. 하지만 《대명률》이 중국의 문화와 역사를 바탕으로 만들어진 만큼 이를 그대로 조선에 적용하기엔 여러 문제가 있었다. 그래서 《대명률》에 적용할 만한 사례가 나오지 않는 경우 조정에서는 관아에 내려보냈던 명령서인 수교를 활용했다. 이는 관습법과 우리 고유의 법이 성문화되어 총정리되는 결과를 가져왔다. 또한 조선이 독자적인 법률을 가진 국가로 당당하게 발돋움하게 되는 계기가 되었다.

성종 때 반포된 《경국대전》은 수정을 금지했지만 시간이 흐르면서 변화된 사회의 모습을 반영할 필요성이 꾸준히 제기되었다. 영조는 1746년(영조 22년)에 양난 이후 달라진 사회상을 반영한 《속대전》을 편찬했다. 정조도 많은 개혁 과정에서 추가된 내용을 반영하기 위해 《경국대전》과 《속대전》을 통합한 뒤, 새로 추가된 수교를 추가한 《대전통편》을 편찬했다. 고종 때 흥선대원군은 세도정치로 무너진 국가 질서를 바로잡기 위해 1865년(고종 2년)에 조선시대 마지막 법전인 《대전회통》을 편찬했다. 그러나 《속대전》《대전통편》《대전회통》 모두 《경국대전》을 보충하는 법전에 불과했다. 조선이 518년 동안 체계적이고 안정적인 국가 운영을 할 수 있었던 것은 《경국대전》이 있었기에 가능한 일이었다.

국가가 세금을 걷어 관리에게 주다

제9대 성종

#직전법한계 #관수관급제시행 #직전법폐지

세조 때 시행한 토지제도인 직전법은 현직 관료만 수조권을 행사하게 만들면서 많은 문제를 야기했다. 현직에 있는 관료들은 퇴임 후 수조권이 없는 노후를 걱정하기 시작했다. 그들은 전객(실제 농사짓는 농민)이 소유한 토지의 작황을 파악해 세금의 등급을 정하는 과정에서 규정보다 더 많은 세금을 거두는 불법을 저질렀다. 그와 함께 농민들의 토지를 사거나 강제로 빼앗는 방법으로 대규모의 농장을 확보해 운영했다.

성종은 관리들이 국가에서 규정한 법을 어기고 백성을 괴롭히는 문제를 해결하기 위해 관수관급제를 실시했다. 더불어 국가가 토지와 농민을 직접 지배하고자 했다. 관수관급제란 전주(수조권을 보유한 사람)에게 납부하던 세금을 국가가 직접 거둬들인 후 관리들에게 나누어주는 방식이다. 국가에서 지급한다는 점에서 자칫 녹봉과 같아 보일 수 있지만, 국가에서 규정한 일정한 양의 곡식을 지급하는 녹봉과는 달리 관수관급제는 그해의 풍흉에 따라 지급되는 곡식의 양이 달랐다.

관수관급제는 국가가 토지와 백성을 직접 지배하는 결과를 가져왔지만, 관료에게 지급할 토지 부족 문제는 해결하지 못했다. 또한 관수관급제가 가져온 지주진호제로 인해 집권층의 토지는 기하급수적으로 많아지는 반면, 백성들은 토지에서 쫓겨나 유랑민이 되거나 임노동자로 전락하는 경우가 많아졌다. 세금을 납부할 양인이 줄어들자 국가도 재정 부족으로 국정 운영에 어려움을 겪게 되었다. 결국 명종 때는 관수관급제가 불가능할 정도로 망가졌고, 임진왜란이 지나자 수조권을 기반으로 하는 직전법은 완전히 폐지되었다.

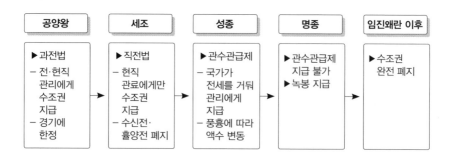

공양왕	세조	성종	명종	임진왜란 이후
▶과전법 - 전·현직 관리에게 수조권 지급 - 경기에 한정	▶직전법 - 현직 관료에게만 수조권 지급 - 수신전·휼양전 폐지	▶관수관급제 - 국가가 전세를 거둬 관리에게 지급 - 풍흉에 따라 액수 변동	▶관수관급제 지급 불가 ▶녹봉 지급	▶수조권 완전 폐지

107 최부, 조선 선비의 위상을 보여주다

제9대 성종

#명나라불시착 #조선을드높이다 #일본베스트셀러

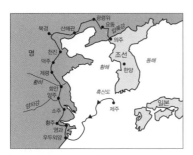
| 최부의 표류와 귀국 경로

최부(1454~1504년)는 1487년(성종 18년) 죄인을 잡아들이는 추쇄경차관으로 제주에 부임해 활동했다. 이듬해 부친상을 당한 최부는 고향 나주로 돌아오는 길에 풍랑을 만나 2주가 넘도록 일행 43명과 바다에서 표류하다가 중국 저장성 린하이현에 도착했다. 이때 명나라 관리가 최부 일행을 왜구로 의심해 체포하자, 최부는 필답으로 조선에서 명까지 오게 된 사연을 들려주었다. 관리의 보고를 들은 명 황제는 최부 일행을 북경으로 보내라고 명령했다. 최부는 북경으로 가는 동안 명의 관리들과 유학을 비롯한 다방면의 지식과 정보를 교환했다. 이 과정에서 명의 관리들은 자신들보다 중국 고전에 해박한 최부의 지식에 감탄했다.

최부는 황제를 만날 때 상복을 벗으라는 지시를 거부하며 파장을 일으켰다. 특히 황제 앞에서 고구려가 수·당의 침략에 맞서 싸웠던 역사를 거론하며, 조선은 명의 속국이 아닌 자주국임을 당당하게 밝혔다. 더불어 조선은 국왕 성종이 하루에 4번 신하와 책을 읽고 토론하는 등 학문을 숭상하는 나라임을 강조하며 조국의 긍지를 높였다.

성종은 명나라 황제를 만나고 148일 만에 귀국한 최부에게 그간의 일을 정리해 보고하라고 했다. 대운하를 따라서 쑤저우, 톈진, 베이징을 지나 랴오둥을 경유하여 조선에 오기까지, 최부는 보고 듣고 느꼈던 내용을 일기 형식의 《중조견문일기(中朝見聞日記)》로 남겼다. 간행될 때 《표해록》으로 이름이 바뀐 이 책에는 명의 정치·경제·풍속·지리·교통·도회지 풍경 등이 상세하고 정확하게 기록되었다. 또한 성리학에 국한된 내용이 아닌, 조선에 필요하다고 생각하는 지식과 기술도 담겨 있었다. 농업 진흥에 도움이 된다고 생각한 중국식 수차 제작법과 이용법이 책에 실려 있을 정도였다.

최부는 명나라가 환관의 정치 참여로 국정이 어지러운 것과 명나라에 유교적 질서가 사라지고 있는 모습도 스스럼없이 비판했다. 오히려 조선이 명나라보다 유교적 질서를 더 잘 지키고 있음에 자부심을 보이기도 했다. 이후 《표해록》은 18세기 후반, 일본에서 《당토행정기》라는 이름으로 번역·출간되어 큰 인기를 얻었다.

108

후추로 부국강병을 이루자

#후추인기 #후추재배 #후추와임진왜란

한자로 호초(胡椒)라고 불리는 후추는 인도 남부가 원산지로, 세계의 역사를 바꿀 정도로 가장 인기가 많은 향신료였다. 유럽에서는 후추를 불로장생의 정력제라 믿어 금보다도 비싼 값을 아라비아 상인에게 지불하고 구입했다. 중국도 비단길을 통해 적극적으로 후추를 구매할 만큼 후추는 동서양 모두가 좋아했다. 우리나라는 고려 중엽에 송나라를 통해 후추가 수입되었다. 후추는 음식의 맛을 돋우는 역할도 했지만, 후추를 달인 물이 열사병에 효과가 있어 약재로도 사용되었다. 고려 말에는 직접 남방에서 구해올 정도로 후추의 인기는 매우 높았다.

성종은 후추를 재배해 중국에 수출하면 부강한 나라를 만들 수 있다고 생각했다. 또한 농사를 짓다 뜨거운 햇볕에 쓰러지는 농민들에게 후추를 값싸게 제공하고 싶었다. 하지만 후추의 종자를 구할 수 없다는 것이 문제였다. 당시 인도는 후추로 막대한 이익을 보고 있었기 때문에 종자를 판매하지 않았고, 오로지 삶은 후추를 판매하고 있었다.

성종은 예조에 후추 종자를 구하라는 명령을 내리고, 일본의 사신·내마도주·상인과 접촉했다. 성종은 일본이 후추 종자만 구해오면 그토록 원하는 대장경을 줄 수 있다고 제의할 정도로 후추 종자를 구하기 위해 적극적으로 나섰다. 그러나 일본도 후추를 수입하는 나라였기 때문에 종자를 구할 수가 없었다. 오히려 조선이 후추를 구한다는 소식이 일본을 통해 여러 나라에 알려지자, 많은 외국 사신과 상인이 삶은 후추를 가지고 조선을 방문했다. 결국 성종은 후추 재배를 포기하고, 들어온 후추를 공신에게 상으로 내리는 데 만족해야 했다.

유성룡의 《징비록》에는 1586년(선조 19년)에 일본의 사신으로서 대마도주 다치바나 야스히로(귤강광)가 조선에 오자 예조판서가 전례에 따라 잔치를 열었다는 기록이 나온다. 잔치의 흥이 오를 무렵 다치바나 야스히로가 잔칫상에 후추를 한 주먹 뿌리자, 기녀와 악사들이 후추를 줍느라 야단법석을 떨었다. 이를 본 다치바나 야스히로는 "조선의 기강이 이처럼 허물어졌으니 곧 망할 것이다."라고 말했다고 한다. 실제로 조선의 기강이 무너졌음을 후추로 확인한 왜는 6년 뒤인 1592년(선조 25년)에 임진왜란을 일으켰다.

109

요역의 규정을 완성하다

제9대 성종

#요역규정 #상민만부과 #요역기피

요역은 국가에서 신분에 상관없이 노동력을 강제로 징발하는 수취제도다. 요역은 크게 쌀의 수송, 공물·진상·잡물의 조달, 토목 공사, 사신과 관리의 접대 등 크게 네 가지로 구분되었다. 이 중 조세로 걷은 쌀과 공물·진상·잡물의 조달은 정기적으로 이루어지는 요역이었고, 나머지는 비정기적으로 이루어지는 요역이었다.

조선 초에 조선은 인정의 수에 따른 계정법(計丁法)으로 요역을 부과했으나, 1428년(세종 10년)부터는 토지의 면적을 기준으로 하는 계전법(計田法)으로 요역을 부과했다. 쌀생산량 50결 이상을 대호(大戶), 30결 이상을 중호(中戶), 10결 이상을 소호(小戶), 6결 이상을 잔호(殘戶), 5결 이하를 잔잔호(殘殘戶) 5단계로 나눈 뒤, 요역을 차등 있게 선발했다. 요역은 농사에 지장을 주지 않기 위해 10월 이후에 부여하는데, 풍년 30일·평년 20일·흉년 10일이라는 기준에 맞춰 부여했다.

1471년(성종 2년)부터는 《경국대전》에 "전지 8결에 한 명을 차출하되 1년 요역은 6일을 넘지 못한다. 만약 길이 멀어서 6일 이상이 되면 다음 해의 역을 그만큼 감해주고 만약 한 해에 2번 역을 시킬 때는 반드시 왕에게 아뢰고서 시행한다. 수령이 징발을 고르게 하지 않거나 역의 감독관이 일을 지체해 기한을 넘기게 할 때는 법률에 따라 죄를 부과한다."라고 요역에 대한 규정을 명시해놓았다.

그러나 실질적으로 《경국대전》에서 규정한 8결의 전결 수나 6일 한도가 지켜지는 일은 많지 않았다. 법전에서는 수령은 신분에 상관없이 토지를 가진 사람에게 요역을 균등하게 배분해야 한다고 되어 있었지만, 현실에서 수령은 양반을 제외한 일반 상민에게만 수시로 요역을 부과했다. 군역도 양반을 제외한 상민들에게만 부과되면서, 일반 백성들은 군역과 요역을 도맡아 져야 했다. 요역에 대한 부담감이 커지자 백성들이 물품으로 요역을 대체하는 일이 많아졌다. 중앙이나 지방 관아에서도 노동력이 필요할 때는 백성에게 일을 시키기보다는 인부를 고용해 임금을 지불하는 고립제를 선호했다.

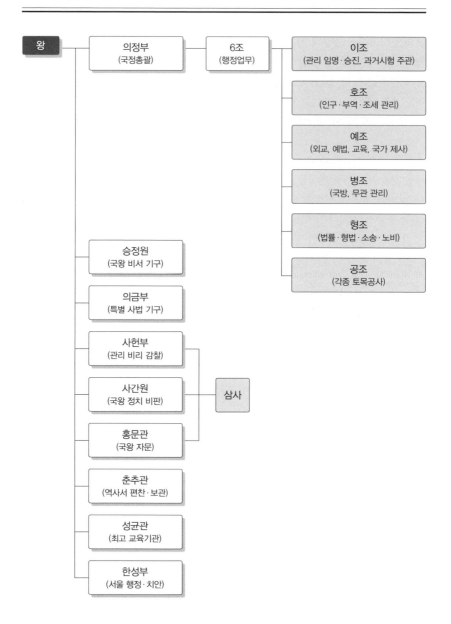

지방을 강력하게 통제하다

조선은 전국을 강원·경기·경상·전라·충청·평안·함경·황해 8도로 나누고, 그 아래 330여 개의 부·목·군·현을 두었다. 고려시대 존재하던 특수행정구역인 향·부곡·소는 폐지해 일반 군현으로 승격했다. 이로써 모든 지역에 지방관이 파견되면서 속현이 사라졌다. 군현 아래로는 몇 개의 자연 촌락을 이(里)로 편성하고, 몇 개의 이를 묶어 면(面)으로 편성하는 면리제를 시행했다. 면리제의 책임자를 존위, 이정 등으로 불렀다. 그러나 함경도는 사(社), 평안도는 방(坊)으로 편성하고, 책임자를 풍헌 또는 약정이라 불렀다.

모든 군현에 파견된 수령에게는 행정·사법·군사권이 부여되는 대신 수령 7사라 불리는 임무가 주어졌다. 수령 7사는 농잠 번성, 호구 증가, 교육 진흥, 군역 확보, 부역의 균등, 간편한 소송, 간활한 자의 경계로 이루어졌다. 이 중에서 가장 중요한 것은 조세와 공물을 징수하고 조정에 상납하는 것이었다.

중앙과 마찬가지로 지방 관아는 수령 밑으로 이·호·예·병·형·공의 6방의 조직을 갖추었다. 이는 지방의 향리들이 세습하면서 사무를 담당했다. 평안도와 함경도의 일부 지역에서는 별도로 토착 유력층을 토관으로 임명했다. 이들은 5품까지만 오르는 한품의 제약이 있었지만, 경우에 따라서는 양반으로 상승하기도 했다. 그러나 시간이 흐르면서 중앙에서 수령이 파견되었고, 토호는 아전과 같은 지위로 떨어졌다.

각 도에는 방백이라고 불리는 관찰사가 파견되었다. 이 관찰사는 관할 내 지방관을 관리·감독하면서 유사시에는 병마절도사가 되어 군대를 이끌었다. 조선에서는 관찰사가 수령의 고과를 평가해 중앙에 보고하는 책무를 원활하게 할 수 있도록 고려시대와는 달리 품계를 높여주었다.

향촌 사회에 있어서 조선은 지방민의 자치를 허용하기 위해 유향소(향청)를 두었다. 유향소는 덕망 있는 지역 유지들이 좌수·별감이 되어 규약을 만들고, 향회를 수시로 소집해 여론을 수렴하는 일을 했다. 또한 백성을 교화하는 동시에 수령의 비행을 관찰사에게 고발해 견제하는 역할도 했다. 그러나 유향소가 수령권을 침탈하는 일이 많아지자, 유향소는 1406년(태종 6년)에 폐지되었다가 1428년(세종 10년)에 다시 설치되었다. 이시애의 난 이후 1467년(세조 13년)에 다시 한번 폐지된 유향소는 1488년(성종 19년)에 재설치되었지만, 이전과 달리 수령에 의해 장악된 관 주도의 기구로 변했다. 한양에서는 각 지방 출신의 중앙관리로 구성된 경재소가 유향소와 정부의 연락을 담당했는데, 이는 중앙에서 유향소를 통제하기 위해서였다.

112 국정의 주도권을 두고 다투다

제9대 성종

#육조직계제 #의정부서사제 #강력한왕권행사

건국 초 조선은 재상이 국정을 주도하는 고려 말의 도평의사사 제도를 그대로 운영했다. 이 제도는 정종 때 가서야 폐지되고, 의정부가 그 기능을 대체하게 되었다. 태종은 왕권 강화를 위해 의정부의 기능을 축소하고 국정 실무를 담당하는 육조의 책임자인 판서를 정2품으로 격상하며 육조직계제를 시행했다. 이 과정에서 의정부와 사헌부·승정원·한성부 등을 제외한 중앙 관아를 육조에 소속시켰다. 이로써 육조의 책임자인 판서가 정책결정권을 갖고, 정무를 실질적으로 운영하게 되었다. 반면 의정부는 사대문서와 중죄수의 재심만을 관장하도록 해 공신 계열의 재상권을 약화시켰다.

세종은 즉위 초 육조직계제를 통해 국가를 운영하다가, 1436년(세종 18년)부터 의정부 서사제를 실시했다. 의정부 서사제에서는 우선 육조가 맡은 업무를 의정부에 보고하면 의정부의 삼정승이 내용의 옳고 그름을 판단한 후에 그 안건을 왕에게 보고했다. 그 후 왕이 의정부에서 올린 보고서를 보고 재가 여부를 결정해 교지를 내리면 육조가 그 정책을 실행했다. 이러한 육조직계제는 왕이 최종 결정을 하게 되면서 왕권 약화 없이 의정부의 권한이 강해지는 제도였지만, 실질적으로는 왕의 역량이 떨어지면 왕권이 약화될 가능성이 있었다.

실제로 단종 때 황표정사로 왕권이 약화되고 조정 대신의 권한이 강해지는 모습이 나타났다. 이 모습에 반발해 계유정난을 일으킨 세조는 의정부 서사제를 바로 육조직계제로 환원해 왕권을 강화했다. 이후 연산군이 강력한 왕권을 바탕으로 폭정을 일삼자, 이번에는 반대로 왕권을 견제할 기구의 필요성이 대두되었다. 연산군을 내쫓은 관료들은 1516년(중종 11년)에 의정부 서사제를 다시 실시했다.

의정부 서사제와 육조직계제는 시간이 흐르면서 의정부-육조의 일원적 행정 체계로 완성되었다. 이로써 왕은 국가 권력과 행정 조직의 최고 결정권자가 되었다. 의정부가 국정을 주도하든, 육조가 국정을 주도하든 조선시대에 최종 결정권은 왕에게 있었다. 그 결과 우리나라에 있었던 여러 왕조 중 조선은 가장 강력한 왕권을 행사하는 통치 구조를 가질 수 있었다.

113 훈구파, 조선 전기를 이끌다

제9대 성종 #훈구파정의 #훈구파의변질 #폐쇄적사회를만들다

훈구파란 넓은 범위로 보면 왕을 보필하면서 많은 공을 세운 훈구대신을 지칭한다. 반면 좁은 의미로는 세조의 계유정난에서 공을 세운 공신집단과 그 후손을 말한다. 관학파라고도 불리는 훈구파가 역사에 등장한 기간은 사림이 정권을 장악하는 선조 전까지로, 상당히 길다. 그래서 훈구파를 구분할 땐 자주적이고 주체적인 태도로 문물제도를 정비했던 초창기 훈구파와 권력을 가지고 대지주·대상인이 되어 부정부패를 저지르는 후반기 훈구파로 구분한다.

초창기 훈구파는 사장(詞章)에 무게를 두고 주례를 국가의 통치 이념으로 삼았다. 이들은 성리학에 국한되지 않는 유연성을 가지고 유학·불교·도교·풍수지리설·민간신앙 등 모두를 포용했다. 국가 경영에 도움이 된다면 무엇이라도 받아들여 활용하는 데 주저함이 없었다. 한양 천도 과정에서 무학대사의 불교, 하륜의 풍수지리가 반영되었던 사실은 다른 학문에 포용적이었던 훈구파의 모습을 잘 보여준다.

이들은 부국강병을 위해 실리를 추구했으며, 경제적이고 현실적인 정치를 추구했다. 세종 때 대마도 정벌과 4군 6진 개척 등 영토 확장에 힘썼고, 연분구등법·전분육등법으로 토지의 비옥도와 풍흉을 고려해 조세를 거두었다. 이렇듯 현실을 반영한 경제정책은 훈구파의 작품이었다. 이들은 자주적이면서도 중앙집권을 지향했다. 단군조선을 중시해 나라 이름을 조선으로 정하고, 성균관과 집현전 등 관학을 통한 인재를 양성했다.

그러나 여러 번의 정변을 통해 훈구파는 권력과 부를 독점하는 특권계층으로 변했다. 이들은 자신들의 특권을 지키기 위해 능력만 있으면 신분 상승이 가능했던 조선 초의 개방적인 구조를 막았다. 특히 과거 응시에 제한을 두었는데, 중인과 상민들이 문과 시험에 응시하지 못하도록 조상의 관직 참여 기록이 담긴 사조단자와 현직 관료의 신원 보증서인 보단자를 제출하게 했다.

경제적으로도 수조권이 축소되고 사라지자, 훈구파는 토지를 직접 소유하는 대지주로 변모했다. 이들은 백성을 간척 사업에 강제 동원해 자신들의 토지를 넓히거나 고리대를 통해 자영농의 토지를 빼앗았다. 그리고 땅을 빼앗긴 농민을 자신의 소작농으로 만들었다. 그 결과 훈구파는 새로운 사회 건설을 주도하던 주체에서 적폐 대상으로 변했다. 능력이 있어도 신분이 낮으면 재주를 펼 수 없는 사회를 만들고, 토지와 부를 독점해 국가의 재정과 양민들의 삶을 피폐하게 만들면서 사림파의 등장을 이끌어냈다.

도덕 정치를 강조하다

#사림파의계보 #사림이추구한세상 #훈구파와사림파비교

사림파는 성종이 훈구파를 견제하기 위해 재야에 있던 김종직 등을 중앙으로 불러들이면서 역사에 등장했다. 이들은 조선 건국에 동참하지 않았던 정몽주와 길재를 시조로 하는 온건파 사대부의 후예인 신진 사류였다. 사림파가 과거시험을 통해 중앙으로 진출했던 배경 중 하나는 조선이 건국된 지 100여 년이 흘렀다는 데 있었다. 여말선초 때와는 달리 이들에게 고려는 과거의 왕조일 뿐, 다시 부흥시켜야 할 대상이 아니었다. 여기에 훈구파들이 중소 지주로서 향촌에 있던 사림들의 토지를 위협하면서, 국가 경제를 어렵게 만든 것도 한몫했다. 특히 유교 경전을 통해 만들고 싶었던 이상 세계와 현실의 괴리가 사림파를 중앙 정계로 나오게 만든 중요한 이유가 되었다.

사림파는 중앙 정계로 나가기 전까지 향촌 사회에 머물며 학문을 익히는 지식계층이자 재지 사족이었다. 이들은 훈구파와는 달리 유교 경전을 중요하게 여기는 경학을 중시했다. 반면 도교와 불교 등 성리학 외의 학문에는 굉장히 배타적인 모습을 보였다. 사림파의 이런 양상은 훗날 경전의 해석을 명분 삼아 이들이 상대 붕당을 사문난적으로 몰아 공격하는 이유가 되었다. 또한 성리학만 추종하면서 조선의 학문을 관념적인 이기론으로 흐르게 해 조선의 군사와 과학기술이 쇠퇴하는 결과를 가져오기도 했다.

이들은 우리의 역사와 문화 등을 중요하게 여기며 자주적인 국가 운영을 하기보다는 중국을 가장 최우선에 두고 받드는 사대주의의 모습을 보였다. 조선 초 단군조선을 중시했던 것과는 달리 사림파는 단군조선을 부정하고 중국의 선진 문물을 가져왔다는 기자조선을 중시했다. 정치에 있어서도 부국강병보다는 명분과 도덕, 의리를 숭상하는 왕도정치를 표방했고, 중앙집권보다는 향촌 자치를 추구했다. 그렇다 보니 성균관이나 향교와 같은 관학이 쇠퇴하고, 서원을 중심으로 하는 사학이 발달하게 되었다.

하지만 훈구파의 권력 독점과 농단으로 백성들이 땅에서 쫓겨나 유랑하던 16세기, 사림파는 새로운 사회를 여는 출구였다. 훈구파는 사림이 삼사를 통해 자신들의 비리와 잘못을 비판하며 견제하자, 4번의 사화를 일으키며 사림을 대거 숙청하면서 그들을 견제했다. 그러나 서원을 통해 인재를 양성하고 향약을 통해 지방민의 지지를 얻은 사림파는 결국 선조 때에 훈구파를 정계에서 내쫓고 권력을 장악하게 된다.

사림파, 향약으로 재기하다

향약은 향촌규약의 줄임말로, 덕업상권(德業相勸), 과실상규(過失相規), 예속상교(禮俗相交), 환난상휼(患難相恤)의 4대 강목이 널리 알려져 있다. 향약은 사림파가 향촌 자치를 통해 하층민을 통제하기 위한 목적으로 만들어졌다. 향약을 통해 유교 예절과 풍속을 보급하고, 향촌 사회의 대소사를 챙기면서 사림이 사회 지도층으로 거듭나기를 바랐던 조광조는 향약을 전국적으로 보급하고자 했다. 그러나 조광조가 보급하려 한 '여씨향약'은 기묘사화로 사림파가 대거 숙청되면서 폐지되고 말았다.

하지만 사림파의 향약 보급에 대한 노력은 사라지지 않았다. 사림파의 거두였던 이황과 이이가 중심이 되어 사림파는 적극적으로 향약을 전국에 보급했다. 이황이 보급한 향약 규약은 영남 지역을 중심으로 보급되었고, 이이가 만든 향약 규약은 충청도 청주와 황해도 해주 등 여러 지역에 보급되었다. 이황과 이이가 지역에 맞게 향약 규약을 만든 것은 중국 송나라에서 온 여씨향약이 조선의 현실과 맞지 않는 부분이 많았기 때문이었다.

향약이 보급되자 사림파는 지역민을 교화하는 명목으로 지역 사회를 통제했다. 그리고 향약을 통해 민심을 대변한다는 명분으로 훈구파의 잘못을 비판했다. 민의를 반영한 여론을 대변한다는 명분으로 사림파는 중앙으로 진출했고, 여러 번의 사화 끝에 정국을 장악했다. 그러나 17세기 말부터 향약의 운영이 변화되었다. 조선 후기에 신분제가 흔들리면서 사림은 사회 지도층으로 존경받지 못했고, 수령은 향약을 백성 통제의 수단으로만 활용했다. 결국에는 향약이 농민의 재산을 빼앗고 괴롭히는 수단으로 전락해버리자, 정약용 등 여러 실학자들은 향약의 폐단을 거론하며 향약 폐지를 거듭 주장했다.

◇ **향약 4대 강목**

덕업상권(德業相勸): 착한 일은 서로 권한다.

과실상규(過失相規): 잘못한 것은 서로 규제한다.

예속상교(禮俗相交): 서로 예절을 지킨다.

환난상휼(患難相恤): 어려운 일은 서로 돕는다.

◇ 이름: 융
◇ 출생-사망: 1476~1506년
◇ 재위 기간: 1494년 12월~1506월 9월(11년 9개월)

성종의 적장자로 태어난 연산군은 7세에 세자로 책봉되었다. 왕으로 즉위한 초창기의 연산군은 관료들과 특별한 갈등을 일으키지 않고 국정을 잘 운영해 나갔다. 그러나 성종의 명복을 빌기 위해 연산군이 불교의식인 수륙재를 시행하려 하면서 관료와 유생들과의 갈등이 발생했다. 결국 강력한 왕권을 바탕으로 나라를 경영하려던 연산군과 삼사로 대변되는 관료들 사이의 갈등은 사화로 발전했다.

연산군 재위 4년, 김일손이 작성한 사초(조선시대에 사관이 기록해둔 사기의 초고)의 내용에서 김종직의 〈조의제문〉(조선 성종 때 세조의 왕위 찬탈을 김종직이 비난한 글)이 사화를 일으키는 발단이 되었다. 연산군은 항우가 초나라 회왕을 죽인 내용을 통해 김종직이 세조를 비난했다고 주장하는 이극돈·유자광의 의견을 따라 김종직을 부관참시했다. 그리고 김종직의 제자들이 붕당을 만들어 국정을 어지럽게 했다는 죄목으로 그들을 유배형에 처하는 무오사화를 일으켰다.

이후에도 연산군은 어머니 폐비 윤씨가 억울하게 죽었다며, 할머니 인수대비와 성종의 두 후궁에게 책임을 물어 그들을 죽였다. 그리고 폐비 윤씨의 죽음에 동조한 김굉필 등 수십 명을 죽이고, 이미 죽은 한명회를 관에서 끄집어내어 목을 자르는 부관참시를 하며 갑자사화를 일으켰다.

연산군은 사냥과 사치, 그리고 문란한 여성 관계로 관료와 백성들의 원망을 많이 샀다. '흥청망청'이란 말이 생겨날 정도로 연산군의 문란한 사생활을 비방하는 한글 투서가 나돌자, 연산군은 한글을 사용하지 못하도록 명령을 내리기도 했다. 또한 선왕들이 중요하게 여기던 경연을 없애고 사간원을 폐지해 언로(신하들이 임금에게 말을 올릴 수 있는 길)를 막았다. 연산군의 폭정이 멈출 줄 모르자 성희안과 박원중이 중종반정을 일으켜 연산군을 몰아냈다. 왕에서 쫓겨난 연산군은 유배지 강화도 교동에서 두 달 만에 역병에 걸려 죽었다. 연산군의 묘는 서울시 도봉구에 있다.

제10대 연산군
(재위: 1494~1506년)

폐비 신씨 — 폐세자 / 창녕대군 / 미상(공주)

숙의 이씨 — 양평군

장녹수 — 영수

(미상) — 돈수

부인: 4명
자녀: 4남 2녀

〈조의제문〉으로 사림파를 내쫓다

성종 시기 사림파는 중앙으로 진출했다. 특히 사림파는 언관 기능을 담당하던 삼사를 통해 훈구파를 비판·견제하며 세력을 확장하고 있었다. 그러나 연산군이 즉위하자 상황이 달라졌다. 연산군은 자신의 행보를 비판하며 제약을 거는 삼사의 사림파들이 왕을 무시한다고 여겼다. 왕권을 강화하고자 했던 연산군과 삼사로부터 탄핵을 받던 훈구파 대신들은 사림파 제거에 뜻을 함께했다.

특히 훈구파의 유자광과 이극돈은 사림파의 김종직과 그 제자들을 싫어했다. 이극돈은 김종직의 제자였던 김일손이 춘추관 사관으로 있으면서 자신의 비행을 사초에 기록한 것에 앙심을 품고 그에게 복수할 기회를 노리고 있었다. 그리하여 이극돈이 《성종실록》을 편찬하는 책임자가 되자, 그는 김일손의 사초에 들어가 있는 김종직의 〈조의제문〉을 문제 삼으며 무오사화의 시작을 열었다.

이극돈은 김일손이 삽입한 김종직의 〈조의제문〉이 세조를 비난한 글이라며 연산군에게 상소문을 올렸다. 〈조의제문〉의 내용이 항우로 인한 초나라 회왕의 죽음을 슬퍼하는 내용이어도, 사실 이는 세조로 인한 단종의 죽음을 비유적으로 슬퍼하는 것이어서 결국 세조를 비난하는 것이라 주장했다. 이에 연산군은 김일손을 심문하는 과정에서 그에게 불충한 사초를 쓴 이유와 세조의 후손이 다스리는 조정에서 벼슬하는 이유를 물었다. 그러나 김일손이 절대로 그런 의도는 없었다고 부정하면서 문제는 일단락되는 듯싶었다.

연산군이 규정을 어기고 《조선왕조실록》을 본 것을 홍문관과 예문관이 문제 삼자, 연산군은 이를 왕권에 대한 도전으로 받아들였다. 연산군은 김종직과 그 제자들이 붕당을 만들어 국정을 어지럽힌다며 죄를 물었다. 사림파에 불만이 많던 윤필상 등 훈구파도 연산군에 동조하며 사림파가 붕당을 만들어 국정을 농단했다며 벌을 줘야 한다고 주장했다. 이 과정에서 유자광은 김일손의 잘못은 모두 김종직이 알려준 것이라며, 김종직과 그와 관련된 사람 모두를 처벌해야 한다고 강력하게 주장했다.

연산군은 훈구파가 자신의 뜻에 동조하자, 〈조의제문〉과 관련된 이들을 반역죄로 잡아들였다. 이들 중 김종직과 관련된 6명에게 사형 선고를 내리고, 31명에게 유배형을 내렸다. 여기에 그치지 않고 김종직의 문집을 수거해 불태우고, 이미 죽은 김종직의 목을 베는 부관참시의 벌을 내렸다. 1498년(연산 4년) 일어난 무오사화는 후대에 일어난 사화와 환국에 비해 처벌받은 사람의 수가 매우 적다. 그러나 사림들이 대거 정계에서 쫓겨나게 되는 첫 번째 사건이라는 점에서 의미를 갖는다.

119 백성들의 입으로 '흥청망청'이 전해지다

제10대 연산군 　　　　　#흥청망청유래 #채홍준사미녀선발 #연산군의여인1만명

《연산군일기》를 보면 "흥청은 300명, 운평은 700명을 정원으로 하고 광희도 또한 증원하라."라는 대목이 나온다. 1504년(연산 10년)에는 전국에 창기(倡妓)를 설치해 젊고 아름다운 여인을 한양으로 올려 보냈는데, 이들을 운평이라 불렀다. 이듬해 연산군은 채홍준사라는 관직을 만들어 전국의 미녀를 선발해 궁궐로 올려 보내도록 했다. 미녀를 많이 선발할수록 작위가 높아지고, 토지와 노비를 포상으로 받을 수 있어 이들의 횡포는 날이 갈수록 심해졌다. 기녀만이 아니라 양갓집의 처녀들도 채홍준사의 눈에 띄면 어김없이 강제적으로 한양에 끌려가야 했다. 심지어 사대부의 첩이나 양인의 아내도 용모가 출중하면 예외 없이 선발되었다. 이렇게 뽑혀 한양으로 올라온 여인의 수가 1만 명에 가까웠다.

운평으로 선택되었다고 해서 모두 연산군을 만날 수 있는 것은 아니었다. 연산군이 직접 나이와 용모를 보고 뽑아주어야 흥청이 될 수 있었다. 흥청도 세부적으로는 왕을 가까이 모신 지과흥청(地科興淸)과 임금과 잠자리를 함께한 천과흥청(天科興淸)으로 구분했다. 흥청에서 가장 출세했던 인물은 장녹수였다. 기생에 불과했던 그녀가 후궁의 지위까지 오를 수 있었던 것은 연산군의 마음을 읽을 수 있는 능력과 아이를 낳은 30세의 나이에도 16세로 보일 만큼 동안이던 외모에 있었다.

연산군의 총애를 받았던 흥청에는 이와 관련한 명칭이 여럿 있었다. 흥청의 보증인을 '꽃을 보호하고 봄을 보탠다.'는 뜻의 '호화첨춘(護花添春)'이라 불렀고, 흥청이 입는 옷은 '상서로움을 맞이하는 옷'이란 뜻의 '아상복(迓祥服)', 흥청의 식료품을 저장하는 공간은 '화려함을 보호하는 창고'라 하여 '호화고(護華庫)'라 불렀다.

연산군은 한양 근교로 나갈 때마다 흥청을 데리고 나가 유흥을 즐겼다. 반면 연산군이 행차하는 곳에 사는 백성들은 노역에 동원되는 등 갖은 고역에 시달려야 했다. 특히 경회루는 연산군이 매일 흥청과 놀던 장소였다. 《연산군일기》에 의하면 경회루 연못 서쪽에 인공섬인 만세산을 만들고, 산 위에 봉래궁·일궁·월궁·예주궁·벽운궁 등 작은 모형 궁을 만들어 이를 금·은·비단으로 꾸몄다고 한다. 이곳에서 흥청은 음악을 연주하고, 연산군은 수백 명이 탈 수 있는 배 황룡주를 만들어 놓았다. 결국 연산군은 유흥에 국고를 탕진하고 백성을 힘들게 해 왕에서 쫓겨났다. 이후 백성들은 돈이나 물건을 마구 쓰는 모습을 '흥청망청'이라 부르며 비꼬았다.

120

손 위에 연산군을 놓다

#동안미녀장녹수 #장녹수만행 #장녹수의말로

연산군의 총애를 받고 권력을 횡행했던 여인 장녹수(?~1506년)는 예종의 둘째 아들 제안대군의 여종이었다. 장녹수는 제안대군의 노비와 혼인해 아들을 낳았지만, 가난한 삶이 너무도 싫어 춤과 노래를 배워 기생이 되었다.《연산군일기》에 기록되어 있는 장녹수는 노래를 잘해서 입술을 닿지 않게 하면서도 맑은 소리를 냈으며, 얼굴은 30세의 나이가 16세로 보일 만큼 동안이었다고 한다.

연산군은 장녹수가 뛰어난 외모와 재주를 가지고 있다는 이야기를 듣고 그를 흥청으로 뽑아 궁궐로 불러들였다. 온갖 아양과 재주로 연산군의 마음을 얻은 장녹수는 1502년(연산 8년), 숙원이 되었다가 이듬해 종3품 숙용이 되었다. 이후 그녀의 말이라면 연산군이 무조건 따르자, 많은 간신이 출세를 위해 장녹수에게 뇌물을 갖다 바쳤다.

이에 장녹수의 오빠를 비롯한 장녹수의 가족들은 양인으로 신분 상승을 하는 것에 그치지 않았다. 장녹수의 형부 김효순은 함경도 전향 별감에 제수되는 등 벼슬을 얻어 관직에 나갔다. 장녹수의 주인이던 제안대군의 장인 김수말도 장녹수 덕분에 벼슬이 높아질 정도였다.

장녹수가 연산군의 총애를 받을수록 그녀의 횡포는 점점 더 심해졌다. 장녹수는 자신의 치마를 밟았다는 이유로 옥지화라는 기녀를 죽이고 자신의 집을 짓기 위해 민가를 강제로 헐어버리는 등의 만행을 저질렀다. 성종의 어머니인 인수대비가 장녹수의 잘못을 지적하며 연산군에게 장녹수와 가까이하지 말라고 타일렀지만, 그럴수록 연산군은 장녹수를 더욱 가까이했다. 심지어 그녀의 노비조차도 장녹수를 등에 업고 세상 무서울 것 없이 횡포를 부리며 다녔다.

하지만 장녹수의 권세는 오래가지 못했다. 1506년(연산 12년)에 중종반정이 일어나자 많은 사람이 장녹수를 죽이기 위해 혈안이 되었다. 반정군에게 붙잡힌 장녹수는 군기시 앞에서 목이 베어졌고, 시신은 거리에 버려졌다. 백성들은 장녹수의 죽음에 통쾌해 하며 시신에 침을 뱉고 돌멩이를 던지며 욕설을 퍼부었다. 거칠 것 없이 살았던 장녹수의 화려한 삶은 불과 5년 만에 끝나고 말았다.

121

연산군의 만행을 고발하다

#연산군만행 #큰어머니겁탈 #중종반정의원인

세조는 여승이 된 과부와 외로운 여인들을 구제하기 위해 창덕궁 뒤편에 정업원이라는 사찰을 세웠다. 이후 정업원은 세조와 정희왕후, 인수대비 등 왕실의 비호를 받으며 큰 규모로 성장했다. 그러나 연산군은 정업원의 내력에 상관없이 늙은 여중은 내쫓고, 젊고 아름다운 여승 7~8명을 겁탈했다. 연산군에게 치욕을 당한 여승들이 모두 목을 매 자살하면서 1504년(연산 10년), 정업원은 철폐되었다.

연산군은 어머니 폐비 윤씨의 죽음에 성종의 후궁 엄숙의와 정숙의, 그리고 할머니 인수대비가 있다는 사실을 알게 되면서 이들에게 복수를 다짐했다. 어머니의 죽음에 항의하고 싶었던 연산군은 인수대비 앞에서 칼을 휘두르며 처용무를 추는 위협적인 행동을 일삼았다. 연산군은 엄숙의와 정숙의의 아들 안양군과 봉안군을 불러 자루 안에 든 그들의 모친을 때려죽이게 했다. 그리고 두 여인의 시신을 젓갈로 담가 산과 들에 뿌렸다. 연산군은 여기에 그치지 않고 안양군과 봉안군의 머리채를 끌고 인수대비에게 찾아가 인수대비를 농락했다. 이 모습에 크게 노한 인수대비가 연산군을 혼내자, 격분한 연산군은 인수대비를 머리로 받았다. 이로 인해 큰 충격을 받은 인수대비는 한 달 뒤 죽었다.

연산군은 자신의 유흥을 위해 도성 근처의 민가를 모두 헐어버리고 백성을 강제로 쫓아냈다. 그리고 그 자리에 금표를 세워 어떤 누구도 들어오지 못하게 했다. 금표를 넘어 들어오는 경우에는 이유를 따지지 않고 목을 베어 모든 사람이 볼 수 있도록 높은 곳에 매달았다. 또 터전에서 쫓겨난 백성들이 억울한 마음을 담은 한글 벽서를 한양 곳곳에 붙이자 한글 사용을 금지했다.

연산군은 자신의 큰어머니인 월산대군의 부인 박씨도 겁탈했다. 박씨는 남편과 사별한 후, 연산군의 큰아들을 돌보기 위해 궁궐에 자주 출입했다. 연산군은 박씨에게 고마움을 핑계로 쌀과 면포 등 많은 재물을 하사하며 박씨와 잦은 만남을 가졌다. 그러던 중 연산군이 박씨를 겁탈하는 일이 벌어졌고, 박씨는 치욕에 병이 들어 죽었다. 박씨의 죽음과 관련해서는 박씨의 동생 박원종이 연산군의 만행에 분을 참지 못하고 "나가 죽어라."라는 말에 박씨가 자살했다는 말도 있지만, 박씨가 연산군의 겁탈로 아이를 갖게 되어 자살했다는 소문도 있었다. 연산군의 만행은 이외에도 많이 기록되어 중종반정의 명분을 충분하게 만들어주었다.

소설 홍길동의 모델이 되다

허균이 쓴 《홍길동전》의 모델이자, 조선 후기 실학자 성호 이익이 조선의 3대 도적으로 지목한 홍길동은 연산군 때 충청도 일대를 휘집어놓던 도적이었다. 스스로를 첨지라고 지칭하면서 무리를 이끌고 고을의 관청을 습격해 재물을 빼앗던 홍길동이 1500년(연산 6년)에 잡히자, 영의정 한치형과 좌의정 성준이 크게 기뻐했을 정도로 홍길동은 국가의 큰 근심거리였다.

홍길동이 오랫동안 잡히지 않고 활개를 치고 다닐 수 있었던 이유는 관료들과 그가 결탁되어 있었기 때문이었다. 홍길동이 잡히자 여기저기서 홍길동과 관련된 관료들을 고발하는 제보가 올라왔다. 그중에는 무인이던 엄귀손이 홍길동에게 돈을 받고 가옥을 제공했다는 정보도 있었다. 영의정 한치형은 엄귀손이 동래 현령에 부임해서 관물을 훔쳤고, 평안도 우후로 재직 중에도 공물을 훔쳤던 과거를 거론하며 엄귀손에 대한 강력한 처벌을 주장했다. 더불어 일개 무관이 서울과 지방에 집을 사고 3천~4천 석이나 되는 곡물을 가지고 있는 것은 정상적이지 않은 일이라며 끝까지 그를 조사해야 한다고 주장했다.

의정부는 홍길동이 단순한 도적 행위를 넘어 당상관으로 위장해 관아에 자유롭게 출입하고, 수령의 대접을 받았다는 점에서 그의 죄가 강상죄에 해당한다고 보았다. 홍길동과 엄귀손은 의금부에서 2년 동안 죄를 추궁당하다가, 매를 이기지 못하고 죽고 말았다.

연산군은 홍길동과 그 무리를 잡아 처벌했으나 그 폐해가 너무 심해 회복이 어려울 지경이었다. 홍길동이 잡혀 죽은 지 10여 년이 지난 1513년(중종 8년), 호조는 홍길동이 도둑질한 뒤로 도망간 자가 많아 세금을 거두기가 어렵다고 보고할 정도였다. 물론 연산군의 폭정과 훈구파들의 부정부패가 농민들을 땅에서 떠나게 만든 가장 큰 원인이었지만, 그 책임은 홍길동이 져야만 했다.

훗날 허균은 연산군 때 관리와 결탁하는 것에 그치지 않고 스스로 관리를 사칭할 정도로 대담했던 홍길동을 모델로 소설 《홍길동전》을 지었다. 소설 속의 홍길동은 허균의 이상을 담아 신분제의 모순과 문제를 고발하면서, 관리들의 부정부패를 혼내주는 의적으로 변모했다. 소설의 마지막에서 홍길동은 이상적인 나라 율도국을 세우고, 많은 백성에게 희망을 주는 인물이 되면서 백성들에게 피해를 주던 충청도 도적의 이미지를 벗었다.

123 어머니의 죽음에 대한 책임을 묻다

제10대 연산군

#갑자사화 #재산몰수를노리다 #폐비윤씨죽음을묻다

무오사화 이후 사림파가 쫓겨나면서 삼사의 기능은 약화되었다. 연산군은 자신을 견제할 기구가 사라지자, 마음껏 사냥과 여색을 밝히며 국고를 탕진했다. 얼마 지나지 않아 국고가 바닥을 보이자, 연산군은 공안의 총액을 늘리는 신유공안을 시행했다. 이 과정에서 훈구파도 재산을 빼앗기고 조정에서 쫓겨나자 불안에 떨었다. 훈구파와 사림파를 가리지 않고 자신의 뜻을 막는 관료라면 무조건 처벌하는 연산군에 대항해 사림파와 훈구파는 손을 잡았다. 이제는 훈구파와 사림파의 대결이 아닌, 연산군의 척신(임금과 성이 다르나 일가인 신하)과의 대결이었다.

대표적인 척신 세력이던 임사홍은 사림파와 훈구파를 완전히 내쫓고 조정을 장악하기 위해 폐비 윤씨의 죽음을 연산군에게 전했다. 그는 폐비 윤씨의 생모이자 연산군의 외할머니 신씨를 연산군에게 데려가 억울함을 호소하며 신씨가 딸의 복수를 부탁할 기회를 제공했다. 이미 폐비 윤씨의 죽음을 알고 있던 연산군은 이를 기회로 다시 한번 신하들에게 왕의 위엄을 보여줄 필요가 있다고 여겼다. 더불어 이것은 관료들의 재산을 몰수할 절호의 기회이기도 했다.

연산군은 우선 폐비 윤씨의 죽음과 관련 있는 엄숙의와 정숙의를 죽였다. 이 과정에서 인수대비가 죽자, 왕실은 연산군을 제지할 사람이 없어졌다. 연산군은 폐비 윤씨를 왕비로 추승하고 윤씨의 묘를 성종 묘에 함께 모셨다. 이 과정에서 권달수와 이행이 반대했지만, 권달수는 처형당하고 이행은 귀양을 가는 것으로 매듭 지어졌다.

연산군은 여기에 멈추지 않고 1504년(연산 10년)에 현직 관료와 이미 죽은 신하들에게도 형벌을 내렸다. 영의정과 좌의정을 했던 한치형과 이극균 등 관료 6명을 갑자년의 여섯 간신이라는 뜻의 '갑자육간(甲子六奸)'으로 몰아 죽이고, 한명회·정창손 등 이미 죽은 사람들은 부관참시했다. 처벌받은 239명 중 사형과 부관참시를 받은 이가 112명이나 되었던 이유는 부족해진 국고를 채워 넣기 위해서였다.

갑자사화로 인해 사림파만이 아니라 훈구파도 막대한 피해를 보았다. 이후에도 연산군은 왕권을 제약할 수 있는 경연을 중지하고 홍문관과 사간원을 혁파하는 등 언관 기능을 축소·약화시켰다. 사림파와 훈구파가 차지하고 있던 자리를 척신 세력이 장악하면서 조정에는 간신들이 늘어났고, 연산군의 폭정은 도를 넘어서게 되었다. 사화(士禍)는 보통 훈구파들이 사림파를 내쫓는 과정에서 발생하는 것인데, 갑자사화만은 연산군과 척신세력에 의해 사림파와 훈구파 모두가 피해를 보았다. 그럼에도 갑자사화로 일컬어지는 것은 사림파의 피해가 더욱 컸기 때문이다.

124

처處의 사용을 금하다

제10대 연산군

#김처선의충언 #죽음을두려워않다 #처사용금지

환관 김처선(?~1505년)은 세종부터 연산군까지 7명의 왕을 모셨다. 계유정난이 일어날 무렵 유배지에서 석방되어 궁으로 돌아온 김처선은 1460년(세조 6년)에 원종공신 3등에 임명될 정도로 세조의 총애를 받았다. 성종 때도 그는 왕명을 전달하는 승전색을 맡아 말과 마장을 하사받는 등 그 능력을 인정받았다. 또한 종2품 최고직인 상선으로 궁중 내 음식을 총괄하며 선농제에 참여하는 활발한 활동으로 정2품 자헌대부까지 올랐다. 김처선에 대한 믿음이 컸던 성종은 자신을 대신해 김처선에게 고위 관료에게 말과 선물을 전달하는 역할을 맡길 정도였다.

연산군 때도 이러한 총애는 이어졌다. 연산군은 김처선을 시릉내시로 임명해 시묘살이를 맡길 정도로 믿고 따랐다. 그러나 연산군이 사화를 통해 많은 이를 죽이고, 여자와 유흥에 빠져 폭정을 일삼자 둘의 관계는 틀어지기 시작했다. 1504년(연산 10년), 무슨 이유인지는 모르지만 임금이 먹을 음식을 감독하던 김처선은 무례한 행동을 했다는 이유로 하옥되어 처벌받았다. 그리고 이듬해 연산군에게 죽었다.

실록에 의하면 관료들도 연산군의 눈치를 살피며 충언을 하지 않던 때에 김처선은 충언을 멈추지 않았다고 한다. 연산군은 자신의 행동을 비판하는 김처선이 마음에 들지 않았지만, 어려서부터 그가 자신을 돌봐주던 순간이 떠올라 벌을 내리지 않았다. 그러던 어느 날 연산군이 처용 놀이 도중 음란한 짓을 하자, 김처선은 "늙은 놈이 네 분 임금을 섬겼고, 경서와 사서를 대강 통하지마는 고금에 전하처럼 행동하는 이는 없었습니다."라며 연산군에게 충언을 올렸다.

화가 난 연산군이 활을 쏘아 김처선의 갈빗대를 맞추자 김처선은 "조정의 대신들도 죽음을 두려워하지 않는데 늙은 내시가 어찌 감히 죽음을 아끼겠습니까. 다만 전하께서 오래도록 보위에 계시지 못할 것이 한스러울 뿐입니다."라며 충언을 멈추지 않았다. 더욱 화가 난 연산군이 연이어 다리에 화살을 쏘고 일어나라고 명령하자, 김처선은 "전하라면 일어날 수 있겠습니까?"라며 부당한 지시를 거부했다.

이 처참한 광경을 누구도 말리지 못했다. 끝내 연산군은 김처선의 혀를 자르고 배를 갈라 창자를 끄집어내 그를 죽였다. 시체는 호랑이의 먹잇감으로 주고, 김처선의 양아들과 7촌 이내 친척을 모두 죽였다. 또한 모든 백성에게 처(處)를 사용하지 말라고 명령했다. '처용무'도 '처'가 들어간다며 '풍두무'로 부르게 하고, 이름에 처가 들어간 자는 모두 개명하게 했다. 충언하다 억울하게 죽은 김처선은 1751년(영조 27년)이 되어서야 고향에 충신을 알리는 붉은 문인 정문이 세워지면서 명예가 회복되었다.

제11대 중종

제11대 중종

◇ 이름: 역
◇ 출생-사망: 1488~1544년
◇ 재위 기간: 1506년 9월~1544년 11월(38년 2개월)

성종의 둘째 아들이며 연산군의 이복형제였던 중종은 원래 왕이 되고 싶은 마음이 없었다. 중종은 연산군의 폭정을 피해 평범하게 살고자 했으나, 중종반정을 일으킨 관료들의 추대로 왕에 즉위했다. 이때 중종은 아내 신씨와 강제로 이별했는데, 이와 관련해 치마바위 전설이 만들어졌다.

중종은 연산군의 실정을 수습하는 동시에 훈구파에게서 벗어나 왕권을 강화하고 싶었다. 그리하여 자신을 지지해주고 뒷받침해줄 세력으로 조광조를 비롯한 사림파를 등용해 여러 개혁에 나섰다. 중종은 현량과를 통해 뛰어난 사림파를 등용해 훈구파를 견제하고, 소격서를 폐지했다. 백성에게는 향약을 권장해 유교적 예속을 익히도록 했으며, 사림이 농민을 통제하게 해 농민이 토지로부터 이탈하지 않도록 했다. 그러나 조광조의 개혁이 너무 급진적이고 왕권을 제약하자, 중종은 기묘사화를 일으켜 사림파를 대거 숙청했다.

중종 때는 기층 사회가 무너지면서 박경의 옥사를 시작으로 이과의 옥사, 송사련의 고변, 동궁 작서의 변 등 정변이 많이 일어났다. 또한 여진족과 왜의 침입으로 정국이 불안했다. 북쪽에서는 1524년(중종 19년)에 여진족이 침입하고, 남쪽에서는 삼포왜란, 동래 염장의 왜변 등이 일어났다. 하지만 훈구파의 폐해로 나라의 근간이 무너지고 있는 상황에서 중종은 이에 제대로 대처하지 못했다.

중종은 《경국대전》을 다시 편찬하고, 《신증동국여지승람》 등 다양한 문헌을 편찬하며 문화사업에 힘을 기울였다. 중종은 경기도 고양에 능을 조성했다가 1562년(명종 17년)에 서울 강남구로 능을 이장했다. 중종의 능호는 정릉이다.

제11대 중종
(재위: 1506~1544년)

단경왕후 신씨

장경왕후 윤씨
- 제12대 인종
- 효혜공주

문정왕후 윤씨
- 제13대 명종
- 의혜공주
- 효순공주
- 경현공주
- 인순공주

경빈 박씨
- 복성군
- 혜순옹주
- 혜정옹주

희빈 홍씨
- 금원군
- 봉성군

창빈 안씨
- 영양군
- 덕흥대원군(선조 부)
- 정신옹주

귀인 한씨

숙의 홍씨
- 해안군

숙의 이씨
- 덕양군

숙의 나씨

숙원 이씨
- 정순옹주
- 효정옹주

숙원 김씨
- 숙정옹주

부인: 12명
자녀: 9남 11녀

127

신하에게 떠밀려 왕이 되다

제11대 중종　　　　　　　　#중종반정 #공신3천명 #진성대군왕이되다

연산군의 폭정은 백성들의 삶을 피폐하게 만드는 것을 넘어 사림파와 훈구파에게도 위협이 되었다. 시간이 흐를수록 연산군의 횡포가 멈추기는커녕 더욱 심해지자, 관료들 사이에서 반정의 기운이 커져갔다. 반정의 중심에는 연산군에게 겁탈을 당한 월산대군의 아내 박씨의 동생 박원종과 더불어 이조참판으로 있을 때 임금은 본디 청류를 즐기지 않는다고 시를 지었다가 연산군에게 쫓겨난 성희안이 있었다.

박원종과 성희안은 반정을 계획하고, 이조판서 유순정을 거사에 합류시켰다. 이들은 연산군의 신임을 받던 군자감부정 신윤무와 군기시첨정 박영문을 포섭하며 거사를 차근차근 준비해나갔다. 이들은 1506년(연산 12년), 연산군이 장단으로 유람을 떠나는 날 거사를 일으키기로 했으나, 행차가 취소되면서 거사 계획이 틀어졌다. 행차가 취소된 줄 몰랐던 호남의 유빈과 이과가 거사 격문을 보내자, 반정군은 어쩔 수 없이 거사를 진행했다.

훈련원에 모인 반정군은 먼저 진성대군을 찾아가 거사를 일으킨 이유를 설명하며, 그에게 다음 왕이 되어달라고 부탁했다. 승낙하는 것 외에는 다른 선택지가 없던 진성대군의 허락이 떨어지자, 반정군은 연산군의 측근인 신수근과 신수영, 그리고 임사홍을 죽였다. 그리고 경복궁의 연산군 침소로 달려갔다. 아무것도 모르고 잠들어 있던 연산군은 반정군이 들이닥치자 어떤 반항도 하지 않았다. 언젠가는 일어날 일이었음을 예감했었는지 연산군은 반정군에게 순순히 옥새를 내놓았다. 반정군은 성종의 계비이자 진성대군의 어머니인 대비 윤씨의 윤허를 얻어 연산군을 강화도로 안치하고, 진성대군을 다음 왕으로 즉위시켰다. 진성대군이 바로 중종이었다.

그러나 중종반정은 백성과 국가를 위한 반정은 아니었다. 연산군의 폭정에 위정자들이 기득권을 지키기 위한 반정에 불과했다. 태조 이성계가 조선을 건국했을 때 개국공신이 55명이었던 것에 반해 중종반정에서 정국공신에 오른 사람은 117명이었다. 이외에도 3천 명 이상이 원종공신으로 책봉되었다. 이 중에는 연산군에게 미녀들을 바치며 나쁜 짓을 일삼다가, 반정을 논의하는 자리에 술과 안주를 바쳤다는 이유로 공신에 책봉된 구수영 등도 있었다. 공신 책봉의 객관적 기준이 없어 공신으로서의 자격이 없는 사람이 공신에 올랐다. 그리하여 관직을 가진 사람들 대부분이 공신에 책봉되어 국가로부터 토지와 노비 등 많은 재물을 하사받고 품계가 올랐다. 공신의 숫자가 많아진 만큼 백성들은 농사지을 땅이 부족해졌고 세금은 늘어났다. 결국 백성들은 연산군 때와 크게 다르지 않은 어려운 삶을 계속 이어갔다.

128

남편의 약조를 믿었건만

제11대 중종

#치마바위전설 #단경왕후잇다 #일제의흔적

중종은 반정군에 추대되어 반강제적으로 왕위에 올랐다. 반정을 준비하는 과정에서 중종은 어떤 일도 하지 않았고, 반정군도 자신들의 이익을 지키기 위해 거사를 일으켰던 만큼 즉위 초의 중종에게는 어떠한 실권도 없었다. 혼례식을 올린 지 얼마 되지 않은 시점에서 자신의 아내 단경왕후(1487~1557년)의 폐위를 막을 힘조차도 없었다.

단경왕후의 아버지는 신수근이었다. 신수근은 연산군의 장인 신승선의 아들로서 연산군의 처남이자 중종의 장인이었다. 반정을 일으키기 전, 박원종은 신수근의 의중을 알아보기 위해 그에게 누이와 딸 중에 누가 더 중요한지를 물었다. 이에 신수근이 총명한 세자가 지금보다 나은 세상을 만들 거라고 답하자, 박원종은 거사 당일 신윤무와 이심을 보내 수각교에서 신수근을 죽였다.

박원종은 중종이 즉위하면 단경왕후가 아버지를 죽인 자신을 가만두지 않을까 걱정되었다. 조급해진 박원종은 중종을 찾아가 단경왕후는 역적의 자식이니 폐출해야 한다고 거듭 주장했다. 아무런 힘이 없던 중종은 왕이 된 지 7일 만에 박원종의 뜻에 따라 단경왕후를 사가로 쫓아내야 했다. 하지만 둘의 금실이 좋았던 만큼, 중종은 훗날 꼭 단경왕후를 궁궐로 데려오겠노라 약속했다.

사랑하는 아내와 강제로 헤어진 중종은 경회루에 올라 단경왕후가 거처하고 있는 인왕산 아래 사직골을 바라보며 매일 아내를 그리워했다. 이 소식을 들은 단경왕후도 매일 아침 인왕산에 올라 커다란 바위에 붉은 치마를 둘러놓고 자신도 중종을 그리워하고 있음을 보여주었다. 사람들은 단경왕후가 치마를 널어놓고 왕이 있는 곳을 바라보며 그리워했다고 하여, 붉은 치마가 놓였던 바위를 '치마바위'라 불렀다.

그러나 둘은 죽을 때까지 다시 만나지 못했다. 중종은 언제부터인가 단경왕후를 찾지 않았고, 단경왕후의 애절한 사연도 사람들의 기억에서 사라졌다. 치마바위 전설을 남긴 단경왕후는 오랫동안 홀로 쓸쓸히 지내다가 1557년(명종 12년)에 71세의 나이로 죽었다. 그리고 1739년(영조 15년)에 왕비로 복위되었다. 단경왕후의 능은 경기도 양주군 장흥면 온릉에 있다. 그런데 조선시대의 역사가 담긴 이러한 치마바위에 1939년 일제는 '대일본청년단결'이란 글귀를 새겨놓았다. 광복 이후 문구는 지워졌지만, 완벽하게 지우지 못해 지금도 그 흔적이 남아 있다.

129 왜관에서 폭동이 일어나다

#왜관설치목적 #삼포왜란원인과정 #임신약조체결

조선은 고려 말 왜구의 노략질을 근절하기 위해 대마도를 정벌하고, 부산포와 내이포, 염포에 왜관을 설치했다. 그리고 이곳에 60명에 한해 일본인이 거주하며 문물을 교역할 수 있도록 했다. 하지만 점차 왜관에 머무는 일본인의 수가 늘어나고, 거래하는 품목도 늘어나자 여러 문제가 발생했다. 그러나 무력 충돌을 원하지 않았던 조선 정부는 어느 정도의 문제는 눈감아주며 삼포를 불안하게 운영했다.

중종이 즉위하자 왜관에 대한 정책은 강경책으로 변경되었다. 조선은 삼포에 머물면서 농사짓는 일본인에게도 세금을 징수하고, 규정된 60명을 초과한 일본인에게는 추방령을 내렸다. 또한 일본 선박을 조사해 정해진 품목이 아닌 것을 거래할 경우 처벌했다. 그러자 왜관에 머무는 일본인들의 삶은 어려워졌다.

일본인들은 이 문제를 해결하기 위해 대마도주에게 도움을 요청했다. 1510년(중종 5년) 4월, 대마도주 아들 소사(宗盛弘)를 대장으로 삼고 제포에 거주하던 오바리시와 야스코 등 4천~5천여 명의 일본인이 폭동을 일으켰다. 이들은 부산을 공격해 부산첨사 이우증을 죽인 뒤 제포를 공격했다. 제포에 주둔하던 조선군은 힘껏 싸웠으나 수적 열세를 이기지 못하고 패하면서 제포첨사 김세균이 납치되었다. 일본인은 부산과 제포에서의 승세를 몰아 웅천과 동래까지도 포위하고 공격했다.

조정은 황형을 좌도방어사로, 유담년을 우도방어사로 임명해 삼포에서 폭동을 일으킨 일본인을 진압하라 명했다. 정예병으로 구성된 조선군은 대마도주 소사를 비롯한 왜인 295명을 죽이고, 왜선 5척을 격침했다. 그러나 조선의 피해도 만만치 않았다. 백성 272명이 죽고 민가 796채가 불타는 등 조선 역시 막대한 손해를 입었다. 조정은 일본인이 앞으로 난을 일으키지 못하도록 왜관에 거주하던 일본인을 모두 강제 추방했다. 그리고 난에서 죽은 일본인들의 무덤을 높이 쌓아 조선에 들어오는 일본인들에게 폭동을 일으키지 못하도록 경고했다.

삼포왜란 이후 조선과 일본은 한동안 통교가 중단되었다. 조선과의 교역이 끊겨 생계가 어려워진 대마도주는 삼포왜란의 주모자를 처형하고, 포로로 끌고 갔던 조선인을 송환하면서 다시 통교를 요청했다. 조선도 너무 강경책으로만 나가면 일본이 다시 침략할 것을 우려해 1512년(중종 7년), 임신약조를 체결했다. 다만 징계의 의미로 삼포 중 내이포만 개항하고, 교역하는 선박과 인원도 줄였다. 그리고 삼포왜란을 진압한 황형 등 873명에게 논공행상했다.

130

개혁에 거침이 없다

#조광조개혁 #중종부담감느끼다 #기묘사화원인

반정 세력에 의해 왕위에 오른 중종은 시간이 흐르면서 자신의 정치가 하고 싶었다. 그러기 위해서는 자신을 도와 공신을 견제할 새로운 인물과 세력이 필요했다. 이에 부합되는 인물이 조광조(1482~1519년)였다. 조광조는 어렸을 적 아버지를 따라간 함경도에서 김굉필에게 학문을 배우며 세상을 바로잡고자 하는 의지를 다졌다.

사간원의 대간으로 있을 때, 조광조는 사간원과 사헌부에는 올바른 말을 하는 이가 없으니 그들을 모두 그만두게 해달라는 상소를 올리며 중종의 눈에 들었다. 중종은 품계가 낮음에도 옳은 소리를 당당하게 말하는 조광조를 중용해 개혁을 전개했다.

조광조는 사림이 추구하던 왕도정치와 민본정치를 원칙으로 조선을 운영하고 싶었다. 그러기 위해 우선 과거제의 폐단을 바로잡고자 했다. 그는 과거제의 대안으로 유교적 인성과 능력을 갖춘 사람을 추천하면 면접을 통해 관리로 선발하는 현량과를 제시해 많은 사림을 등용하고자 했다. 더불어 서얼이 관직에 나가지 못하도록 차별하는 제도를 폐지해 능력 있는 인재를 구하고자 노력했다. 이와 함께 소학과 여씨향약을 보급해 사림파가 유교적 소양을 갖추고 백성을 통제하도록 했다.

그러나 조광조의 개혁은 너무 급진적이어서 훈구파와 중종의 반발을 샀다. 훈구파만 견제하기를 바랐던 중종의 기대와는 달리 조광조는 왕에게도 거침이 없었다. 그는 도교 의식을 행하는 소격서에서 임금이 전례에 따라 제사를 지내는 것에 반발하며 소격서 폐지를 강력하게 주장했다. 하지만 중종은 세종과 성종 때도 소격서를 운영한 사례를 제시하며 제사를 강행하겠다는 뜻을 굽히지 않았다. 이에 조광조는 자신을 따르는 사림들과 사직서를 내며 소격서 철폐를 주장했다. 결국 중종은 소격서를 폐지할 수밖에 없었다.

조광조는 훈구파에 대해서도 정국공신이 너무도 많아 국가에 부담을 준다며, 공훈의 진위 여부를 다시 확인하자고 주장했다. 그리고 자격 미달인 공신에게 주어진 가짜 공훈을 박탈해야 한다고 주장했다. 이에 중종은 유순·김수동 등 105명의 공신 중 2등 공신 이하 76명의 위훈을 삭제했다. 이로 인해 중종과 훈구파는 조광조의 거침없는 개혁에 위기를 느끼고, 그를 제거하는 데 뜻을 모았다. 그렇게 얼마 후 조광조를 비롯한 많은 사림파가 내쫓기는 기묘사화가 일어났다.

131

훈구파의 반격이 시작되다

제11대 중종

#조광조눈밖에나다 #주초위왕조작 #기묘사화

반정 공신들을 견제하기 위해 조광조와 여러 사람을 등용한 중종이었지만, 날이 갈수록 중종은 사림파에 대한 반감이 커졌다. 사림파가 장악한 삼사의 잦은 탄핵에 많은 고관 대신이 사직서를 내는 바람에 국정 운영이 어려울 지경이었다. "삼사가 작은 잘못도 용서하지 않아 온전한 사람이 없었다."라는 기록은 훈구파와 사림파의 갈등이 얼마나 심했는지를 보여준다.

조광조의 개혁은 훈구파의 부정과 비리를 억누르는 데 효과가 있었지만, 왕권까지도 제약하는 결과를 가져왔다. 결국 훈구파와 중종은 조광조를 비롯한 사림파의 기세를 꺾어놓는 것에 암묵적 동의를 이루었다. 남곤을 비롯한 훈구파는 홍경주와 그녀의 딸을 이용했다. 중종의 희빈인 홍경주의 딸을 시켜 중종과 둘이 있을 때면 노골적으로 사림파를 험담하게 했다. 특히 민심이 조광조에게 쏠려 있다며 경계해야 한다는 말을 거듭 올리게 했다. 한편 홍경주는 궁녀들을 시켜 대궐 후원에 있는 나뭇잎에 꿀물로 '주초위왕(走肖爲王)' 네 글자를 써놓았다. 벌레들이 꿀이 묻은 부분을 갉아먹자, 자연스레 나뭇잎엔 주초위왕이 새겨졌다. 훈구파는 주초위왕의 주와 초 두 글자를 합치면 조(趙)가 된다며, 이는 조광조의 역심을 하늘이 알려주는 것이라는 억지 주장을 중종에게 아뢨다. 물론 중종은 훈구파가 주장하는 주초위왕의 해석을 그대로 믿지는 않았다. 중종의 눈에도 훈구파의 농간질은 보였으나 소격서 폐지를 강행시킨 조광조가 훈구파보다 미웠다.

1519년(중종 14년), 중종은 조광조에게 '아첨하는 자로 조정을 채우고 자신을 따르지 않는 관료는 내쫓아 국정을 농단했다.'는 죄명으로 유배형을 내렸다. 능주로 귀양간 조광조는 그로부터 한 달 뒤, 38세라는 젊은 나이에 사약을 먹고 죽었다. 이와 함께 조광조에게 협조적이던 영의정 정광필은 좌천되고, 김정과 김구 등 김종직과 함께했던 수십 명의 사림은 변방에 안치되었다. 반면 훈구파는 빼앗겼던 재산을 모두 되찾았고, 현량과는 폐지되는 등 조광조가 이루어놓은 개혁 대부분이 폐지되었다.

> 愛君如愛父 憂國如憂家.
> 임금 사랑하기를 부모처럼 사랑했고, 나라 걱정을 내 집 걱정하듯 했노라.
> 白日臨下土 昭昭照丹衷.
> 밝은 해가 이 세상을 내려다보고 있으니, 내 충성된 마음을 환히 비추리라.
>
> ― 조광조가 사약을 받으며 남긴 시

132

서당, 초등교육을 담당하다

제11대 중종

#서당유형 #서당구성원 #서당교육방법

조선시대에 가장 기초적인 교육을 담당했던 서당은 개인 또는 문중이 운영하는 사립 교육기관이었다. 그렇기에 서당은 누구나 뜻만 있다면 설립할 수 있었고, 설립자와 훈장에 따라 교육 과정과 교육의 질이 천차만별이었다. 하지만 모든 서당은 양반과 평민을 같은 공간에서 공부하게 해 신분제의 갈등을 완화시켜 준다는 공통점이 있었다.

서당은 크게 네 가지 유형으로 나뉘었다. 첫 번째는 지역 유지나 양반이 자제를 교육하기 위해 만든 서당, 두 번째는 문중에서 가문의 아이를 교육하기 위해 십시일반으로 돈을 모아 만든 서당. 세 번째는 훈장이 생계를 위해 세운 서당, 네 번째는 마을 전체가 자식들을 교육하기 위해 여는 경우였다.

서당은 규모와 운영 방식은 제각각이어도 대부분 훈장·접장·학도로 구성되어 운영되었다. 훈장의 경우 뛰어난 학식을 갖추거나 높은 벼슬에서 물러난 후 소일거리로 훈장을 하는 사람도 있었지만, 대부분은 과거에 합격하지 못한 가난한 유생이 많았다. 그렇다 보니 사서오경을 제대로 이해하지 못하는 수준 낮은 훈장도 많았다. 접장은 나이와 지식이 많은 학도 중에서 뽑았는데, 지금의 대학 조교처럼 훈장을 보조하는 역할을 맡았다. 훈장을 도와주는 만큼 학비를 내지 않고 배움을 이어갈 수 있었다.

광복 이후에는 서당식 교육 방법이 무시되는 측면도 있었으나, 최근에는 서당의 교육 방법을 현장에 적용하려는 노력이 이루어지고 있다. 서당에서 이루어지는 교육 방식은 우선 책을 소리 높여 읽으면서 암기하는 식이었다. 그 후 훈장이 책의 내용을 물었을 때, 학도가 그 물음을 완벽히 이해하고 대답하면 다음 단계로 넘어갈 수 있었다. 이런 과정을 통해 학도는 자연스레 개별학습과 완전학습으로 성장할 수 있었다.

서당은 계절에 따라서 학습의 내용과 방법도 유동적으로 바뀌었다. 더운 여름에는 집중하기 힘든 점을 고려해 암기보다는 시를 짓는 학습이 주로 이루어졌다. 겨울에는 추운 밖보다는 방에서 유교 경전을 외우고 암송하는 학습이 이루어졌다. 서당에서 천자문과 동문선습 같은 기초 학문이 끝난 학도들은 향교나 사학 또는 서원이나 성균관에 입학해 고등교육을 받았다.

아이들이 유교 경전을 익히고 배워 일상생활에서 유자로서 모범이 되는 삶을 살아가기를 바란 조선은 아이들을 위한 교재 편찬에 힘을 기울였다. 대표적인 교재로 중국 양나라 주흥사가 지은《천자문》과 주자가 아동 교재로 만든《동몽수지》, 그리고 중국 후당의 이한이 지은《몽구》를 보충하고 주석한 유희춘의《속몽구》등이 있었다. 이외에도 중국의 책을 그대로 활용하기보다는 조선의 여건과 교육 목적에 맞춘 입문서로 박세무의《동몽선습》과 이이의《격몽요결》이 있었다.

《동몽선습》은 1543년(중종 38년), 평양감사 민제인과 박세무가 함께 저술한 교재였다. 이 책은 보통《천자문》을 익힌 다음에 공부하는 교재로 많이 활용되었는데, 현종 이후로는 세자 교육에도 활용되었다.《동몽선습》에서는 기초적 윤리인 부자유친·군신유의·부부유별·장유유서·붕우유신의 오륜을 심도 있게 다뤘다. 또한 윤리 외에도 고대부터 명나라까지의 중국 역사와 우리의 역사를 담았다. 특히 중국과 대등했던 단군에서부터 조선까지의 역사를 아이들에게 가르쳐주어 민족의 자긍심을 높이고자 했다.

《격몽요결》은 1577년(선조 10년)에 율곡 이이가 학문을 배우는 어린아이들을 위해 저술했다. 이이는 유교적 인재를 양성하기 위한 목적으로 책을 저술했는데, 해주에서 학도를 가르친 경험이 책에 반영되어 있어 현실에서 활용하기 좋았다. 10장으로 이루어진《격몽요결》은 배움의 목적이 입신양명이 아닌 성인이 되는 것임을 밝히고, 학문을 익히는 데 필요한 자세와 경계해야 할 태도를 책에 담았다. 또한 학문을 자신의 경험과 지식을 바탕으로《소학》-《대학》·《대학혹문》-《논어》-《맹자》-《중용》-《시경》-《예경》-《서경》-《주역》-《춘추》순으로 배워야 한다고 가르쳤다. 이외에도 이이는 효를 강조한《사친》, 부부간의 예의를 강조하는《거가》, 학문의 목적을 담은《처세》등을 제시했다. 인조는 전국 향교에서《격몽요결》을 교재로 삼아 학생들을 가르치게 할 정도로《격몽요결》의 가치를 인정했다. 또한《격몽요결》은 이이를 문묘 종사에 배향될 수 있게 만든 가장 큰 업적이었다.

《동몽선습》과《격몽요결》은 어린 학생들이 꼭 배워야 할 윤리와 역사를 우리의 관점에서 저술함으로써 어린아이들이 자주적이면서도 주체적인 인간으로 성장할 수 있는 토대를 마련했다. 따라서 국가에서도 두 교재의 우수성을 인정하고 보급하는 데 노력을 기울였다.

134

향교, 중등교육을 담당하다

제11대 중종

#정부의향교지원 #향교운영과특혜 #향교쇠퇴

고려시대에도 존재하던 향교는 성리학 보급과 인재 양성을 목적으로 조선 정부의 지원을 받으며 양적으로나 질적으로 크게 성장했다. 태조는 즉위 교서에서 향교의 설치를 강조했고, 태종은 수령이 해야 할 임무 중 하나로 향교 진흥을 규정했다. 또한 향교의 운영 실적을 수령의 인사고과에 반영시켰다. 그 결과 전국 군현마다 향교가 설치되어 운영될 수 있었다.

향교는 서원과는 달리 중인과 평민도 8세 이상이면 입학할 수 있었다. 향교에 입학한 학생을 교생이라 불렀는데, 이들은 향교에서 공자와 선현에 대한 봉사와 유교 경전을 익혔다. 향교는 군현의 인구에 따라 정원이 정해져 있었다. 행정구역상으로 부·대도호부·목은 90명, 도호부 70명, 군 50명, 현 30명으로 전국적으로 약 1만 5천여 명의 교생이 존재했다.

교생은 농사짓는 시기에는 일을 하고, 농사를 지을 수 없는 농한기에는 향교에 기거하며 유교 경전을 공부했다. 향교의 교육 과정은 시를 짓는 사장학과 유교 경전을 공부하는 경학으로 나누어져 있었다. 교생들은 매월 6월에 시험을 봤는데, 높은 성적을 받은 교생에게는 생원·진사시의 초시가 면제되고, 복시에 바로 응시할 기회가 주어졌다.

그러나 조선 중후기가 되면서 향교는 교육의 기능이 약해졌다. 우선 양반들이 자신보다 신분이 낮은 평민들과 같은 공간에서 학문 익히는 것을 꺼렸다. 신분이 낮은 평민들과 공부하는 것이 양반의 체면을 깎는 행위라고 생각했다. 양반 자제들이 향교보다 서원을 선호하자, 자연스럽게 향교에서 공부를 가르치는 교관들의 수준도 낮아졌다. 양반 자제가 향교 입학을 꺼리고, 학식 있는 선생은 향교보다는 서원에서 학생을 가르치는 악순환이 반복되면서 향교의 수준은 계속 낮아졌다.

특히 조선 중기 이후 서원과 붕당이 연계되면서 양반들이 입신양명에 도움이 되는 서원으로 몰리자, 향교는 중인과 상민들이 군역을 면제받기 위해 주로 입학하는 곳이 되었다. 효종은 향교의 부흥을 위해 향교에서 공부하지 않은 사람은 과거 응시를 금지했으나 향교의 쇠퇴를 막지는 못했다. 교육기관으로서 제 기능을 잃어버린 향교는 결국 1894년(고종 21년), 갑오개혁 이후 문묘를 향사하는 기능만 남아 명맥을 유지했다.

135 인재 양성의 서원이 국가의 짐이 되다

제11대 중종   #서원의시작 #서원혜택 #서원철폐

조선 초 서원은 교육 기능 없이 제사의 기능만 있었다. 중종 때 풍기군수 주세붕(1495~1554년)은 백운동 서원을 세우면서 인근의 양반 자제들을 가르치는 교육 기능을 추가했다. 퇴계 이황은 교육과 제사를 동시에 수행하는 백운동 서원의 가치를 높이 평가하고, 조정에 사액(임금이 이름을 지어서 새긴 편액)과 경제적 지원을 요청했다. 명종은 이황의 건의를 타당하게 여기고 서원의 진흥을 위해 '소수서원'이라 쓰인 현판과 토지 및 노비를 지급했다. 그리고 서원에서 공부하는 학생들에게 면세의 혜택을 내리면서, 서원은 조선시대 중요한 교육기관이자 사회를 운영하는 하나의 축이 되었다.

서원은 양반이라면 누구나 세울 수 있었으나, 모든 서원이 국가로부터 인정받고 경제적 지원을 받는 사액서원이 될 수는 없었다. 사액서원이 된다는 것은 굉장한 혜택을 받는 것을 의미했다. 우선 사액서원이 되면 서원에 필요한 서적과 토지, 그리고 노비를 받았으며 면세와 면역의 혜택이 주어졌다. 양반들은 혜택을 받기 위해 앞다투어 서원을 짓고 사액을 내려달라고 요청했다. 교육을 담당할 수 없는 경우에는 선현과 향현을 제향하는 기능만 갖춘 사우를 짓기도 했다. 그 결과 전국에 417개의 서원과 492개의 사우가 세워졌다. 이 중 서원의 절반 정도인 200여 개가 사액을 받았고, 사우는 1/7인 70곳 정도가 사액을 받았다.

그러나 조선 후기에 이르러 서원이 가지고 있었던 인재 양성과 백성 교화의 기능이 상실되면서 서원은 국가의 큰 문제가 되었다. 지역과 가문을 위한 서원과 사우가 많이 설립되자, 국가는 막대한 예산을 서원에 지급하느라 재정 위기를 겪었다. 백성들도 서원의 횡포를 이기지 못하고 불만을 제기하자, 정부는 서원을 국가의 폐단으로 여기고 서원을 철폐하는 작업을 진행했다.

특히 영조는 서원을 당파 싸움의 근원지로 여겨, 173개소의 서원을 철폐하는 강력한 정책을 폈다. 또한 서원에 대한 물질적 지원도 끊어버렸다. 하지만 서원의 힘은 왕의 의지만으로 꺾을 순 없었다. 화양동 서원의 묵패처럼 서원의 이름을 내세워 공물을 징수하고, 백성을 처벌하는 일이 꾸준히 자행되었다. 결국 흥선대원군은 서원의 폐단을 막기 위해 전국에 47개소를 제외한 모든 서원을 철폐했다.

서원은 크게 선현의 제사를 지내는 사당과 교육을 진행하는 강당, 그리고 원생이 숙식하는 동재와 서재로 구성되어 있다. 서원의 전각은 선비의 정신을 살리기 위해 화려하지 않게 지었으며, 배롱나무의 속이 비치는 것처럼 유생들이 진실한 생활을 하라는 의미로 백일홍(배롱나무)을 서원 내에 심었다.

136 성균관, 최고의 인재만 입학을 허락하다

제11대 중종　　　　　　　　　#조선최고교육기관 #성균관유생특권 #성균관대학교

조선시대 최고 상위의 교육기관인 성균관은 고려시대 국자감에 기원한다. 성균관은 고려 충렬왕 때 국자감을 성균감으로 개칭한 것을 시작으로 여러 번 이름이 바뀌다가 1362년부터 성균관이라 불렸다. 조선시대에 들어와서도 성균관은 국가의 인재를 길러내는 최고의 교육기관으로 자리매김했다.

태조 이성계는 한양으로 천도한 뒤 1395년(태조 4년)에 지금의 성균관대학교 자리인 숭교방 부근에다 대성전·명륜당·문묘 외에 여러 부속 건물로 이루어진 성균관을 짓기 시작해 3년 만에 완성했다. 심혈을 기울여 만든 만큼 2품 이상의 대신을 성균관 제조 또는 겸대사성에 겸임해 성균관을 관리하도록 했다.

성균관 유생은 소과에 합격한 생원·진사가 입학한 상재생(上齋生)과 나머지 유생들로 구성된 기재생(寄齋生) 또는 하재생(下齋生)으로 나누어졌다. 유생의 수는 시기별로 차이가 있으나 개국초 150명에서 세종 때 200명으로 증원되었는데, 이들은 동재와 서재에 머물며 공부했다. 유생이 성균관을 졸업하기 위해서는 원점 300점을 취득해야 했다. 매일 아침·저녁으로 식당에 참석해 원점 300점을 받으면, 문과 초시에 응시할 자격이 주어졌다. 이는 성균관 유생의 특권으로, 이들은 일반 과거 응시자보다 유리한 조건에서 출발할 수 있었다.

성균관의 각종 시험에서 우수한 성적을 받은 유생은 초시를 면제받고, 문과 복시·전시에 바로 응시하거나 혹은 바로 합격시키는 특혜도 주어졌다. 이들은 과거에 합격할 때까지 성균관에서 학업을 이어나갈 수 있었는데, 50세가 넘어서도 관직에 나가지 못하면 왕에게 천거해 벼슬을 주기도 했다.

정부는 성균관 유생들이 학업에 전념할 수 있도록 음식과 학용품 등 생활에 필요한 모든 것을 지급했다. 막대한 예산이 필요했던 만큼 성종은 성균관에 토지 2,400여 결과 노비 400여 명을 귀속시켰다. 그러나 조선 중기 이후 집권층의 자제들이 성균관을 독점해 관직을 얻는 도구로 이용하고, 교육의 기능까지 서원에게 빼앗기면서 성균관은 쇠퇴했다. 그래도 조선 500여 년 동안 최고의 교육기관으로서의 자리를 놓지 않았던 성균관은 국권 피탈 후 일제에 의해 폐지되었다. 뜻있는 사람들이 자주독립을 위한 인재를 양성하기 위해 1930년대 명륜학원을 설립해 명맥을 이어나갔으나, 태평양전쟁으로 다시 폐교되는 아픔을 겪었다. 하지만 광복 이후 성균관은 성균관대학교로 부활해 다시 그 명맥을 이어가고 있다.

◇ 이름: 호
◇ 출생-사망: 1515~1545년
◇ 재위 기간: 1544년 11월~1545년 7월(9개월)

중종과 장경왕후 윤씨 사이에서 태어난 인종은 3세 때부터 글을 배우며, 왕실의 큰 기대를 받았다. 인종은 8세에 성균관에 입학해 세자로서 수업을 받았고, 효심이 깊고 형제 간 우애가 좋았다. 아버지 중종이 아팠을 때는 누가 시키지 않아도 먼저 약을 맛보고 괜찮은지 확인했고, 누나인 효혜공주가 죽자 누구보다 슬퍼했다. 이복형 복성군이 귀양 갔을 때는 중종에게 그의 죄를 용서해달라고 부탁했다. 이에 중종은 인종의 우애에 감복해 복성군의 작위를 다시 회복시켜주었다.

세자에 책봉된 지 25년 만인 1544년(인종 1년)에 30세의 나이로 왕에 즉위한 인종은 훌륭한 인재를 확보하기 위해 현량과를 부활시켰다. 사림파들이 기묘사화에서 희생된 조광조를 비롯한 사림파 출신들의 복직을 청하는 상소를 올리자, 인종은 훈구파를 견제하기 위해 이를 허락해주었다. 그러나 짧은 재위 기간으로 인해 많은 일을 하지는 못했다.

인종은 중종이 죽자 6일 동안 식음을 전폐했다. 이후 5개월간 슬픔을 이기지 못해 식사도 제대로 하지 못하고 죽만 간신히 먹으며 생활했다. 이 때문에 몸이 매우 약해진 인종은 병이 들고 말았다. 결국 병을 이기지 못한 인종은 1545년(인종 1년) 6월 29일, 아우인 경원대군(명종)에게 왕위를 넘기겠다는 말을 마치고 죽었다. 야사에는 인종이 문정왕후에게 독살당했다고 전해진다.

인종은 조선 왕 중에서 9개월이라는 가장 짧은 기간 동안 재위했다. 인종의 너무 빠른 죽음은 인종을 지지하던 대윤과 명종을 지지하던 소윤의 정쟁으로 일어난 을사사화의 원인이 되었다. 인종의 능호는 효릉이며, 그 능은 경기도 고양시 서삼릉에 있다.

제12대 인종
(재위: 1544~1545년)

인성왕후 박씨

숙빈 윤씨

귀인 정씨

부인: 3명
자녀: 없음

139

동궁에서 화재가 일어나다

#동궁화재 #문정왕후계략 #인종진짜속내

인종은 중종과 장경왕후 사이에서 맏아들로 태어났으나, 7일 만에 어머니 장경왕후가 죽으면서 계모 문정왕후의 손에 키워졌다. 3세에 글을 읽는 등 어려서부터 총명한 모습을 보인 인종은 많은 이의 기대를 받았다. 왕이 되기 위한 후계자 작업도 순조로워 6세에 세자로 책봉되고, 8세에 성균관에서 학문을 익혔다.

인종이 성장할수록 많은 사람이 새로운 세상을 기대하며 좋아했으나, 오로지 문정왕후만은 속이 시커멓게 타들어갔다. 자신이 낳은 아들을 왕으로 만들고 싶었던 문정왕후에게 인종은 반드시 사라져야만 하는 아들이었다. 그렇다고 인종을 해칠 수 없었던 문정왕후가 할 수 있는 일이라곤 노골적으로 인종을 싫어하고 멀리하는 것뿐이었다. 인종도 문정왕후가 자신을 내치고 이복동생인 경원대군을 왕으로 앉히고 싶어 하는 마음을 알았다. 그러나 효심이 깊은 인종은 늘 쌀쌀맞게 자신을 대하는 문정왕후에게도 진심으로 예의를 갖추어 행동했다.

그러던 어느 날 인종이 머물던 동궁에서 화재가 일어났다. 작은 불길이 삽시간에 전각에 옮겨붙으며 화재가 걷잡을 수 없어 커졌다. 뜨거운 불길에 깜짝 놀라 일어난 인종은 곧바로 세자빈을 깨워 밖으로 나가라고 외쳤다. 세자빈이 울면서 인종에게 함께 나가자고 했으나, 인종은 자리에서 일어날 생각을 하지 않았다. "내가 밤중에 잠을 자다가 불에 타 죽으면 어머니가 좋아할 것이오. 이것은 효를 행하는 것이니 빈은 어서 나가시오."라고 말하며 세자빈만 동궁 밖으로 내보내고자 했다. 세자빈은 자리에서 일어나지 못하고 눈물을 흘리며 인종과 함께하기로 했다.

얼마나 지났을까? 동궁의 화재를 알게 된 중종이 달려왔다. 동궁이 불길에 휩싸인 모습에 애가 탄 중종은 큰 소리로 인종을 찾았다. 자신을 찾는 중종의 소리가 들리자 인종은 그제야 자리에서 일어섰다. 그리고 "여기서 죽으면 어머니에게는 효이지만, 아버지에게는 불효가 된다."라며 세자빈과 함께 불타는 동궁을 빠져나왔다. 소문에 의하면 문정왕후가 인종을 죽이려 꼬리에 불을 붙인 쥐들을 동궁에 넣었다고 한다.

야사 속 이야기이긴 하나, 동궁에 불이 났을 때 문정왕후의 마음을 헤아려 그대로 죽으려던 인종의 모습은 그의 효심이 얼마나 대단했는지를 보여준다. 더불어 문정왕후의 권력욕과 함께 명종의 즉위를 인정하기 싫어하던 민심도 알 수 있다. 그러나 다시 생각해보면 인종의 행동은 중종에게 효심 깊은 아들로 남으면서도 문정왕후에게는 자신이 왕이 되어도 이복동생인 경원대군에게 어떤 문제도 발생하지 않을 것을 보여준 영리한 행동이었다고 할 수 있다.

140 인종만 왕으로 인정하다

#인종의스승 #김인후유언 #김인후평가

전라도 장성에서 태어난 김인후(1510~1560년)는 전라도 관찰사를 역임했던 김안국에게 가르침을 받았다. 《명종실록》은 김인후가 5~6세 때 문자를 이해하고, 외모도 속세 사람 같지 않게 출중했다고 기록하고 있다. 또한 마음이 관대해 남들과 다투지 않았으며, 예의와 법도를 실천하는 모습이 남달랐다고 전한다.

김인후는 성균관에서 이황과 함께 공부하다가, 별시 문과에 급제해 관직에 나아갔다. 뛰어난 학식을 갖춘 김인후는 세자 인종을 가르치다가, 부모 봉양을 위해 옥과 현령으로 내려갔다. 그러나 얼마 뒤 인종이 죽고 을사사화가 일어나자, 병을 핑계로 관직에서 물러났다. 조정에서는 김인후에게 성균관 직강, 홍문관 교리를 내리며 나랏일을 맡기려 했지만 김인후는 모두 거부했다.

김인후에게 있어 인종은 사제지간을 뛰어넘어, 마음을 나눈 친구와 같은 사이였다. 김인후에겐 인종만이 하늘이고 왕이었다. 김인후가 인종을 얼마나 높이 평가했는지를 보여주는 사례가 있다. 인종이 김인후에게 손수 대나무를 그린 비단을 하사하자, "뿌리, 가지, 마디와 잎새, 모두 정미하나. 굳은 돌, 벗의 정신이 깃들었네. 조화를 바라시는 임금의 뜻을 이제 깨닫노니, 천지에 한결같으신 뜻을 어길 수 없도다."라며 인종에 대한 충성심을 보였다.

따라서 김인후에게 인종의 갑작스러운 죽음은 큰 충격으로 다가왔다. 여기에 인종의 죽음이 독살일지도 모른다는 풍문까지 돌자 김인후는 세상의 모든 것을 놓아버렸다. 인종의 죽음 이후 김인후는 문을 닫고 하늘의 해를 보지 않았다. 인종이 죽은 7월 1일이 다가오면 미친 사람처럼 술을 마시고 울었다. 명종은 김인후를 조정에 불러내어 어지러운 세상을 바로잡고 싶었지만, 그의 대답은 언제나 병이 깊어 나아가지 못한다는 말뿐이었다. 김인후는 유언으로 인종 때 받은 옥 및 현령 이후에 받은 관직은 절대로 쓰지 못하게 해, 영원히 인종의 신하로 남기를 원했다.

김인후는 인종의 기일을 제외하고 평생 학문을 익히고 실천하는 삶을 살았다. 이런 김인후의 학식과 성품은 후대에 인정받아 그는 문묘에 종사되었다. 그가 유교 성인들만이 모셔지는 '문묘 18현'에 선정되었다는 점에서 후대 사람들이 김인후를 얼마나 좋게 평가했는지 알 수 있다. 정조는 문묘 배향에 김인후를 넣기로 결정하면서 "정몽주가 처음 제창하고, 조광조가 크게 드날린 성리학의 맥이 중간에 도가 막혀 실낱같이 아슬아슬했지만, 호남에 김인후가 나타났다."라며 그를 극찬했다. 송시열은 "국초 이래 도학 절의 문장을 두루 갖춘 이는 김인후뿐이다."라고 표현했다.

141

인종의 죽음에 의문점이 남다

제12대 인종

#인종독살설 #인종죽음의진실 #인종관련야사

31세라는 젊은 나이에 후사를 남기지 못하고 갑작스럽게 죽은 인종에 대해 많은 논란이 제기되었다. 이 논란에는 자신이 낳은 경원대군(훗날 명종)을 왕으로 만들고 싶은 문정왕후의 욕심이 배경에 깔려 있었다. 인종과 경원대군은 19살이라는 나이 차가 있었지만, 인종이 후사 없이 죽는다면 얼마든지 경원대군이 왕이 될 가능성이 있었다. 또한 문정왕후의 섭정 이후 소윤 세력이 국정을 농단하며 나라를 어지럽히는 모습은 성군으로서의 자질을 보여주었던 인종에 대한 안타까움을 가중시키며 인종 독살설을 만들어냈다.

《인종실록》에 의하면 인종은 중종의 죽음을 너무 슬퍼해 병을 얻었다고 한다. 인종은 중종이 병에 걸려 자리에 눕자, 먹지도 자지도 않고 그를 간호했다. 중종이 죽고 즉위한 후에도 인종은 제대로 된 음식을 먹지 않고 국정을 돌보면서도 중종에 대한 제사를 지극정성으로 지냈다. 신하들은 날이 갈수록 야위어가는 인종이 고기반찬을 먹길 바랐으나, 인종은 예법에 따라 죽으로 끼니를 때우며 부모를 보낸 죄를 치르겠노라 답했다. 결국 과로와 영양실조로 이질(설사) 증세가 나타난 인종은 건강이 급격히 나빠졌다. 그럼에도 약을 제대로 먹지 않고, 몸을 혹사시킨 인종은 결국 7월 1일에 죽었다.

그러나 야사에서는 문정왕후가 이질에 시달리는 인종에게 이질과는 상극인 닭죽을 바쳤다는 이야기가 나온다. 또는 문정왕후가 독을 넣은 떡을 통해 인종을 죽였다는 이야기도 전해진다. 《인종실록》 6월 18일 자를 보면 "인종이 주다례를 지내고 문정왕후에게 문안했다. 문정왕후가 가마를 지고 온 시종과 제장에게 술을 먹이고, 또 시종에게 후추를 넣은 흰 주머니를 내렸다."라고 기록되어 있다. 22일에는 인종이 "음식을 먹는 것이 여느 때와 같지 않아, 어제 아침에 박세거에게 진찰하게 했으나 그가 손상이 없다 했다."라고 기록되어 있다. 실록에는 문정왕후가 떡을 주었다는 기록은 없으나, 인종을 보필하는 사람들에게 술을 먹였다는 등의 기록은 있다. 이는 쉽게 이해되지 않는 대목이다.

또한 인종이 죽고 소윤 측에 속해 있던 이기가 "인종은 1년을 넘기지 못한 임금이니 대왕의 예를 쓰는 것은 옳지 않다."라며 빨리 인종의 장사를 지낼 것을 주장한 점과 더불어 소윤 측의 윤원형과 이기 등이 인종의 국상 중에 웃는 낯을 보였다는 점도 인종 독살설의 근거로 삼는다. 마지막으로 수렴청정을 인종의 비였던 인성왕후가 아닌 문정왕후가 맡았고, 을사사화로 많은 사림파가 화를 입었다는 점에서 인종 독살설에 무게가 실린다.

142 왕은 생전에 자신의 이름을 듣지 못한다

제12대 인종

#왕의이름 #묘호와시호 #왕이름은한글자

왕은 살아 있는 동안 자신의 이름을 들을 수가 없었다. 왕의 이름은 어느 무엇보다도 존엄했기에 어느 누구도 감히 왕의 이름을 부르거나 글로 써서는 안 되었다. 만약 관료들과 백성 어느 누구라도 왕의 이름을 말하거나 글자로 남길 경우 귀양을 가는 등 엄한 처벌을 받아야 했다. 한 예로 연산군은 한 유생이 자신의 이름과 같은 글자를 발음했다고 해서 그를 귀양 보내기도 했다. 영조는 승지가 상소문을 읽다가 영조의 이름과 같은 금(昑)이라는 글자를 읽지 못하고 당혹스러워하는 모습에 특별히 글자를 읽을 수 있도록 허락해주기도 했다.

이처럼 왕의 이름을 함부로 부르지도 쓰지도 못하게 하다 보니, 관료와 백성들은 일상생활에서 큰 불편함을 겪을 수밖에 없었다. 왕들도 이런 불편함을 알기에 가급적 원자(첫 번째로 태어난 왕자)가 태어나면 이름을 외자로 지었다. 또한 발음하기 어렵거나 잘 쓰지 않는 한자로 이름을 지어 백성들의 불편함을 덜어주었다. 이는 조선시대 왕들이 보여준 애민정신이었다.

물론 조선시대 27명의 왕이 모두 이 원칙을 따른 것은 아니다. 조선 초기에는 이 원칙이 뿌리를 내리지 못해서 태종과 단종의 경우 이름이 두 자였다. 태종의 이름은 우리가 너무도 잘 아는 '이방원'이고, 단종의 이름은 '이홍위'였다. 태종·단종과 달리 백성들의 어려움을 덜어주고자 스스로 개명한 태조와 정종도 있다. 조선을 건국한 태조 '이성계'는 '이단'으로, 정종 '이방과'는 '이경'으로 개명해 건국 초에 민심을 얻고자 했다. 물론 조선의 모든 왕은 즉위 후 자신의 이름을 들을 수 없었다는 공통점을 가지고 있다.

대부분의 왕은 살아서는 이름이 외자였지만, 죽으면 엄청나게 긴 이름이 붙었다. 묘호와 시호 때문이었다. 묘호(廟號)란 종묘에 신위를 모실 때 붙이는 이름으로, 오늘날 우리가 부르는 왕의 호칭이다. 태조, 정종, 태종, 세종이 바로 묘호다. 그리고 묘호 뒤에는 살아생전 왕의 업적을 평가하고 공덕을 칭송하는 시호(諡號)를 붙였다. 그런데 여기서 끝이 아니었다. 그 뒤에 관료들이 왕의 업적을 찬양하는 이름을 또 붙였는데, 이를 존호(尊號)라고 했다.

태조의 경우 사후 '태조 강헌 지인계운성문신무대왕(太祖 康獻 至仁啓運聖文神武大王)'이라는 호칭을 얻었다. '태조'는 신위를 모실 때 사용되는 묘호이며, '강헌'은 왕이 살아 있을 때 세운 업적을 칭송한 시호였다. 그리고 '지인계운성문신무'는 관료들이 왕의 업적을 찬양한 존호였다.

묘호를 조와 종으로 구별하다

#조종구별법 #조종이바뀐왕 #조를선호하다

우리는 조선의 왕을 호칭할 때 태조, 세종과 같은 묘호를 사용한다. 묘호의 끝은 조(祖)와 종(宗)으로 끝나는데, 조선 27명의 왕 중에서 조를 사용한 인물은 태조·세조·선조·인조·영조·정조·순조 7명뿐이다. 조선을 설계한 정도전이 "공이 있는 이는 조로 하고, 덕이 있는 이는 종으로 한다."라고 말한 것이《태조실록》황조실 책호문에 기록되어 있다. 이에 따라 나라를 세웠거나 반정에 성공한 왕에게는 조를 붙였다. 또한 국난을 극복한 왕에게도 조를 사용했다. 태조 이성계는 조선을 건국했고, 세조는 반정을 통해 왕위를 지켰기에 조를 붙였다. 선조는 임진왜란이라는 큰 전란을 이겨냈다는 업적과 한문학을 발전시켰다는 이유로 조를 붙였다. 인조는 광해군을 내쫓아 종묘사직을 바로잡고, 병자호란을 이겨낸 공로로 조를 받았다.

하지만 연산군을 내쫓고 왕이 된 중종은 조를 사용하지 못했다. 중종의 경우 조(祖)로 묘호를 삼으려 했으나 반정보다는 성종의 직계라는 사실이 정통성을 더 부여한다고 생각해 종(宗)을 붙였다. 반면 영조와 정조, 그리고 순조는 조선 후기에 종보다 조가 좋다는 인식으로 처음에 붙이고자 했던 종을 조로 바꾼 것이었다. 철종 때 순종을 순조로 바꾸고, 고종 때 영종과 정종을 영조와 정조로 고쳤다.

조가 종보다 좋다는 인식이 생긴 것은 광해군 때였다. 광해군의 아버지인 선조는 조선시대 최초의 방계 출신 왕이었다. 더욱이 선조는 임진왜란이라는 큰 전쟁에서 왕의 역할을 제대로 하지 못했다. 광해군 자신도 서자로서 왕위에 올라 정통성이 약했던 만큼, 아버지인 선조의 묘호를 높일 필요성이 있었다. 그래서 선종이라 붙여질 묘호를 선조로 바꾸었다.

이후 조선 후기에 힘이 약했던 왕들은 왕권을 강화하기 위한 방법으로 조를 사용했다. 특히 19세기 왕권이 매우 미약했던 철종과 고종은 자신들의 정통성을 높여 왕권을 강화하기 위해 많은 고심을 했다. 그에 대한 해답으로 영조와 정조, 그리고 순조의 격을 높이는 방안을 선택했다.

하지만 연산군과 광해군처럼 조선을 통치한 왕이지만, 실정과 악행으로 쫓겨난 경우 왕의 자격을 인정받지 못했다. 오로지 왕의 후궁에게서 얻은 자식이라는 사실만 인정받아 군(君)으로 불렀다. 그리고 성종과 인조는 왕으로 즉위한 후 생부를 덕종과 원종으로 추승했다. 정조는 사도세자를 장조로 추승했고, 효명세자는 사후 익종이란 묘호를 갖게 되었다. 단, 이들은 묘호만 가지고 있을 뿐, 27명의 왕에는 들어가지 못했다.

144

제13대 명종

제13대 명종

◇ **이름: 환**

◇ **출생-사망: 1534~1567년**

◇ **재위 기간: 1545년 7월~1567년 6월(22년)**

인종이 후사 없이 재위 9개월 만에 죽자, 문정왕후의 아들 경원대군은 12세의 나이로 왕에 즉위했다. 명종의 어머니 문정왕후는 인종의 외척이던 대윤 윤임과 이언적 등 사림파가 명종에게 위협이 될 수 있다고 생각했다. 결국 문정왕후는 수렴청정하는 동안 동생 윤원형과 을사사화를 일으켜 대윤 윤임과 사림파를 숙청했다.

명종 2년, '여주(女主)가 집권하고 간신 이기가 정권을 농단한다.'라는 글이 양재역에 나붙는 양재역 벽서사건이 벌어졌다. 문정왕후는 양재역 벽서사건을 이용해 명종의 즉위를 인정하지 않는 대윤 세력을 제거하고자 했다. 문정왕후와 소윤 세력은 구체적 증거도 없이 벽서사건의 배후로 대윤 세력을 몰아 숙청했다. 그럼에도 윤임의 사위 이홍윤 형제가 역모를 꾸몄다는 충주 옥사 등 문정왕후와 소윤에 대한 반대의 움직임은 계속해서 일어났다.

삼포왜란 이후 경제적 어려움을 겪던 일본인은 1555년(명종 10년), 60여 척의 선단을 이끌고 전라도로 침입했다. 왜구의 침입을 물리치는 과정에서 명종은 임시 기구였던 비변사를 상설화했다. 명종 시기 훈구파의 농단과 윤원형의 횡포로 삶이 어려워진 백성들은 유민이 되거나 도적이 되는 경우가 많았다. 양주에선 임꺽정이 이끄는 도적 떼가 1559년부터 1562년까지 황해도와 경기도에서 활동했으나, 정부는 이들을 바로 진압하지 못하는 무능함을 보였다.

문정왕후의 영향력 아래에 봉은사의 주지가 된 승려 보우는 1550년(명종 5년), 선종과 교종을 부활하고 승과를 설치하는 등 불교의 중흥을 이끌었다. 하지만 문정왕후가 죽자 명종은 불교를 배척해야 한다는 유생들의 상소를 받아들여 보우를 제주도로 귀양 보냈다. 이후 문정왕후의 동생 윤원형도 권세를 잃고 유배지에서 죽었다.

명종은 문정왕후 사후 자신의 정치를 펴려 했으나, 34세의 젊은 나이로 죽었다. 슬하에 하나 있던 순회세자가 13세에 죽은 뒤로 왕위를 계승할 아들이 없자, 어쩔 수 없이 중종의 아홉 번째 아들인 덕흥부원군의 셋째 아들을 다음 왕으로 즉위시켰다. 명종의 능호는 강릉이며, 그 능은 서울시 노원구 공릉동에 있다.

제13대 명종
(재위: 1545~1567년)

- 인순왕후 심씨 ─── 순회세자
- 순빈 이씨
- 숙의 신씨
- 숙의 정씨
- 숙의 정씨
- 숙의 한씨
- 숙의 신씨

부인: 7명
자녀: 1남

146

소윤의 복수에 피바람이 불다

#을사사화 #소윤의정치보복 #이덕응배신

중종은 장경왕후에게서 인종을 낳고, 문정왕후에게서 명종을 낳았다. 인종은 적장자이며 명종보다 19살이나 많아 왕위를 계승하는 데 아무런 문제가 없었다. 그러나 문정왕후는 자신의 아들을 어떡하든 왕으로 만들고 싶었다. 이에 문정왕후의 야심을 걱정스럽게 생각한 장경왕후의 동생 윤임을 중심으로 인종을 보호하기 위한 세력이 형성되었다. 문정왕후 측에서도 문정왕후의 동생 윤원형을 중심으로 문정왕후의 친아들 경원대군을 다음 왕으로 만들고자 세력을 만들었다. 당시 인종의 세력을 '대윤', 명종의 세력을 '소윤'이라고 불렀으며, 이들은 중종 말기부터 권력을 장악하기 위한 다툼을 벌였다.

1537년(중종 38년)에는 대윤의 김안로가 인종을 보호하기 위해 문정왕후를 폐위시키려다 사약을 받고 죽는 사건이 있었다. 그러나 인종 재위 시절 소윤에 대한 탄압은 없었다. 여기에 사림파에 호의적이던 인종에 의해 유관·이언적 등 많은 사림파가 중앙 정계로 진출해 대윤을 지지했다. 반면 소윤은 정치에 참여하지 못한 사림을 포용하며 대윤의 눈치를 살피고 있었다.

급격하게 건강이 악화된 인종이 재위 9개월 만에 죽고 명종이 즉위하자, 기회를 잡은 소윤은 대윤을 몰아내기 위해 을사사화를 일으켰다. 명종이 즉위한 지 두 달이 채 되지 않았을 때, 소윤의 윤원로가 "대윤 윤임 일파가 명종을 죽이려 한다."고 무고했다. 대윤 측에서는 그런 사실이 없음을 강조하며 윤원로를 거짓을 고한 죄로 해남으로 유배 보냈다.

하지만 소윤 측은 정치적 보복을 포기하지 않았다. 윤원형을 필두로 소윤 측의 병조판서 이기·지중추부사 정순붕·호조판서 임백령 등은 대윤 윤임을 역모죄로 고발했다. 이들은 인종이 위독하자 윤임이 중종의 다섯째 아들 봉성군을 왕으로 옹립하려 했고, 인종이 죽자 또한 윤임이 성종의 셋째 아들 계성군의 아들 계림군을 왕으로 옹립하려 했다고 주장했다.

이에 윤임과 대윤 측이 소윤 측의 주장을 강하게 부정하면서 사건은 마무리되는 듯했다. 그러나 거짓 자백을 하면 살려주겠다는 약속을 믿은 이덕응의 배신으로 윤임과 유관, 그리고 유인숙 등 대윤 측의 많은 사림은 사약을 받거나 유배형을 당했다. 계림군은 자신이 역모의 중심에 있다는 이야기에 안변으로 도망쳤다가 군기시에서 참수당했다. 대윤 측의 몰락을 가져온 이덕응도 약속과 달리 사약을 받았다. 반면 소윤 측은 반역을 막은 공로로 28명이 위사공신에 책봉되었다.

147 여인이 아닌 황진이로 살다

#세상을거부하다 #황진이남자 #청산리벽계수야

조선을 대표하는 여인 중에서 시대의 가치관과 보편적인 이념을 거부하고 자신의 의지대로 살아간 여인은 단연코 황진이다. 황진이에 대한 기록은 대부분 야사로 적혀 있어 그 진위 여부를 확인하기 어려운 점이 있지만, 아름다운 용모와 재능으로 한 시대를 풍미했던 황진이의 삶에 대한 기록은 많이 남아 있다.

황진이는 양반인 아버지와 천민인 어머니 사이에서 얼녀로 태어났다. 황진이는 얼녀 대부분이 사대부의 첩으로 살아가던 당시의 일반적인 형태를 거부하고 기녀가 되었다. 뛰어난 용모의 황진이를 보러 오는 사람은 많았으나, 황진이는 선택받기보다는 선택하는 여인이었다. 누구든 뛰어난 학식과 덕망 등을 갖추고 있어야 비로소 황진이를 만날 자격이 생겼다. 또 황진이는 상대를 기다리기만 한 것은 아니었다. 스스로 뛰어난 인물을 찾아가 만남을 갖기도 했다.

황진이가 만났던 사람으로 벽계수가 있다. 세종의 서자 영해군의 손자였던 벽계수는 지인들에게 황진이의 유혹에 넘어가지 않을 자신이 있다고 공언하고 다녔다. 이를 들은 황진이는 벽계수를 유혹해 사랑에 빠뜨린 뒤 그에게 망신을 주었다. 이외에도 당시 살아있는 부처라 불리던 지족선사의 마음도 흔들어 그를 파계시켰다. 그러나 도학군자로 불리던 서경덕만은 유혹하는 데 실패했다. 황진이는 고명한 서경덕의 인품과 학식에 감복해 그의 제자가 되기를 청하며, 자신의 한계를 인정하고 받아들이는 모습을 보여주었다.

이후에도 황진이는 당대 유명한 인물들과 만남을 계속 이어갔다. 한양 제일의 소리꾼이던 이사종과 전국을 돌아다니며 사랑을 나눴고, 황진이와 한 달이면 헤어질 수 있다고 자신한 소세양의 콧대를 무너뜨리는 등 많은 이야기를 만들어냈다. 그러나 여성과 얼녀, 그리고 기생이라는 한계를 완전히 극복하지는 못했다. 늘 마음 깊은 곳에 외로움이 가득했던 황진이는 40세를 전후로 생을 마감하고 개경에 묻혔다. 황진이의 대표적인 작품으로는 〈청산리 벽계수야〉 〈박연〉 〈동짓달 기나긴 밤을〉 〈여소양곡〉 등이 전해진다.

> 청산리(青山裏) 벽계수(碧溪水)야 수이감을 자랑마라
> 일도창해(一到滄海) 허면 다시 오기 어려워라
> 명월이 만공산 허니 쉬어간들 어떠리
>
> ― 〈청산리 벽계수야〉

제13대 명종

#정미사화 #형을죽인윤원형 #양재역벽서사건

을사사화로 대윤과 사림파를 정계에서 쫓아내고 권력을 장악한 윤원로와 윤원형 형제는 권력을 나누고 싶지 않았다. 이 둘은 권력을 독차지하기 위해 형제 간의 치열한 싸움을 벌였다. 그리고 이듬해 윤원형은 형 윤원로를 유배 보낸 뒤 사약을 내려 죽여버렸다. 이후 윤원형은 자신을 견제할 정적이 없어지자, 누구의 눈치도 보지 않고 파렴치한 행동을 스스럼없이 저질렀다. 이로 인해 국정이 어지러워지고 국가 기강이 무너지자, 여기저기서 탐관오리들이 나타나 백성들을 괴롭혔다.

결국 비정상적으로 운영되는 조정에 불만을 품은 누군가가 1547년(명종 2년) 9월, 경기도 양재역에 벽서를 붙였다. 벽서에는 '여주가 위에서 정권을 잡고, 간신 이기 등이 아래에서 권세를 농단하니 나라가 곧 망할 것이다.'라는 내용이 적혀 있었다. 부제학 정언각과 선전관 이로가 벽서를 가져다 명종에게 바치자, 조정이 발칵 뒤집어졌다. '여주'는 누가 보아도 문정왕후를 지목하고 있음이 자명했기 때문이었다. 윤원형과 이기는 을사사화 당시 처벌이 제대로 이루어지지 않아 이런 벽서가 붙었다며, 강력한 조사로 벽서의 주동자를 찾아내 처벌해야 한다고 주장했다.

문정왕후와 소윤 일파는 벽서를 작성한 사람을 찾기보다는 아직 남아 있는 대윤 세력을 내쫓는 데 벽서를 활용하기로 했다. 그리하여 아무 증거도 없는 상황에서 윤임과 뜻을 함께했던 사람들이 을사사화에 불만을 품고 벽서를 붙였다며 이들을 처벌하기 시작했다. 을사사화 당시 살아남았던 중종의 서자 봉성군도 양재역 벽서사건은 피하지 못하고 처형당했다. 이외에도 윤임의 인척이던 이약수와 과거 윤원형을 탄핵했던 송인수는 사사되고, 권벌·이언적·노수신 등 대윤을 옹호했던 20여 명은 유배를 떠났다. 이로써 윤원형의 나머지 정적도 사라지자, 조정에 얼마 남지 않았던 사림파도 납작 엎드려 몸을 사려야 했다. 이를 정미사화라 부른다.

1565년(명종 20년)에 이르러 문정왕후의 죽음과 함께 소윤 일파가 몰락하자, 을사사화와 정미사화로 유배를 떠났던 사림들이 다시 중앙 정계로 돌아왔다. 이후 사림파가 완전히 정계를 장악하는 선조 때에야 양재역 벽서사건은 거짓으로 규정되어 이 당시 피해를 본 사람들의 신원이 복위될 수 있었다.

정난정(?~1565년)은 부총관을 지낸 정윤겸과 관비 출신 어머니 사이에서 태어났다. 정난
정은 출신은 비천했어도 뛰어난 미모와 재주로 기생이 되어 큰 인기를 얻었다. 그러나
신분의 한계에 불만이 커, 문정왕후의 동생 윤원형의 첩이 되어 권세를 누리려 했다. 뛰
어난 사교술로 문정왕후의 마음에 든 정난정은 수시로 궁궐을 자유롭게 출입했다.

정난정은 문정왕후의 눈과 귀가 되어 궁궐 밖의 소식을 전달하며 문정왕후의 깊은
신임을 얻었다. 정난정은 문정왕후에게 대윤의 윤임이 중종의 여덟 번째 아들인 봉성
군을 왕으로 세우려 한다는 거짓 정보를 전하며 역사를 바꾸었다. 이 모든 게 결국 문
정왕후와 정난정의 합작품인지는 확실하지 않지만, 이 일로 윤임과 영의정 유관 등 많
은 사림이 죽거나 유배를 가게 되는 을사사화가 벌어졌다.

대윤과 사림파를 내쫓는 데 큰 역할을 담당한 정난정은 문정왕후의 허락하에 윤
원형을 이혼시켰다. 정난정의 악행은 여기에 그치지 않았다. 윤원형의 부인이었던 김
씨를 며칠 굶긴 뒤, 독이 든 밥을 먹여 죽였다. 이로써 윤원형과의 혼인에 장애물이 없
어진 정난정은 윤원형의 정실이 되어 문정왕후에게 외명부 종1품 정경부인을 받았다.
왕실 밖의 여인으로서 가장 높이 올라갈 수 있는 최고의 자리였다.

정난정은 이후로도 궁궐을 수시로 드나들며 승려 보우를 문정왕후에게 소개했다.
평소 불교를 신봉하던 문정왕후는 보우를 선종판사에 임명하며 중용했다. 그리고 폐
지되었던 선·교 양종을 부활시키고 도첩제를 다시 실시하는 등 불교의 중흥을 이끌었
다. 정난정은 자기 자식들을 위해 서얼 차별이 없어지고 서얼도 벼슬길에 나갈 수 있
도록 윤원형이 문정왕후와 조정에 건의하게 했다. 정난정의 말이라면 무엇이든 다 하
던 윤원형은 문정왕후의 허락을 받아 서얼도 벼슬에 나갈 수 있는 길을 마련했다.

당시 조선에서 금지하고 있는 서얼의 관리 임용도 바꿀 정도로 실세였던 정난정에
게는 뇌물이 끊임없이 들어왔다. 얼마나 많은 재물이 들어왔는지, 창고에 쌓아놓은 재
물이 국고보다 많다는 말이 나올 정도였다. 정난정은 윤원형을 속이고 의원 송윤덕과
부적절한 관계를 맺기도 했다. 하지만 문정왕후가 죽으면서 정난정이 가졌던 부와 권
력도 끝이 났다. 정난정의 신분은 다시 천민으로 떨어졌고, 윤원형과 함께 황해도로 유
배되었다. 하지만 불운은 여기서 끝나지 않았다. 딸의 죽음에 눈물만 삼켜야 했던 윤원
형의 전 부인 김씨의 어머니가 정난정을 살인범으로 고발한 것이었다. 처벌이 두려워
잠을 이루지 못하던 정난정은 금부도사가 평안도 진장을 잡으러 오는 것을 자신을 체
포하는 줄 오인하고 스스로 목을 매어 생을 마감했다.

150

서원의 시작이 되다

제13대 명종   #소수서원시작 주세붕과이황합작품 #소수서원공간배치

경상도 영주에 있는 소수서원은 우리나라 최초의 서원이다. 소수서원은 중종 때 풍기 군수였던 주세붕이 고려에 성리학을 들여온 안향의 위패를 모실 사당을 지으면서 만들어졌다. 주세붕은 1542년(중종 37년)에 안향을 위한 사묘를 세우고 성리학을 인근 양반 자제들에게 가르치기 위해 오늘날 사립학교에 해당하는 백운동 서원(소수서원)을 세웠다.

이후에 이 지역의 풍기군수로 부임한 퇴계 이황은 백운동 서원이 조선이 배출한 성리학자에게 제를 올리고 학문을 익히는 과정을 바람직하게 보았다. 그는 현실에 필요한 학문을 익힌 인재를 배출하는 것이야말로 유학자로서 꼭 해야 할 숙명이라 여겼다. 이황은 명종에게 조선의 미래를 위해 국가 차원에서 서원을 지원해달라고 간곡하게 건의했다. 명종도 이황의 건의를 받아들였다. 서원의 이름을 구하던 명종은 대제학 신광한이 제안한 '이미 무너진 유학을 다시 이어 닦는다.(旣廢之學 紹而修之)'는 뜻을 담은 '소수'를 선택했다. 그리고 1550년(명종 5년)에 '소수서원(紹修書院)'이라고 쓴 현판을 내리고 서원에 각종 지원을 아끼지 않았다.

소수서원이 있는 자리는 과거 신라시대 숙수사라는 사찰이 있던 곳이었다. 그래서 소수서원으로 가는 길에 사찰을 알리는 깃발을 걸던 당간지주가 아직도 남아 있다. 당간지주 우측으로는 죽계천이 흐르는데, 죽계천 건너편으로는 공부하다 지친 학생들이 휴식을 취하던 취한대가 자리하고 있다.

소수서원으로 들어가는 입구에는 학문을 닦던 원생들이 모여서 시를 짓거나 학문을 토론하던 경렴정이란 정자가 있다. 서원 내에는 서원의 가장 중심이 되는 유학을 가르치는 명륜당이 있는데, 이곳에 명종의 친필로 쓰인 '소수서원' 현판이 걸려 있다. 소수서원은 명륜당을 기준으로 제향 공간과 강학 공간으로 나누어진다. 제향 공간인 영정각에는 이황·허목·이원익·주세붕 등 소수서원과 관련된 위인과 더불어 이황의 문인으로 크게 이름을 떨친 선현이 모셔져 있다. 강학 공간에는 교사들의 집무실 겸 숙소인 일신재와 원장의 집무실 겸 숙소인 직방재가 있다. 유생들이 서원에 머물면서 공부하던 기숙사인 학구재와 지락재도 있는데, 그중에서도 학구재는 학문을 상징하는 삼(三)이라는 숫자에 맞추어 세 칸으로 이루어져 있다. 소수서원에서는 조선시대를 통틀어 4천여 명이 학문을 익히고 조선을 이끌어가는 인재로 성장했다.

151 보우대사, 상반된 평가를 받다

#보우대사업적 #문정왕후와보우대사 #보우대사평가

보우대사(1509~1565년)는 15세에 금강산 마하연암에서 출가해 학승으로서 이름을 크게 떨쳤다. 그러나 당시 불교는 국가로부터 100여 년간 탄압받으며 맥이 끊길 위기에 처해 있었다. 유생들은 사찰을 불태우고, 승려를 보면 아무 이유 없이 구타하며 승려를 업신여겼다. 불교를 통해 세상을 위로하고 희망을 주고 싶던 보우대사에게 문정왕후와의 만남은 불교를 중흥할 수 있는 더없는 기회였다.

불교 신자였던 문정왕후는 보우대사를 봉은사 주지로 임명하고, 불교 중흥에 많은 지원을 아끼지 않았다. 보우대사는 문정왕후의 도움으로 선·교 양종을 부활했다. 선종의 본사를 봉은사로, 교종의 본사를 봉선사로 지정하고 스스로 선종판사(조선 때 선종의 최고 승직)에 올랐다. 또한 승려의 신분을 공인해주는 도첩제를 부활시켜 승려가 안정적으로 불도를 닦을 수 있게 했다. 무엇보다도 연산군 때 폐지되었던 승과제를 부활시켜 임진왜란 때 왜군에 맞서 조선을 지켜낸 서산·사명대사 등을 발탁하는 업적을 쌓았다.

그러나 성리학 외에는 이단으로 여기던 조선의 유생들은 보우대사를 좋게 보지 않았다. 도첩제와 선·교 양종이 부활하자, 유생들은 400건이 넘는 상소문을 올렸다. 나라를 망치는 요승 보우대사를 죽이라는 상소도 75건이나 되었다. 문정왕후가 유생들의 상소에도 아랑곳없이 보우대사를 신임하고 지원하자, 문정왕후와 보우대사가 부적절한 관계라는 소문까지 돌았다.

보우대사가 바라던 불교의 중흥은 오래가지 않았다. 문정왕후가 죽자 유생들은 보우를 처벌하고, 불교를 예전처럼 탄압해야 한다고 연일 주장했다. 명종은 유생들의 손을 들어주어 보우의 승직을 박탈하고 보우의 도성 출입을 금지했으나 유생들은 여기에 만족하지 않았다. 이이도 〈논요승보우소〉를 올리며 보우의 강력한 처벌을 요구하자, 명종은 보우대사를 제주도로 유배 보냈다.

제주 목사 변협은 제주도로 유배 온 보우대사에게 객사 청소 등 허드렛일을 시킨 다음, 일을 잘하지 못한다는 이유로 보우에게 연신 매질을 했다. 결국 보우대사는 연이은 매질을 이기지 못하고 연북정에서 죽었다. 보우대사는 유생에겐 요승 또는 간승이라 불렸지만, 사명당 유정(임진왜란에서 혁혁한 공훈을 세운 승병장)은 그를 천고에 둘도 없는 성인이라 평가했다.

152

다시 왜구가 들끓다

#을묘왜변(1555년) #조선의왜구대응 #조선군의해이

조선은 1510년(중종 5년)의 삼포왜란 이후, 일본과 국교를 단절하고서 일본의 사정을 전혀 알 수 없었다. 당시 일본은 무로마치 막부가 흔들리면서 전국의 호족들이 세력 다툼을 벌이던 혼란한 상황이었다. 오랜 전란으로 정치·경제적으로 어려워진 일본 서부 지역 사람들이 조선과 명나라에 침입해 노략질하는 통에 동아시아의 여러 국가는 불안에 떨어야 했다.

1512년(중종 7년), 조선은 임신약조를 통해 제포를 개항하는 등 일본인에게 교역을 일부 허용하며 이들의 노략질을 줄여보려 했으나 큰 효과를 거두지 못했다. 1544년(중종 39년)에도 경상도 사량진(지금의 통영)에 왜선 20척이 몰려와 조선 땅에 피해를 주자, 조선은 다시 일본과 국교를 단절했다. 하지만 조선은 2년 뒤에 일본을 달래기 위해 일본 국왕 사신의 통교를 허용하고, 세견선을 25척으로 제한하는 정미약조를 체결했다. 조선은 상황에 따라 일본에 대해 강온정책을 폈으나, 일본 내에서 호족을 통제할 세력이 없는 상황에서 조선의 대응 정책은 큰 의미가 없었다.

1555년(명종 10년) 5월, 70여 척의 왜구가 전라남도를 침입해 장흥·영암·강진 등을 노략질했다. 왜구가 달량성을 포위하고 공격하자, 해남의 현감 변협이 300명의 군사로 있는 힘을 다해 싸웠지만 결국 패배했다. 이 과정에서 무장 현감 이남(?~1555년)이 죽고 변협은 간신히 도망쳐 살아남았다. 어란포에서도 우도수사 김빈과 진도 군수 최인이 왜구에 패하면서 달량성이 함락되고 장흥부의 많은 병기와 곡식이 빼앗겼다. 이외에도 전라도 연안의 여러 고을이 왜구에게 큰 피해를 보았다.

조정은 호조판서 이준경을 전라도 도순찰사, 김경석과 남치훈을 방어사로 임명해 왜구를 토벌하도록 했다. 그러나 제대로 된 장수와 군대가 없던 조선은 왜구를 맞아 제대로 싸우지 못했다. 《명종실록》은 이에 대해 "주장이 나가서 싸울 뜻이 없어 적을 돌아가도록 놓아두었으며 심지어는 하룻밤을 지내고 모두 배를 타고 도망하게까지 했다. 남치근은 또한 요격(邀擊)할 수 있었는데도 두려워해 움츠리고 있으면서 결단을 내리지 못해 마침내 수치를 씻지 못하게 했다. 모든 장수들의 무상(無狀-공적)함이 한결같이 이와 같았다."라고 기록할 정도로 조선군의 기강은 무너져 있었다.

153

동방의 주자라 불리다

제13대 명종

#이황과소수서원 #이황대표작 #이황의제자

경상북도 안동에서 태어난 이황(1501~1570년)은 세상의 빛을 본 지 7개월 만에 아버지를 여의었다. 숙부 이우에게 학문을 배우며 성장한 이황은 성균관에 입학해 많은 이의 기대를 받았다. 이황은 34세에 과거에 급제한 뒤, 외교 문서를 담당하는 승문원 부정자를 시작으로 세자의 교육을 담당하는 시강원의 문학 등 여러 관직을 거치며 자신이 가진 역량을 발휘했다.

그러나 1545년(명종 즉위년), 을사사화 당시 올바른 소리를 했다가 벼슬과 품계를 박탈당했다. 그럼에도 이황은 다시 홍문관 부응교 등에 임명되었으나 병을 핑계로 안동 토계 인근에 양진암을 짓고 학문에 전념했다. 이황의 성품과 학식을 존경하던 명종은 이황을 단양 군수로 임명했으나, 이황의 형 이해가 충청도 관찰사로 부임하면서 자리를 경상도 풍기군수로 옮겼다. 이황은 이곳에서 백운동 서원의 우수성을 확인하고, 조정으로부터 편액을 내려받는 동시에 국가의 지원을 받는 사액서원을 만들었다.

이황은 형 이해가 1550년(명종 5년)에 유배지로 가던 도중 죽자, 벼슬에 뜻을 버리고 학문에 몰두했다. 조정은 이황을 중용하기 위해 그에게 계속 관직을 내렸지만, 이황은 병을 핑계로 나가지 않았다. 명종은 이황을 어떡하든 자신의 옆에 두고 싶어 그에게 음식을 보내는 정성을 보이기도 했다. 그럼에도 이황이 뜻을 굽히지 않자, 명종은 이황이 머무는 도산의 풍경이 그려진 그림을 보며 그를 그리워했다고 한다. 이황은 평생 140여 회의 벼슬을 받았고, 그중 70여 회를 사임했다.

고향에서 예안향약을 만들고 도산서당을 세워 후진을 양성하던 이황은 명종이 죽자《명종실록》편찬에 참여했다. 선조도 이황에게 자신 옆에서 국정을 도와달라고 부탁했으나, 이황은 병을 핑계로 물러나며《무진봉사》와《성학십도》를 바쳤다.《무진봉사》는 왕이 주의해야 할 여섯 조항이며,《성학십도》는 왕이 행해야 할 도를 담은 것으로, 이황이 평생 익힌 학문의 정수였다. 선조는 이황이 70세로 죽자 그를 영의정으로 추증했으며, 1610년(광해 2년)에 이황은 문묘에 배향되었다. 이황은 '동방의 주자'로 불렸으며 사단과 칠정을 각각 이의 발현과 기의 발현으로 구분하는 이기호발설을 주장했다. 이황의 제자로는 류성룡, 김성일, 이산해 등이 있다.

154 신사임당, 주체적인 삶을 살다

제13대 명종
#신사임당글과그림 #신사임당일생 #신사임당유언

| 5천 원 권 초충도

신사임당(1504~1551년)은 7세 때 안견의 그림을 똑같이 따라 그리며 많은 이를 놀라게 했다. 얼마나 그림을 잘 그렸는지 풀벌레 그림을 마당에 내놓았더니 닭이 부리로 그림을 쪼았다는 일화가 전해질 정도였다. 신사임당은 그림만이 아니라 글씨도 잘썼다. 1868년(고종 5년)에 강릉 부사 윤종의는 신사임당의 글씨를 판각해 오죽헌에 보관해놓았다. 그리고 "정성 들여 그은 획이 그윽하고 고상하며 정결하고 고요해 부인께서 더욱더 저 태임의 덕을 본뜬 것임을 알 수 있다."라고 높이 평가했다.

신사임당은 19세에 이원수와 결혼한 뒤, 남편을 따라가지 않고 친정에 머물며 홀로된 어머니를 모셨다. 시집이 있던 파주 율곡리나 강원도 평창군 봉평면에 잠시 머무르기도 했으나 20년 가까이 강릉에서 거주했다. 그렇다 보니 신사임당은 시집살이를 겪지 않고 자유롭게 아이들을 키우며 많은 작품을 남길 수 있었다. 현재 신사임당의 작품은 40폭 정도가 전해지는데, 대표작으로 〈초충도〉, 〈노안도〉 등이 있다.

신사임당은 38세에 강릉을 떠나 서울로 이주했다. 오늘날 종로구에 해당하는 지역에 머물며 남편과 아이들의 뒷바라지를 하던 신사임당은 48세에 세상을 떠났다. 신사임당은 죽기 전 남편에게 재혼하지 말라는 유언을 남겼다. 남편에게 순종하고 아이를 잘 키우는 여성을 현모양처로 인식하던 당시 상황에서는 이해하기 어려운 유언이었다. 어린 자녀들이 계모 아래에서 고생할 것을 우려해 남편 이원수에게 재혼하지 말라고 당부했다는 주장도 있지만, 정확하게 신사임당의 유언에 어떤 의도가 담겨 있는지는 아직까지 알 수 없다. 그러나 확실한 것은 신사임당이 매우 주체적인 삶을 살았다는 점이다.

155 임꺽정, 민중의 희망으로 떠오르다

#의적임꺽정 #무고한사람체포 #조선의냉철한평가

명종 시기에는 훈구파들의 부정 축재와 비리로 인해 백성들의 삶이 말이 아니었다. 토지에서 쫓겨난 사람들은 유민이 되거나 백성들을 괴롭히는 도적이 되는 경우가 많았다. 그중에서도 임거정 또는 임꺽정(?~1562년)이라 불리는 백정 출신이 이끄는 도적단은 규모도 컸고, 활동 범위도 넓었다. 이들은 황해도, 경기도, 강원도, 심지어 한양에서도 부호나 대상인을 공격해 재물을 빼앗았다.

임꺽정의 무리에는 노비와 상민 외에도 아전과 역리 등 다양한 계층이 참여했다. 덕분에 이들 무리는 많은 정보를 획득하고 공유하며 조직적으로 움직였다. 이들은 빼앗은 재물을 독차지하지 않고 빈민들에게 일부 나누어주어 자신들을 신고하지 않도록 만들었다. 임꺽정이 이끄는 도적단의 활동 범위가 날로 넓어지고 피해 규모도 커지자, 1559년(명종 14년)에 명종은 이들을 단순한 도적이 아닌 반적(叛賊), 즉 역적으로 규정하고 소탕을 명했다.

그러나 포도관 이억근이 20여 명의 군사를 이끌고 갔다가 오히려 죽임을 당하거나, 포상을 노리고 무고한 사람을 임꺽정이라 속이는 관료들이 속속 등장했다. 한 예로 황해도 순경사 이사증과 강원도 순경사 김세한이 임꺽정의 형 가도치를 죽이고 그를 임꺽정으로 속인 사건이 있었다. 의주목사 이수철은 아무 상관없는 윤희정과 윤세공을 고문해 그들을 임꺽정과 한온이라 자백하게 하고, 한 노파에게 임꺽정의 아내로 진술하라며 고문을 가하기도 했다.

누구도 자신들을 잡을 수 없을 것이라 확신한 임꺽정은 궁궐에서 멀지 않은 서울 장통방(종로2가)까지 활보했다. 그러나 신고를 받고 출동한 관군에 의해 아내와 부하들이 체포되면서 임꺽정의 도적단은 위세가 꺾이기 시작했다. 부인과 부하를 구하기 위해 참모 서림을 한양으로 보냈으나 오히려 숭례문 밖에서 서림이 체포되고, 토포사 남치근이 근거지를 압박해오자 임꺽정과 그 무리는 구월산에 갇히게 되었다.

관군에 붙잡힌 참모 서림이 임꺽정을 배반해 토벌군을 근거지로 인도하자, 위기에 처한 임꺽정은 토벌군으로 위장해 도망치려다 체포되어 처형되었다. 실록을 쓰는 관헌은 임꺽정을 두고 "재상이 멋대로 욕심을 채우고 수령이 백성을 학대해, 살을 깎고 뼈를 발리면 고혈이 다 말라버린다. (중략) 그들이 도둑이 된 것은 왕정의 잘못이지 그들의 죄가 아니다."라며, 이 일을 단순히 도적의 문제가 아닌 사회구조적 문제로 발생한 안타까운 일로 평가했다.

체계적인 관료제를 구축하다

조선은 체계적인 관료 운영을 위해 인물의 능력을 중요시하면서도 연공과 서열을 무시하지 않는 체제를 만들 필요가 있었다. 그래서 인사이동과 승진을 규정한 순자법을 만들고 시행했다. 우선 조선의 모든 관리는 일을 하는 실직이든, 직무가 없는 산직이든 사만(仕滿)이라고 하는 일정한 근무 일수를 채워야 품계가 올라갈 수 있었다. 참하관의 경우 450일(15개월), 참상관은 900일(30개월)을 근무해야 품계가 올라갈 자격이 생겼다. 그렇다고 개인의 능력을 간과하지도 않았다. 근무에 대한 고과 성적과 포폄(옳고 그름이나 선하고 악함을 판단해 결정함) 성적이 미달되면 근무 일수를 채웠더라도 품계가 오르지 않았다. 그러나 당상관의 경우 인사권 등 중요 정책을 결정하는 자리인 만큼 예외적으로 순자법을 적용하지 않고 품계를 올릴 수 있었다.

그렇다 보니 순자법으로 인해 관직과 품계가 불일치하는 경우가 많았다. 그리하여 이를 보완하는 방법으로 행수법을 시행했다. 품계가 높은 사람이 낮은 관직에 임용되면 '계고직비'라 하여 관직 앞에 '행(行)'자를 붙이고, 반대로 낮은 사람이 높은 관직에 임용되면 '계비직고'라 하여 관직 앞에 '수(守)'자를 붙였다.

조선은 관료들의 부정과 비리를 막기 위해 친족은 같은 관청에 배속하지 않고, 자신의 출신 지역으로 부임하지 못하게 막는 상피제를 운영했다. 율곡 이이는 어느 날 이순신이 덕수 이씨로 자신의 먼 친척이라는 이야기를 듣고 그를 만나고 싶어 했다. 그러나 이순신은 이이가 이조판서로 있는 동안은 서로 만나지 않는 게 좋겠다며 만남을 거절했다. 이처럼 상피제는 관리들이 꼭 지켜야 하는 원칙이었다. 그러나 상황에 따라 조선은 당상관과 학관, 그리고 군관에게는 적용하지 않는 유연한 모습을 보였다.

조선은 신분제 사회였던 만큼 신분과 직종에 따라 품계를 제한하는 한품서용 제도가 시행되는 한계를 보였다. 서얼과 기술관은 정3품 당하관, 향리나 토관은 정5품, 서리 등은 정7품까지만 승진이 허용되었다. 또한 문반은 무반에 비해 높게 평가되었고, 서얼은 과거에 응시하지 못하도록 제한했다. 재가녀의 자손도 고관직에 진출하지 못하게 막는 등 신분과 직종에 대한 차별은 조선시대 무관과 기술직을 천시하는 풍조를 만들었다.

157 수령의 임무를 규정하다

제13대 명종　　　　　　　　　　　#수령품계 #수령이되는방법 #수령업무

고려와 달리 조선시대는 모든 군현에 관리가 파견되었다. 군현에 파견되는 관리를 수령이라 했는데, 고을의 크기에 따라 파견되는 관리의 품계가 달랐다. 조선은 주·부·군·현에 따라 종2품에서 종6품에 해당하는 수령을 파견했다. 구체적으로는 부윤(종2품), 대도호부사(정3품), 목사(정3품), 도호부사(종3품), 군수(종4품), 현령(종5품), 현감(종6품)으로서, 이들은 행정체계상으로는 모두 관찰사 아래 있었다.

수령이 되기 위해서는 우선 과거시험에 급제하거나 음서제로 나가야 했다. 가문의 은덕으로 관직에 나가는 것보다 과거시험을 통해 관직에 나가는 것을 더 높게 평가했던 조선이었기에 상급 수령일수록 문과 출신이 많았다. 반면 국경지대나 군사적 요충지처럼 군사적 능력이 필요한 곳에는 무과 출신이 많았고, 중소 군현에는 음서제로 부임되는 경우가 많이 있었다. 수령의 임기는《경국대전》에서 1,800일(5년)로 규정했다. 다만 혼자 현지로 부임하는 경우에는 900일 후에 다른 장소나 부서로 옮길 수 있었다. 그러나 실제로는 정해진 규정보다 수령이 더 자주 교체되었다.

수령에게는 임기 중에 꼭 해야만 하는 수령칠사가 있었다. 고려시대 수령오사를 토대로 두 가지 항목이 추가된 수령칠사는 농업과 상업을 진흥하는 농사성, 호구와 인구를 증가시키는 호구증, 학교를 통해 교육을 진흥하는 학교흥, 군정을 바르게 다스리는 군정수, 부역을 균등하게 배분하는 부역균, 올바른 재판을 해야 하는 사송간, 간사하고 교활한 것을 없애는 간활식으로 구성되어 있었다. 수령의 하부 행정체계로는 아전이라 불리는 향리와 면리임(面里任)이 있었고, 그 밑으로 각종 천역을 담당하는 관노비가 존재했다. 그리고 현지 사정을 잘 모르는 수령을 위해 유향소가 현지 자문을 맡고 수령을 보좌하는 보조 역할을 했다.

정약용은《목민심서》에서 수령이 해야 할 일을 여섯 가지로 다시 규정했다. 엄정하게 관료를 평가하고 현명한 인물을 천거하며 아전을 단속하는 '이전', 공정하게 과세를 부과하고 호적을 파악하며 환곡의 폐단을 막는 '호전', 백성을 올바른 길로 교화하며 교육과 학문에 힘써 인재를 양성하는 '예전', 군사훈련과 병기 관리로 외적의 침입을 막는 '병전', 올바른 재판과 적절한 형벌로 횡포를 막는 '형전', 성곽과 산림, 그리고 도로를 관리하는 '공전'을 수령의 주요 임무로 보았다.

158

조선시대 관료 품계표

위계	품	계	동반(문관)	서반(무관)	관직명
당상관	정1품	상	대광보국 숭록대부		영의정, 우의정, 좌의정, 영사, 도제조
		하	보국 숭록대부		
	종1품	상	숭록대부		좌·우찬성, 판사
		하	숭정대부		
	정2품	상	정헌대부		좌·우참찬, 6조판서, 대제학, 5위도총관, 한성판윤
		하	자헌대부		
	종2품	상	가정대부		6조 참판, 대사헌, 관찰사, 동지사, 부총관, 병마절도사, 수군절도사
		하	가선대부		
	정3품	상	통정대부	절충장군	6조 참의, 도승지, 부제학, 목사, 수군절도사, 병마절제사
		하	통훈대부	어모장군	병조참지, 직제학, 상호군
당하관	종3품	상	중직대부	건공장군	사헌부 집의, 사간, 대호군, 병마첨절제사, 수군첨절제사
		하	중훈대부	보공장군	
	정4품	상	봉정대부	진위장군	사헌부 장령, 응교, 호군, 도선
		하	봉렬대부	소위장군	
	종4품	상	조산대부	정략장군	첨정, 군수, 부호군, 병마동첨절제사, 수군만호
		하	조봉대부	선략장군	
참상관	정5품	상	통덕랑	과의교위	6조 정랑, 교리, 직강, 찬의, 사직
		하	통선랑	충의교위	
	종5품	상	봉직랑	현신교위	판관, 별좌, 부교리, 현령, 도사, 부사직
		하	봉훈랑	창신교위	
	정6품	상	승의랑	돈용교위	6조 좌랑, 감찰, 정언, 전적, 사과, 장안, 좌·우익찬
		하	승훈랑	진용교위	
	종6품	상	선교랑	여절교위	주부, 찰방, 현감, 교수, 종사관, 부사과, 병마절제도위
		하	선무랑	병절교위	
참하관	정7품		무공랑	적순부위	봉교, 사정, 참군
	종7품		계공랑	분순부위	직장, 부사정, 근사
	정8품		통사랑	승의부위	부직장, 좌·우시직, 별검
	종8품		승사랑	수의부위	봉사, 부사맹, 전곡, 화리
	정9품		종사랑	효력부위	훈도, 부봉사, 전성, 사용
	종9품		장사랑	전력부위	참봉, 전화, 부사용, 초관

◇ 관료의 품계는 정1품에서 종9품까지 18등급으로 구분

◇ 6품 이상은 각 등급마다 상·하 구분해 30단계의 위계로 구성

◇ 정3품의 상위와 하위를 기준으로 당상·당하로 나눔
  - 당상과 당하의 구분은 교의에 앉을 수 있는지의 여부
  - 당상관은 정치를 입안·의결하는 지위로서 군사권, 인사권 등을 갖는 관의 수장
  - 당상관은 근무 일수를 채워야 승진할 수 있는 순자법과 상피제를 적용하지 않음
  - 당상관은 관직에 물러난 뒤에도 '봉조하'로서 녹봉을 받음

◇ 4품과 5품을 경계로 당하관과 참상관으로 구분
  - 문관은 4품 이상 대부, 5품 이하는 랑
  - 무관은 4품 이상 장군, 5품 이하는 교위 및 부위
  - 4품 이상의 대부는 왕이 임명장을 직접 부여
  - 5품 이하 랑은 전조의 낭청과 당상의 결재를 거쳐 교첩 형식으로 부여
  - 5품 이하는 대간의 서경(임명에 대한 가부)을 받음
  - 4품과 5품은 고급관리와 하급관리의 기준

◇ 6품과 7품을 기준으로 참상·참하로 구분
  - 참상과 참하의 구분은 조회의 참석 여부
  - 목민관인 수령은 참상관 이상이어야 임용
  - 참상관은 불효·살인·역모가 아닌 이상 직첩을 빼앗지 않음
  - 참상관은 과거 응시 때 가족관계증명서인 조계 단지를 제출하지 않음
  - 참상관은 급제 시 현직에 바로 임명
  - 참상관 이상이어야 말을 탈 수 있음
  - 7품 이하는 실무를 담당하는 하급관리

160 관찰사의 임무를 규정하다

제13대 명종　　　　　#관찰사행정업무 #관찰사군사업무 #관찰사임기

고려시대는 모든 지역에 관리를 파견하지 못하는 현실로 인해 관찰사가 없었다. 단지 지방 수령을 감독하고 중앙의 정령을 군현에 전달하는 안찰사 또는 안렴사를 파견할 뿐이었다. 그러나 안찰사는 전임관이 아닌 임시 파견직이어서 역할과 권한이 크지 않았다. 그러나 조선시대의 관찰사는 고려와는 달리 막강한 권력과 함께 책임감이 부여되었다.

조선 초 관찰사란 용어가 나오기 전까지, 관찰사는 도관찰출척사 또는 안렴사로 불리는 등 체계가 잡히지 않다가 1466년(세조 12년)에 관찰사로 통일했다. 그러나 여전히 감사·도백·방백·외헌 등으로도 불렸다. 관찰사의 중요한 업무 중의 하나는 수령의 평가였다. 관찰사는 도내의 각 고을을 순찰하며 수령을 포함한 모든 외관직의 업무를 관찰해 1년에 두 차례(6월 15일, 12월 15일)씩 평가한 성적을 중앙에 보고했다. 중앙에서는 관찰사가 평가한 10번의 고과(考課)에서 모두 상(上)을 받은 자는 1품계를 올려주고, 2번 중(中)을 받으면 녹봉 없이 전지만 받는 무록과에 서용했으며, 3번 중(中)을 받은 자는 파직시켰다.

관찰사는 외관의 관직 생활을 좌지우지할 정도로 막강한 권력을 가졌던 만큼, 스스로 공정하게 평가할 수 있도록 종2품 이상의 관리를 임명해 외압에 흔들리지 않게 했다. 또한 친족 간의 유착을 막기 위해 친족이 수령으로 나가 있는 지역으로는 파견하지 않았다.

관찰사의 또 다른 중요 업무는 도내의 군대 운영을 비롯한 민사와 관련된 행정적인 일을 처리하는 것이었다. 관찰사는 병마절도사와 수군절도사를 겸임해 전란 시 군대를 통솔해 방비하는 중요한 역할을 맡았다. 만약 병마절도사와 수군절도사가 설치되어 있는 경우에는 관찰사가 이들을 통제하도록 했다.

관찰사의 임기는 지역에 따라 차이가 있었다. 5도 및 경기도는 360일이었지만, 국경지대인 함경도와 평안도는 2년이었다. 5도 및 경기도의 관찰사는 홀로 부임해 임기 동안 감영을 중심으로 여러 군현을 돌아다니며 업무를 수행한 반면, 함경도와 평안도의 관찰사는 가족을 데리고 감영에 부임해 수령 업무도 함께 보았다. 관찰사에게는 직속 관원으로 수령관이라 불리는 경력·도사가 있었다. 또한 관찰사가 군현을 순찰할 때 행정 실무를 대행하는 판관도 있었다. 관찰사가 머물며 일을 하던 관청은 감영·영문·순영이라 불렸다.

◇ 이름: 균→연
◇ 출생-사망: 1552~1608년
◇ 재위 기간: 1567년 7월~1608년 2월(40년 7개월)

중종의 일곱 번째 아들인 덕흥대원군의 셋째로 태어난 선조는 그 자신을 포함해 누구도 왕이 될 거라고 생각하지 않았다. 명종이 후사를 계승할 아들 없이 젊은 나이에 죽으면서 선조는 왕에 오를 수 있었다. 16세에 불과했던 선조는 즉위 초 명종의 비였던 인순왕후의 수렴청정을 받았으나, 이듬해 직접 조정을 이끌어갔다.

선조는 훈구파가 물러나고 사림파가 중앙 정계를 차지하는 데 큰 역할을 했다. 조광조를 필두로 사화로 피해를 본 사림파들의 관직을 다시 되돌려놓는 동시에 윤원형과 같이 부정·비리를 저지른 훈구파의 공적은 삭탈했다. 하지만 선조는 최초의 방계 출신 왕이라는 자격지심이 컸다. 선조 때 김효원과 심의겸의 갈등으로 사림파는 동인과 서인으로 분당되었고, 세자 책봉 문제로 동인은 남인과 북인으로 또다시 갈라졌다.

1589년(선조 22년)에 선조는 정여립이 대동계를 조직해 역모를 꾀한다는 정보를 입수하고 이들을 토벌했다. 당시 정철이 정여립의 난을 조사하는 과정에서 동인 출신의 많은 관료를 역모죄로 엮어 1천여 명 이상을 죽이는 기축옥사가 일어났다.

선조는 이성계가 이인임의 후예로 잘못 기록된 명나라 《대명회전》을 바르게 수정하는 성과를 보였으나 통신사를 보내 일본의 침략 의도를 파악하는 데는 실패했다. 그 결과 1592년(선조 25년) 발발한 임진왜란에 제대로 대처하지 못했다. 선조는 일본군이 침략하자 백성을 버리고 의주까지 도망간 뒤, 명나라에 망명을 요청했다. 관료들과 백성들이 망명을 만류하자 선조는 광해군을 세자로 책봉하고 조정을 둘로 나누었다.

이순신이 바다에서 승리하는 동시에 의병의 활약과 명나라의 원병으로 조선은 평양과 한양을 되찾았으나, 전쟁의 주도권은 명나라와 일본으로 넘어갔다. 명과 일본의 휴전 협상이 결렬되자, 일본이 다시 전쟁을 일으키는 정유재란이 일어났다. 이순신이 명량대첩으로 일본군의 북상을 막고, 노량대첩으로 7년간의 전쟁을 끝낸 이후, 선조는 《동의보감》 집필을 명하는 등 백성들의 진휼에도 힘을 기울였으나, 큰 효과를 보지는 못했다. 또 말년에 얻은 영창대군을 즉위시키려고 관료들을 분열시킨 결과, 광해군이 국정을 운영하는 데 어려움을 주었다. 선조의 능호는 목릉으로, 그 능은 경기도 구리시 동구릉에 있다.

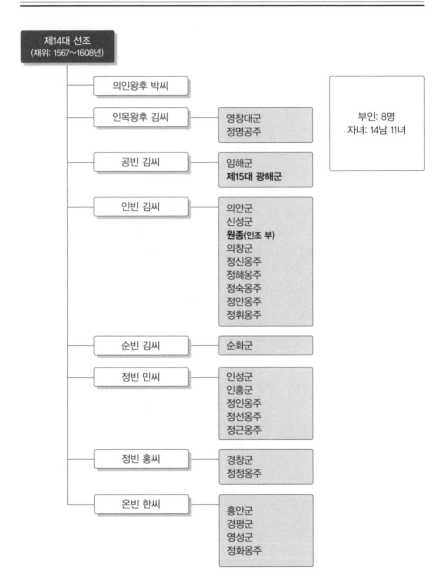

제14대 선조
(재위: 1567~1608년)

의인왕후 박씨

인목왕후 김씨 — 영창대군 / 정명공주

공빈 김씨 — 임해군 / **제15대 광해군**

인빈 김씨 — 의안군 / 신성군 / **원종(인조 부)** / 의창군 / 정신옹주 / 정혜옹주 / 정숙옹주 / 정안옹주 / 정휘옹주

순빈 김씨 — 순화군

정빈 민씨 — 인성군 / 인흥군 / 정인옹주 / 정선옹주 / 정근옹주

정빈 홍씨 — 경창군 / 정정옹주

온빈 한씨 — 흥안군 / 경평군 / 영성군 / 정화옹주

부인: 8명
자녀: 14남 11녀

163

제14대 선조

#하성군지혜 #명종의선택 #최초방계출신왕

명종에게는 친아들 순회세자가 있었으나 오래 살지 못하고 13세의 나이에 죽었다. 이후 명종이 아들을 낳지 못하자 왕위를 계승할 후계자가 없었다. 젊은 나이였지만 자주 아프던 명종이 하루는 중종의 아들 덕흥군의 세 아들 하원군, 하릉군, 하성군을 궁궐로 불러들였다. 명종은 이들에게 자신이 쓰고 있던 익선관을 내주며 한번 써보라고 권했다.

덕흥군의 세 아들이 깜짝 놀라 어쩔할 바를 몰라 하자, 명종은 "너희들의 머리가 얼마나 큰지를 알아보려고 한다."라며 안심시켰다. 그제야 장난이라 생각한 하원군과 하릉군은 익선관을 머리에 써보았다. 그러나 마지막 차례였던 하성군은 "임금께서 쓰시는 것을 신하가 어찌 쓰겠습니까?"라며 익선관을 머리에 쓰지 않고 명종에게 갖다 바쳤다. 명종은 다시 이들에게 임금과 아버지 중 누가 중요한지를 물었다. 두 형제와는 달리 하성군은 "임금과 어버이는 비록 같지 않으나 충효는 다를 것이 없습니다."라며 성숙한 답변을 내놓았다. 이때를 계기로 명종은 하성군을 눈여겨보았다.

1565년(명종 20년), 명종이 몸이 아파 자리에 눕자 영의정 이준경이 명종에게 순회세자가 죽은 이후로 세자를 정하지 못하고 있으니, 여러 조카 중에서 후계자를 선택해 달라고 청했다. 명종은 누구를 세자로 삼겠다는 말은 하지 않고, 하성군을 궁궐로 불러들였다. 하성군은 명종의 병시중을 들면서 명종이 정해준 관리에게 가르침을 받았다.

2년 뒤 말을 하지 못할 정도로 명종의 병이 위독해지자, 이준경이 왕비 인순왕후를 찾았다. 인순왕후는 다음 왕을 누구로 결정할지를 묻는 이준경에게 하성군을 왕으로 즉위시키라고 했다. 이에 이준경은 다른 관료들과 함께 명종을 찾아가 하성군을 다음 왕으로 하겠다고 아뢰었다. 그리고 얼마 지나지 않아 명종은 숨을 거뒀다. 관원들은 궐 밖에 사는 하성군을 왕으로 모시기 위해 하성군을 찾아갔으나, 하성군은 모친상을 치러야 하며 무엇보다 자신은 왕이 될 능력이 없다며 왕위를 거부했다. 그러나 신하들이 계속 왕으로 즉위해주기를 요청하자 하성군은 그제야 궁으로 향했다. 이때 하성군을 따라가며 출세를 바라는 무리가 많았다. 따라오는 이들이 하성군을 도와준 사람들이니 공신으로 삼아야 한다는 의견이 있었으나, 이준경은 이들의 이름이 적힌 두루마기를 모두 불태워 문제의 화근을 없앴다. 명종의 뒤를 이은 하성군은 조선 최초 방계 출신으로 왕위에 오른 선조가 되었다.

164

성리학을 둘러보다

제14대 선조

#성리학이란 #성리학핵심사상 #심성수양방법

성리학을 확립시킨 송나라 주희는 불변의 원리 이(理)가 가변적 변화 요인 기(氣)에 따라 변한다는 이기론(理氣論)을 주장했다. 주희의 이기론은 이와 기는 서로 떨어지지 않는다는 이기불상리(理氣不相離)를 근간으로 했다. 여기서 이(理)는 법칙·원리·도덕률로서 기에 질서를 부여하는 통제자이며, 기(氣)는 음양으로 대체되는 것으로서 끊임없이 생겼다가 소멸한다고 주장했다.

성리학의 핵심 사상인 성리설(性理說)은 성즉리(性卽理)와 심통성정(心統性情)으로 나누어진다. 성즉리는 도덕적 본성으로 발현된 성(性)과 이(理)가 같은 것이며, 정(情)은 개인의 욕망인 사단칠정으로 나타난다고 보았다. 사단칠정에서 사단(四端)은 도덕적 감정이며 칠정(七情)은 희·노·애·락·애·오·욕과 같은 인간의 기쁘고 슬프고 화나는 일반적 감정이라고 설명했다.

심통성정(心統性情)에서 심(心)은 도덕적 본성과 개인의 욕망을 다스리는 주재자이자, 선택하는 주체로 보았다. 사람의 마음은 도덕적 의무감인 천리(天理)와 인간의 욕망 사이에서 늘 갈등을 일으키므로, 심(心)을 수양해 인간의 욕망을 세거하는 것이 중요하다고 주장했다. 즉 성리학에서 중요하게 여기는 삼강오륜을 실천하기 위해서는 심성(心性)을 기르는 일이 무엇보다 중요하다고 강조한 것이다.

성리학은 심성을 수양하는 방법으로 거경궁리(居敬窮理)를 제시했다. 거경(居敬)은 도덕적 의지와 양심을 확인해 자신이 도덕적 실천의 주체임을 깨닫는 것이고, 궁리(窮理)는 구체적 상황에서 자신의 생각과 행동이 도덕적으로 정당한지를 따져보는 것이다. 궁리를 세우기 위해서는 사물에 관해 연구하는 격물(格物)과 지식을 쌓는 치지(致知)인 격물치지(格物致知)를 소홀히 않고, 늘 연마할 필요가 있다고 보았다.

165

이황, 주리론을 강조하다

#이황이기호발설 #기대승이기겸발설 #주리론현실반영

퇴계 이황은 독학으로 성리학을 깨우친 학자로, 만물 생성의 원리인 이(理)와 변화 원인인 기(氣)가 함께 나타난다는 이기호발설(理氣互發說)을 주장했다. 이황은 이·기를 우주 생성의 2대 요소로 보는 이기이원론에서 이(理)에 비중을 더 두었기에 일반적으로 그의 주장을 주리론이라 부른다.

이황은 무언가를 불쌍히 여기는 '측은지심', 부끄러워할 줄 아는 '수오지심', 겸손하고 양보할 줄 아는 '사양지심', 옳고 그름을 판단하는 '시비지심'으로 이루어진 사단(四端)을 이(理)에서 발현하는 본성으로 보았다. 반면 기쁨(喜), 노여움(怒), 슬픔(哀), 두려움(懼), 사랑(愛), 미움(惡), 욕망(欲)의 칠정은 기(氣)가 발동해 나타난 인간의 감정으로 보았다. 즉 사단은 이가 발동해 나타난 순수한 선(善)이고, 칠정은 기가 발동해 나타난 선악(善惡)으로, 이와 기는 서로 다른 것으로 보았다.

이황은 정지운의 《천명도설》의 내용 중 '사단은 이에서 발하고, 칠정은 기에서 발한다(四端發於理 七情發於氣)'라는 구절을 '사단은 이의 발이고, 칠정은 기의 발이다(四端理之發 七情氣之發)'라고 수정했다. 이에 대해 기대승은 이황에게 편지를 보내면서 사단과 칠정을 구분해서는 안 되며, 이것들이 어느 하나에서 따로따로 나오는 것이 아닌 이·기의 결합으로 이루어진다는 이기겸발설(理氣兼發說)을 주장했다. 기대승의 편지를 받은 이황은 "사단은 이가 발해 기가 따르는 것이요, 칠정은 기가 발해 이가 타는 것이다(四端理發而氣隨之 七情氣發而理乘之)"라며 기대승의 의견을 받아들였다. 그러나 이발(理發)의 주장은 버리지 않았다.

이황은 이기이원론의 입장에서 이(理)와 기(氣)를 서로 다르지만 의지하는 관계로 보았다. 그리고 이가 기를 움직이는 주체라고 보았다. 또한 주리론에 입각해 이는 선한 것만 존재하지만, 기는 사람을 악하게도 만들 수 있다며 이의 중요성을 강조했다. 주리론은 정치에도 적용되어 도덕적 이상주의와 도덕적 명분을 바로 세우면, 잘못된 사회 문제를 해결할 수 있다고 보았다.

이황을 따르는 사람은 영남학파라고 불렸으며, 이후 이들은 남인으로 계승되었다. 구한말에 이황의 주리론은 위정척사 운동의 사상적 배경이 되었다.

166 이이, 주기론을 강조하다

제14대 선조

#이이의학설 #이기일원론 #주기론현실반영

율곡 이이는 만물의 본질인 이(理)와 만물의 현상인 기(氣)가 분리되어 있지 않다고 보았다. 그는 이(理)와 기(氣)는 서로 떨어질 수 없는 관계이기에 서로 다른 것으로 보면 안 된다는 이기일원론을 주장했다.

주리론의 이황이 사단과 칠정을 다른 것으로 해석해 주희의 성리학을 완성했다면, 이이는 사단과 칠정이 하나라고 보았다. 이(理)는 존재 원리지만 형체가 없어 스스로 움직이거나 변할 수 없는 반면, 기(氣)는 형체가 있어 스스로 움직일 수 있다는 '기발이승일도설(氣發理乘一途說)'을 주장했다. 이이의 학설은 주희의 성리학을 완벽하게 이해하는 것을 뛰어넘어 한층 발전시킨 것으로, 조선만의 성리학을 성립하는 데 큰 역할을 했다.

이(理)는 기를 움직이는 법칙에 불과하다며, 기(氣)를 더 중요하게 생각한 이이의 주기론은 현실 문제를 적극적으로 해결해야 한다는 주장으로 연결되었다. 이이는 유생들이 공부와 수양에만 치중하기보다는 실생활의 문제를 해결하려는 의지를 가지고 이를 실전해야 한다고 주장했다. 이이는 주기론을 주장한 만큼, 당시의 사회 현안에 관심을 가지고 여러 가지 해결 방안을 내놓았다. 특히 국방과 조세를 해결하는 방법으로 십만양병설과 대공수미법을 정책에 반영시키고자 노력했다.

이이의 주기론은 기호학파로 이어지다가 서인의 학문적 바탕이 되었다. 조선 후기에 이이의 주기론은 실리를 추구하는 북학사상으로 발전했으며, 구한말에는 개화사상의 사상적 배경이 되었다.

167

붕당이 변질되다

제14대 선조

#붕당의시작 #붕당변천 #붕당정치의변질

붕당이란 조선 중기에 학맥과 정치적 입장에 따라 형성된 집단을 말한다. 붕당은 지방의 중소 지주 출신이면서 성리학을 공부하던 사림파가 정권을 잡으며 시작되었다. 조선 건국과 정변을 주도했던 훈구파들이 부정과 비리를 저지르며 대농장을 형성하자, 이러한 잘못을 바로잡기 위해 사림들이 중앙 정치에 뛰어들었다. 여기에는 사림파를 통해 훈구파를 견제하고자 했던 성종의 의지도 한몫했다. 이후 사림은 서원과 향약을 바탕으로 얻은 민심으로 4번의 사화(무오사화, 갑자사화, 기묘사화, 을사사화)를 이겨내고 조선 조정의 권력을 잡았다.

하지만 훈구파 척결과 기층사회의 문제 해결을 두고 사림파는 동인과 서인으로 나누어졌다. 이황과 조식, 그리고 서경덕의 영향을 받은 사림은 동인이 되었고, 이이와 성혼의 영향을 받은 사림은 서인이 되었다. 그러나 선조에서 현종에 이르기까지 붕당 간의 정쟁이 격해지면서 많은 사건이 벌어지기는 했어도 상호 비판과 견제가 이루어지는 공존은 밑바탕에 깔려 있었다.

붕당의 과정을 살펴보면 선조 때 동인과 서인이 나누어졌고(1575년), 동인은 남인과 북인으로 분화(1591년)되었다. 광해군 때 북인이 정권을 장악했지만, 인조반정(1623년) 이후 서인을 중심으로 남인이 공존하는 형태로 정국이 운영되었다. 현종 때는 두 차례의 예송논쟁에서 서인과 남인이 번갈아 가면서 주도권을 잡았다.

그러나 숙종 이후 붕당정치는 변질되기 시작했다. 숙종은 인현왕후와 장희빈으로 대변되는 3번의 환국을 통해 권력의 중심에 섰다. 숙종의 결정에 따라 붕당이 정계에서 밀려나자, 붕당의 밑바탕을 이루던 공존의 틀은 깨지기 시작했다. 그리하여 권력을 지키기 위해 상대 붕당을 철저히 배제하고 몰아내는 과정에서, 서인은 남인에 강경한 태도를 보이는 노론과 온건한 태도를 보이는 소론으로 나누어졌다.

이복형제였던 경종과 영조를 두고 왕위 다툼을 벌이던 노론과 소론의 정쟁이 심해지자, 영조는 붕당의 폐단을 막는 탕평책을 실시해 왕권을 강화하고자 했다. 하지만 노론에 의해 왕위에 올랐다는 한계를 지닌 영조는 붕당의 폐해를 완전히 막지는 못했다. 영조는 노론에 협조적이지 않던 사도세자를 죽였고, 이 과정에서 노론은 다시 사도세자의 죽음을 동정하는 시파와 죽음을 합리화한 벽파로 나누어졌다.

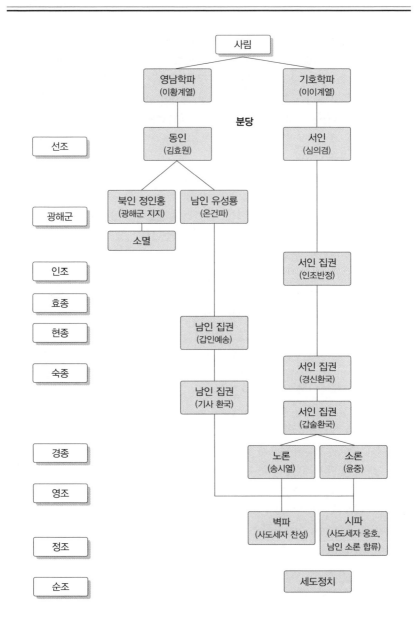

붕당, 동서로 갈라지다

#심의겸오해 #김효원복수 #동서분당

동서 분당은 훈구파 처리와 더불어 피폐해진 사회를 어떻게 복구할지에 대한 의견 차이로 나타났다. 그러나 표면적으로 이러한 분당은 심의겸(1535~1587년)과 김효원(1542~1590년)의 갈등에서 시작되었다. 심의겸은 명종의 비 인순왕후의 동생으로, 병조좌랑과 교리 등의 직책을 맡아 여러 업무를 충실히 잘 수행했다. 명종이 윤원형을 견제하기 위해 심의겸의 외삼촌인 이량을 등용한 적이 있었는데, 명종의 기대와는 달리 이량은 사림파를 공격하며 사리사욕을 채웠다. 심의겸은 외삼촌의 파렴치한 행동에 분노를 참지 못하고, 이량을 탄핵해 유배 보내는 데 큰 역할을 했다. 이때부터 사림은 심의겸의 정의로운 모습에 감탄과 존경을 표했다.

김효원도 청렴결백한 행동으로 젊은 사림을 대표하며 많은 이의 존경을 받고 있었다. 심의겸과 김효원은 사림을 대표하는 청렴하고 강직한 인물이었지만, 둘의 관계는 좋지 않았다. 명종 때 심의겸이 윤원형의 사위인 이조민의 집에 잠깐 들른 적이 있었다. 이때 심의겸은 김효원이 이조민의 집에 거처하며 윤원형의 집에 드나든다는 말을 듣고 큰 실망을 했다. 이후로 심의겸은 김효원을 권세가에 빌붙어 한자리 잡으려는 소인배로 여겼다.

이 둘의 관계가 본격적으로 틀어진 것은 1574년(선조 7년), 이조전랑으로 있던 오건의 후임으로 김효원이 추천을 받으면서였다. 이조전랑은 관직은 낮지만 삼사의 관리를 임명하고 자신의 후임을 추천할 수 있는 매우 중요한 자리였다. 심의겸은 권세를 위해 온갖 짓을 다 하는 소인배 김효원이 이조전랑이 되어서는 안 된다며 반대했다.

김효원은 심의겸의 반대에도 불구하고 이조정랑이 되었지만 자신을 비하한 심의겸에 대한 감정이 좋을 수는 없었다. 그리하여 이듬해 심의겸의 동생 심충겸이 이조정랑으로 추천되자, 이번에는 김효원이 심충경이 인순왕후의 형제인 척신인 것을 내세우며 그의 관직을 반대했다. 심의겸과 김효원이 이조전랑을 두고 충돌하자, 사림들도 누가 옳은지를 두고 갈라졌다.

심의겸에게는 선배 사림들이 주로 모였고, 김효원에게는 후배 사림들이 모였다. 당시 김효원이 경복궁 동쪽 건천동에 살고 있어 사람들은 김효원을 지지한 사림파를 동인이라 불렀고, 서쪽 정릉방에 살던 심의겸을 지지한 사림파를 서인이라 불렀다. 사림파가 나누어져 서로를 헐뜯으며 갈등이 심해지자, 이이는 왕에게 심의겸과 김효원을 외관으로 보낼 것을 건의해 사태를 진정시켰다. 그러나 이 조치는 근본적인 문제를 해결한 것이 아니어서, 이이가 죽자 동인과 서인의 갈등은 더욱 심해졌다.

170

주모의 유혹을 이겨내다

제14대 선조

#주모의유혹 #신사임당꿈 #과거9번합격

율곡 이이의 아버지 이원수가 인천에서 수운판관으로 재직하고 있을 때의 이야기다. 이원수는 봉평에 머물던 신사임당을 만나러 가던 중 날이 저물어 강원도 평창군 대화면의 한 주막에 머물렀다. 이원수가 저녁을 먹고 쉬려는 찰나, 주막의 주모가 술과 안주를 들고 와서 이원수를 유혹했다. 하룻밤만 정을 맺게 해달라는 주모를 보면서 이원수는 신사임당을 떠올렸다. 아내를 만나기 전 다른 여인과 정분을 나누는 것이 내심 미안했던 이원수는 단호하게 주모의 유혹을 뿌리쳤다.

다음날 부랴부랴 길을 떠난 이원수는 신사임당을 만나 부부의 정을 나누며 행복한 시간을 보냈다. 그러나 다시 인천으로 돌아가는 길에 자신을 유혹했던 주모가 계속 떠올라 그 주막을 찾아갔다. 하지만 저번처럼 환대받을 것이란 예상과는 달리 주모는 "상서로운 기운이 넘쳐 아이를 가져보려 했으나, 지금은 그 기운이 보이지 않습니다. 이제는 함께 할 이유가 없습니다."라며 차가운 낯빛으로 이원수를 내쫓았다. 자칫 다른 여인의 몸에서 태어날 뻔했던 그 아이는 조선시대의 대학자였던 율곡 이이(1536~1584년)였나.

신사임당은 강릉 오죽헌에서 이이를 낳던 날 흑룡이 집으로 날아오는 꿈을 꿨다. 꿈이 심상치 않다고 생각한 신사임당은 이이의 아명을 현룡이라 짓고, 이이가 태어난 방을 몽룡실이라 불렀다. 이 이야기는 조선 후기 실학자 이긍익이 쓴 역사서 《연려실기술》에 기록되어 있는데, 이처럼 믿기 어려운 이야기로 이이의 출생에 큰 의미를 부여한 것은 조선시대에 이이가 그만큼 막대한 영향을 미친 큰 인물이었기 때문이다.

당대에 그림과 글로 유명했던 신사임당의 가르침을 받은 이이는 비범한 자질을 세상 사람들에게 자주 보였다. 평생을 공부해도 과거에 합격하지 못하는 사람들이 수두룩했던 시절, 이이는 13세의 어린 나이로 진사시에 합격하며 사람들을 놀라게 했다. 하지만 사춘기에 접어든 16세 때 신사임당이 죽자 이이는 크게 방황했다. 이이는 삼년상을 치른 뒤 모든 공부를 접고 금강산에 들어가 불교에 심취했다. 하지만 곧 마음을 가다듬고 산에서 내려왔다. 이이는 한동안 손을 놓았던 유학 경전을 오랜만에 잡았음에도 공부하지 않은 공백이 느껴지지 않았다. 이후 아버지 이원수의 삼년상을 치렀음에도 불구하고, 29세까지 아홉 차례 과거에 합격하는 유일무이한 기록을 남겼다.

171

율곡 이이, 개혁을 외치다

제14대 선조

#이이개혁안 #혁신적개혁안 #후대정책부활

주기론을 주장하던 이이는 훈구파에 의해 피폐화된 현실을 개혁할 현실적 방안을 제안했다. 이이는 정치·경제·사회 전 분야에 걸쳐 근본적인 문제를 밝힌 다음, 혁신적인 해결 방안을 제시했다. 그는 왕에게도 군주로서 가져야 할 덕목과 자세를 가르치기 위해 《성학집요》를 바쳤다. 책에서 이이는 군주의 덕목이 "임금이 자기 뜻을 버리고 신하들의 공론을 쫓는 데 있다."라며 독단적인 정치를 지양하고 관료들과 의견을 나누어 사안을 결정하는 것이야말로 왕이 지녀야 할 자세임을 강조했다.

이이는 능력이 있어도 관직에 나갈 수 없는 신분제 사회의 폐단도 비판했다. 서얼에게도 과거 응시 기회를 주고, 천민도 능력이 있으면 무관으로 활동할 기회를 주자고 주장했다. 물론 조선 후기의 실학처럼 신분제를 완전히 없애자고 주장한 것은 아니지만, 당시로서는 굉장히 파격적인 주장이었다.

이이는 《만언봉사》를 통해 군역에 대한 문제점을 지적하고 개선을 요구했다. 당시 백성들은 군역을 견디지 못하고 도망치는 경우가 많았다. 쌀이나 베를 내고 군역을 대체하는 방군수포제와 돈을 주고 다른 사람에게 군역을 전가하는 대립제도 만연했다. 이이는 무관들의 녹봉이 책정되지 않고, 6년마다 실시하는 군적의 개정이 제대로 실시되지 않는다고 지적했다. 이를 해결하기 위해 방군수포를 금하고 병조에서 납포제를 관리해 국가 재정을 튼튼히 할 것을 주장했다. 또한 군역을 균등히 할 것을 주장해 훗날 영조 때 균역법이 시행되는 바탕을 만들었다.

이이는 무엇보다도 백성들을 가장 괴롭히던 공납의 폐단을 바꾸고자 했다. 공납이란 지역의 특산물을 가구별로 할당해 세금을 걷는 제도였으나, 16세기는 지역의 특산물 현황과 인구가 제대로 조사되지 않았다. 이를 악용한 관리와 상인이 결탁해 공물을 대신 납부하고 돈을 받는 방납을 통해 이익을 취했다. 관리와 상인이 폭리로 부를 축적하는 만큼, 백성들은 내지 않아도 될 비용까지 부담하며 곤궁한 삶을 살아야 했다. 이이는 이 문제를 해결하기 위해 쌀로 조세를 납부하는 수미법을 주장했고, 이는 훗날 대동법이 시행되는 바탕이 되었다.

이이는 성리학을 완벽하게 이해하는 것을 넘어 누구보다 백성들의 고충을 이해하면서 사회의 여러 문제를 해결하고자 한 관료였다. 비록 이이의 개혁안이 정책에 반영되는 경우는 적었지만, 훗날 후학들에 의해 이이의 대안이 시행되었다는 점에서 이이의 업적은 큰 의미를 가진다.

허난설헌, 불우한 삶을 살다

조선을 대표하는 시인이자 여성 억압을 상징하는 허난설헌(1563~1589년, 본명 초희)은 조선 중기에 태어났다. 성리학에 국한되지 않고 유연한 사고를 지닌 아버지 허엽의 영향으로 허난설헌은 여자라는 굴레를 벗어나 글을 배울 수 있었다. 당시 남자 형제인 허성, 허봉, 허균 또한 뛰어난 문인으로 세상에 알려졌던 만큼, 허난설헌도 수준 높은 교육을 받았다. 특히 둘째 오빠 허봉은 허난설헌의 재주를 높이 평가해 이달에게 가르침을 부탁하기도 했다. 이달은 당나라풍의 시를 잘 지어 삼당파 시인으로 이름을 떨치던 문인이었다. 좋은 스승을 만난 허난설헌은 재능을 마음껏 표출하며 이름을 널리 알렸다. 특히 8세 때 신선이 사는 세계를 시로 표현한 〈광한전 백옥루 상량문〉은 허난설헌의 재주가 얼마나 뛰어났는지를 보여준다.

그러나 여성의 지위가 낮아지던 시대에 태어난 허난설헌의 삶은 매우 불행했다. 15세에 시작된 시집살이는 자유롭게 살던 허난설헌의 목을 죄어왔다. 남편 김성립도 자신보다 뛰어난 허난설헌을 부담스러워하며 밖으로만 나돌았다. 결혼 후 누구도 허난설헌을 따뜻하게 대해주지 않는 상황에서 유일한 버팀목은 귀여운 두 아이뿐이었다. 그러나 삶의 전부였던 두 아이가 전염병으로 죽고, 곧이어 배 속의 아이마저 유산하자 허난설헌은 무너졌다. 여기에 친정아버지와 오빠 허봉의 죽음에 큰 충격을 받은 허난설헌은 23세에 지은 〈몽유광상산〉의 내용처럼 27세라는 젊은 나이에 죽었다.

그녀는 죽기 전 자신의 재주를 원망하듯 자신의 시를 모두 불태워달라고 유언을 남겼다. 그리고 유언에 따라 방 한 칸을 가득 채울 만큼 많았던 시들이 불에 타 사라졌다. 다행히도 5세 아래의 동생 허균이 집에 남아 있던 허난설헌의 시와 자신이 외우고 있던 시를 모아 《난설헌집》을 출간했다. 조선에 온 명나라 사신 주지번은 허난설헌의 시를 보고 감탄하며 이를 중국에서 재출간했는데, 종이 값이 오를 정도로 그 인기가 대단했다고 한다. 1711년(숙종 37년)에는 일본에서도 《난설헌집》이 간행되어 큰 인기를 얻으며, 한·중·일 세 나라에서 베스트셀러가 되었다.

碧海浸瑤海(벽해침요해) 푸른 바닷물이 구슬 바다에 스며들고
青鸞倚彩鸞(청난의채난) 푸른 난새는 채색 난새에게 기대었구나.
芙蓉三九朶(부용삼구타) 부용꽃 스물일곱 송이가 붉게 떨어지니
紅墮月霜寒(홍타월상한) 달빛 서리 위에서 차갑기만 해라.

―〈몽유광상산(夢遊廣桑山)〉

173 정여립의 난으로 1천 명이 억울하게 죽다

#정여립의난 #기축옥사 #1천명을죽이다

정여립(1546~1589년)은 24세라는 젊은 나이로 홍문관 수찬에 오르며 모두의 기대를 받았다. 특히 이이와 성혼은 정여립에 대해 큰 기대를 걸고 그를 여러모로 도와주었다. 그러나 어느 날부터 정여립은 이이와 성혼을 비판하며 동인으로 돌아섰다. 선조가 당파를 바꾼 그의 행동을 비판하자 정여립은 관직을 버리고 전라도 진안 죽도로 내려갔다. 그는 이곳에서 조직한 단체인 대동계에 많은 사람을 가입시키며 황해도까지 조직을 확대했다. 신분에 상관없이 재주만 있으면 누구라도 회원으로 받아들인 대동계는 1587년(선조 20년), 관군이 진압하지 못한 왜구를 물리치며 백성들의 환호를 받았다.

1589년(선조 22년), 황해도 관찰사 한준과 안악군수 이축은 정여립이 이끄는 대동계가 황해도와 호남에서 동시에 서울로 진격해 신립과 병조판서를 살해하고 정권을 잡으려 한다는 상소문을 올렸다. 조선 정부가 즉시 선전관과 의금부 도사를 황해도와 전라도로 파견하자, 정여립은 진안 죽도로 도망쳐 자결했다(또는 살해되었다고 한다). 정여립의 죽음으로 그가 실제 역모를 꾸몄는지는 알 수 없어진 가운데, 정여립의 아들 정옥남이 고문 끝에 길삼봉과 이광수 등과 공모해 역모를 준비했다고 자백했다.

서인은 동인 세력을 제거하고 정권을 잡기 위해 정여립의 모반 사건을 확대했다. 그 결과 정철이 주도한 국문은 3년 동안 이어졌고, 동인 1천여 명이 죽었다. 정여립의 집에서 편지가 발견되었다는 이유만으로 이발과 노모, 그리고 그의 형제와 자식까지도 죽임을 당했다. 이외에도 정여립과 가까이 지낸 많은 인물이 죽었다. 특히 서인은 동인의 존경을 받던 영의정 노수신과 우의정 정언신까지 파직시키며 정권을 장악했다.

하지만 정여립의 역모와 관련된 구체적 증언이나 물증 없이 3년 동안 많은 사람이 희생되자, 정여립이 진짜 역모를 꾀했는지에 대한 의문이 계속 제기되었다. 당시 사건을 맡았던 정철이 선조에게 잘 보이기 위해 옥사를 확대했다는 주장, 서얼 출신인 서인 송익필이 양반의 신분을 갖기 위해 정철을 조종했다는 주장, 선조가 붕당의 갈등을 중재하며 왕권을 강화하려 했다는 주장이 나왔다. 반면 정여립이 《정감록》 속의 '이씨가 망하고 정씨가 나라를 세운다.'는 망이흥정설을 퍼뜨렸다는 점에서 실제로 역모를 준비했다는 주장도 있다.

동인, 남인과 북인으로 나뉘다

#정철의건저문제 #남인·북인의분당 #동인의복수

선조는 왕비 의인왕후에게서 아이를 보지 못하고, 후궁에서만 아들을 낳았다. 선조가 나이 들수록 관료들은 다음 보위를 이을 세자를 결정해달라고 말해야 했으나 누구도 선뜻 나서지 못했다. 선조가 적장자에게 왕위를 넘겨주고 싶은 마음을 너무도 잘 알았기 때문이었다. 그런 가운데 기축옥사를 주관하며 선조의 신임을 받았다고 생각한 좌의정 정철이 우의정 류성룡, 부제학 이성중 등과 논의 끝에 세자 책봉을 건의하기로 했다.

당시 동인 출신의 영의정이던 이산해도 정철의 의견에 동의해 세자 책봉 건의에 힘을 보태기로 했다. 그러나 정철과 정적 관계였던 이산해는 선조가 아끼던 후궁 인빈 김씨의 오빠 김공량과 결탁해 입장을 바꿨다. 정철이 세자 책봉을 빌미로 인빈 김씨가 낳은 신성군을 죽이려 한다는 이산해의 말을 듣고 화가 난 선조는 정철의 관직을 박탈하고, 서인 출신의 윤두수·윤근수도 외직으로 쫓아버렸다.

정철의 세자 책봉을 건의한 건저문제는 기축옥사 때 정철을 중심으로 한 서인들에 대한 동인의 앙갚음이었다. 그러나 이로 인해 동인은 북인과 남인으로 갈라지게 되었다. 서경덕·조식의 영향을 받은 이산해를 중심으로 한 북인은 서인 배척을 주장했고, 이황의 영향을 받은 류성룡·김성일을 중심으로 하는 남인은 서인과의 공존을 주장했다. 결정적으로 정철을 사형에 처해야 한다는 이산해와 유배를 보내자는 우성전이 맞서면서 동인은 북인과 남인으로 완전히 갈라져버렸다.

당시 북인에는 기자헌, 유영경, 이덕형, 이산해, 정인홍, 조목 등이 있었으나, 이들의 학통이 모두 같지는 않았다. 박여룡과 정여립은 이이의 학통을, 유몽인은 성혼의 학통을, 이발은 민순의 학통을, 이산해는 이지함의 학통을, 정인홍과 최영경은 조식의 학통을, 조목은 이황의 학통을 계승하는 등 이들은 모두 다양한 학파로 구성되어 있었다. 반면 남인은 이황의 학통을 이어받은 류성룡·김성일·우성전 등으로 비교적 단일한 세력을 이루었다.

건저문제 이후 류성룡과 김성일이 주축이 된 남인이 정권을 잡았으나 1602년(선조 35년), 류성룡이 임진왜란 당시 화의를 주장했다는 이유로 탄핵당하면서 북인에게 권력이 넘어갔다. 그러나 인조반정으로 광해군이 쫓겨나자 북인은 와해되어 서인과 남인에 흡수되며 사라졌다.

통신사, 다른 말을 전하다

일본을 통일한 도요토미 히데요시는 1585년(선조 18년), 관백에 취임하고 두 달 뒤 조선과 중국을 정복하겠다고 선포했다. 이듬해에는 대마도주에게 조선의 왕이 신하로서 예를 갖추고 일본으로 인사하러 오게 하라는 명령을 내렸다. 더불어 조선이 명나라로 가는 길에 앞장서라고 했다.

대마도주는 선조에게 도요토미 히데요시의 명령을 숨기고 단순히 일본 국왕 즉위를 축하하는 통신사를 파견해달라고 요청했다. 조선이 이를 거부하자 이들은 2년 뒤 일본 국왕 사절단으로 속인 25명을 이끌고 조선을 다시 방문해 재차 통신사 파견을 요청했다. 조선 정부는 논의 끝에 150년 동안 일본과의 교류가 없던 사실을 인정하고, 왜구의 근절과 잡혀간 조선인의 송환을 위해 통신사를 파견하기로 결정했다.

1589년(선조 22년), 정사 황윤길과 부사 김성일, 서장관 허성이 이끄는 통신사는 이듬해 3월 5일 서울을 출발했다. 통신사는 7월 21일 교토에 도착했지만, 도요토미 히데요시가 관동지방 호조 정벌과 천황 궁전 수리를 이유로 만나주지 않았다. 그리하여 3개월이 지난 11월 25일에서야 조선의 통신사는 교토 근처 사카이에서 일본 국왕에게 선조의 국서를 전달할 수 있었다. 사실상 조선의 통신사가 이런 무시를 당한 것은 도요토미 히데요시가 통신사를 복속 사절로 인식했기 때문이었다. 오랜 기간을 기다려서 받은 일본의 답서에 일본의 명나라 침공과 조선의 항복을 받아들인다는 문구가 있자, 김성일은 일본에 답서의 내용을 고쳐달라고 요구했다. 그러나 김성일의 의견은 철저히 무시되었고, 통신사는 아무 소득 없이 1591년(선조 24년) 1월 28일 귀국했다.

조선에 돌아온 정사 황윤길은 현재 일본군의 군율이 엄격하고, 이들이 많은 병선을 준비하고 있으며, 도요토미 히데요시의 안광이 빛나고 담략이 있어 조선이 전쟁에 대비해야 한다고 보고했다. 반면 김성일은 일본에 있는 동안 일본이 조선에 침입할 낌새는 발견하지 못했으며, 도요토미 히데요시는 사람됨이 쥐처럼 볼품없이 생겨 두려울 것이 없다고 주장했다. 이로 인해 조정의 국론이 분열되자 선조는 김성일의 주장을 받아들여 그동안 성을 쌓으며 일본의 침략에 대비하던 일을 중지시켰다. 이후에도 대마도주가 일본이 조선을 침략할 것이라고 알려주었으나 선조는 귀담아듣지 않았다. 결국 조선은 아무런 대비책도 세우지 못한 상황에서 1592년(선조 25년) 4월 13일, 일본의 20만 명 대군이 부산 앞바다에 나타났다.

임진왜란을 살펴보다

제14대 선조

#임진왜란배경 #임진왜란전개과정 #임진왜란영향

조선은 16세기 들어 사화와 당쟁으로 정치와 경제, 그리고 국방이 정상적으로 운영되지 않았다. 그런 가운데 일본에서는 도요토미 히데요시가 100년간의 전국시대의 혼란을 수습하고 일본을 통일했다. 도요토미 히데요시는 지방 영주와 신흥 세력들의 불만을 대륙 침략으로 돌리기로 결정하고, 명을 공격하기 위한 길을 빌린다는 구실로 20여만의 병력으로 조선을 침략했다.

부산포에 상륙한 일본군은 병력을 나누어 한양으로 북상했다. 조선의 국운을 책임진 신립은 충주 탄금대에서 일본군에 맞서 싸웠으나 패했다. 이후 별 저항을 받지 않은 일본군이 한양에 다다르자, 선조는 평양을 거쳐 의주로 도망쳤다. 명나라가 원병을 보내지 않자 불안해진 선조는 명에 망명을 요청했다. 국내의 반발과 명의 비협조로 망명에 실패한 선조는 자신은 의주에 남은 채 광해군을 세자로 책봉해 일본군에 맞서게 했다.

한편 전라좌수사 이순신은 한산도대첩의 승리를 계기로 남해의 해상권을 장악하고 전라도 지역을 지켜냈다. 육지에서는 전국 각지에서 의병이 일어나 왜군의 보급로를 차단하며 일본군에 타격을 주었다. 시간이 흐르면서 관군의 진투력이 향상되어 조선군이 일본군을 상대로 승리하자, 명나라도 입장을 바꿔 원군을 보냈다. 조·명 연합군에게 평양을 빼앗기는 등 수세에 밀린 일본은 명에게 휴전을 제의했다.

3년에 걸친 휴전 회담이 결렬되자, 일본군은 다시 조선을 침략하는 정유재란을 일으켰다. 조선의 육군은 명군과 합세해 왜군의 북진을 저지하고, 이순신이 명량해전에서 큰 승리를 거두며 일본의 침략을 다시 한번 저지시켰다. 전세가 불리해진 가운데 도요토미 히데요시가 죽자 일본군은 본국으로 아무 피해 없이 철수하고자 했다. 그러나 노량해전에서 이순신이 이끄는 조명연합군에게 막대한 피해를 입은 일본군은 소수만이 일본으로 돌아갈 수 있었다.

7년간의 임진왜란은 국내외에 많은 변화를 가져왔다. 조선은 많은 사람이 죽으면서 인구가 급격히 감소했고, 토지는 황폐화되어 국가 재정은 궁핍해졌다. 또한 공명첩을 대량 발급하면서 신분제가 크게 변동되었으며, 불국사와 경복궁 등 많은 문화재가 불에 타거나 약탈당했다. 일본에서는 도쿠가와 이에야스가 권력을 잡고 에도막부를 세웠다. 에도막부는 조선을 상대로 통신사 파견과 국교 재개를 성공시키며 일본의 안정을 가져왔다. 명은 조선에 원군을 파병하는 과정에서 군사적·경제적 부담과 정치의 부패로 국력이 약화되었고, 여진족은 누르하치에 의해 통합되면서 급속한 성장을 이루었다.

177 조선군의 비밀병기, 편전

제14대 선조

#조선의대표무기 #조선의비밀병기 #편전의우수성

중국은 넓은 대륙에서 말을 타고 창을 휘두르며 싸웠고, 일본은 산지와 해안가가 많은 특성상 칼을 사용해 전쟁을 벌였다. 반면 우리나라는 국토 대부분이 화강암으로 이루어진 산이어서, 북방 민족의 대규모 군대를 막아내기 위해 산성에 들어가 활을 사용해 전쟁을 치렀다. 지역의 특성에 맞게 중국은 창, 일본은 칼, 그리고 우리나라는 활이 각국을 상징하는 무기가 되었다.

조선은 주력 무기인 활을 만들기 위해서 소뿔이 필요했다. 그러나 조선의 황소 뿔은 짧아서 동남아시아의 물소 뿔을 수입해야 했다. 세조 때는 원활한 무기 공급을 위해 물소를 국내에서 키워보려 했지만, 소들이 우리나라 기후에 적응하지 못하면서 실패했다. 어쩔 수 없이 명나라에서 물소 뿔을 구입하려 했지만, 조선이 군사 강국이 되는 것을 경계한 명이 수출에 제한을 걸어 이마저도 쉽지 않았다.

활을 만들 재료가 부족하다는 한계는 우리만의 비밀병기인 편전이라는 신무기를 만들어냈다. 조선 후기 실학자 이덕무는 《청장관전서》에서 고려시대에 몽골군을 맞아 병기가 떨어지자 화살을 넷으로 잘라 통편으로 쏜 것이 편전의 시작이었다고 밝히고 있다. 편전은 반으로 쪼갠 대나무 통에 24~36cm 정도의 짧은 활을 넣어 쏘는 것으로, 1,200m까지 날아갔다고 한다. 하지만 실제로는 500m 정도의 사정거리를 가졌을 것으로 추정하고 있다. 그래도 일반 활과 비교하면 편전은 엄청나게 긴 사정거리를 자랑했다.

조선 중기 문신 정탁은 자신의 문집에 '편전은 관통력도 우수해서 30~40보에서는 2명을 쓰러트리고, 100보까지는 1명을 쓰러트릴 정도로 조총의 위력에 맞먹는다.'고 기록했다. 실제로 화살을 보내는 데 필요한 작은 나무통 통아가 적군의 시선을 빼앗는 사이, 활시위를 떠난 화살은 빠른 속도로 적군의 목숨을 빼앗았다.

그 결과 편전은 조선시대에 큰 위력을 발휘했다. 만주족과 왜구는 우리가 긴 화살을 쏘면 무서워하지 않았으나, 편전을 사용하면 두려움에 감히 전장에 나서지 못했다. 편전의 위력이 강한 만큼 조선은 편전의 제조법과 활용법이 주변국에 알려지는 것을 막았다. 공식적인 자리에서 훈련하지 않을 정도로 편전을 귀중한 비밀병기로 여겼다. 그러나 양난 이후 조총의 위력이 활을 능가하면서, 조선 역시 편전보다는 조총을 제작하고 사용하기 시작했다.

임진왜란 당시 조선은 훈련도감을 통해 중앙군을 증강하는 동시에 지방에서도 무너진 군 체제를 바로잡고자 했다. 1594년(선조 27년), 조선은 류성룡의 건의를 받아들여 명나라 명장 척계광이 저술한《기효신서》를 바탕으로 지방의 군대인 속오군을 창설했다. 그리하여 황해도를 시작으로 전국적으로 속오군이 만들어졌고, 이는 정유재란 당시 왜군을 막는 데 큰 효과를 가져왔다.

속오군은 최고 지휘관 영장(營將) 아래 영(營)-사(司)-초(哨)-기(旗)-대(隊)로 편제되었다. 정묘호란 이후로는 영장에게 군사권만 부여해 강력한 군대를 만드는 데 전력을 다하도록 했다. 물론 시간이 흐르면서 재정 부족으로 속오군이 제 역할을 하지 못하자, 효종 이후 일부 지역은 수령이 영장을 겸임해 속오군을 통솔하기도 했다.

속오군은 병농일치 원칙 아래 병사를 모집했는데, 1개의 영은 대략 2,500여 명으로 구성되었다. 조선은 속오군이 평상시에는 자신의 생업에 종사하다가 유사시에 소집되어 군인으로 활동하게 했다. 그리고 백성들의 참여를 높이기 위해 지역민을 하급 군관인 초관·기총·대총에 임명하는 등 동기부여에 노력을 기울였다.

속오군에 천민이 편성되면서 백성에 대한 국가의 지배력은 높아졌지만, 양반들은 천민과 함께 군인으로 복무하는 것을 기피했다. 시간이 흐를수록 양반들이 속오군에 참여하지 않자, 가난한 양민과 천민만이 속오군에 편제되었다. 더욱이 중앙의 5군영과 지방의 감영·병영에서 속오군에 편제된 사람을 또다시 군보(軍保)로 편성해, 군포를 거두는 관행이 잦아지자 여기저기서 불만이 속출했다.

결국 양반부터 천민 모두가 속오군을 기피하자 신분이 낮거나 가난한 사람만이 군에 복무하는 현상이 일어났다. 또한 속오군을 직접 통솔하는 영장의 권한이 축소되고, 수령이 영장의 업무를 겸임하는 일이 늘어나면서 속오군은 군대의 기능도 상실했다. 속오군이 군포만 납부하는 군대로 전락하면서 조선은 군인 없는 나라가 되었고, 구한말 열강의 침략에 제대로 대처하지 못하는 모습을 보이게 된다.

179　거북선, 일본군을 벌벌 떨게 하다

제14대 선조

귀선이라고 불리는 거북선에 대한 최초의 기록은 1413년(태종 13년)에 나온다. 태종이 임진강 나루를 지나다가 거북선이 왜선과 싸우는 것을 보았다는 기록을 보아, 거북선은 고려 말부터 존재했던 것으로 추정된다. 1415년(태종 15년)에는 탁신이 거북선은 많은 적과 충돌해도 적이 능히 해하지 못한다며 거북선을 승리의 도구로 삼으라는 상소를 올렸다는 기록도 나온다. 임진왜란에서 이순신이 고안하고 나대용이 건조한 거북선과 조선 초 기록 속의 거북선이 직접적인 관계가 있는지는 아직 밝혀지지 않았지만, 어느 정도의 연관성이 있음을 짐작하게 한다.

거북선의 실제 모습과 구조는 기록이 남아 있지 않아 정확하게 알 수는 없다. 그러나 《선조수정실록》에 의하면 거북선은 판옥선 위에 판목을 깔아 갑판을 거북의 등처럼 만들고, 군사가 다닐 수 있는 좁은 길을 제외한 부분에는 칼과 송곳을 꽂아두었다고 한다. 거북선 머리와 좌우 양측에 대포가 있었고, 꼬리에도 총구멍이 있어 거북선은 사방의 적을 공격할 수 있는 최강의 무기였다.

거북선은 빠른 속도로 판옥선에 접근해 백병전을 벌이는 일본군의 전투 방식에 효과적으로 대응할 수 있었다. 여기에 적진 한가운데로 돌진해 왜선과 충돌하거나, 전후 좌우로 대포를 쏘아 적선을 격침시키는 거북선은 조선 수군이 승리하는 데 없어서는 안 될 최고의 무기였다. 그럼에도 조선이 더 많은 거북선을 건조하지 않은 이유는 거북선이 넓은 시야가 확보되지 않아 활동 반경이 넓지 않았고, 갑판을 다양한 용도로 활용할 수 없다는 단점 때문이었다.

임진왜란 때 거북선이 참전한 첫 전투는 1592년(선조 25년)의 사천전투였다. 이 전투에서 거북선의 효용 가치를 확인한 이순신은 주요 전투마다 거북선을 활용하는 전술을 펼쳤다. 일본군은 거북선의 막강한 화력에 전의를 상실했고, 멀리서라도 거북선이 보이면 도망치기에 바빴다.

그러나 해전에서 절대 침몰하지 않을 것 같던 거북선은 우수한 무기보다 그 무기와 군대를 통솔하는 지휘관의 자질이 더 중요하다는 사실을 보여주었다. 일본의 계략으로 이순신이 하옥되고 그 자리를 차지한 원균은 거북선을 포함한 160여 척의 전함을 이끌고 부산으로 향하던 중 칠천량해전에서 거북선을 포함한 모든 수군을 잃었다. 반면 다시 복귀한 이순신은 거북선이 없는 상황에서도 명량대첩이라는 큰 승리를 거두었다.

왜군의 보급로를 끊다

#한산도대첩 #일본해상권잃다 #전쟁판도바뀌다

이순신이 이끄는 조선 수군은 패배를 모르던 일본을 상대로 옥포·당포 해전에서 승리를 거두었다. 남해 지역에서 이순신이 이끄는 조선 수군의 승리는 일본의 호남 진출을 가로막는 것에 그치지 않았다. 일본 본토에서 오는 군수물자의 보급도 어렵게 만들었다. 일본은 이순신이 이끄는 조선 수군을 섬멸하지 않고서는 북쪽으로 한 발자국도 진군할 수 없었다.

1592년(선조 25년) 7월, 일본은 호남 지역 점령과 군수물자 보급로를 확보하기 위해 대규모의 수군으로 조선 수군과 결전을 벌일 계획을 세웠다. 일본군 사령관 중 한 명인 와키자키는 1,600명의 병력으로 전라감사 이광이 이끄는 5만 명의 군대를 이긴 장수였다. 조선군을 상대로 벌인 전투에서 승리에 도취한 와키자키는 군공을 독차지하기 위해 가도 요시아키와 구키 요시타카 등 다른 장수와 공동 작전을 펴지 않고 독자적으로 73척의 배를 이끌고 단독 출전했다.

일본군의 동향을 살피던 이순신은 73척의 왜선이 출발했다는 정보를 입수하고 전라우수사 이억기와 공동 출전했다. 중간에 경상우수사 원균이 이끄는 7척이 합류해, 조선 수군은 총 55척의 배로 한산도에 도착했다. 일본 수군이 폭이 좁고 암초가 많은 견내량에 있는 것을 확인한 이순신은 왜선에 비해 속도가 느린 조선 수군의 판옥선으로는 견내량의 좁은 바다보다 한산도의 넓은 바다가 전투에 유리하다고 판단했다.

이순신은 판옥선 5~6척으로 견내량에 있던 일본군을 한산도로 유인하는 작전을 펼쳤다. 함정인지도 모르고 조선 수군을 얕본 채 한산도로 모든 배를 끌고 나온 일본군을 이순신과 조선 수군은 학익진 전법으로 포위하고 집중 포격을 가했다. 전투 결과 왜선 47척이 격침되고 12척이 나포되었다. 이 한산도대첩의 승리로 수세에 몰리던 조선은 임진왜란의 판도를 바꾸었다. 해상권을 잃은 일본은 이후 전쟁 물품 보급에 어려움을 겪으며 평양성에서 한 발자국도 위로 올라가지 못했다. 그리고 전국 각지에서는 한산도대첩의 승리 소식에 용기를 얻은 백성들이 의병과 관군에 지원해 일본군에 맞서 싸웠다. 또한 명나라도 한산도대첩의 승리 소식을 듣고, 조선이 일본과 한 편이 아니라는 확신을 갖고 원군을 파병했다.

181

조헌, 목숨으로 호남을 지켜내다

제14대 선조

#의병장조헌 #금산성전투 #김포우저서원

김포에서 태어난 조헌(1544~1592년)은 22세에 성균관에 입학해 2년 뒤 관직에 나갈 정도로 우수한 인재였다. 율곡 이이 밑에서 현실적인 사회 문제를 해결하는 것이 중요하다고 배운 조헌은 늘 직선적으로 개혁을 강조했다. 그는 사치 풍조를 없애기 위해 신분에 상관없이 모두 평등하게 옷을 입자고 주장하는 등 당시로서는 받아들이기 힘든 주장도 서슴지 않고 발언했다. 선조에게도 궁중 황실에서 봉향 관행을 폐지할 것을 요구하는 〈논향축소〉 등의 충언을 올리다가 관직에서 쫓겨나기도 여러 번이었다.

옥천에서 후학을 양성하던 조헌은 임진왜란이 일어나자 의병을 조직했다. 평소 덕망이 높던 조헌이었기에 순식간에 1,600명 이상이 모여들었다. 조헌은 자신을 믿고 찾아온 의병을 데리고 청주성 수복에 공헌하며 백성들에게 희망과 용기를 주었다.

조헌의 청주성 수복은 임진왜란 초기 대단한 성과였으나, 충청도 순찰사 윤국형이 조헌의 전공을 시기해 온갖 방법으로 군공을 축소하고 활동을 방해했다. 심지어 조헌의 의병부대를 해산시키는 바람에 700여 명만 남게 되었다. 하지만 조헌은 억울함과 분통함에 좌절하기보다는 남은 병력을 데리고 일본군과 싸우는 데 전력을 다했다.

고바야카 다카가게가 이끄는 일본군이 군량 확보를 위해 호남으로 들어가는 길목인 금산을 공격한다는 소식을 접한 조헌은 의병을 이끌고 금산으로 향했다. 당시 의병장 고경명이 전사하고 관군이 후퇴하는 상황이었음에도 조헌은 주저함이 없었다. 전라도 관찰사 권율과 공주목사 허욱이 당장 일본군에 맞서기보다는 전열을 갖춘 뒤 협공하자고 제의했으나, 조헌은 지금 막지 않으면 기회가 없다며 제의를 거부했다.

조헌이 금산으로 향하는 길에 합류한 부대는 오로지 영규 스님이 이끄는 800명의 승병뿐이었다. 의병과 승병으로 구성된 1,500여 명만 금산성에 온 것을 확인한 일본은 자신만만하게 공격을 시작했다. 조헌과 영규 스님을 비롯한 의병은 3번에 걸쳐 일본군의 공격을 막아냈지만, 결국 화살을 비롯한 무기가 떨어지면서 더는 전투를 치를 수 없었다. 그러나 그 누구도 전장에서 도망치지 않고 최후의 순간까지 일본군에 맞서 싸웠다. 그 결과 일본군은 금산성 전투에서 승리했지만 막대한 피해를 입었다. 결국 일본군은 호남으로 진격할 병력을 금산에서 잃어버리고 옥천으로 퇴각했고, 조선의 최대 곡창지대인 호남은 지켜질 수 있었다. 1617년(광해 9년), 조정은 조헌이 태어난 곳에 유허 추모비를 세워 조헌을 위로하고 1675년(숙종 1년), 숙종은 그 자리에 세워진 서원에 '우저서원'이란 사액을 내렸다. 흥선대원군이 전국의 서원을 철폐할 때도 우저서원은 남겨놓을 정도로 조선 정부는 조헌의 충성심을 높게 평가했다.

182 명군의 오만함이 패배를 부르다

임진왜란 초기 일본군은 빠른 속도로 한양으로 올라왔다. 일본군이 신립 장군이 이끄는 조선군을 충주 탄금대에서 크게 격파하고 18일 만에 한양을 점령할 동안 선조와 조정 관료는 백성과 나라를 버리고 도망치는 데만 급급했다. 개성에서 평양, 그리고 의주까지 도망치면서 선조가 한 것이라곤 백성을 버리지 않겠다는 거짓말뿐이었다.

도망치던 선조는 명나라에 원군을 요청했지만, 명은 별다른 저항 없이 한양을 내준 조선을 의심하며 원군 파병을 주저했다. 다행히 이순신 장군의 한산도대첩과 의병들의 활약 소식이 들리자, 그제서야 명은 일본과 조선이 한 편이 아님을 믿고 원군을 파병했다. 물론 조선을 도와주겠다는 이유보다는 일본군이 명나라 영토로 들어오기 전에 조선에서 전쟁을 끝내겠다는 목적이 가장 컸다.

일본군을 우습게 본 명나라는 랴오양 부총병 조승훈에게 5천 명의 병력을 주고 조선을 도와주게 했다. 적은 병력에 아무 준비도 없이 전투에 임한 명나라군은 일본군에 처참하게 패배했다. 이에 놀란 명나라는 4만 3천 명의 대규모 군대를 파병했다. 일본군은 조선의 추위와 군수물자 보급의 어려움으로 굶주리다가, 조·명 연합군의 공격을 받자 제대로 저항 한 번 못하고 평양성에서 후퇴했다. 평양성 전투에서 1만여 명의 일본군을 죽인 이여송은 승리에 자만하고 남쪽으로 군대를 급하게 이동시켰다.

전열을 가다듬고 내려가자는 조선의 말을 무시한 이여송은 그들의 주력군인 포병 없이 기마병만 이끌고 일본군을 쫓았다. 그러나 평양성에서의 패배로 별다른 저항을 못할 것이라는 예상과 달리 왜장 고바야가와가 이끄는 4만 명의 일본군은 벽제관에서 남쪽으로 3km 떨어진 숫돌고개 여석령에 진지를 구축하고 명나라 군대를 기다리고 있었다.

승리의 도취감에 척후병도 보내지 않고 무리하게 남하하던 명나라 군대는 철저한 준비를 마친 일본군의 공격에 맥을 못 추고 큰 패배를 당했다. 이 과정에서 이여송은 부장 이유승의 희생으로 간신히 전장에서 도망칠 수 있었다. 일본군은 명군을 쫓다가 명나라 부총병 양원이 이끌고 오는 원군을 보고 혜음령에서 회군했다. 여석령(벽제관) 전투 이후 명나라 군대는 개성으로 물러났고 일본군과의 전투를 회피했다.

조선은 한양 점령에 참여하라는 이여송의 명령에 무리가 있다고 판단하고 따르지 않은 도원수 김명원 덕분에 군대를 유지할 수 있었다. 반면 명나라군과 한양을 탈환하기 위해 행주산성에 주둔하다 고립된 권율 장군은 우키다가 이끄는 3만 명의 왜군을 맞아 고전 끝에 승리했다. 이로써 승부의 추가 어느 쪽으로도 기울어지지 않으면서, 임진왜란은 장기전으로 이어졌다.

183 임진왜란 중 반란이 일어나다

제14대 선조

#이몽학의난 #이덕형의위기 #억울한김덕령

이몽학(?~1596년)은 젊은 시절 불량한 행동으로 집에서 쫓겨나 충청도와 전라도를 떠돌아다녔다. 그는 임진왜란 중 한현 휘하에서 장교가 되어 활동했는데, 이몽학의 지도력에 많은 백성이 따랐다. 이몽학은 이를 바탕으로 한현과 함께 홍산 도천사에서 동갑회라는 비밀결사를 조직하고 반란을 준비했다.

1596년(선조 29년), 이몽학은 스스로를 승속장군이라 칭하며 의병장 김덕령과 도원수 및 병사와 수사들이 자신들과 함께하기로 했다는 거짓말로 난을 일으켰다. 이몽학의 반란군은 홍산현을 시작으로 임천·정산·청양·대흥현 등 여섯 고을을 순식간에 함락하며 기세를 올렸다. 그러나 이몽학의 반란군은 홍주를 점령하지 못하면서 난관에 부딪혔다. 홍주 목사 홍가신과 수사 최호가 홍주성을 잘 방어하는 가운데, 충청병사 이시언, 어사 이시발, 중군 이간이 이몽학의 난을 진압하기 위해 군을 이끌고 홍주성으로 향했다는 소식이 전해졌다.

홍주성에서 관군의 포위를 당할 위기에 처한 이몽학은 급히 덕산으로 군대를 철수했다. 이 과정에서 잡혀 있던 홍산현감 윤영현이 도망쳐 나와 반란군에 내분이 발생했다고 보고했다. 관군은 이를 이용해 이몽학의 목을 베어 오면 반란에 가담했어도 상을 내리겠다고 약속했다. 관군의 약속을 믿은 임억명과 김경창이 이몽학의 목을 베자 반란군은 와해되어 버렸다. 수천 명의 병사를 거느리고 홍주에 주둔하던 한현도 홍가신에게 잡혀 처형당하면서 이몽학의 난은 진압되었다.

이몽학의 난으로 한양에서는 33명이 압송되어 처형되었고, 외방에서는 100여 명이 처형되었다. 반란의 근거지였던 홍산현은 강등되어 부여에 속하게 되었고, 도천사는 불태워졌다. 왜군을 벌벌 떨게 하던 김덕령은 이몽학이 이름을 거론했다는 것만으로 처형되었고, 이덕형은 거적을 깔고 40일 동안 용서를 빈 끝에 처벌을 면할 수 있었다. 충청도 일대에서는 병사 또는 수사라 칭하면서 아무 죄도 없는 사람을 반란군이라 속여 포상을 노리는 관리도 많았다. 심지어는 불법으로 사람을 체포하고 법적 절차 없이 임의로 처형했다. 이들은 억울하게 처형된 사람들의 재물도 빼앗았다.

일본은 명나라와 휴전 협상이 결렬되자 다시 조선을 침략하고자 했다. 그러기 위해서는 일본 본토에서 군대와 보급물자를 가져와야 했으나, 이순신이 이끄는 조선 수군이 바다를 장악하고 있는 이상은 불가능했다. 일본은 제일 큰 난제인 이순신과 조선 수군을 제거하기 위해 요시라를 통해 가등청정의 함대가 가덕도에 정박한다는 거짓 정보를 흘렸다. 일본 계략에 속은 조선 정부는 이순신에게 가덕도 출정을 명령했지만, 이것이 일본의 함정임을 간파한 이순신은 출정을 거부했다. 이를 괘씸하게 여긴 선조와 이순신을 시기하는 관료들의 모함으로 이순신은 백의종군하게 되었다. 그리고 이순신 대신 원균이 이끈 조선 수군이 일본의 꾐에 빠져 칠천량에서 전멸하면서 제해권은 일본에게 넘어갔다.

류성룡의 건의로 삼도수군통제사로 복귀한 이순신에게 남은 배라곤 칠천량해전에서 배설이 도망치면서 가져온 12척(또는 13척)이 전부였다. 이순신은 절망적인 상황에 포기하지 않았다. 연안 고을을 다니며 흩어진 장수와 병사들을 모으고 군량과 무기를 마련했다. 그러나 수군의 재건이 어려울 것으로 판단한 조정은 이들에게 육군에 합류하라 명령했다. 하지만 이순신은 "전선의 수는 비록 적지만 신이 죽지 않는 한 적은 감히 우리를 업신여기지 못할 것입니다."라며 명량에서 왜군에 맞설 준비를 했다.

1597년(선조 30년) 9월, 이순신은 물살이 매우 빠르고 해협이 좁은 명량에서 전선 12척과 전선으로 위장한 피난선 100여 척으로 일본 수군이 이끄는 133척에 맞섰다. 왜선이 조선 수군을 향해 빠른 속도로 다가오자, 이순신은 일자진으로 왜선을 향해 총통을 쏘았다. 당시 모습은 조선 수군이 언제 전멸해도 이상하지 않을 정도로 심각한 위기의 상황이었다.

안위가 이끄는 배에 왜선 3척이 붙어 위기에 처하자, 이순신은 과감히 화포를 발사해 왜선을 침몰시키는 등 강렬하게 저항했다. 조선 수군이 분전하며 버티는 사이 물길은 왜선을 향해 매서운 속도로 흐르기 시작했다. 왜선은 조선 수군을 향해 다가가고자 열심히 노를 저을수록 빠른 물살에 제자리만 맴돌았다. 마침 왜장 구르시마의 시신을 발견한 조선군은 배의 높은 곳에 그의 목을 걸고 왜선을 향해 나아갔다. 빠른 물살에 가속도를 얻은 판옥선에 부딪힌 왜선은 산산조각 부서져 수장되었다. 완전히 역전된 판세에 다급해진 왜군은 도망가려고 방향을 바꾸는 순간 서로 부딪치며 더 큰 피해를 보았다. 결국 총 133척 중 31척이 침몰하는 큰 피해를 당한 일본군은 패퇴할 수밖에 없었다. 이로써 명량해전으로 다시 제해권을 잃은 일본은 조선 정복을 포기하게 된다.

185

이순신, 모든 것을 걸다

#노량대첩 #임진왜란마지막전투 #이순신죽음

도요토미 히데요시가 죽자 조선에 건너온 일본군은 하루라도 빨리 본토로 돌아가고 싶었다. 일반 병사들은 고향이 그리웠고, 장수들은 도요토미 히데요시의 죽음으로 공백이 된 권력을 장악하기 위해 마음이 급해졌다. 특히 이순신과 명나라 수사제독 진린에 의해 일본으로 가는 퇴로가 막혀 순천에 머물고 있던 고니시 유키나가는 더욱 초조했다.

고니시 유키나가는 자력으로 조선을 빠져나갈 수 없다 판단하고, 남해 일대에 분산된 왜군을 하나로 모아 본토로 돌아갈 계획을 세웠다. 우선 고니시 유키나가는 명군에게 많은 뇌물을 바치고, 통신선 1척을 순천왜성 밖으로 내보냈다. 통신선은 고성, 사천, 남해에 주둔하던 일본군에게 같은 날 같은 시간에 노량 바다로 모이라고 일렀다. 그렇게 노량 바다에 모인 왜선은 500여 척에 6만 명에 달하는 병력이었다.

이 소식을 접한 이순신은 1598년(선조 31년) 11월 18일, 조선 수군 83척과 명나라 수군 63척, 총 146척에 2만여 명의 군대를 이끌고 노량 바다로 출정했다. "이 원수만 무찌른다면 죽어도 한이 없습니다(此讐若除死則無憾)."라고 외친 이순신과 조선 수군은 맹렬한 기세로 왜선을 향해 공격을 퍼부었다. 다음 날 새벽까지 이어진 전투에서 이순신은 위기에 빠진 명나라 제독 진린을 구하면서도 왜선 200여 척을 침몰시키고 100여 척을 나포했다.

숫자만 믿고 일본으로 한꺼번에 도망가려던 일본군은 노량해전에서 크게 패하고 관음포 방면으로 도망쳤다. 그러나 이순신은 일본군의 잔당을 쫓는 과정에서 왜군이 쏜 총탄에 왼쪽 가슴을 맞았다. 죽어가는 과정에서도 아군의 사기가 떨어질 것을 우려한 이순신은 "나의 죽음을 알리지 말라."라는 말을 남기며 전사했다. 모두가 일본군을 그냥 보내주자고 주장할 때, 이순신만이 일본군은 그냥 보내주면 곧 다시 돌아올 것이라며 전투에 임했다. 그렇게 안타깝게도 이순신은 마지막 전투에서 목숨을 잃었다. 하지만 이순신의 주장처럼 노량해전이 있었기에 300년 동안 일본은 조선을 감히 넘보지 못했다.

186

여진족의 참전을 거부하다

제14대 선조

#누르하치여진족통합 #여진족참전 #명의거절

1592년(선조 25년)에 임진왜란이 발발하자 조선 조정은 일본군을 맞아 도망치기에 바빴다. 선조는 백성을 챙기고 위기를 극복하려 하기보다는 나라를 버리고 명나라로 망명할 준비만 했다. 다행히 이순신이 연전연승하며 바다를 장악하고 의병이 왜군을 물리치면서 전쟁의 양상이 바뀌었다. 그러나 벽제관 전투에서 일본군에 대패한 명나라는 휴전이라는 소극적인 자세로 전쟁을 매듭지으려 했다.

이런 가운데 여진족에서 통합의 움직임이 일어났다. 명나라의 간섭과 조선의 견제로 하나로 통합되지 못하고 여러 부족으로 나뉘어 살아가던 여진족에서 누르하치가 등장했다. 누르하치의 할아버지와 아버지가 명나라를 도와 같은 여진족을 토벌하다 억울하게 죽자, 누르하치는 명나라에 복수를 다짐하며 건주여진을 통합했다. 그리고 점차 세력을 확대하며 무서운 속도로 성장했다.

1598년(선조 31년), 누르하치는 명나라 장수 형군문에게 2만 명의 병력을 파견해 조선을 돕겠다는 의사를 밝혔다. 정유재란에서 일본군에게 큰 피해를 보았을 뿐 아니라, 전쟁이 언제 끝날지 모르는 상태에서 여진족의 참전 소식은 조선에게 가뭄의 단비와 같았다. 특히 병력 대부분이 기병으로 구성되어 기동력이 뛰어났던 여진족의 군대는 분명 전쟁에 큰 도움이 될 것이 확실했다. 형군문은 누르하치의 참전 의사를 칭찬하며 허락하겠다는 뜻을 보였다.

그러나 명나라 사신 양포정은 여진족이 전쟁에 참여하면, 명나라와 조선의 내부 사정을 여진족이 너무 자세히 알게 될 것이라며 여진족 참전을 반대했다. 명은 세력이 커져가는 여진족이 명과 조선의 약점을 알게 되면 분명 후환거리가 될 것이라며, 형군문에게 여진족 참전을 허락하지 말라고 설득했다. 형군문은 양포정의 의견을 받아들여 여진족의 참전을 거부했다.

실제로 누르하치는 임진왜란 참전을 통해 자신들의 힘을 점검하는 동시에 국제 사회에 여진족의 위상을 보여주고 싶은 마음이 컸다. 동시에 임진왜란에서 얻은 군공으로 자신에게 합류하지 않은 나머지 부족을 통합하고자 했다. 양포정이 누르하치의 의도를 제대로 파악하고 파병을 막았지만, 이것은 단지 여진족의 중국 진출 시기를 늦춘 것에 불과했다. 몇십 년 뒤 조선은 정묘호란과 병자호란을 통해 여진족이 세운 청에 복종했고, 명은 멸망했다.

187

이순신은 가장 위대한 제독이다

제14대 선조

#이순신생애 #이순신연승 #이순신영의정추증

이순신(1545~1598년)은 기묘사화로 할아버지가 죽은 뒤 입신양명에 뜻을 버린 아버지를 따라 한양에서 충남 아산으로 내려가 살았다. 이순신은 28세라는 늦은 나이로 무과에 도전했으나, 시험 도중 말에서 떨어지면서 탈락의 아픔을 맛보았다. 그러나 포기하지 않고 꾸준히 무예를 연마한 끝에 32세라는 늦은 나이로 무과에 급제했다.

이순신은 함경도 조산보 만호로 근무하던 중 여진족의 공격을 막아내지 못하고 백의종군하는 처벌을 받았다. 이순신의 잘못이라기보다는 병사 이일이 병력을 보충해달라는 이순신의 요구를 들어주지 않은 것이 가장 큰 패인이었다. 그러나 이때의 경험은 임진왜란 당시 이순신이 조정에 의지하지 않고 스스로의 노력으로 군량과 무기를 확보해 일본군에 맞서는 밑바탕이 되었다.

1589년(선조 22년)에 이산해의 추천으로 다시 관직에 오른 이순신은 이상하다 싶을 정도로 빠르게 승진했다. 그는 정읍현감에 이어 진도군수, 그리고 1591년(선조 24년)에는 전라좌도 수군절도사가 되었다. 이는 파격적인 인사 처리였지만 조선을 구하라는 하늘의 뜻이기도 했다. 드디어 군대 운영을 자유롭게 행사하게 된 이순신은 일본의 침략을 예상하며 군비와 전함을 확충하는 등 전쟁 대비에 나섰다.

그 결과 관료 대부분이 임진왜란이 발발하자 무기와 백성을 버리고 도망친 것과 달리 이순신은 일본군을 막기 위해 경상도로 출정했다. 6월 16일(음력 5월 7일), 옥포에서 왜선 30여 척을 격파한 첫 승리를 시작으로, 이순신은 치밀한 계획과 빠른 공격을 통해 일본군을 상대로 연승을 거두었다. 8월 14일, 한산도대첩에서 승리해 제해권을 장악한 이순신은 수군 본영을 한산도로 옮겨 일본의 보급로를 차단했다.

1597년(선조 30년), 일본은 이순신을 제거하기 위해 요시라를 통해 가토 기요마사가 조선으로 재출병한다는 거짓 정보를 흘렸다. 조정은 이순신에게 출정을 명했지만, 이것이 일본의 함정임을 간파한 이순신은 명령에 따르지 않았다. 이로 인해 이순신은 백의종군하게 되었고, 조선 수군은 칠천량해전에서 전멸했다. 이에 놀란 조정이 이순신을 다시 복직시켜 전라도 해안으로 올라오는 일본 수군을 막게 했다. 이순신은 12척의 배로 진도 명량에서 큰 승리를 거두며 다시 한번 일본의 야욕을 좌절시켰다.

정유재란의 실패와 함께 도요토미 히데요시가 죽자, 이순신은 명나라 수군과 함께 본국으로 돌아가는 일본군을 노량에서 크게 격파했다. 그러나 이 과정에서 가슴에 적의 탄환을 맞아 죽음을 맞이했다. 이순신은 사후 시호로 '충무'를 받고, 1793년(정조 17년)에 영의정으로 추증되었다.

188 일본에 대한 보고서를 책으로 간행하다

제14대 선조

#일본이기억하는강항 #간양록금서 #통신사필독서

강항(1567~1618년)은 우리에게 잘 알려진 인물은 아니다. 하지만 일본에게는 성리학을 알려준 매우 뛰어난 성리학자로 기억되는 인물이다. 강항은 임진왜란 중인 1593년(선조 26년)에 문과에 급제해 형조좌랑으로 근무하다 휴가를 받아 고향 영광에 잠시 내려왔다. 휴식을 취하던 도중 정유재란이 일어나자, 강항은 남원으로 달려가 일본군과 싸웠다. 그러나 일본군의 기세에 남원이 함락되자 강항은 영광으로 돌아와 순찰사 종사관 김상준과 함께 의병 수백 명을 모집했다.

그러나 강항이 이끄는 수백 명의 의병은 떼로 몰려드는 일본군을 감당하지 못하고 흩어져버렸다. 강항은 일본군과의 싸움을 포기하지 않고 이순신의 진영이 있는 논잠포구로 이동했다. 그러나 길을 가던 도중 일본군에 사로잡혀 일본 시코쿠 지방 오즈성으로 끌려갔다.

강항은 오즈성에서 도쿠가와 이에야스에게 《대학》을 설명하던 승려 후지와라 세이카를 만나, 그에게 조선의 과거제도와 춘추 석전 의례를 가르쳤다. 그곳에서 강항은 유교 경전을 필사해주었고, 세이카는 강항이 쓴 유교 경전에 왜훈을 달아 일본 최초의 주자 주석본인 《사서오경왜훈》을 집필했다. 일본은 강항에게 성리학을 비롯한 조선의 선진 문물을 배우기 위해 일본으로 귀화해달라고 부탁했다. 그러나 강항은 한순간도 조선을 향한 충심이 흔들리지 않았다. 유교 경전을 써주고 받은 돈을 모아 일본에서 탈출할 경비를 마련한 강항은 처형당할 위기에서도 일본에서 6번의 탈출을 시도하며 조선으로 돌아가는 것을 포기하지 않았다.

일본에 잡혀간 지 2년 9개월 만인 1600년(선조 33년)에 조선으로 돌아온 강항은 일본 정세에 관한 비밀 보고서인 《간양록》을 작성했다. 《간양록》은 강항이 겪은 정유재란, 적국에서 올린 상소, 강항이 본 일본, 귀국해 왕에게 올린 보고서, 마지막으로 제자 윤순거가 쓴 발문으로 구성되었다. 강항은 《간양록》에서 "도요토미 히데요시는 성질이 간사하고 교활해 늘 해학과 우스개로써 부하들을 희롱했다."처럼 일본을 낮춰보는 인식을 드러내면서도 일본의 풍속과 가치관을 자세히 소개했다. 동시에 자신이 생각하는 일본에 대한 방비책도 남겨두었다. 《간양록》은 조선 후기에 일본으로 가는 통신사들에게 꼭 읽고 가야 하는 책이었으며, 일제강점기 시절에는 조선총독부가 금서로 지정해 한국인들이 읽지 못하게 했다.

형조판서로 추증된 임수성의 둘째 아들로 태어난 사명대사(1544~1610년)는 법명 유정으로 널리 알려져 있다. 보우대사에 의해 불교가 잠시 중흥하던 시기, 사명대사는 승과에 합격해 30세 전후의 나이로 자신이 출가한 직지사의 주지가 되었다. 그 후 32세에 선종의 수사찰인 봉은사 주지로 천거될 정도로 널리 이름을 알리던 사명대사는 돌연모든 직책을 버리고 서산대사의 제자가 되어 공부에 전념했다.

사명대사는 이름이 널리 알려졌던 만큼 의도치 않게 곤욕을 치르는 일도 있었다. 그는 정여립의 난에 참여하기로 했다는 풍문으로 강릉부에 투옥되었다가 석방되기도 했다. 사명대사는 임진왜란 중에는 승병을 일으켜 서산대사와 함께 일본군에 맞서 싸웠다. 특히 평양성 탈환 등 전공을 많이 세운 사명대사는 선조에게 선교양종판사를 제수받았다. 그리고 천민 취급당하던 승려로서 절충장군호분위 상호군의 교지를 받아 당상직에 오르는 등 엄격한 신분제 사회였던 조선에서 믿을 수 없는 일을 만들어냈다.

사명대사는 1594년(선조 27년), 울산 서생포에 있던 가토 기요마사의 군부대에 들어가 일본군의 상태를 살피는 동시에 명나라와 일본 사이의 휴전 협정을 알아내는 공로를 세웠다. 그는 명과 일본 사이의 휴전 협정 5개 항목을 포함한 적정을 담은 〈토적보민사소〉 상소문을 조정에 올려 대책 강구를 촉구했다. 명과 일본 사이의 휴전 협정에는 조선 8도 중 4도를 일본에 넘기고 왕자를 일본에 보내라는 등의 내용이 담겨 있었다.

임진왜란이 끝나면서 사명대사는 다시 승려의 길로 돌아가려 했으나 선조가 그를 놔주지 않았다. 가토 기요마사를 비롯한 여러 왜장을 필담으로 꾸짖을 만큼 담대함을 가진 사명대사야말로 일본 사절단에 가장 적합한 인물이었다. 사명대사는 선조의 부름을 받고 일본 본토로 들어가 후시미성에서 1605년(선조 38년)에 일본을 재통일한 도쿠가와 이에야스와 두 차례 만남을 가졌다.

사명대사는 회담 결과 일본이 조선을 다시 침략하지 않을 것이라는 약속과 함께 증표로 일본에 끌려온 조선인 송환과 통신사 교환을 기약받았다. 8개월 뒤 그는 조선으로 돌아오면서 일본에 납치된 조선인 3천 명을 데리고 왔다. 어떤 조선 관리도 하지 못한 외교적 성과를 달성한 사명대사는 많은 이의 감사를 받았다. 큰 공을 세웠음에도 어떤 욕심도 부리지 않고 묵묵히 승려의 길을 가던 사명대사는 1610년(광해 2년), 가부좌의 자세로 열반했다.

190 공신 선정에 문제를 제기하다

제14대 선조

#공신선정기준 #선조평가절하 #조선군활약

임진왜란이 끝나고 비변사에서 전공이 있는 관리와 백성들에게 상을 주자고 제안하자, 선조는 "중국 조정에서 군사를 동원해 적을 몰아내고 강토를 회복했으니 이 또한 옛날에 없던 공적이다. 이것은 호종했던 여러 신하들이 충성스러웠던 덕분이니, 어찌 다른 사람들이 한 일이 있겠는가. 또 힘껏 싸운 장사들에 대해서는 그 공을 기록하지 않을 수 없겠으나 우리나라 장졸에 있어서는 실제로 적을 물리친 공로가 없다. 그중에서 참작하여 합당하게 마련하되 외람되게 해서는 안 된다."라고 답했다. 정리하면 조선의 장수와 군졸이 제 역할을 하지 못해 위기를 초래했고, 명나라에 원군을 요청한 선조 자신이야말로 제일 큰 공을 세웠음을 강조한 것이었다. 그러니 명나라에 도움을 요청할 수 있도록 자신을 보호하면서 호종한 신하만 공신에 책봉하겠다는 말이었다.

임진왜란이 발발하자 한양을 버리고 도망가기에 바빴고, 평양이 함락되자 명나라에 망명을 요청했던 선조는 왕의 자리에서 쫓겨날지도 모른다는 위기의식을 늘 가지고 있었다. 나라를 버린 자신과 달리 광해군은 분조를 이끌고 전국 각지에서 일본군과 싸우며 백성들의 지지를 얻고 있었고, 바다에서는 이순신이 연전연승하며 백성들에게 조선의 희망으로 떠올랐다. 선조는 전쟁이 끝나갈 무렵 자신의 과오를 감추고 전쟁을 승리로 이끈 왕이 되어야 했다. 그 해결책으로 명나라 군대를 치켜세우고 조선의 관군과 의병을 평가절하하는 방법을 선택했다.

그러나 명나라 군대는 임진왜란 동안 총 8번 싸웠고, 이마저도 대부분은 조선군과의 합동 작전이었다. 사실상 독자적으로 한양으로 진격하다 벽제관에서 몰살당할 뻔한 명군을 구하는 등, 수많은 전투에서 승리를 거둔 것은 조선군이었다. 명나라군은 일본군과 싸우기보다는 후방에 머물면서 조선을 수탈하는 데 더 바빴다. 당시 백성들은 "왜군은 얼레빗이요, 명나라군은 참빗이다."라고 할 정도로 명나라군의 폐해는 매우 심했다. 반면 조선군은 임진왜란 기간에 105번의 전투 중 65번을 승리했고 40번 패했다. 전쟁 초기에는 의병의 역할이 컸지만, 시간이 지날수록 조선 관군은 막강한 전투력을 가지고 전쟁을 주도했다.

하지만 이런 사실은 선조에게 중요하지 않았다. 선조는 자신을 위해 노골적으로 사실을 부정했다. 선조는 임진왜란이 끝나고 공신을 선정하는 과정에서 자신을 따라 의주까지 온 신하 86명을 호성공신으로 삼았고, 일본군에 맞서 싸운 신하는 18명만 선무공신으로 삼았다. 이에 류성룡은 호성공신으로 선정된 것이 부끄러워 병을 핑계로 한양에 올라가지 않을 정도로 선조의 공신 책봉에는 문제가 많았다.

191

제15대 광해군

◇ **이름: 혼**

◇ **출생－사망: 1575～1641년**

◇ **재위 기간: 1608년 2월～1623년 3월**(15년 1개월)

선조의 후궁 공빈 김씨의 둘째로 태어난 광해군은 어려서부터 총명하고 효심이 깊었다. 하지만 적장자에게 왕위를 물려주고 싶었던 선조는 광해군을 세자로 추천한 정철을 파직하는 등 대놓고 광해군을 좋아하지 않았다. 그러나 임진왜란이 발발하자 마음을 돌려 자신의 안위를 위해 광해군에게 왕위를 물려주려 했다. 관료들의 반대에도 결국 광해군을 세자로 책봉한 선조는 조정을 나누어 광해군을 일본군과 싸우게 한다.

광해군은 평안도·강원도·황해도의 민심을 다독이며, 관군 재건에 힘썼다. 한양을 되찾은 후에는 수도 방위에 힘을 기울이고, 정유재란 때는 경상도·전라도에 내려가 일본군과 싸웠다. 그러나 임진왜란에서 쌓은 공로를 선조에게 인정받기는커녕 이복동생 영창대군에게 왕위를 빼앗길 위기에 처했다.

광해군은 선조가 갑자기 죽으면서 왕위에 올랐지만, 선조에 의해 분열된 일부 관료들은 광해군을 지지하지 않았다. 광해군은 자신을 지지하는 대북파만으론 정국을 안정적으로 끌고 가기 어려웠다. 광해군은 결국 왕권에 위협이 되는 영창대군을 죽이고, 인목대비를 서궁에 유폐시켰다. 하지만 이 일로 인해 폐모살제한 광해군을 용서할 수 없다는 명분을 내세운 서인의 인조반정으로 폐위되었다.

광해군은 재위 시절 경기도에 대동법을 시행하고, 양전을 통해 조세 파악에 힘쓰는 등 국가 재건 사업에 공을 들였다. 대외적으로도 명의 후금 정벌 원병 요청에 강홍립에게 1만 명의 군사를 주면서 상황에 따라 유연하게 행동하도록 주문하는 등 중립외교로 나라의 보존을 꾀했다. 동시에 국방 강화에 힘을 기울여 성을 쌓고 군대를 재정비했다. 또한 굶주림과 전염병으로 삶이 어려운 백성을 위해서《동의보감》을 편찬하고, 왕실의 권위를 높이기 위해《국조보감》을 편찬했다. 그러나 창덕궁·경덕궁·인경궁 등 궁궐을 준공하는 대규모 토목 공사를 벌여 백성들의 원성을 받기도 했다.

광해군은 1623년(광해 15년) 폐위되어 강화도로 유배되었다. 그 후 제주도로 유배지가 옮겨져 생활하던 중 1641년(인조 19년)에 사망했다. 폐위된 이듬해 아내 유씨가 죽고 아들도 강화도에서 탈출한 죄로 죽는 모습을 보면서, 폐위 후의 광해군은 외롭고 힘든 시기를 보냈다. 광해군의 묘호는 광해군지묘이며, 묘는 경기도 남양주에 있다.

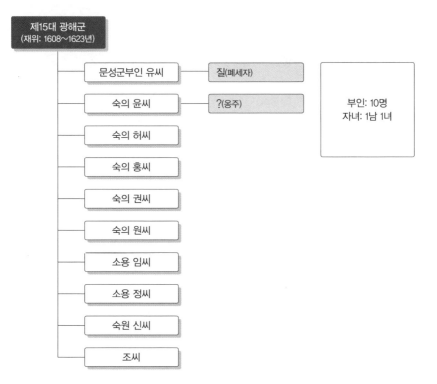

제15대 광해군
(재위: 1608~1623년)

문성군부인 유씨 ── 질(폐세자)

숙의 윤씨 ── ?(옹주)

숙의 허씨

숙의 홍씨

숙의 권씨

숙의 원씨

소용 임씨

소용 정씨

숙원 신씨

조씨

부인: 10명
자녀: 1남 1녀

193

어렵게 왕위에 오르다

#임진왜란세자책봉 #적장자영창대군 #힘든왕위계승

선조의 왕비 의인왕후 박씨가 자식을 낳지 못하자, 세자로 거론되는 인물은 공빈 김씨의 아들 임해군과 광해군, 그리고 인빈 김씨의 아들 신성군이었다. 장자 우선 원칙에 따르면 임해군이 세자에 올라야 했다. 그러나 임해군은 성품이 포악하고 자질이 부족하다는 평가로 세자 후보에서 제외되었다. 의인왕후나 많은 관료는 광해군을 세자로 추대했다. 선조의 사랑을 받는 인빈 김씨는 자기가 낳은 신성군을 세자로 만들고 싶었지만 신성군이 14세라는 어린 나이에 죽으며 그 뜻을 이루지 못했다. 그런데 이 모든 것은 후궁과 관료 들의 생각일 뿐이었다. 선조는 정작 후궁의 자식을 세자로 임명할 생각이 전혀 없었다.

그토록 세자 책봉을 미루던 선조는 임진왜란이 일어나자 자신의 책무를 놓기 위해 광해군을 세자로 책봉했다. 광해군은 분조(본 조정과 별도로 임시로 설치한 조정)를 이끌고 백성들의 마음을 어루만지고, 관군을 편성해 일본군에 맞서며 백성과 관료들에게 인정을 받았다. 광해군의 평판이 좋아질수록 선조는 정치적 부담감을 느끼고 광해군을 멀리했다.

그러던 중 1606년(선조 39년), 선조는 55세라는 늦은 나이에 계비 인목왕후에게서 적장자 영창대군을 보았다. 방계 출신이라는 콤플렉스에서 벗어나고 싶었던 선조는 광해군을 폐세자시키고 영창대군을 세자로 책봉하고 싶었다. 그리하여 선조는 노골적으로 광해군의 문안 인사도 받지 않는 등 그를 멀리하면서, 자신의 뜻을 신하들이 알아주기를 원했다. 선조의 의중을 눈치챈 일부 관료들은 출세를 위해 세자를 다시 책봉하자고 요구했다. 그 결과 조정은 정인홍을 중심으로 광해군을 지지하는 대북파와 유영경을 중심으로 영창대군을 지지하는 소북파로 나누어졌다.

선조 말년, 소북의 유영경이 영의정이 되자 영창대군의 왕위 계승에 무게가 실렸다. 그러나 1608년(선조 41년)에 선조가 갑자기 죽으면서 상황이 바뀌었다. 유영경은 3세의 영창대군을 왕으로 즉위시키기 위해 인목왕후를 찾아갔지만 결국 거절당했다. 인목왕후는 임진왜란에서 보여준 광해군의 역량과 관료 및 백성들의 지지를 무시할 수 없었다. 3세의 영창대군을 왕으로 즉위시킬 경우 후폭풍을 이겨낼 자신이 없었던 인목왕후는 광해군을 왕으로 즉위하라는 교지를 내렸다. 이후 광해군은 왕으로 즉위하는 동시에 선조가 영창대군을 보살펴달라 부탁했던 일곱 명의 대신을 숙청했다. 광해군은 그동안의 복수 또는 정적 제거를 통해 왕권 강화에 나섰다.

194

5군영 체제로 나라를 지키다

제15대 광해군

#삼수병 #훈련도감 #5군영

임진왜란 당시 일본군을 맞아 싸워야 할 군인들이 도망가면서 조선은 군 체제가 무너졌다. 조정은 류성룡의 건의를 받아들여 중앙군을 확충하기 위해 1593년(선조 26년)에 급료를 지급받는 군인으로 구성된 훈련도감을 만들었다. 훈련도감은 5군영 체제에서도 가장 중요한 군영으로, 국왕을 호위하고 도성의 방어를 담당했다. 훈련도감이 중앙군의 핵심 부대인 만큼 1602년(선조 35년), 조선은 평안도와 함경도를 제외한 6도에서 거둔 삼수미*를 부대 운영에 사용하도록 했다. 또한 훈련도감은 자체적으로 무기장 운영과 더불어 군량 마련을 위해 설치하는 토지인 둔전(屯田) 경영이 허락되었다.

훈련도감은 조총부대인 포수, 창검을 사용하는 살수, 활을 쏘는 사수로 구성되었고, 훈련도감에 배속된 군인을 도감군이라 불렀다. 훈련도감의 정원은 1천 명에서 시작해 5천 명까지 늘어났다. 도감군은 매달 4~9말의 쌀을 급료로 받았으며, 신분은 유생부터 노비, 승려에 이르기까지 다양했다. 이들은 생계를 위해 지원하기도 했지만 출세나 천민 신분을 면하기 위해 몰려든 사람도 많았다.

하지만 임진왜란 당시 재정이 부족해 급료가 제대로 지급되지 못하는 일이 종종 발생하자 도망가는 이들도 많았다. 그래서 차출 방식을 각 지방에서 의무적으로 도감군을 배정해 차출하는 승호제로 바꾸었다. 민간인이 차출되어 도감군으로서 지방에서 한양으로 올라올 때는 가족을 데리고 오는 경우가 많았다. 그러나 복무의 대가로 받는 급료로는 가정을 꾸리기 어려워 부업으로 장사를 하는 도감군도 있었다.

훈련도감을 제외한 나머지 5군영 중 어영청은 1623년(인조 1년) 이괄의 난 때 공주로 피난 간 인조를 호위하기 위해 만들어진 중앙군으로, 수도 방위와 왕의 호위를 맡았다. 총융청은 1624년(인조 2년) 이괄의 난 때 서울을 빼앗긴 경험을 바탕으로 적군이 서울에 들어오지 못하도록 경기도 일대를 방어하는 역할을 맡았다. 수어청은 1626년(인조 4년)에 남한산성 일대를 방어하기 위해 설치되었다가 병자호란 이후 별도의 군영으로 독립해 중앙군이 되었다. 마지막으로 금위영은 1682년(숙종 8년), 병조 관할 아래에 있던 정초군과 훈련도감의 별대를 통합해 왕과 수도를 방어하는 역할을 담당했다.

훈련도감·어영청·총융청·수어청·금위영의 5군영은 조선 후기 국가 안보를 담당하는 중앙군이었지만, 시간이 흐르면서 붕당이 권력을 장악하기 위해 정치적 도구로 사용되는 경우가 많았다.

---

* **삼수미**: 사수(射手)·포수(砲手)·살수(殺手) 등 삼수군의 경비를 충당하기 위해 세금으로 거두어들인 쌀.

195

공납, 백성의 허리를 굽게 하다

제15대 광해군

#공납부과절차 #방납폐해 #대동법등장

조선은 중국 당나라에서 시작된 조·용·조(租庸調)를 조세의 기본 원칙으로 사용했다. 조(調)는 공물의 품목과 수량을 기록한 공안(貢案)을 바탕으로 조세를 걷는 상공 및 필요할 때마다 수시로 걷는 별공으로 운영했다. 여기에 국가의 행사나 경사가 있을 때마다 공물을 걷는 진상도 있었다. 공납은 지역의 특산물을 징수하는 세금이었기에 농산물을 비롯해 해산물·광물·수공업 제품 등 품목이 다양했다.

조선이 건국되던 1392년, 태조는 공부상정도감을 설치해 각 지방의 토산물을 조사한 뒤 공물의 품목과 수량을 확정하는 공안을 마련하도록 했다. 공안 작성은 쉽지 않은 일이어서 이는 태종 때에야 완성되었다. 이후에도 지역의 특산물과 생산량이 변화되는 상황을 반영해 여러 번 개정이 이루어지면서 공납제는 성종 때 마무리되었다.

공납이 이루어지는 과정은 이러했다. 우선 중앙에서 1년 동안 필요한 경비를 계산해 각 군현에 납부할 공물의 품목과 수량이 적힌 공안을 내려보냈다. 지방 관아는 공안에 적힌 물품이 농산물이거나 해산물인 경우 재산에 상관없이 호(戶)별로 이를 부과했고, 광물이나 수공업 제품의 경우 장인(匠人)이나 관청 소속 노비에게 물건을 제작하게 했다. 그러나 원칙이 지켜지지 않는 경우가 많았다. 이듬해의 공물을 먼저 요구하거나 잦은 별공 징수 등 예기치 않은 상황으로 공납은 정해진 것보다 늘 많은 양이 부과되었다. 또한 공안 작성을 위한 조사가 제대로 이루어지지 않아, 농촌에 해산물이 부과되는 등 그 지역에 나지 않는 물품이 부과되기도 했다.

그렇다 보니 부족한 물품 혹은 그 지역에서 생산되지 않는 물품을 구하기 위해 백성들은 타 지역에 가서 물건을 구매해야 했다. 이 경우 생계에 묶여 이동이 자유롭지 못한 백성들은 정상가보다 더 큰 비용을 상인에게 지불한 뒤 공물을 납부했다. 또한 일부 부정한 관리들은 상인들과 결탁해 백성에게 공물을 받지 않고, 특정 상인에게만 공물을 받아 이익을 취하는 방납을 운영했다.

방납의 폐혜가 날이 갈수록 심해지자 중종 때 조광조는 공납의 개혁을 주장했으나 받아들여지지 않았다. 선조 때 이이도 대공수미법을 통해 공납의 문제를 해결하고자 했으나, 상인들과 결탁한 일부 관료들의 반대로 시행조차 되지 못했다. 그러나 임진왜란 이후 국가 재정이 부족해지고, 유민과 황무지의 증가로 공납이 제대로 걷히지 않자 광해군은 대동법을 만들어 시행했다. 공납을 특산물이 아닌 쌀과 포로 거두면서 재산 정도에 따라 차등 있게 공납을 분배하는 대동법의 시행 덕분에 공납 문제는 일시적으로 해결될 수 있었다.

196 · 대동법이 조선을 살리다

#공납폐해 #대동법추진 #대동법효과

조선은 토지 결수와 호구 수를 참작해 지역의 특산물을 세금으로 거두어들이는 공납이 이루어졌다. 그러나 시간이 흐를수록 특산물에 대한 조사가 제대로 이루어지지 않아, 과거부터 내려오던 공물의 품목과 수량을 거두어들이는 것이 관행이 되어버렸다. 게다가 공물을 수납하는 관청도 필요한 만큼 물품이 들어오지 않자 다음 해의 것을 앞당겨 징수하는 인납 및 용도와 상관없이 사용하는 별용 등을 남발했다. 또한 재산에 상관없이 호(戶)를 기준으로 공물을 징수하거나, 지역에서 생산되지 않는 물품을 거두면서 백성들은 조세의 고통에 신음했다.

이이는 공납의 문제를 해결하기 위해 특산물 대신 쌀로 조세를 거두자는 대공수미법을 건의했으나 실행되지 못했다. 임진왜란 때 군량이 부족해지자 류성룡의 건의로 공물을 쌀로 거두었으나 오래가지 못하고 폐지되었다. 이후 광해군 때 호조참의 한백겸이 대공수미법 시행을 제안하고 영의정 이원익이 재청하면서 1608년(광해 즉위년), 경기도에 한해서 대동법이 시범적으로 시행되었다.

1623년(인조 1년), 조익의 건의로 대동법은 강원도·충청도·전라도로 확대되었으나 이듬해 반대 의견이 많아 충청도와 전라도에서는 폐지되었다. 그러나 효종 때 김육이 대동법 확대를 강력하게 주장하면서 대동법은 삼남 지역까지 시행되었다. 이후 대동법의 이익이 크다는 것을 알게 된 왕들은 토지가 척박하고 생산량이 적은 함경도와 평안도를 제외한 전국에서 대동법을 시행했다.

대동법은 호(戶) 기준이 아닌 소유한 토지 결수에 따라 조세를 차등 분배하고, 1결당 쌀 12두를 거두는 제도였다. 토지를 많이 소유한 지주 양반들의 부담은 커졌지만, 재산이 없는 농민의 부담은 줄어들면서 조세의 형평성이 맞추어졌다. 더 큰 긍정적인 변화는 쌀이나 돈으로 공납을 내기 위해 농민들이 장시에 나가 물건을 사고파는 과정에서 상품화폐 경제가 발달했다는 점이었다. 농민들도 장시에서 더 큰 이익을 얻기 위해 담배·인삼처럼 부가가치가 높은 작물을 재배하는 등 농업의 발전까지 가져왔다.

대동법의 시행으로 왕실과 관청은 필요한 물건을 돈이나 쌀로 구매해야 했다. 이 과정에서 나라에 물건을 납품하는 공인(貢人)이 등장했고, 일부는 도고(都賈)로 성장하는 등 수공업과 상업이 발달되었다. 또한 화폐의 유통과 운송도 발달되면서 신분제의 변화가 촉진되었다. 영정법과 균역법이 큰 효과가 없었던 것과 다르게 대동법은 양난 이후 조선을 유지하고 발전시키는 주요 원동력이 되었다. 대동법은 1894년(고종 31년) 갑오개혁 때 지세(地稅)에 통합되기까지 운영되면서 자본주의의 발달을 가져왔다.

197

조식이 안 되면 이황도 안 된다

#이황과조식 #정인홍회퇴변척 #이항복중재

이황과 조식은 당대에 학식이 높아 많은 이의 존경을 받은 인물들이었다. 둘은 같은 해에 태어나 같은 해에 죽었다는 공통점이 있으나, 둘의 학문 방향은 너무도 달랐다. 조식은 이황이 격식에 얽매여 많은 것을 보지 못한다고 보았으며, 이황은 조식이 노장 사상을 받아들여 현실 비판만 한다고 생각했다. 하지만 둘 다 뛰어난 학자였던 만큼 많은 제자를 양성했고, 붕당을 이루었다.

1610년(광해 2년), 문묘 종사에 정여창, 김굉필, 조광조, 이언적, 이황이 종사되자 조식의 제자였던 정인홍은 문묘 종사에 조식이 빠진 것을 항의했다. 정인홍은 스승 조식이 문묘에 종사되지 못한 이유를 회재 이언적과 퇴계 이황에서 찾았다. 정인홍은 이언적과 이황이 을사사화 때 많은 이의 존경을 받는 자리에 있었음에도 책임 있는 행동을 하지 않았다고 주장했다. 특히 이황이 조식을 비난했던 내용을 염두에 두고, 이황도 노년에 벼슬을 거부하고 정책을 비판했던 모습에서 노장사상이 보인다는 상소문을 광해군에게 올렸다.

정인홍의 상소문에 성균관 유생 이목 등 500여 명은 크게 반발했다. 이들은 "오늘날 임금이 임금답고, 신하는 신하답고, 아비는 아비답고, 자식은 자식답게 되고, 입는 옷과 하는 말이 오랑캐의 범주에 빠져들지 않게 된 것은 모두가 두 신하의 공이며, 더구나 이황은 생전의 행실이 득실해 뭇 어진 이를 집대성한 인물로, 그가 지난날을 계승하고 후세를 개도한 공로를 따지면, 우리나라의 주자(朱子)다."라며 정인홍의 회퇴변척(이언적과 이황을 배척하자는 주장)을 비판하고, 성균관 유적인《청금록》에서 정인홍을 삭제했다. 광해군은 유생들의 집단 반발에 크게 화를 내며 정인홍의 유적 삭제를 주장한 유생의 유적을 삭제하고 그를 종신 금고에 처했다. 다행히 좌의정 이항복이 중재해 유생들을 용서하는 것으로 사건은 일단락되었으나, 이후로도 회퇴변척으로 인한 다툼은 계속되었다.

사실 회퇴변척은 단순히 문묘 종사에만 관련된 것이 아니었다. 정인홍의 대북파는 정계의 주도권을 완전하게 장악하기 위해 회퇴변척을 주장했고, 서인과 남인은 정계에서 밀려나지 않기 위해 회퇴변척을 비판한 것이었다. 그러나 회퇴변척을 주장한 대북파는 큰 타격을 입었고, 서인은 유생층을 지지층으로 얻으며 인조반정에 힘을 실었다.

198   뛰어난 의술로 설화가 만들어지다

#허준설화 #곽향정기산처방 #호랑이선물

구암 허준(1539~1615년)은 하늘의 선택을 받아 의술을 배웠다는 전설이 내려온다. 허준이 생계를 위해 약방을 운영할 때였다. 허준이 잠시 자리를 비운 상황에서 한 노인이 약방을 찾아왔다. 뒤이어 금방이라도 숨이 멎을 듯 보이는 산모도 약방에 들어왔다. 노인은 연신 허준을 찾는 산모의 맥을 잡아보더니, 급하게 곽향정기산(토사·복통·어지러움에 효과가 있다)을 처방했다. 용무를 마치고 돌아온 허준은 처음 보는 노인이 산모를 치료하는 모습에 기가 막혔다. 더군다나 노인이 처방한 곽향정기산은 산모에게는 상극인 처방이었다. 허준은 화가 나 노인에게 소리를 질렀지만, 노인은 조금의 잘못도 없다는 듯 허준의 말을 한 귀로 듣고 한 귀로 흘려버렸다. 화를 내던 허준이 제풀에 지쳐 쓰러질 때쯤, 산모가 언제 아팠냐는 듯 자리를 털며 일어났다. 죽을 것 같던 산모가 약한 재에 병이 씻은 듯 나았다는 소식에 많은 사람이 한약방을 찾아와 진찰도 거부한 채 곽향정기산만 처방해달라고 했다. 노인은 그럴 때마다 진맥도 잡지 않고 곽향정기산을 처방했고, 약을 먹은 이들은 거짓말처럼 금세 건강을 되찾았다. 노인이 진맥을 잡지 않고도 모든 사람의 병을 치료하자, 허준은 그제야 그가 보통 사람이 아님을 깨달았다. 허준은 노인에게 대단한 분임을 몰라보고 무례를 범한 자신을 용서해달라 빌면서, 그에게 의술을 가르쳐달라고 부탁했다. 노인은 자신도 우연히 만난 산인(山人, 도인)에게서 배웠다며 여섯 가지 재주와 의학 지식을 허준에게 알려주었다. 이후 허준은 노인의 가르침을 수백 번 되새기며 공부해 명의가 될 수 있었다고 한다.

또 다른 전설도 있다. 명나라 황제가 어떤 의원도 치료하지 못하는 병에 걸리자, 명나라 사신이 허준을 찾아와 황제의 치료를 부탁했다. 허준은 아픈 백성을 두고 떠날 수 없어 망설여졌지만, 명나라의 부탁을 거절하면 조선에 화가 미칠까 걱정되어 명나라로 먼 길을 떠났다. 허준은 산을 넘어가던 중 상처 입은 호랑이를 만났다. 허준은 호랑이를 보는 순간 겁이 났지만, 모든 생명은 소중하다는 가르침을 상기하며 호랑이를 정성껏 치료해주었다. 치료받은 호랑이는 고마움의 표시로 허준에게 침과 회혼포를 준 뒤, 허준이 험한 산길을 안전하게 지나도록 길을 안내했다. 허준은 호랑이 덕분에 별 탈 없이 북경에 도착했지만, 그도 황제의 병을 고칠 수는 없었다. 난감해하던 허준은 마지막이라는 생각으로 호랑이가 준 침과 회혼포로 황제를 치료했다. 그러자 황제는 감쪽같이 병이 나았다고 한다.

이처럼 믿기 어려운 전설이 만들어진 것은 가난하고 어려운 백성을 도와준 허준에 대한 백성들의 고마움의 표현이었을 수도 있다.

199 허준, 수많은 의학서적을 편찬하다

제15대 광해군

#광해군살린허준 #동의보감편찬 #허준업적

허준의 아버지 허론은 용천부사를 지낸 관료였으며, 어머니는 양반 가문의 서녀였다. 어머니가 양반의 법도를 아는 만큼, 허준은 어려서부터 학문을 익힐 수 있었다. 그럼에도 허준이 의학을 선택한 것은 중인으로서 문과에 응시할 수 없었던 현실 때문이었다.

지방 의원으로 활동하던 허준은 정승을 역임했던 유희춘(1513~1577년)의 얼굴에 난 종기를 치료하면서 인생이 바뀌었다. 유희춘은 자신의 병을 치료해준 고마움의 표시로 허준을 이조판서 홍담에게 천거했다. 그 결과 허준은 의과 시험도 보지 않고 30세에 내의원이 되었다. 이른 나이라고 할 수는 없지만, 정계에 있던 관료들과의 친분과 명의라는 명성 덕분에 허준은 종4품에 제수되었다. 의과 시험에서 1등을 해야 종8품을 받을 수 있던 것과 비교하면 굉장히 빠른 승진이었다.

1581년(선조 14년), 허준은 선조의 명령을 받고 의학서《맥경》과《찬도방론맥결집성》을 교정·집필했다. 그리고 모두가 포기했던 천연두에 걸린 광해군을 살리면서 정3품 당상관이 되었다. 1596년(선조 29년), 공로를 인정받아 드디어 문관에 오르며 중인의 신분을 벗은 허준은 선조의 지시에 따라《동의보감》을 저술하기 시작했다. 그러나 주변 환경이 허준의 집필 활동을 도와주지 않았다. 정유재란으로 조정의 지원이 끊기면서 같이 활동하던 의원들은 뿔뿔이 흩어졌다. 그리하여 오로지 허준만이 홀로 남아 묵묵히 집필을 이어나갔다. 그러던 1608년(선조 41년)에는 허준이 선조의 죽음에 대한 책임을 지고 의주로 유배를 떠나면서《동의보감》은 미완성에 그칠 뻔했다. 그러나 평소 허준을 높이 평가하고 의학서의 필요성을 크게 절감한 광해군이《동의보감》의 집필을 마무리할 수 있도록 도와주었다. 그 결과 1610년(광해 2년), 최고의 의학서적《동의보감》이 완성될 수 있었다.

허준은《동의보감》을 집필하면서도 백성들이 의학서적을 읽고 활용할 수 있도록 책을 한글로 번역하는 작업을 했다. 이렇게 만들어진 책으로《언해태산집요》《언해구급방》《언해두창집요》가 있다. 허준은《동의보감》이 완성된 다음에도 급성 전염병의 대책을 적어놓은《신찬벽온방》, 동아시아 최초로 성홍열을 다룬《벽역신방》을 저술하며 조선 의학을 발전시키는 데 큰 공을 세웠다.

200

임해군과 영창대군을 죽이다

제15대 광해군

#어렵게왕위에오른광해군 #명나라의심 #인목대비유폐

임진왜란 당시 선조는 광해군을 세자로 임명하고, 1594년(선조 27년)에 윤근수를 명나라로 보내 세자 책봉을 요청했다. 그러나 명나라는 큰아들 임해군이 있는데 작은아들을 임명할 이유가 없다며 거부했다. 이후 선조는 늦은 나이에 얻은 적장자 영창대군을 세자로 책봉하기 위해 노력하다가 죽기 직전 광해군에게 선위 교서를 내렸다. 하지만 영의정 유영경은 교서를 숨기고 인목왕후를 찾아가 영창대군을 왕으로 즉위시키자고 주장했다. 인목대비가 유영경의 제안을 거부하면서 광해군은 왕으로 즉위할 수 있었지만 폐위될 때까지 정통성에 대한 공격을 받아야 했다.

자신의 정통성이 약하다는 사실을 너무나 잘 알고 있던 광해군은 선조가 죽은 지한 달이 될 무렵, 유영경의 처형을 시작으로 영창대군을 지지하던 소북 인사를 축출했다. 그리고 명나라에게 왕위에 올랐음을 알렸다. 그러나 명나라는 인정할 수 없다는 답변과 함께 오히려 광해군이 왕위에 오른 진상을 조사하겠다며 요동도사 엄일괴를 조선에 보냈다. 조정은 임해군을 만나겠다는 엄일괴에게 연신 뇌물을 주어 위기를 넘긴다음, 임해군을 진도에 유배 보내어 사약을 내렸다.

1613년(광해 5년)에는 조령에서 발생한 은상 살해사건에서 주범 박응서를 비롯한 7명의 서얼이 국문을 받던 도중, 영창대군의 외조부 김제남이 광해군과 세자를 죽이고 영창대군을 옹립하려 한다는 발언을 했다. 광해군과 대북파는 이를 계기로 왕위를 위협할 수 있는 세력을 제거하기로 결정했다. 이들은 우선 김제남을 처형하고, 영창대군을 서인으로 강등해 강화도로 유배 보냈다. 이듬해에는 이이첨의 사주를 받은 강화부사 정항이 고작 9세였던 영창대군을 방에 가두고 불을 지펴 죽였다.

영창대군이 죽었다는 소식을 들은 인목대비는 아버지 김제남과 자식을 잃은 슬픔에 피눈물을 흘렸으나 어찌할 도리가 없었다. 광해군도 인목대비와 같은 공간에 있는 것이 불편했다. 광해군은 1615년(광해 7년), 인목대비를 경운궁(덕수궁)에 유폐시키고 1618년(광해 10년)에 인목대비를 폐위했다. 그리고 인목대비가 거처하던 경운궁을 서궁으로 격하하고 각종 지원을 끊어버렸다. 인목대비의 생활이 얼마나 어려웠는지 《계축일기》에는 "사계절이 다 지나도록 햇나물을 얻어먹을 길이 없었는데, 가지와 외(참외)와 동화 씨가 짐승의 똥에 들어 있었다. 그것을 심어 나물 상을 차려 먹을 수 있었다."라고 기록될 정도였다. 배고픔보다 더 무서운 것은 궁녀들이 여러 차례 궁궐에 불을 지르며 인목대비를 죽이려 한 사실이었다. 광해군이 임해군과 영창대군을 죽이고 어머니를 유폐한 일은 훗날 인조가 광해군을 내쫓는 반정의 명분이 되었다.

201 강홍립, 모든 오명을 뒤집어쓰다

#강홍립중립외교 #부차전투 #강홍립억울함

광해군이 즉위할 무렵은 조선이 이중고에 시달리던 시기였다. 대내적으로는 임진왜란의 전후 처리를 해결하기 위한 일이 적체되어 있었고, 대외적으로는 명나라와 후금 사이에서 노선을 정해야 했다. 명나라는 후금 정벌에 동참할 것을 요구했고, 후금은 개입하지 말라고 조선에 협박하고 있었다.

1618년(광해 10년), 명나라는 후금 정벌에 조선도 참여하라고 압박을 넣었다. 광해군은 임진왜란 당시 명나라의 부패와 더불어 기강이 무너진 명의 군대를 보았다. 반면 후금은 용감하고 날쌘 군대를 바탕으로 날로 국력이 커지고 있었다. 좀 더 시간을 두고 힘의 향방을 관망하기로 결정한 광해군은 도원수 강홍립을 몰래 불러 "형세를 보아 향배를 정하라."라고 밀명을 내렸다.

도원수 강홍립은 부원수 김응수와 함께 포수와 사수로 구성된 1만 3천여 명의 군사를 이끌고 출병했다. 임진왜란에도 참전했던 명나라 장수 요동경략 양호는 10만 군대를 4개로 나눈 뒤, 동가강을 따라 노성(老城)으로 향했다. 강홍립은 그중 남부의 유정이 이끄는 명나라군과 연합했다. 1619년(광해 11년) 3월, 유정이 이끄는 남부군을 제외한 명나라 3군이 복배에서 후금을 공격했다. 그러나 명나라 장수 두송이 이끄는 중앙군은 사르후에서 패배하고, 마림이 이끄는 좌익군도 이튿날 후금에게 패했다. 후금은 승리의 기세를 몰아 남쪽에서 올라오는 유정의 군대를 부차에서 공격해 큰 승리를 거두었다. 이때 유정과 합류했던 조선군도 피해를 당했다.

명나라 군대가 후금의 상대가 되지 못하는 것을 직접 두 눈으로 확인한 강홍립은 부대의 피해를 최소화하기 위해 곧바로 후금에게 항복했다. 그리고 조선이 부득이하게 전투에 출전했음을 설명하고 이해를 구했다. 강홍립의 설명을 들은 후금도 조선의 사정을 이해한다며, 대부분의 조선군을 돌려보내주었다. 강홍립은 책임자로 후금에 머무르며 각종 정보를 조정에 몰래 전달해 조선이 올바른 판단을 할 수 있도록 도와주었다.

하지만 인조반정으로 광해군이 몰락하자 강홍립은 조선에서 버려졌다. 그 후 1627년(인조 5년), 정묘호란 당시 후금의 군대를 따라 조선에 돌아온 강홍립은 역신으로 몰려 관직을 빼앗겼다. 어디에도 억울함을 하소연할 수 없던 강홍립은 그해 7월에 병으로 죽었다. 그나마 다행히도 훗날 복관되어 명예는 되찾을 수 있었다.

우리나라 최초의 한글소설《홍길동전》은 누가 썼는지 논란이 있지만 일반적으로 허균의 작품으로 알려져 있다. 17세기 숙종 때 활동하던 장길산이 소설《홍길동전》에 나오면서 허균의 작품이 아니라는 주장도 있지만, 다른 원본이 아직 발견되지 않은 상황에서 이는 후대에 첨삭된 것으로 보기도 한다. 현재 남아 있는《홍길동전》의 가장 오래된 판본을 분석해보면, 연산군 때의 홍길동, 명종 때의 임꺽정, 선조 때의 이몽학, 광해군 때의 칠서 등 실제 존재했던 인물이 소설에 등장한다. 이는 독자들의 공감을 이끌어내는 동시에 처벌받을 수 있는 위험한 내용을 과거 인물에게 떠넘기면서 혹시 모를 책임을 피하려는 의도가 담겨 있다.

《홍길동전》은 세종 때 서울에 사는 홍판서의 서자로 태어난 홍길동이 적서 차별을 이겨내지 못하고 집을 뛰쳐나와 도적이 되면서 시작한다. 홍길동은 활빈당이라는 도적단을 만들어 전국의 탐관오리와 못된 양반을 혼내주고 가난한 백성을 도와준다. 조정에서는 홍길동을 체포하기 위해 백방으로 노력했지만, 번번이 홍길동의 뛰어난 계책에 말려들어 실패한다. 결국 홍길동 체포를 포기한 조정은 홍판서와 이복형을 통해 홍길동에게 병조판서를 내릴 테니 더는 활동하지 말라며 홍길동을 달래기에 나섰다. 이후 홍길동은 조선에 머물지 않겠다고 왕에게 약속하고, 가난하고 불쌍한 백성을 모아 율도국에 건너간다. 홍길동은 율도국에서 요괴를 퇴치하는 등 여러 시련을 이겨내고 왕이 되는 것으로 소설은 마무리된다.

《홍길동전》은 조선 후기의 서얼 차별과 관리들의 부정부패 등 사회 전반에 걸친 문제점을 드러내는 동시에 무능력한 조정을 비판했다. 그리고 문제 해결 방법으로 새로운 국가 건설을 제시했다. 이는 읽는 이에 따라 역모로 받아들일 수 있을 만큼 위험한 결말이었다.

그럼에도《홍길동전》이 오랜 세월 많은 이의 사랑을 받을 수 있었던 것은 변화를 바라는 백성의 마음이 담겨 있었기 때문이었다. 또 무엇보다《홍길동전》이 누구나 읽을 수 있는 한글소설이었다는 이유도 컸다.《홍길동전》은 조선에서 서민문학이 발달할 수 있는 발판이 되었으며, 사회 변화를 가져오는 요인이 되었다. 또한 한글소설 중 유일하게 지은이와 쓰인 시기가 알려져 국문 연구에도 큰 도움을 주고 있다.

◇ 이름: 종
◇ 출생-사망: 1595~1649년
◇ 재위 기간: 1623년 3월~1649년 3월(26년 2개월)

선조의 다섯째 아들인 정원군의 아들로 태어난 인조는 신성군의 양자로 입적한 동생 능창군이 역모죄로 죽자 광해군에 대한 복수를 다짐했다. 인조는 서인 김자점, 이괄 등과 1623년(광해 15년) 3월 13일에 광해군을 내쫓는 반정에 성공했다. 그러나 이괄이 논공행상에 불만을 품고 난을 일으키는 바람에 서울에서 도망쳐 공주까지 피난을 가야만 했다.

도원수 장만이 이괄의 난을 진압한 뒤에야 한양으로 돌아온 인조는 광해군의 중립 정책을 폐기하고 친명 배금 정책을 폈다. 후금은 명나라를 정복하기 전에 후방을 안정시키기 위한 목적으로 1627년(인조 5년)에 3만여 명의 군사를 이끌고 조선에 쳐들어왔다(정묘호란). 의주가 함락되고 평산까지 후금의 군대가 오자 인조는 급히 강화도로 천도했다. 그 후 화의를 주장하는 최명길의 뜻에 따라 후금과 형제의 의를 맺는 조건으로 전쟁을 끝내는 정묘약조를 체결했다.

1636년(인조 14년), 국호를 후금에서 청으로 고친 청 태종은 조선이 군신 관계를 거부한다는 이유로 12만 대군을 이끌고 조선에 침입했다. 청이 너무 빠른 속도로 한양에 들어오자, 강화도로 향하던 인조는 급히 남한산성으로 들어가 40일간 항전했다. 하지만 청의 공세를 이겨내지 못한 인조는 삼전도에서 청과 군신의 예를 맺으며 항복했다. 청은 승리의 대가로 소현세자와 봉림대군 등 왕족과 40여만 명의 백성을 끌고 돌아갔다.

병자호란 이후 청나라의 신임을 얻은 소현세자가 8년간의 인질 생활을 마치고 조선으로 돌아왔으나 그는 두 달 만에 의문의 죽음을 맞았다. 인조는 소현세자빈 강씨를 수라상에 독을 넣었다는 죄명으로 죽이고, 소현세자의 아들 대신 자신의 둘째 아들 봉림대군을 세자로 삼았다.

인조는 재위 시절 강화도에 대동법을 시행하고, 상평청을 설치해 상평통보를 주조했다. 국경지대인 중강과 회령 등지에서는 민간 무역을 허락했으며, 양전 사업을 통해 무역경제 활성화에 힘을 기울였다. 또한 국방력 강화에도 힘을 기울여 총융청과 수어청을 신설하고 여러 곳에 진을 설치했다. 그러나 의리와 사대에 집착하는 대외 관계로 인해 2번의 호란을 겪었고, 소현세자의 의문스러운 죽음으로 비난을 받았다. 인조의 능호는 장릉이며, 그 능은 경기도 파주시 탄현면에 있다.

제16대 인조
(재위: 1623~1649년)

인열왕후 한씨

소현세자
제17대 효종(봉림대군)
인평대군
용성대군

부인: 5명
자녀: 6남 1녀

장렬왕후 조씨

귀인 조씨(폐출)

승선군
낙선군
효명옹주

귀인 장씨

숙의 나씨

반정에 백성은 없었다

#인조반정 #반정이유 #반정막을기회상실

광해군은 즉위 전부터 왕권에 도전을 받았다. 선조는 노골적으로 적자인 영창대군에게 왕위를 물려주기 위해 광해군을 따돌렸다. 신하들도 영창대군과 광해군으로 편이 나누어져 서로를 반목했다. 광해군은 즉위한 후에도 선조를 죽였다는 소문으로 인해 국정 운영에 어려움을 겪었다. 광해군을 지지하던 대북 세력도 다른 붕당과 소통하기보다는 독자적으로 국정을 운영했다. 특히 이언적과 이황의 행적을 비판하는 회퇴변척으로 다른 붕당으로부터 고립되었다. 결국 광해군과 대북 세력은 불안한 정권을 유지하기 위해 왕권을 위협하는 영창대군을 죽이고 인목대비를 경운궁에 유폐했다.

광해군의 조카 능양군(훗날 인조)은 형제였던 능창군이 역모죄로 죽자 광해군에게 앙심을 품었다. 그리하여 1620년(광해 12년), 능양군을 중심으로 이서·신경진 등 인조의 인척들이 모여 반정을 모의했다. 이후 구굉·구인후 등 무신과 김류·최명길·김자점 등 문신이 참여하며 반정을 위한 준비가 차근차근 이루어졌다.

하지만 반정을 준비하는 과정이 순탄치만은 않았다. 1622년(광해 14년), 이들은 이귀가 평산부사로 임명되는 것을 기점으로 거사를 일으키려다 발각되고 말았다. 대간이 이귀를 잡아다 처벌하자고 주장하자, 김자점이 후궁에게 청탁을 넣어 사건을 무마했다. 난을 일으키기도 전에 모두가 죽을 뻔한 위기에도 거사를 포기하지 않은 반정군은 이서가 있던 덕진에서 군대를 조련했다.

이듬해 훈련대장 이흥립을 포섭한 반정 세력은 음력 3월 12일을 거사일로 정하고 한양으로 이동했다. 그러나 이 과정에서 실패를 두려워한 이이반이 조정에 반란 사실을 알렸다. 이에 박승종이 추국청을 설치해 관련자를 체포해야 한다고 주장했지만, 광해군은 허락하지 않았다. 오히려 훈련대장 이흥립을 풀어주기까지 했다. 늘 역모를 두려워해 무고한 이들을 죽여왔던 광해군의 행보와는 너무도 다른 모습이었다.

능양군은 시간을 늦추면 거사가 실패할 수 있다고 생각하고 직접 1,400여 명의 군대를 이끌고 한양으로 진격했다. 창의문을 부수고 한양에 입성한 이들은 일사불란하게 창덕궁으로 향했다. 창덕궁 안에 있던 이항이 돈화문을 열어주면서 이들은 큰 저항 없이 손쉽게 창덕궁을 점령했다. 광해군은 반정군이 들이닥쳤다는 소식에 의관 안국신의 집으로 급히 피신했으나 곧 사로잡혀 강화도로 유배 보내졌다. 반정군은 유폐된 인목대비를 찾아가 거사가 일어난 이유를 설명하고, 광해군 대신 인조를 새로운 왕으로 인정한다는 허락을 받았다.

206 조정의 뒤에서 막강한 권력을 행사하다

제16대 인조

#산림영향력 #왕과산림 #산림유명무실

조선 후기 정계에는 산림지사·임하지인 등으로 불리는 특별한 존재가 있었다. 각 당파에서 가장 영향력이 크고 많은 제자를 둔 스승을 산림(山林)이라 불렀는데, 이들 대부분은 국가로부터 관직을 맡아달라는 요청을 거부하고 재야에서 학문을 닦았다. 이들은 정치를 멀리하며 학문을 익혔으나, 순수한 학자는 아니었다. 산림이 붕당의 영수로 숭상받으며 많은 제자와 관리의 존경을 받는 만큼, 그들의 말 한마디는 정국을 변화시키는 힘을 가지고 있었다. 산림과 의견이 다르거나 산림의 뜻을 따르지 않는 사람은 비난을 넘어 최악의 경우에 사문난적으로 몰려 죽을 수도 있었다.

그렇기에 조선의 국왕도 조선 전기와는 달리 붕당이 인정되는 상황에서 정치에 막대한 영향을 미치는 산림을 우대하는 정책을 펴야 했다. 왕은 원활한 국정 운영을 위해서도 산림의 동의를 받는 것이 무엇보다 중요했다. 산림의 말 한마디가 새로운 정책의 든든한 동력이 될 수도 있지만, 정책을 폐지할 수 있는 위력도 가졌기에 왕도 그들에게 존경과 감사를 표했다. 그 표시로 산림이 관직에 있지 않아도 조정에서는 생계비용과 더불어 이동 수단인 말과 가마를 제공했다.

인조 때 산림이 처음 등장한 뒤로 조정은 산림에 대한 우대 정책을 계속 폈다. 효종은 북벌론을 시행하기 위해 산림 송시열·송준길·허목·윤휴 등을 중용하고 이들을 국정 운영에 끌어들였다. 그러나 왕과 산림이 협력 관계만 유지했던 것은 아니었다. 숙종처럼 왕권을 강화하고자 노력한 왕들에게 산림은 껄끄럽고 넘어야 할 산이었다. 효종은 산림 송시열이 북벌론을 지지할 때는 탄력을 받아 전쟁을 준비했으나, 송시열이 반대하자 아무것도 하지 못했다. 이를 알고 있는 숙종은 산림 송시열을 죽이는 강수를 두면서 산림보다 왕이 우위에 있음을 보여주었다.

16~17세기는 산림을 빼놓고 이야기할 수 없을 정도로 산림은 역사에서 중요한 위치를 차지했다. 그러나 영·정조 시기 탕평책의 실시로 왕권이 강화되면서 산림의 영향력은 크게 약화되었다. 세도정치 기간에는 세도 가문이 산림을 장악하면서 산림은 아무런 힘도 없는 유명무실한 존재로 전락했다.

207

정묘호란의 원인을 제공하다

제16대 인조

#이괄의불만 #인조피신 #정묘호란원인

이괄(1587~1624년)은 무과 출신으로 제주목사, 함경도 북병사 등을 역임하며 변방에서 군대를 지휘하던 유능한 장수였다. 1622년(광해 14년), 이괄이 함경북도 병마절도사로 임명되어 떠날 채비를 하던 중 신경유가 찾아와 그에게 인조반정에 참여할 것을 제의했다. 광해군의 패악을 토로하며 인조를 새로운 왕으로 추대하자는 신경유의 말이 옳다고 여긴 이괄은 인조반정에 참여했다.

거사 당일, 반정군을 지휘하기로 한 김유가 실패를 두려워해 나오지 않자 이괄이 반정군을 이끌었다. 그러나 거사가 순조롭게 진행되는 것을 확인한 김유가 뒤늦게 합류해 이괄의 지휘권을 빼앗자 둘 사이에는 알력이 생겼다. 이괄은 반정이 끝나고 공신을 책정하는 과정에서 자신이 김유보다 한 등급 아래인 정사공신 2등에 봉해지자 불만을 표출했다. 그래도 평안병사 겸 부원수로서 평안도 영변에서 후금의 침략을 막기 위해 군사 훈련과 축성을 쌓으며 최선을 다했다.

문제는 인조가 신하들을 감시하기 위해 고변을 장려하는 가운데, 1624년(인조 2년)에 문회와 허통이 이괄을 반역죄로 고발하면서 시작되었다. 이괄을 문초하자는 신료들의 주장을 인조가 허락하지 않자, 이귀는 이괄의 아들 이전을 한양으로 압송해야 한다고 주장했다. 이를 받아들인 인조가 이전을 한양으로 압송하기 위해 금부도사를 파견하자, 이괄은 그동안의 불만을 터트리며 자식의 목숨을 구하기 위해 반란을 일으켰다. 이괄이 이끄는 군대가 매서운 속도로 한양을 향해 내려오자, 인조는 그의 아내와 동생을 처형하며 그를 저지하고자 했다. 하지만 이괄의 가족을 죽인 사건은 역효과를 가져왔다. 화가 난 이괄은 더욱 속도를 내어 예성강을 넘어 한양 가까이에 도달했고, 인조는 명나라에 원군을 요청하는 동시에 공주로 다급하게 피신했다. 한양에 무혈입성한 이괄은 선조의 아들 흥안군 이제를 왕으로 추대해 새 왕조가 열렸음을 공포했다.

평양에서 이괄을 쫓아 내려온 도원수 장만은 정충신의 의견을 따라 돈의문 밖 안현을 먼저 점령하고 전투를 벌였다. 장만이 이끄는 관군은 전투 초기 불리했지만, 바람의 방향이 도성으로 바뀌자 승기를 잡고 이괄을 크게 패퇴시켰다. 이괄은 패잔병을 데리고 광주를 거쳐 이천으로 퇴각하다가 부하 이수백에게 목숨을 잃었다. 이괄이 죽고 한양으로 되돌아온 인조는 이괄의 난에 동참했던 흥안군 이제를 비롯한 많은 이들을 죽였다. 이때 살아남은 이괄의 부하 중 일부가 후금으로 도망쳐 인조반정의 부당함을 피력하면서 이후 정묘호란이 일어나는 원인을 제공했다.

208

공산성에서 인절미를 먹다

제16대 인조

#인조넋두리들은나무 #인절미유래 #인조사람됨

충청남도 공주의 공산성은 인조와 깊은 연관을 맺고 있다. 1624년(인조 2년)에 이괄의 난이 일어나자 대사간 장유는 인조에게 한양과 멀지 않고 큰 강이 있어 방어하기 좋은 공주로 피신하자고 주장했다. 이괄의 난으로 다급했던 인조는 장유의 뜻에 따라 2월 13일부터 18일까지 공주에 머물렀다.

공산성에 내려온 인조는 무척이나 억울하고 답답했다. 반정을 일으킨 지 2년도 되지 않아 왕의 자리에서 쫓겨난 억울함에, 인조는 공산성에 있던 두 그루의 나무를 부둥켜안고 울면서 넋두리했다. 아무 대답 없이 자신의 이야기를 묵묵히 들어주던 나무가 얼마나 고마웠는지, 인조는 이괄의 난이 진압된 후 이 두 나무에게 정3품의 통훈대부직을 내렸다. 1734년(영조 10년), 관찰사 이수항은 죽은 두 나무를 기리며 나무가 있던 자리에 '쌍수정'이란 정자를 지었다. 그리고 공주 사람들은 인조가 공산성에 머물렀다는 사실을 자랑스러워하며 그곳을 쌍수산성이라 불렀다.

이외에도 공산성에는 인조와 관련된 음식 이야기가 전해진다. 인조가 공산성에 머물 때 한 농부가 떡을 만들어 바쳤는데, 쫄깃쫄깃하면서도 고소한 맛이 가히 일품이었다. 인조는 이토록 맛있는 떡의 이름이 너무도 궁금해 신하들에게 이름을 물었지만, 어느 누구도 떡의 이름을 알지 못했다. 단지 임씨 성을 가진 농부가 가져왔다는 사실만 알고 있을 뿐이었다. 결국 인조는 임씨가 갖다 바친 매우 맛있는 떡이란 뜻으로 그 떡을 임절미(林絶味)라 불렀다. 그리고 시간이 흐르면서 이 떡은 한국인 모두가 좋아하는 인절미로 불리게 되었다.

이괄에 의해 어쩔 수 없이 공산성에 짧게 머물렀던 인조였지만, 그사이 공산성에는 많은 이야기가 만들어졌다. 한편 통훈대부직을 받은 두 나무는 인조 주변에 얼마나 사람이 없었는지를 보여주는 동시에 인조의 사람됨이 어떠했는지를 보여준다. 더불어 이수항이 쌍수정을 지어 두 나무를 기리는 것에서 조선시대에 충(忠)이란 개념이 어떠했는지도 알 수 있다. 또한 왕에게 음식을 대접하는 것만으로도 큰 영광으로 생각하고 떡을 바쳤지만, 결국 누구인지도 기억되지 못하는 안타까운 사회상 역시 살펴볼 수 있다.

209 낙안읍성에서 임경업 장군을 기억하다

제16대 인조

#낙안읍성유래 #임경업전설 #낙안읍성모습

전라남도 순천에 있는 낙안읍성은 현재도 사람들이 거주하는 유서 깊은 장소다. 낙안읍성은 삼한시대부터 사람들이 소국을 이루며 살던 장소였다. 백제와 신라의 영토로 자주 바뀌면서 각기 다른 이름으로 불리다가 고려 태조 때 낙안이 되었다. 이곳에 읍성이 세워진 것은 고려 말 김빈길이 왜구의 침입을 막기 위해 토성을 쌓으면서였다.

남쪽에 있는 낙안읍성에는 청나라가 두려워했던 임경업과 관련된 이야기가 전해진다. 전설에 따르면 임경업은 성을 쌓고, 누이는 베를 짜서 옷을 만들어 누가 더 빨리 제 일을 마치는지 내기를 벌였다고 한다. 임경업은 누이를 이기기 위해 낙안읍성 뒤에 있는 금전산에 올라 커다란 바위를 칼로 자른 뒤 등에 메고 내려오기를 여러 번 반복하며 성을 열심히 쌓았다. 누이는 임경업보다 먼저 옷을 만들었지만, 굵은 땀을 흘리며 성을 쌓는 동생의 기를 살려주려고 일부러 옷고름을 달지 않고 내기에 져주었다고 한다.

실제로 임경업은 1626년(인조 4년)에서 1628년(인조 6년)까지 낙안읍성에 재직했다. 3년이 안 되는 짧은 기간이었지만 낙안읍성 백성에게 그는 선정을 베풀었던 최고의 군수였다. 1628년(인조 6년), 임경업이 임기를 마치고 떠나자 마을 사람들은 임경업 장군비각을 세우고 그를 기렸다. 그리고 임경업이 죽은 후에는 정월 보름마다 임경업의 제사를 지내며 그를 마을의 수호신으로 모셨다.

낙안읍성은 원래 토성이었지만《세종실록》에서는 1424년(세종 6년)부터 성벽을 돌로 쌓으면서 석성이 되었다고 기록하고 있다. 낙안읍성은 정유재란 당시 순천 왜성에 주둔하던 왜적에 의해 읍성이 파괴되었다가 임경업 장군에 의해 복구되었다. 3년이란 짧은 기간 성을 복구하는 큰 공사를 했음에도 백성들에게 존경받는 모습에서 임경업의 인품과 능력을 엿볼 수 있다. 현재 낙안읍성은 남북보다 동서가 더 긴 직사각형의 모습으로 1,384m에 달하는 긴 성곽을 가졌으며, 부속 시설로 성문 3개, 옹성 3개, 치 4개, 해자와 객사 및 동헌 등의 건물이 있다.

210 여진족에 쫓겨 강화도로 도망가다

제16대 인조

#정묘호란발발이유 #정묘약조 #조선분개하다

후금의 누르하치는 광해군이 명과 후금의 부차 전투에 조선군을 보내야 했던 사정을 강홍립에게 듣고 나서 조선을 크게 압박하지 않았다. 여진족을 통합해 나라를 세운 상황에서 조선의 처리 문제는 우선순위가 아니었고, 명나라를 견제하기 위해서도 조선은 정복 대상이 아닌 자신의 편으로 만들어야 하는 국가였다. 그러나 후금은 정권이 바뀌고 나서 노골적으로 후금을 배척하고 명나라의 편을 드는 조선이 심히 불편했다. 여기에 조선의 평안도 가도에 주둔하며 후금의 배후를 위협하는 명나라 장수 모문룡도 골칫거리였다.

1626년(인조 4년), 누르하치가 죽고 왕위를 계승한 홍타이지(청 태종)는 조선 정벌을 주장했다. 마침 이괄의 잔당이 인조반정의 부당성을 피력하며 도망쳐오자, 홍타이지는 광해군의 원수를 갚는다는 명분을 내세우며 침략을 준비했다. 1627년(인조 5년) 1월, 아민을 총대장으로 하는 3만의 후금군을 도원수 장만이 막으려 했으나, 연신 패퇴하며 조선은 개경까지 밀렸다. 인조는 한양이 정복되는 것을 두려워해 강화도로 피신하고, 소현세자는 전주로 내려보냈다.

조선 조정이 강화도로 들어가 장기전을 벌일 준비를 하자, 후금은 당황스러웠다. 조선을 굴복시키기보다는 자신들의 위세를 보여주는 데 목적을 두었던 후금은 장기전을 치를 생각이 없었다. 모문룡의 군대를 패퇴시키고 조선에 충분히 위력을 보여주었다고 생각한 후금은 정묘약조를 맺고 군대를 철수했다.

◇ **정묘약조**

1. 후금군은 평산을 넘지 않을 것.
2. 맹약 후 즉시 후금군은 철병할 것.
3. 후금은 철병 후 압록강을 넘지 않을 것.
4. 양국은 형제국으로 칭할 것.
5. 조선은 후금과 맹약을 맺지만, 명나라에 적대하지 않을 것.

힘이 약해 후금에게 진 것이 아니라고 생각한 조선은 후금의 많은 세폐(공물) 요구를 거절하고 왕자 대신 종실인 원창군을 인질로 보냈다. 그리고 오랑캐로 여기던 후금과 형제국이 된 사실에 계속 불만을 표출했다.

211

영정법, 국가에만 이익을 안기다

제16대 인조

#새공법필요성대두 #영정법내용 #여전히고통스런백성

세종 때 만들어진 수취제도인 전분육등법과 연분구등법은 총 54등급으로 나누어져 관리와 백성 모두 완전하게 이해하고 운영하기에 복잡했다. 또한 양전이 제대로 이루어지지 않는 상황에서 올바르게 세금을 징수할 수도 없었다. 이후 명종 때 과전법이 사실상 폐지되어 훈구파들이 토지를 직접 소유하자, 토지를 잃고 전호로 전락하는 농민이 많아지기 시작했다. 특히 양난 이후 황폐해진 토지와 인구 감소 등 여러 문제로 조선 조정은 조세를 제대로 거두지 못하며 재정 부족의 어려움을 겪었다. 더불어 백성들도 현실을 반영하지 못하는 옛 공법 제도에 불만이 커져갔다.

새로운 공법의 필요성을 느낀 조정은 1635년(인조 13년), 최저 세율로 4~6두를 징수하던 것을 정례화해 백성들의 조세 부담을 줄여주는 동시에 국가 재정을 확충하는 영정법을 시행했다. 영정법에서는 비옥도에 따라 토지를 상·중·하 3단계로 나누고, 각 단계를 또다시 상·중·하로 나누었다. 그 뒤 상상전(上上田) 20두, 상중전(上中田) 18두, 상하전(上下田) 16두, 중상전(中上田) 14두, 중중전(中中田) 12두, 중하전(中下田) 10두, 하상전(下上田) 8두, 하중전(下中田) 6두, 하하전(下下田) 4두를 거두도록 규정했다.

조선은 경상도 최고급지를 상하전인 16두, 전라도와 충청도는 중중전 12두, 나머지 5도는 하하전 4두로 한정했으나, 실제로는 전국 대부분의 토지가 하중전이나 하하전으로 배정되어 평균 4~6두를 납부했다. 이때 풍흉은 고려하지 않고 토지의 비옥도만 적용했다. 영정법의 시행과 양전 사업으로 광해군 때 54만 결에 불과했던 토지가 인조 때는 120만 결로 늘어나면서 국가 재정은 크게 확충되었다.

국가의 재정을 튼실하게 한 영정법은 백성들의 삶에는 큰 도움이 되지 못했다. 조정은 영정법 시행으로 부족해진 세수를 여러 명목의 수수료, 운반비, 자연 소모에 대한 보충비 등으로 백성에게 거두어들였다. 이 밖에도 임진왜란 중 훈련도감의 경비를 충당하기 위해 남부 5도에서 거두던 삼수미를 정기적인 세금으로 편성해 토지 1결당 2두를 부과했다. 여기에 토지 주인인 전주가 소작농에게 세금을 전가하면서 백성들의 삶은 더욱 어려워질 뿐이었다.

212

병자호란 발발하다

제16대 인조

#병자호란시작 #용골대마부태갑질 #청태종의친정

정묘호란 때 후금과 맺은 '형제의 맹약'은 조선이 대외적으로 청나라에 굴복하는 모습처럼 보였으나, 실질적인 내용에선 큰 손해가 아니었다. 정묘약조를 통해 후금의 군대를 철수시키면서도 명나라와의 관계를 유지하기로 했던 만큼, 조선은 내부적으로 후금에게 졌다고 생각하지 않았다. 오히려 후금에게 당한 치욕을 갚아야 한다는 분위기가 더욱 강해지고 있었다. 물론 후금을 정복하기 위한 국방력 강화 등 실질적인 변화 없이 말로만 복수를 외칠 뿐이었다.

형제 관계를 맺은 조선과 후금은 시간이 흐를수록 정반대의 길을 걸었다. 후금은 1636년(인조 14년)에 나라 이름을 청(淸)으로 바꾸고, 주변국에 청이 황제국임을 알리며 강대국이 되었다. 청에게 조선은 더 이상 형제국이 아닌 속국이 되어야 할 나라였다. 반면 조선은 실리보다는 명분만 찾으며 과거의 영광에만 매달렸다. 그러면서 동아시아의 새로운 강자였던 청을 오랑캐로 업신여겼다.

그러던 차에 인조의 비 인열왕후의 죽음을 조문하는 동시에 청 태종의 존호를 알리기 위해 청의 용골대와 마부태가 조선에 찾아왔다. 이들은 조선을 속국으로 여기며 예의 없고 무례한 행동을 계속 일삼았다. 용골대와 마부태는 청의 국력이 강해진 만큼 조선이 군신의 예를 갖출 것으로 생각했으나, 예상과 달리 조선의 반발이 거세자 당황하며 두려움을 느꼈다.

생명의 위협을 느낀 둘은 급히 청으로 도망치다가 청의 침략을 철저히 대비하라는 조선의 문서를 평안도 관찰사로부터 우연히 입수해 청 태종에게 바쳤다. 청 태종은 문서를 통해 조선이 전쟁을 준비하고 있다는 사실에 불쾌감을 느꼈다. 이와 함께 명을 정복하기 위해서는 먼저 조선을 굴복시킬 필요성을 느껴 전쟁을 준비했다.

1636년(인조 14년) 12월 1일, 전쟁 준비를 마친 청 태종은 12만의 대군을 직접 이끌고 얼어붙은 압록강을 넘으며 조선 정벌에 나섰다. 반면 조선은 청에 대해 분개함만 가득했을 뿐, 청의 움직임을 제대로 파악하지 못하고 방비의 허점을 드러냈다.

213

남한산성에 고립되다

#남한산성고립 #조선항복 #정축화약

1636년(인조 14년) 12월 9일, 압록강을 건넌 청군의 선봉 마부태는 임경업 장군이 지키는 백마산성을 피해 빠른 속도로 남하했다. 조선 조정이 청의 침입 사실을 알게 된 것은 3일이나 지난 12월 12일로, 임경업 장군과 도원수 김자점의 장계를 통해서였다. 청군이 13일 오후에 평양에 도착하고, 14일에 개성을 통과했다는 소식에 조선 조정이 취한 행동이라곤 종묘사직의 신주와 왕족을 강화도로 피신시킨 일밖에는 없다. 그날 밤 인조와 조정 대신들은 강화도로 피신하고자 궁궐을 나섰다. 하지만 강화도로 가는 길목이 청군에 의해 막히자, 최명길이 청군을 접대하며 시간을 끌었다. 그리고 그 틈을 타서 인조는 급히 남한산성으로 피신했다.

급하게 들어온 남한산성에는 1만 2천여 명의 군인과 한 달을 버틸 수 있는 군량밖에 없었다. 조선이 청의 10만 대군을 막아내기 어렵다고 판단한 인조는 15일 새벽, 강화도로 가려 했으나 상황이 여의치 않자 남한산성으로 다시 돌아왔다. 이때부터 추위와 배고픔으로 많은 병사가 목숨을 잃어가면서 국가를 지키는 40여 일간의 항전이 시작되었다.

인조는 지방군이 올라오면 상황이 바뀔 수 있다고 기대했다. 하지만 상황은 정반대였다. 지방군이 연이어 패배했다는 소식에 절망과 패배감만이 남한산성을 휘감았다. 남한산성 아래에서 청나라 군대가 매일 고기를 먹으며 여유 있게 지낼 때, 조선군은 동상과 굶주림에 싸워보지도 못하고 죽어갔다. 고립이 길어지자 신하들도 전쟁을 계속 지속해야 한다는 주전파와 항복한 뒤 훗날을 도모하자는 주화파로 나누어지며 국론이 분열되었다. 이런 가운데 강화도가 함락되고, 청 태종은 한양에 입성했다. 청군이 막강한 화력을 자랑하던 홍이포로 남한산성을 향해 포격하며 인조를 위협하자, 인조는 주화파의 뜻에 따라 항복하기로 결정했다.

1637년(인조 15년) 1월 30일, 인조는 삼전도에서 청 태종에게 항복했다. 인조는 청 태종을 향해 3번 무릎을 꿇고, 3번 절할 때마다 머리를 땅에 찧는 삼궤구고두례를 통해 조선이 청의 신하가 되었음을 인정했다. 그리고 두 왕자를 인질로 보내며 매년 세폐(공물)를 보내겠다는 정축화약을 맺었다.

214

나라를 위한 마음은 같았다

#주전파김상헌 #주화파최명길 #감옥에서화해

김상헌은 청의 군대를 피해 모두가 도망치기 바쁠 때, 66세의 나이로 60리 눈길을 걸어 남한산성에 들어왔다. 성리학의 대의명분을 내세우며 청나라와 싸우자는 주전파를 대표하는 김상헌은 매우 강직한 인물이었다. 반면 김상헌보다 16살이 적은 최명길은 청과의 화친을 주장하는 주화파의 대표 인물이었다. 최명길은 인조가 남한산성으로 피신할 수 있도록 시간을 마련하는 등 현실적인 관점에서 병자호란의 해결책을 제시했다.

청 태종에게 항복을 권하는 문서가 도착하자, 김상헌은 이 문서를 군사들에게 보여줘 사기를 높이는 데 사용하자고 주장했다. 반면 최명길은 청 태종이 직접 조선에 온 것은 전쟁을 끝내기 위함이니 끝까지 싸우기보다 화의를 맺는 것이 낫다고 주장했다. 주전파와 주화파가 서로 옳다고 주장하는 가운데, 전투는 연신 패했고 군량은 바닥을 보였다. 무엇보다 외부에서 원군이 오지 않는다는 사실에 인조는 항복을 결정했다.

인조가 항복을 선언하자, 김상헌은 자살을 시도하며 강하게 거부했다. 그럼에도 인조가 변함이 없자, 김상헌은 왕의 행렬을 따르지 않고 안동으로 낙향했다. 청이 물러나고 인조가 자신을 보호하며 따라산 관료들에게 상을 내릴 때도, 김상헌은 상을 거부하고 오히려 청에 대한 복수를 당부했다. 청나라는 정축화약을 인정하지 않고 복수를 외치는 김상헌에 대한 소식을 접하고 1640년(인조 18년), 그를 청나라 심양으로 압송했다.

반면 최명길은 항복 문서를 작성했다는 오명이 두려워 아무도 나서지 않을 때, 나라를 위하는 마음으로 항복 문서를 작성했다. 그로 인해 최명길은 많은 관료의 질타를 받았다. 그러나 최명길은 개인의 입신양명을 위해 화친을 주장한 것이 아니었다. 당장의 위급함을 벗어나기 위한 어쩔 수 없는 선택이었을 뿐이었다. 최명길은 청나라 군대가 물러난 후 명나라 황제에게 정축화약이 어쩔 수 없이 이루어진 상황이었음을 알리는 문서를 보냈다. 이 일로 최명길도 1642년(인조 20년), 청나라 심양으로 압송되었다. 같은 감옥에 갇힌 김상헌과 최명길은 벽을 사이에 두고 나라를 위하는 방법이 서로 달랐을 뿐 나라를 사랑하는 마음은 같다는 것을 인식하며 시를 나누었다.

양대의 우정을 찾고	그대 마음 돌 같아서 끝내 돌리기 어렵고
(從尋兩世好)	(君心如石終難轉)
백 년의 의심을 푼다	나의 도는 둥근 꼬리 같아 경우에 따라 돈다네
(頓釋百年疑)	(吾道如環信所隨)
― 김상헌	― 최명길

215 소현세자 강빈, 억울한 죽음을 맞다

제16대 인조

#여장부강빈 #아들질투한인조 #강빈억울한죽음

소현세자의 아내이면서 인조의 큰 며느리였던 강빈(1611~1646년)은 병자호란 때 청나라 군대가 한양으로 들이닥치자 원자를 데리고 소현세자와 함께 강화도로 향했다. 이들은 강화도로 들어가기 위해 배를 기다렸으나 강화도 수비를 책임지는 김경징이 배를 내주지 않았다. 세자 일행을 쫓는 청나라 군대가 강화도에 들어오는 것이 두려웠기 때문이었다. 세자 일행이 어찌할 바를 모르고 있을 때 강빈은 앞에 나서 "장차 이 죄를 어찌 갚으려 하느냐. 내 똑똑히 기억해두겠다."라며 김경징을 꾸짖었다. 비로소 김경징이 배를 내주자 세자 일행은 강화도에 들어갈 수 있었다.

하지만 인조가 삼전도에서 맺은 정축화약에 따라 소현세자와 강빈은 볼모가 되어 청나라 심양으로 끌려갔다. 청나라는 세자 일행에게 머물 장소를 제공했지만, 생활에 필요한 돈을 제대로 지급하지 않았다. 이들은 스스로 생계를 꾸려나가야 했다.

생활비를 마련하기 위해 강빈은 우선 청나라 귀족 부인들을 찾아다니며 인맥을 쌓았다. 조선의 세자빈이라는 지위는 그들에게 매력적이지 않았지만, 강빈이 몸에 두른 옷과 패물은 부러움의 대상이었다. 청의 문화 수준이 조선에 못 미친다는 사실을 파악한 강빈은 조선 물건을 청나라 귀족에게 팔며 이득을 취했다. 또한 청에 끌려온 조선 백성을 다독이며 둔전(屯田)을 경영해 막대한 수익을 거두었다. 강빈은 수익 일부를 청에 끌려온 조선인들의 몸값으로 지불해 자유민으로 만들어주었다.

소현세자와 강빈이 청 황실과 좋은 관계를 맺자, 인조는 아들에게 왕위를 빼앗길까 두려워졌다. 그리고 그 불안감은 강빈에게 향했다. 8년간 심양 생활 중 강빈이 부친상을 당했을 때도 인조는 강빈의 방문을 불허했다. 왕실 여인으로서 대외 활동을 하는 것도 괘씸한데, 소인배들이 하는 교역을 통해 이익을 취했다는 것이 그 이유였다.

백성들은 볼모 생활을 마치고 고국으로 돌아오는 소현세자 부부를 환대했으나, 인조와 조정 대신들은 반기지 않았다. 그 후 소현세자는 두 달 만에 갑자기 의문사했다. 얼마 뒤 1646년(인조 24년), 강빈은 인조의 후궁 조씨를 저주했다는 모함과 인조의 수라상에 독을 넣었다는 누명을 썼다. 강빈을 포함한 궁녀들은 독을 넣지 않았다고 주장했으나 아무 소용이 없었다. 결국 강빈은 사약을 받아 죽었다. 그녀의 어머니와 형제들도 처형되거나 고문으로 죽었다. 강빈의 세 아들은 제주도로 유배되었고, 그곳에서 두 아들도 죽었다. 1718년(숙종 44년)이 되어서야 강빈은 무고함이 판명되어 복위되었고, 경기도 광명시에 복원묘가 만들어졌다. 민회묘라 불리던 강빈의 묘는 1903년(고종 7년)에 영회원으로 이름이 변경되었다.

초기 조선의 통치 체제는 육조직계제와 의정부서사제를 두고 갈등을 겪다가 성종 때 《경국대전》으로 정리되어 운영되었다. 《경국대전》은 의정부가 정책을 협의 및 결정하고, 육조가 정책을 시행하도록 규정했다. 그러나 비변사가 등장하면서 정국 운영에 변화가 나타났다. 1517년(중종 12년), 북쪽 여진족과 남쪽의 왜구를 대비하기 위해 설치한 축성사에서 발전한 비변사는 점차 군사 업무의 총괄 기관이던 병조를 제치고 군사 문제를 해결했다. 을묘왜변 이후로는 상설 기구가 되어 국가 운영의 핵심 기구로 발전했다.

군사 문제를 담당하던 비변사가 국가 최고 회의기구로 성장한 배경에는 임진왜란과 인조반정이 있었다. 임진왜란으로 국가 체제가 무너진 상황에서 전·현직 대신과 육조 당상들은 비변사에 모여 국방을 비롯한 국정 전반의 현안을 논의하고 해결했다. 광해군 때는 비변사에서 후금에 대한 외교 관계를 전담했으며, 인조반정 이후에는 반정 공신이 비변사를 장악해 국정을 운영했다.

비변사의 관직으로는 도제도·제조·부제조·낭청이 있었으나, 실제 운영에서는 대신이 도제조가 되어 제조·부제조·낭청을 이끌었다. 대신은 원임대신과 시임대신으로 나뉘는데, 원임대신은 특별 사안에 대해 자문하는 역할을 맡았고, 시임대신은 비변사 운영을 실질적으로 주관하는 일을 담당했다. 제조에는 특정 관직과 관련된 5~14명으로 이루어진 예겸당상과 더불어 군사전문가 5~30명으로 이루어진 전임당상이 있었다. 예겸당상은 관직에서 물러나면 비변사에 참여할 수 없었던 반면, 전임당상은 외관직에 임명되지 않는 한 비변사 활동을 계속할 수 있었다.

원임대신은 현직에 물러나도 국가 전반의 문제를 다루는 비변사 회의에 참석할 수 있었고, 전임당상은 군권을 장악하는 동시에 왕에게 직접 의견을 제시할 수 있게 되면서 비변사는 조선 후기에 특정 붕당이 권력을 장악하는 용도로 활용되었다. 19세기 세도정치 기간에는 세도 가문이 적은 인원으로 권력을 장악하기 위한 용도로 비변사를 활용했다. 결국 1863년(고종 즉위년), 흥선대원군은 비변사의 정치 업무는 의정부로, 군사 업무는 삼군부로 이관하면서 비변사를 해체했다.

217

통신사로 두 마리의 토끼를 잡아라

제16대 인조

#통신사역사 #통신사목적 #통신사파견과정

| 통신사의 행로

조선은 사대교린이라는 외교를 펼쳤다. 고려 말부터 조선 초까지 극심했던 왜구의 노략질을 막기 위해 3번이나 대마도를 정벌하는 강경책을 펴면서도, 다른 한편으론 왜구를 달랬다. 조선은 1404년(태종 3년)부터 임진왜란 전까지 8번에 걸쳐 통신사를 파견해 일본의 사정을 파악하는 동시에 왜의 침략을 사전에 막으려 노력했다.

임진왜란 발발 전인 1590년(선조 23년), 조선은 일본의 침략 여부를 알아보기 위해 통신사 정사에 황윤길, 부사에 김성일을 임명해 일본에 파견했다. 일본에서 돌아온 정사 황윤길은 일본의 침략을 대비해야 한다고 주장했지만, 부사 김성일은 전쟁이 일어나지 않을 것이라 자신했다. 선조는 김성일의 의견에 손을 들어주었고 그 결과, 방비를 소홀히 하게 되어 임진왜란 초기 큰 어려움을 겪어야 했다.

임진왜란 이후에도 조선은 전쟁 종결을 위한 강화 교섭과 일본에 잡혀간 조선인을 데려오기 위해 일본에 통신사를 파견했다. 도쿠가와 이에야스가 에도막부를 세운 이후에는 일본의 정세를 정탐하기 위한 목적으로 통신사를 파견했다. 일본도 막부의 정통성을 강화하면서 조선의 선진 문물을 수용하기 위해 통신사를 요청했다. 그러나 19세기 들어 조선이 세도정치로 혼란해지고 일본은 서구 문물을 받아들이면서 1811년(순조 11년)을 마지막으로 통신사는 파견되지 않았다.

통신사 파견 과정은 다음과 같다. 일본 에도막부에 새 장군이 즉위하게 되면, 대마도주가 조선에 통신사 파견을 요청했다. 이에 조선이 응하면 대마도주와 일정과 경로 등 세부 내용을 협의했다. 통신사 일행이 2개월에 걸쳐 부산에 도착하면 연회를 열어 사신단을 위로하고, 여정이 안전하도록 해신제를 올렸다. 통신사는 해로를 통해 대마도에서 시모노세키를 거쳐 오사카까지 이동한 뒤, 에도(도쿄)까지 육로로 이동했다.

통신사는 에도까지 가는 동안 극진한 접대를 받았다. 가는 길목마다 한시와 학문을 배우려는 일본인들이 넘쳐났다. 특히 일본인들은 통신사의 마상무예를 가장 좋아했다. 통신사가 에도에 도착해서 국서를 전달하고 한양으로 돌아가는, 약 6개월에서 1년 사이에 소요되는 엄청난 비용을 마련해야 하는 일본은 큰 재정 부담을 떠안아야 했다.

◇ **이름:** 호
◇ **출생−사망:** 1619~1659년
◇ **재위 기간:** 1649년 5월~1659년 5월(10년)

인조의 둘째 아들로 태어난 봉림대군은 병자호란 패배 후 소현세자와 함께 볼모로 잡혀갔다. 그 후 1645년(인조 23년) 4월, 고국으로 돌아온 소현세자가 갑자기 죽자 그해 9월에 봉림대군은 세자로 책봉되었다. 소현세자의 아들이 있는 상황에서 봉림대군이 세자에 책봉되자 곳곳에서 여러 의문이 제기되었지만, 그는 별 무리 없이 효종으로 즉위했다.

　왕자 시절 송시열에게 학문을 배웠던 효종은 청나라에 병자호란의 설욕을 갚으면서 명나라를 세우기 위한 북벌을 계획하고 준비했다. 첫 번째 작업으로 우선 김자점 등 왕권을 위협하며 북벌을 반대하는 세력을 정계에서 쫓아냈다. 이후 사대부들로부터 북벌에 대한 지지를 얻기 위해 송시열·송준길를 중용하고 군세 개편과 함께 훈련대장 이완을 중심으로 군사훈련을 강화했다. 제주도에 표류한 네덜란드 하멜 일행에게는 서양 화포를 제작하도록 지시했으나 큰 성과를 거두지는 못했다. 또한 청나라군과 함께 러시아 세력을 정벌한 나선정벌로 조선군이 강군임을 확인했지만, 청을 실질적으로 정복할 힘을 갖추지는 못했다.

　효종은 군비를 확충하면서 백성들의 어려운 삶을 돌보기 위해 김육의 의견을 받아들여 충청도와 전라도에 대동법을 시행했다. 그리고 상평통보를 유통시켜 상품 화폐 경제를 활성화하고,《농가집성》등 실제 생활에 필요한 서적을 간행 및 보급했다. 하지만 효종은 말년에 송시열과 북벌에 대한 의견이 갈리면서 어려움을 겪었다.

　북벌에 대해 관료와 사대부의 반대가 거세지고, 군비 확충으로 인한 백성들의 불만이 커지던 중 1659년(효종 10년), 효종은 얼굴의 종기가 악화되어 41세의 나이에 죽었다. 효종의 능호는 영릉으로, 그 능은 경기도 동구릉에 있었으나 1673년(현종 14년)에 경기도 여주에 있는 세종의 영릉 뒤편으로 옮겨졌다.

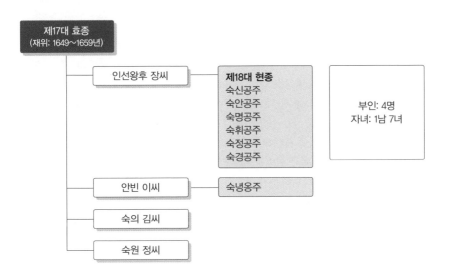

제17대 효종
(재위: 1649~1659년)

인선왕후 장씨

제18대 현종
숙신공주
숙안공주
숙명공주
숙휘공주
숙정공주
숙경공주

부인: 4명
자녀: 1남 7녀

안빈 이씨

숙녕옹주

숙의 김씨

숙원 정씨

220

병자호란의 치욕을 씻어야 한다

제17대 효종

#효종북벌론 #북벌자신감 #왕권강화위한북벌

형 소현세자와 함께 청나라 수도 심양에 볼모로 끌려갔다 돌아온 봉림대군은 청에 대한 복수를 다짐했다. 소현세자가 청의 선진 문물을 도입하려던 것과는 정반대의 모습이었다. 소현세자가 34세의 젊은 나이로 귀국 후 갑작스럽게 죽자 봉림대군은 왕위에 올라 효종으로 즉위했다. 효종은 먼저 관료들이 청에 대해 어떤 생각을 품고 있는지부터 파악했다. 그리고 자신을 왕으로 추대했던 김자점 등의 친청파를 버리고, 주전을 외치던 김집·송시열·송준길 등을 등용하며 지지 세력을 결집했다. 또한 북벌을 위한 군대를 양성하기 위해 대동법을 확대해 세수를 늘리는 동시에 백성들을 다독였다.

효종은 병자호란의 패배 원인을 떠올리며 피난처인 강화도와 남한산성을 재정비했다. 남한산성 일대를 방비하는 수어청과 한양과 왕을 호위하는 어영청에는 유능한 장수를 배치하고, 군을 정비하고 증강했다. 특히 청나라의 강력한 기병을 상대하기 위해 금군을 기병으로 편제하고, 어영청에 기마부대인 별마대와 포병부대인 별파진을 새로 만들었다. 군대 증강에 많은 노력을 기울인 결과 금군은 1천 명, 어영청군은 2만 1천 명, 훈련도감군은 6,350명까지 증가했다.

병자호란 당시 평안도 지역의 지방군이 무너지면서 조선 땅이 14일 만에 한양까지 뚫렸던 것을 기억하는 효종은 지방군 강화를 위해 영장제를 복구했다. 또한 청나라에서 홍이포의 위력을 체감한 효종은 네덜란드인으로 귀화한 박연을 훈련도감에 배속해 그에게 무기 제조를 맡겼다. 효종은 심혈을 기울여 양성한 조선의 군대가 청나라군과 함께 러시아를 정벌한 나선정벌에서 큰 성과를 거두자 북벌에 대한 자신감을 보였다.

그러나 효종이 재위 10년 만에 죽으면서 북벌 계획은 물거품이 되었다. 병자호란 때보다 국력이 더 강해진 청나라를 상대로 조선이 승리를 거두었을지에 대해서는 비록 회의적인 평가를 받지만, 효종의 북벌론은 효종 이후 여러 왕들에게 왕권을 강화하기 위한 수단으로 활용되었다. 예를 들어 숙종 때는 남인 윤휴가 10만 군사를 동원해 북경을 공격하자고 주장하며, 허적과 함께 전쟁을 위한 도체찰사부를 복구했다. 정조도 왕권을 강화하기 위해 장용영 신설과 군제 개혁의 명분으로 북벌론을 내세웠다.

221

네덜란드인이 조선에 귀화하다

제17대 효종

#최초네덜란드귀화인 #박연과하멜만남 #원산박씨시조

네덜란드 리프 지방에서 태어난 벨테브레이(Weltevree, J.J.)는 1627년(인조 5년), 일본으로 향하던 중 표류하다 제주도에 도착했다. 히아베르츠(Gijsbertz, D.), 피에테르츠(Pieterz, J.)와 식수를 구하려 돌아다니던 벨테브레이는 관헌에게 붙잡혀 부산에 있는 왜관으로 보내졌다. 그는 이곳에서 기존 관행에 따라 중국에 건너간 뒤 고국으로 가는 배에 올라타야 했지만, 당시 조선은 정묘호란으로 국가 기능이 정상적이지 못했다. 또한 정묘호란이 끝난 지 얼마 되지 않은 상황에서 벨테브레이 일행을 중국에 보내기도 쉽지 않았다. 일본도 이들의 입국을 거부하면서 벨테브레이 일행은 고향으로 갈 길이 막혀버렸다.

조선 조정은 벨테브레이 일행이 대포를 만들 수 있다는 사실을 알게 되자 그들을 한양으로 불러올렸다. 훈련도감에 배속된 이들은 1636년(인조 14년) 병자호란 때 두 명이 죽고 벨테브레이만 살아남았다. 동료도 없는 상황에서 고향으로 돌아갈 길이 보이지 않자, 벨테브레이는 조선에 정착하기로 결정하고 이름을 박연으로 고쳤다. 그리고 1648년(인조 26년)에 무과에 합격해 조선의 관리가 되었다.

서양 대포를 만들 수 있는 박연은 효종에게 있어 중요한 인물이었다. 효종은 청나라의 홍이포를 대적할 신무기 제작에 박연을 투입하고, 혹시라도 그가 고국으로 돌아갈까 걱정되어 그를 조선 여인과 결혼시켰다. 박연은 슬하에 1남 1녀를 두면서 원산박씨의 시조가 되었다. 기록에 따르면 박연의 자식들은 조선인과 네덜란드인을 반씩 섞어놓은 모습이었다고 한다.

1653년(효종 4년), 박연은 하멜 일행이 제주도에 표류하자 통역을 맡게 되었다. 그러나 하멜의 기록에 따르면 그가 오랜 시간 조선에 머물러 네덜란드 말이 서툴렀다고 한다. 그러나 수십 년 만에 네덜란드 사람을 만나면서 박연은 고향에 대한 향수로 옷깃이 다 젖을 때까지 울었다고 한다. 박연은 하멜 일행이 조선에 잘 적응할 수 있도록 물심양면으로 도와주었으나, 그 관계는 오래가지 않았다. 무관으로 관직 생활을 하며 조선인으로 살던 박연은 고국으로 돌아갈 생각이 없었다. 아니 돌아갈 수 없다고 생각했다. 반면 하멜 일행은 고국으로 돌아가기 위해 수시로 탈출을 시도했다. 1666년(현종 7년), 하멜 일행이 일본으로 탈출한 뒤 협상을 통해 조선에 남아 있는 일행을 데려갈 때도 박연은 조선에 남았다. 조선에 귀화한 최초의 네덜란드인 박연의 기념비는 네덜란드 암스테르담 북쪽 드 레이프(De Rijp)에 세워져 있다.

222

김자점과 소용 조씨, 권력을 탐하다

제17대 효종

#김자점역모 #김자점밀고 #소용조씨저주

김자점(1588~1651년)은 인조반정의 1등 공신이며, 정묘호란 때 인조를 호종한(왕이 탄수레를 호위해 따름) 공로로 도원수가 되었다. 병자호란 당시에는 빠른 속도로 밀려오는 청군을 막지 못한 죄로 강화도로 유배되었으나, 1년 만에 강화유수로 제수되었다. 이후 인조의 신임을 받은 김자점은 1646년(인조 24년)에 영의정이 되어 최고의 권력을 행사했다.

인조의 후궁 소용 조씨는 평소 이간질과 투기가 심했다. 소현세자빈 강씨와도 사이가 좋지 않아, 조씨는 늘 인조의 곁에서 소현세자가 왕위를 빼앗을 거라고 소현세자를 모함했다. 심양에서 돌아온 소현세자가 소용 조씨의 어머니 집에 드나들던 의관 이형익에게 병을 치료받다가 두 달 만에 죽자, 많은 사람은 소용 조씨가 소현세자를 독살했다고 의심했다. 그러나 소문에 아랑곳하지 않은 조씨는 얼마 후에 강빈이 자신을 저주했다는 거짓말을 하면서 강빈에게 인조를 독살하려 했다는 혐의까지 씌웠다.

인조 때 최고의 권력을 누리던 김자점과 소용 조씨는 1648년(인조 26년)에 사돈 관계를 맺었다. 소용 조씨의 상녀 효명옹주와 김자점의 손자 김세룡이 혼인하면서 둘의 권력은 더욱 공고해졌다. 그러나 효종이 즉위하자 상황이 바뀌었다. 인조가 죽자 소용 조씨는 자연스럽게 권력에서 멀어졌고, 효종의 북벌운동을 반대하던 김자점은 효종에게 견제당했다. 효종은 북벌에 찬성하는 김집·송시열·김상헌 등을 불러들이고, 친청파인 김자점을 영의정에서 파직한 뒤 홍천으로 유배 보냈다.

효종이 자신을 조정에서 쫓아내자 위기의식을 느낀 김자점은 역관 이형장을 청나라에 보내 효종의 북벌 준비를 알렸다. 그는 북벌의 증거로 조경이 지은 장릉 지문(誌文)에 청나라 연호가 아닌 명나라 연호가 쓰인 사실을 제시했다. 청나라는 김자점이 보낸 문서를 보고 국경에 군대를 배치하고 사실 여부를 확인하려 했다. 그러나 영의정 이경석의 뛰어난 외교술로 이 사건은 큰 문제 없이 수습되었다.

청에 북벌을 고해바친 일로 광양으로 유배지가 옮겨진 김자점은 소용 조씨의 장자 숭선군을 왕으로 추대하는 역모를 계획했다. 그러던 중 1651년(효종 2년), 궁궐에 있던 소용 조씨가 딸 효명옹주와 함께 무녀를 궁으로 불러들여 임금이 거처하는 대전과 자의대비, 그리고 인조의 셋째 아들 인평대군의 처소에 뼛가루를 묻고 저주의식을 행하다가 발각되었다. 이 일로 김자점의 역모가 들통나면서 김자점과 그의 아들, 그리고 소용 조씨는 처형당했다. 효명옹주와 숭선군은 관작이 삭탈되고 안치형을 받았다. 그렇게 조씨와 김자점의 역모 시도는 실패로 돌아갔다.

223 네덜란드인이 조선을 유럽에 소개하다

　　　　　　　　　　　#조선생활의고초 #조선탈출시도 #하멜표류기

네덜란드 호르큄에서 태어난 헨드릭 하멜(1630~1692년)은 자카르타의 동인도회사에서 서기로 근무하고 있었다. 당시의 자카르타 동인도회사는 중국과 일본의 청화백자를 유럽에 판매해 큰 이익을 얻고 있었다. 1653년(효종 4년), 하멜은 대만을 거쳐 일본 나가사키에 도착해서 업무를 보는 출장을 떠났다. 그러나 도중에 태풍을 만나 함께 떠난 64명 중 하멜을 포함한 36명만이 제주도 해안을 밟을 수 있었다.

제주목사 이원진은 하멜 일행을 발견하고 조정에 이들과 언어 소통이 어렵다는 장계를 올렸다. 조정에서는 이미 귀화해 있던 네덜란드인 벨테브레이(박연)를 보내 하멜 일행을 조사하도록 시켰다. 조선은 하멜 일행을 남만인으로 표현하며 이들 중 코로 통소를 부는 자, 발을 흔들며 춤추는 자가 있었다고 기록하는 등 이들을 신기한 사람들로 표현했다. 하멜 일행은 낯선 환경에 적응하지 못해 제주도를 탈출하려다 실패하고 10개월 동안 감금되었다가 한양으로 압송되었다. 효종은 하멜 일행이 박연처럼 서양의 화포를 제작하는 데 도움이 될 것이라 판단하고 일본으로 돌려보내 달라는 이들의 의견을 묵살한 채 이들을 훈련도감에 배속했다.

그러나 하멜 일행은 고국으로 돌아가기 위한 노력을 포기하지 않았다. 조선을 방문한 청나라 사신에게 고국에 돌아갈 수 있도록 도와달라고 요청하다 고초를 겪기도 했다. 하멜 일행이 무기 제조에 도움도 안 되면서 말썽만 피우자, 조정은 이들을 전라남도 강진으로 쫓아냈다. 훈련도감과는 달리 강진의 전라병영성에서 잡역에 종사하는 일은 매우 고달팠다. 심지어 흉년에는 먹을 것이 없어 구걸로 생계를 유지할 정도였다. 효종이 죽고 북벌 계획이 무산되자, 조선은 무기 제조에 서양인들을 활용했다는 사실을 숨기기 위해 하멜 일행을 전라도 남원·순천·여수에 분산 배치했다. 이후 1666년(현종 7년), 하멜은 감시가 소홀해진 틈을 타서 동료 7명과 일본으로 탈출했다.

하멜로부터 조선에 선원이 남아 있다는 소식을 접한 동인도회사는 석방 교섭을 통해 나머지 선원들도 자국으로 돌려보냈다. 1668년(현종 9년), 암스테르담에 도착한 하멜은 13년 이상 밀린 봉급을 받기 위해 《난선제주도난파기》 및 부록 《조선국기》를 작성해 발표했다. 《하멜 표류기》라고도 불리는 이 보고서는 "50~60년 전에 그들은 담배에 대해 전혀 몰랐다. 그때 일본인들이 그들에게 담배 재배술과 사용법을 알려주었다. (중략) 이 나라에서는 담배를 많이 피우는데, 여자들은 물론 네댓 살 되는 아이들도 담배를 피운다."처럼 유럽인에게 생소한 조선의 모습을 소개했다. 《하멜 표류기》는 우리에게도 효종과 현종 시기 조선의 모습을 보여주는 사료로 가치를 인정받고 있다.

224 조선군의 위용을 떨치다

러시아는 코사크 기병을 앞세워 아시아로 영토를 확장했다. 1650년대에는 만주 흑룡 강 일대까지 진출하면서 러시아는 청나라와 국경을 마주하게 되었다. 청나라는 자신 들의 발상지인 만주를 지키기 위해 러시아와의 전쟁을 결정하고, 병자호란 당시 맺었 던 정축화약을 내세워 조선에 군대 파병을 요청했다.

효종은 청나라의 요청을 들어주는 동시에 북벌을 위해 준비해온 군대를 점검해보 겠다는 두 가지 목적으로 파병을 결정했다. 효종의 결정에 함경도 병마우후 변급은 조 총군 100명과 초관 50명을 이끌고 모란강 상류 지역의 영고탑에서 청나라 장수 명안 달리가 이끄는 군대와 합류해 1654년(효종 5년), 혼동강에서 러시아군과 교전을 벌였 다. 제1차 나선정벌에서 변급이 이끄는 조선군은 버드나무로 만든 방패에 몸을 숨긴 뒤 러시아군을 향해 집중 사격하는 전술을 펼쳤다. 조선군은 러시아군이 사용하는 플 린트락 머스킷(Flintlock Musket)보다 장전 속도가 3배 이상 느린 화승총을 사용했지만, 한 명의 사상자도 없이 러시아군을 격퇴시키는 큰 전과를 거두었다.

이후 청나라는 조선군이 없는 상태로는 러시아군을 상대로 이기 어렵다는 사실을 인 지하고 1658년(효종 9년), 제2차 나선정벌에 조선군의 파병을 다시 요청했다. 청나라 의 요구를 거절할 수 없었던 효종은 신유에게 조총군 200명과 초관 60명을 이끌고 정 벌에 참전하게 했다. 신유는 사격 훈련에서 청나라 군인은 100명 중 과녁을 맞힌 이가 몇 명 없던 것과 달리, 조선군은 200명 중 123명의 화살이 과녁에 명중할 정도로 뛰어 난 사격술을 보여주었다고 《북정록》에 기록했다.

조·청 연합군의 선봉으로 나선 조선군은 흑룡강과 송화강이 만나는 지점에서 러 시아군에게 막강한 화력을 내뿜었다. 조선군의 뛰어난 사격술에 놀란 러시아군은 이 들에 제대로 응수하지 못하고, 배 안에 숨거나 강가 풀숲으로 도망치기 바빴다. 승기를 잡은 조선군은 러시아의 이동을 막고 이들을 섬멸하기 위해 적선을 불태우려 했으나, 청나라 장수 사이호달에 의해 제지당했다. 조선군의 목숨보다 전리품 획득이 더 중요 했던 사이호달로 인해 조선군 7명이 그 자리에서 숨지며 전투는 패배할 위기에 빠졌 다. 다행히도 조선군의 분전으로 위기는 넘겼지만, 조선군은 숨진 병사의 시신을 수습 하지 못했다. 사이호달은 자신으로 인해 조선군이 죽고 위기에 빠졌음에도 불구하고 조선군이 확보한 러시아의 소총을 모두 빼앗았다. 두 차례나 조선군의 활약으로 교섭 에 유리한 입장에 선 청나라는 네르친스크 조약을 통해 러시아와 국경을 확정 지었다. 반면 조선은 강해진 군사력을 확인하는 데 만족해야만 했다.

225 장시가 발달하다

#장시발달 #자본주의등장 #장시기능

사설 정기 시장인 장시가 조선시대에 최초로 등장한 지역은 15세기 중엽 전라도였다. 이후 장시는 충청도와 경상도에도 나타나기 시작해 중종 때는 전국적으로 장시가 들어섰다. 장시가 전국적으로 확대되자, 조정에서도 장시를 두고 찬반으로 의견이 나누어졌다. 찬성하는 사람들은 흉년이 발생하면 장시가 백성을 구휼하는 용도가 될 수 있다고 주장했다. 반면 반대하는 사람들은 물품을 노리는 도적이 증가할 것이며 물가 상승과 이익만을 추구하는 소인배가 나라에 가득 찰 것이라며 우려했다. 그러나 조정의 논의와 상관없이 대동법이 시행되는 17세기 이후, 상품 화폐 경제가 발달하고, 조세의 금납화와 상평통보가 보급되자 장시는 전국에 빠른 속도로 확대되었다. 특히 정조 때 이루어진 금난전권의 폐지는 일정 간격을 두고 열리는 장시를 넘어 매일 상거래가 이루어지는 시장의 발달을 가져왔다.

장시의 발달은 자급자족에서 판매를 위한 생산으로의 변화를 가져왔다. 판매를 위해 담배·채소·약재 등 다양한 농작물이 생산되었는데, 대표적으로 경기도 이천과 여주는 쌀, 안동과 한산은 모시, 평양과 전주는 담배, 개성은 인삼 등 다양한 농산물이 그 지역의 상징물이 될 정도였다. 수공업의 경우 관영수공업이 쇠퇴하고 민영수공업이 발달했다. 상공인들이 경쟁에서 살아남기 위해 노력하다 보니 제품의 질도 향상되었다. 또한 상인이 수공업자에게 미리 원료 등을 대주고 물건이 나오면 삯을 치른 뒤 그 물건을 도맡아 팔던 선대제가 나타나는 등 자본주의의 초창기 모습도 나타났다.

장시 발달과 관련해 조선은 물건을 파는 보부상이 증가했고, 교통이나 상업 중심지에는 상품 중개나 상인에게 숙박을 제공하는 객주나 여각이 발달했다. 특히 장시 주변에 세워진 주막은 상인뿐만 아니라 과거를 보는 유생이나 암행어사 등 관리들의 식사와 숙박도 해결해주었다. 장시는 지도와 지리지의 발달도 가져와서 이중환의 《택리지》, 정상기의 〈동국지도〉, 김정호의 〈대동여지도〉 등이 제작되는 배경이 되었다. 이들 지도와 지리지에는 장시가 열리는 날짜와 장소 외에도 다양한 정보가 실려 있어 많은 이가 자주 활용했다.

장시는 상품을 매매하는 공간인 동시에 서민들이 사당패와 광대 등 놀이문화도 접할 수 있는 문화 공간이었다. 구한말의 장시는 새로운 사회를 열고자 했던 사람들이 희망을 품고 봉기를 일으키는 장소였으며, 일제강점기에는 독립운동의 정신을 확인하고 널리 퍼뜨리는 시작점이기도 했다.

226 조선 건국에서 멸망까지 보부상이 있었다

제17대 효종

#보상과부상 #보부상단역할 #정부와보부상

조선시대는 포·면·갓 등 가볍고 작지만 비싼 물건을 보자기에 담아 팔러 다니는 보상을 '봇짐장사', '항어장사'라고도 불렀다. 반면 생선·소금·항아리처럼 부피가 크고 무겁지만 상대적으로 가격이 싼 물건을 파는 부상을 '등짐장사', '돌짐장사'라 불렀다. 일반적으로 보상과 부상을 합쳐 '보부상'이라 불렀고, 이들은 장시를 따라 전국을 돌아다니면서 홀로 살거나 장시간 가족들과 떨어져 살았다.

보상과 부상 두 단체는 1883년(고종 20년)에 혜상공국에서 합쳐지기 전까지 별도의 조직을 가지고 운영하면서 서로의 영역을 침범하지 않았다. 부상은 고대 사회부터 존재했으나 부상단이라는 조직이 만들어진 데는 크게 두 가지 설이 있다. 하나는 이성계를 도와준 공로를 인정받아 조직이 만들어졌다는 설이고 다른 하나는 권력자들과 시정잡배들로부터 자신들을 보호하기 위해 만들어졌다는 설이다.

보부상은 물미작대기라 불리는 물미장(지게를 버티는 작대기 끝에 끼우는 쇠)과 골패, 그리고 자신이 소속된 상단을 표시한 채장을 늘 가지고 다녔다. 보부상이 소속된 상단은 매우 결속력이 강해서 상단의 규정을 어기는 사람에겐 각 도에 조직된 도방에서 태형부터 멍석말이까지 물리적 처벌을 가했다. 그럼에도 자체적으로 해결되지 않으면 관청에 규정을 어긴 자를 신고해 처벌받게 했다. 상단이 규제만 한 것은 아니었다. 병든 보부상에게는 경제적 지원을 하고, 보부상이 길에서 죽으면 장례를 치러주는 등 서로의 삶을 알뜰하게 챙겨주었다.

보부상은 조선 중후반부터 크게 발달했는데 그 배경에는 상품 화폐 경제 발달과 조정의 지원이 있었다. 조정의 입장에서 보부상의 도움과 역할은 매우 중요했다. 보부상이 가진 정보력과 물자 동원, 그리고 여론 형성은 조정에게 없어서는 안 될 기능이었다. 특히 임진왜란과 병자호란 당시 수천 명의 부상이 식량과 무기를 보급해 전투를 돕자, 조정도 보부상의 중요성을 크게 인식했다.

병인양요 때 문수산성 전투와 정족산 전투에서 보부상의 활약이 크자, 조정은 보부상단을 농상아문에 소속시켰다. 이후에도 보부상은 동학농민운동 때 관군과 함께 동학농민군과 전투를 벌였으며, 황국협회의 일원이 되어 독립협회를 강제 해산시켰다. 국가에게 보부상은 없어서는 안 될 존재였지만 일제강점기에 이르러 보부상단 대부분은 일제에 의해 강제로 해체되었다.

경제의 중심에 객주가 있다

제17대 효종

조선 후기에 상품 화폐 경제가 발달하면서 위탁 판매와 자금 대여, 그리고 숙식을 제공하는 객주가 발달했다. 이들은 중국 상인과 교역하던 의주의 만상객주, 보부상에게 숙박을 제공하고 돈을 빌려주는 보상객주, 일반 행인에게 숙박을 제공하는 보행객주, 돈을 빌려주는 등 금융을 전문으로 하는 환전객주, 일상의 생활용품을 판매하는 무시객주 등으로 나누어졌다.

객주는 보부상이 노름을 저지르거나 상의 없이 다른 객주와 거래를 하는 등 잘못을 저지르면 처벌할 권한이 있었다. 그렇다고 규제와 처벌만 내리지는 않았다. 보부상에게 숙식을 제공하고 돈을 빌려줄 뿐만 아니라, 보부상이 병이 들어 거동이 불편하면 치료해주는 등 그들을 따뜻이 보살펴주기도 했다. 그만큼 객주와 보부상은 신용을 바탕으로 맺어진 관계였고, 그 관계는 자손 대대로 이어지면서 조선 후기 경제를 담당했다.

개항 이후 개항장에서 외국 상인과의 거래를 전담하면서 객주는 큰 상업 세력으로 성장했고, 그만큼 객주의 역할과 비중은 더욱 커져갔다. 외국 상인들은 개항장의 객주로부터 필요한 물건을 대량으로 구매했고, 국내 상인이나 생산자들은 객주를 통해 물건을 거래했다. 이때 객주는 직거래 시 물건의 주인에게 1%, 외상 거래 상품은 2%를 수수료로 거뒀다. 중간 거래로 막대한 이익을 거둔 일부 객주는 상업 회사로 발전해 국가에 세금을 납부하는 대신 매매주선권을 보장받는 일도 있었다.

그러나 1882년(고종 19년)의 조·청 상민수륙무역장정을 기점으로 외국 상인들이 직접 국내를 돌아다니며 물건을 판매하자 이들은 큰 타격을 받았다. 정부는 인천과 부산 등의 객주 25개소에 상품매매독점 주선권을 주며 이들을 보호하려 했으나, 일본 상인의 반발로 폐지되면서 객주는 쇠퇴의 길을 걸었다. 결국 국내 산업이 쇠퇴하고 국가의 보호가 없는 상황에서 객주는 제 역할을 하지 못하다가 일제강점기에 대부분 사라졌다. 그중 일부는 1960년대까지 운영되며 명맥을 유지했으나 자본주의의 변화에 적응하지 못하고 역사의 뒤안길로 사라졌다.

◇ **이름:** 원

◇ **출생-사망:** 1641~1674년

◇ **재위 기간:** 1659년 5월~1674년 8월(15년 3개월)

효종이 청나라 심양에 볼모로 있을 때 태어난 현종은 1649년(효종 즉위년)에 왕세손으로 책봉되었다. 현종이 즉위했을 무렵엔 서인과 남인의 갈등이 고조되어 2번에 걸친 자의대비 복상 문제로 발발된 예송논쟁이 일어났다.

1659년(현종 즉위년), 효종이 죽자 인조의 계비인 자의대비의 복상(상중에 상복을 입음) 문제가 거론되었다. 이와 관련한 규정이 《국조오례의》에 없어, 서인은 송시열을 중심으로 효종이 둘째 아들임을 강조하며 기년설(1년)을 주장했고, 남인은 효종이 대통을 계승했음을 강조하며 3년설을 주장했다. 어린 나이에 즉위해 왕권을 지지해줄 기반이 적었던 현종은 어쩔 수 없이 주도권을 쥐고 있던 서인의 주장대로 기년복(1년 동안 입는 상복)으로 정했다. 이를 1차 예송 또는 기해예송이라 부른다.

1674년(현종 15년), 효종의 비 인선왕후가 죽자 자의대비의 복상 문제가 다시 제기되었다. 서인은 기해예송과 같은 이유로 대공설(9개월)을 주장했고, 남인은 왕의 정통성을 강조하며 1년설을 주장했다. 어린 나이에 서인의 손을 들어주었던 기해예송 때와는 달리 성인이 된 현종은 자신의 의사를 분명히 밝히며 남인의 손을 들어주었다. 이를 2차 예송 또는 갑인예송이라 부른다. 그러나 갑인예송이 끝난 그해 현종은 죽었다.

현종이 재위하던 시절은 질병과 기근이 자주 일어나며 국가 경영이 힘든 시기였다. 현종은 국력을 회복하기 위해 대동법을 전라도에 시행해 백성들의 세금 부담을 줄여주는 동시에 국고를 확충시켰다. 국방에도 힘을 기울여 두만강에 출몰하는 여진족을 토벌해 국경을 안정시켰다. 동철 활자 10여만 자를 주조하고, 혼천의를 만드는 등 문학 진흥과 역법 연구에 힘을 기울였다. 송시열의 건의로 현종 때 시행된 동성동본 간의 결혼 금지는 2005년까지 유지되었다. 현종의 능호는 숭릉으로, 그 능은 경기도 구리시 동구릉에 있다.

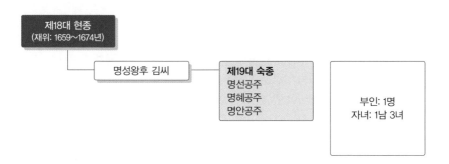

제18대 현종
(재위: 1659~1674년)

명성왕후 김씨

제19대 숙종
명선공주
명혜공주
명안공주

부인: 1명
자녀: 1남 3녀

230

기해예송, 서인 승리하다

#기해예송 #자의대비상복 #왕권약화

현종 때 두 차례에 걸쳐 벌어진 예송논쟁은 단순히 상복을 둘러싼 논쟁이 아니었다. 국정 운영을 두고 왕실과 붕당, 그리고 붕당과 붕당 간의 갈등과 조정의 과정이었다. 누가 승리하느냐에 따라 국정 운영의 방향이 결정되고 변경되는 중요한 역사적 사건이었다. 예송논쟁이 벌어지게 된 배경에는 43세의 인조가 15세의 장렬왕후를 아내로 맞으면서 시작되었다. 1659년(효종 10년), 효종이 죽자 붕당 간에는 현종의 할머니인 자의대비(1624~1688년, 장렬왕후)가 상복을 몇 년 입어야 하는지로 논쟁이 일었다.

당시 조선 예법의 기준을 담은《국조오례의》에는 효종처럼 작은아들로서 왕위에 올랐다가 죽은 경우 어머니가 입어야 할 상복에 관한 규정이 없었다. 윤휴를 중심으로 하는 남인은 왕과 사대부는 엄연히 다름을 강조하며, 작은아들이라도 왕인 만큼 효종을 적장자로 봐야 한다고 생각했다. 남인은 왕이 죽으면 모든 친족이 상복을 3년 입는다고 규정한《주례》를 근거로 자의대비의 3년복을 주장했다.

송시열을 중심으로 하는 서인은 효종이 왕이었어도 작은아들이기에 사대부의 예를 따르는 것이 맞다고 생각했다.《의례》'사종지설'에서 서자가 후사를 잇는 경우에 상복을 3년 입지 못하는 규정을 내세워 자의대비가 1년간 상복을 입어야 한다며 기년복을 주장했다.

자의대비의 상복을 가지고 남인과 서인의 대립이 격화되자, 영의정 정태화는《대명률》과《경국대전》을 근거로 부모는 장자·중자의 구별 없이 모두 기년복을 입는다는 포괄적 규정을 내세우며 기년복을 채택했다. 자의대비의 기년복이 끝날 무렵, 남인의 허목은 이를 3년복으로 바꿔야 한다고 다시 주장했다. 윤선도도 기년복은 효종의 정통성을 부정하는 것이라 주장했다.

현종이 자의대비의 상복을 다시 논의토록 했으나, 송시열이 기년복의 결정은 예론이 아니라《경국대전》에 의거했음을 강조하며 바꿀 뜻이 없음을 보였다. 송시열의 말에 힘은 얻은 서인들은 윤선도를 삼수로 유배 보내는 등 남인을 조정에서 쫓아내고 권력을 장악했다. 이로써 제1차 예송은 서인이 이겼지만 현종은 정통성을 부정당하며 왕권에 손상을 입었다. 그리하여 현종은 왕권 강화를 위한 새로운 정국 운영을 계획하고 준비하게 된다.

231

갑인예송, 남인 승리하다

제18대 현종

#갑인예송 #현종강하게밀어붙이다 #현종갑작스런죽음

1674년(현종 15년), 효종의 비 인선왕후가 죽자 자의대비의 상복 문제가 다시 불거졌다. 기해예송 때는 《대명률》과 《경국대전》에 근거해 자의대비의 상복을 1년으로 정했으나 이번에는 달랐다. 《경국대전》에 장자(長子)의 아내는 기년복(1년)이고, 중자(衆子, 장남 밑으로의 아들)의 아내는 대공복(9개월)이라고 명확히 기재되어 있었다. 그리고 어린 나이에 맞이했던 기해예송과는 달리 지금은 15년 동안 국정을 이끌어온 현종이었다.

자의대비의 상복을 논의하던 초기에 조정은 당시 정권을 장악했던 서인의 주장대로 자의대비가 중자부(차남 아래의 부인)에 해당한다고 보며 자의대비의 상복을 대공복으로 결정했다. 그러나 영남 유생 도신징을 필두로 남인들이 기해예송에서 효종은 중자로 간주되지 않았음을 내세우며 반발했다. 현종의 입장에서도 서인이 주장하는 대공복은 마음에 들지 않았다. 자신의 정통성을 인정하지 않고 자신을 사대부의 예로 폄하한 서인에 대해 효종은 자의대비의 상복을 조정에서 다시 논의하라고 명했다.

왕권을 강화하고자 한 현종과 주도권을 빼앗기지 않으려는 서인 간의 물러설 수 없는 대결이었다. 현종은 자신이 주도하는 조선을 만들기 위해 4번에 걸쳐 논쟁을 진행하며 기년복을 밀어붙였다. 그럼에도 서인이 대공복을 계속 밀어붙이자, 현종은 서인의 주요 인사를 유배 보내는 강수를 두었다. 마침내 자의대비의 상복을 기년복으로 바꾼 현종은 남인 허적을 영의정으로 임명하고 강력한 왕권으로 정국을 운영하는 발판을 마련했다. 그러나 한 달여 후에 갑작스럽게 죽으면서 14세의 어린 숙종이 왕위를 계승하게 되었다.

갑인예송은 붕당으로 왕권이 약해지던 시기에 현종이 스스로 정통성을 부여하며 왕권을 강화하고자 했던 사건이었다. 그러나 현종이 갑작스럽게 죽으면서 왕권을 강화하는 일은 숙종에게 넘겨졌다. 또한 인조반정 이후 50여 년 만의 정권교체에 따른 후폭풍은 환국과 탕평책이라는 새로운 역사를 만드는 원인이 되었다.

232 현종 시기 예송논쟁만 있었던 것은 아니다

제18대 현종   #현종치적 #현종개혁 #부국강병

현종은 두 차례의 예송논쟁으로 치적이 잘 드러나지 않지만 붕당 간의 조율을 통해 왕권을 강화하고 부국강병을 꾀한 왕이었다. 또한 그의 재위 15년이라는 시간은 결코 짧은 기간이 아니었다.

현종은 효종의 북벌론을 계승하지 않았으나 국방 강화의 중요성은 누구보다 크게 인식하고 있었다. 현종은 통제영에서 만든 블랑기 50기, 정찰자포 200문을 강화도에 배치해 만일의 사태를 대비했으며, 어영병제에 의한 훈련별대를 창설해 국방력 강화에 힘을 쏟았다.

현종은 국가 재정의 확충을 위해 호구 수의 증가와 농업의 발전, 조세 징수 체계 확립에도 노력을 기울였다. 호구 증가를 위해 양민이 승려로 출가하는 것을 금지하고, 도성 내에 있던 자수·인수 두 사찰을 폐지해 그곳에 있던 동자승을 환속하게 했다. 또한 천민 중 양인 여자의 자식은 어머니의 신분을 따르게 해 천민이 합법적으로 양인이 될 수 있는 길을 마련했다.

현종은 산간지방의 유민을 호적에 편성하고 국경을 넘나드는 사람들을 처벌할 수 있는 법을 제정해 유민 발생을 억제하는 동시에 국가가 백성을 직접 통제하고자 했다. 그리고 호구의 안정을 위해 오가작통제(다섯 집을 1통으로 묶은 행정자치조직) 사목(규정)을 제정했으며, 실제로 근무하지 않고 벼슬직만 갖는 영직첩과 이름 없는 임명장인 공명첩을 대량 발급해 국가 재정을 확충했다. 훗날 영직첩과 공명첩의 대량 발급은 신분제의 변동을 가져오는 원인이 되었다.

농업 진흥을 위해서도 현종은 경기도에 양전을 실시하고 전주와 익산 등에 관개시설을 만들었다. 대동법의 효과를 확인한 현종은 호남대동청을 설치해 호남의 산군도 대동법을 적용하는 등 대동법의 확대를 추진했다. 또한 조운선의 파선 사고가 일어나자 충청도 안흥에 남창과 북창(창고)을 세워 육로로 조세를 운반토록 했다.

현종은 문화사업에도 힘을 기울여 강화도의 정족산성에 사고를 마련해 역대 실록을 보관했으며, 대자 6만 6천여 자, 소자 4만 6천여 자에 이르는 동활자를 주조했다. 그리고 천체의 운행과 그 위치를 측정하는 혼천의를 만들어 천문 관측과 역법 연구에 이바지했다.

233

한글소설이 보급되다

#구운몽내용 #박씨전내용 #장끼전내용

조선 후기에는 한글을 사용하는 양반이 늘어나면서《구운몽》,《홍길동전》과 같은 소설이 창작되었고, 그동안 구전되던 이야기를 담은《춘향전》,《흥부전》등이 한글로 편찬되었다. 이 외에도 판소리의 내용을 담은《장끼전》과 전쟁을 배경으로 하는《박씨전》,《임진록》등도 출간되어 백성들에게 큰 인기를 얻었다. 한글소설은 사랑·효·우애·영웅 등 다양한 주제로 당시 상황을 반영하면서 세태를 풍자하고 꾸짖는 교훈적인 내용이 많았다.

《구운몽》은 평안도 선천의 유배지에 있던 김만중이 멀리 떨어진 어머니를 위해 쓴 작품이다. 작품 속 주인공 '성진'은 당나라 육관대사의 제자였으나 여덟 선녀를 희롱한 죄로 인간 세상의 '양소유'로 태어난다. 하북의 삼진과 토번의 난을 평정하며 큰 공을 세운 양소유는 환생한 여덟 선녀와 부부의 연을 맺고 행복하게 살았으나 말년에 삶이 덧없음을 깨닫고 여덟 선녀와 불교에 귀의하게 된다.

《장끼전》은 꿩을 통해 가부장적 사회와 조선 후기의 곤궁했던 삶을 비판한 작자 미상의 작품이다. 소설의 주인공인 장끼와 까투리는 여러 자식을 데리고 먹이를 찾아다니다 콩 하나를 발견하게 된다. 까투리는 불길한 꿈을 꾸었다며 콩을 먹지 말라 하지만 장끼가 이를 무시하다가 그만 덫에 걸리고 만다. 장끼는 죽어가면서 까투리에게 재혼하지 말고 정절을 지킬 것을 유언으로 남긴다. 까투리는 남편의 유언에 따라 갈까마귀, 부엉이 등 여러 새의 청혼을 거절했으나 홀아비 장끼와 만나면서 다시 사랑을 나누고 재혼한다. 까투리는 재혼 후에도 자식을 번듯하게 잘 키워 분가시킨 뒤, 홀아비 장끼와 물에 들어가 조개가 된다.

《박씨전》은 병자호란의 실제 인물이던 이시백과 허구의 인물 박씨를 주인공으로 한 소설이다. 어려서부터 총명한 이시백은 아버지의 뜻에 따라 박씨와 결혼하게 된다. 그러나 너무도 못생긴 박씨의 외모에 실망한 이시백은 박씨에게 가까이 가려 하지 않았다. 이시백의 어머니는 한술 더 떠 박씨를 후원에 혼자 머물게 했다. 하지만 박씨는 이시백을 장원급제시키고 시댁의 재산을 늘리며, 아내와 며느리로서의 역할을 다한다. 그러던 어느 날 박씨의 친정아버지가 찾아와 액운이 끝났다며 박씨의 못생긴 외모를 원래의 아름다운 용모로 돌려놓는다. 이시백은 그간 자신의 행동을 사죄하며 박씨와 부부 간의 정을 나눈다. 이후 박씨는 병조판서로 있던 남편과 임경업을 청나라 자객으로부터 구하고, 병자호란 때는 청나라 장수 용골대를 혼내준 공로로 충렬부인 칭호를 얻는다.

234 이몽룡은 실제 인물인가?

#춘향전작자 #이몽룡실제모델 #현실반영소설

조선 후기 여러 설화들이 뒤섞여 만들어진 《춘향전》은 현재 조금씩 다른 내용으로 120여 종이 전해진다. 일반적으로 《춘향전》은 작자와 만들어진 시기를 알 수 없다고 알려져 있었으나, 1999년 연세대학교 설성경 교수가 기존과 다른 주장을 했다.

설성경 교수는 이몽룡은 성이성(1595~1664년)을 모델로 만들어진 인물이며, 소설의 배경도 전라도 남원이 아닌 경상도 봉화라고 주장했다. 교수는 성이성이 남원부사로 부임한 아버지 성안의를 따라 13~17세까지 남원에서 생활하다가 서울로 올라와 과거에 급제한 실존 인물이었음을 강조했다. 성이성은 관직 생활 중 네 차례에 걸쳐 암행어사가 되어 부정된 관리를 혼내주며 청백리에 뽑힐 정도로 올곧은 모습을 보였고, 무엇보다 이몽룡이 변 사또에게 읊은 "금동이의 잘 빚은 술은 많은 사람의 피요, 옥쟁반의 안주는 만백성의 기름을 짠 것이라. 촛불의 눈물 떨어질 때 백성의 눈물 떨어지고, 노랫소리 높은 곳에 백성들 원성 높구나."라고 읊은 시가 성이성 문집에 남아 있다는 것을 그 근거로 제시했다. 그와 함께 춘향이의 성(姓)도 성이성에게서 나온 것이라고 주장했다.

그러나 보편적으로 《춘향전》은 성이성 외에도 조선 후기의 여러 인물과 전설이 반영되었다고 보고 있다. "암행어사 출두요!"라는 구절은 박문수의 어사 시절이 반영되었고, 춘향이는 양 진사가 아자제 도령을 사모하다 원귀가 된 남원 기생을 제문(천지신명이나 죽은 이를 제사 지낼 때 쓰는 글)으로 달랬다는 내용이 반영된 것으로 보고 있다. 이처럼 조선 후기의 여러 인물과 이야기들이 녹아 있다 보니, 《춘향전》에는 조선 후기의 신분제 변동과 수령권 강화, 그리고 남존여비가 반영되어 있다.

《춘향전》에는 임진왜란 이후 많은 양반이 일반 농민과 다를 바 없는 잔반으로 몰락하고, 부유한 상민은 공명첩을 사거나 족보를 위조해 양반이 되는 현실이 들어 있다. 예를 들어 이몽룡이 과거시험에 떨어져 거지와 같은 행색을 갖추고 있던 것은 잔반을 의미하고, 춘향이가 이몽룡과 결혼해 숙종으로부터 정렬부인의 호칭을 받는 것은 신분제의 변동을 보여준다. 또한 변 사또의 기분을 맞추기에 급급한 재지 양반들의 모습은 중앙에서 내려온 수령이 향촌 사회를 장악하는 조선 후기의 모습이 담겨 있다. 마지막으로 춘향이의 인생 역전과 같은 삶을 통해 여성은 지아비에게 정조를 지키고 순종해야 남들에게 인정받고 행복하게 살 수 있다는 메시지를 전하고 있다.

235

백성도 그림을 갖다

제18대 현종

#민화발달배경 #민화종류 #민화보급

조선 후기에 들어서면 광작과 상품 화폐 경제의 발달 등으로 서민들의 경제력이 향상되었다. 먹고사는 문제가 해결된 만큼 이 시기에는 중인층 외에도 부농층이나 상공업자들의 문예활동이 활발해지면서 서민문화가 발달했다. 서민문화에서는 기존의 양반과 유교 중심적 작품이 아닌 일상적인 삶과 감정을 표현하는 작품이 많았다. 그중에는 작품의 수준이 높지는 않지만, 다양한 소재를 자유롭게 그린 작자 미상의 민화도 있었다.

조선 후기 민화는 나쁜 액운을 쫓거나 가족의 복을 바라는 용도 외에도 방을 장식하는 등 일상생활에서 폭넓게 활용되었다. 민화는 그림에 재주가 있는 사람이면 누구나 제작해 판매했고, 일반 백성만이 아니라 관공서나 왕실에서도 민화를 구매하면서 많은 작품이 오늘날까지 남아 있다.

민화는 화목별로 사용된 목적과 장소에 따라 크게 10가지로 나뉜다.

1. 화조영모도: 꽃과 새를 그린 그림으로 안방을 장식하는 데 주로 사용했다.
2. 어해도: 물속에 사는 동식물을 그린 그림으로 젊은 부부의 방에 사용했다.
3. 작호도: 까치와 호랑이가 그린 그림으로 잡귀를 막는 용도로 사용했다.
4. 십장생도: 오래 사는 동식물을 그린 그림으로 무병장수를 위한 용도로 사용했다.
5. 산수도: 금강산 등 산천을 그린 그림으로 사랑방에서 주로 사용했다.
6. 풍속도: 농사와 수렵, 세시풍속도 등 일상생활의 모습이 그려졌다.
7. 고사도: 《구운몽》과 《삼국지》 등 고사나 소설 등의 내용을 담은 그림으로 교화용으로 사용했다.
8. 문자도: 글자에 고사 등 교훈적인 내용을 넣어 어린이의 방을 장식했다.
9. 책가도: 책장과 서책을 중심으로 문방구와 술잔, 꽃신 등을 그린 그림으로 궁중 회화에서 시작해 민화로 발전했다.
10. 무속도: 산신이나 용신 등 무속신앙과 불교의 보살을 그린 그림으로 신당이나 무속인이 활용했다.

236

제19대 숙종

◇ 이름: 순

◇ 출생-사망: 1661~1720년

◇ 재위 기간: 1674년 8월~1720년 6월(45년 10개월)

숙종은 현종의 적장자로 14세라는 어린 나이에 왕으로 즉위했지만 예외적으로 수렴청정 없이 정치를 시작했다. 예송논쟁으로 서인과 남인의 당쟁이 심해지며 왕권이 약화되자 숙종은 3번의 환국으로 정치체제를 왕 중심으로 바꾸었다. 1680년(숙종 6년), 숙종은 남인의 영수 허적이 허락도 없이 왕실의 천막인 용봉차일을 가져다 사용하고, 그의 서자 허견이 역모를 준비했다는 이유로 남인이 몰락하는 경신환국을 주도했다.

1689년(숙종 15년)에는 계비 인현왕후가 후사를 낳지 못하자 후궁 장씨(장희빈)를 희빈으로 삼고 그녀가 낳은 아들을 원자로 책봉했다. 이에 서인이 세자 책봉을 반대하자 숙종은 서인의 거두 송시열을 죽이고, 남인을 대거 등용하는 기사환국을 일으켰다. 그러나 5년 후 1694년(숙종 20년), 남인이 인현왕후 복위를 막기 위해 서인을 체포·국문하는 가운데, 장희빈이 숙빈 최씨를 죽이려 한다는 이야기를 들은 숙종은 남인을 내쫓고 서인을 대거 등용하는 갑술환국을 일으켰다. 이후 인현왕후는 중전으로 복위되고 장희빈은 사약을 먹고 죽었다.

숙종은 재위 시절 국방 강화와 영토 수호에 힘을 기울였다. 강화도 49곳에 돈대(여러 목적으로 터를 쌓아 주변 지대보다 높고 평평하게 만든 소규모의 대지)를 쌓고 북한산성을 보수했다. 군제도 개편해 금위영을 창설하고 5군영 체제를 완성하면서, 압록강 주변의 무창과 자성 2진을 개척했다. 안용복 사건을 계기로 울릉도와 독도가 우리 영토임을 일본으로부터 확인받고, 1712년(숙종 38년)에는 청과 영토 경계선을 확정하는 백두산정계비를 세웠다.

경제적으로는 상평통보를 중앙과 지방 관아에서 사용하도록 지시하는 등 숙종은 화폐 사용을 권장했다. 또 영남 지역에 대동법을 실시하면서 평안도와 함경도를 제외한 전국에 대동법을 적용했다. 그 결과 조선은 상품 화폐 경제가 크게 발달했다. 이 외에도 서원의 중첩 설치를 금하고 서북인의 임용을 장려했으며, 인문지리서인《신증동국여지승람》등 여러 문헌을 편찬했다. 숙종의 능호는 명릉이며, 그 능은 경기도 고양시 서오릉에 있다.

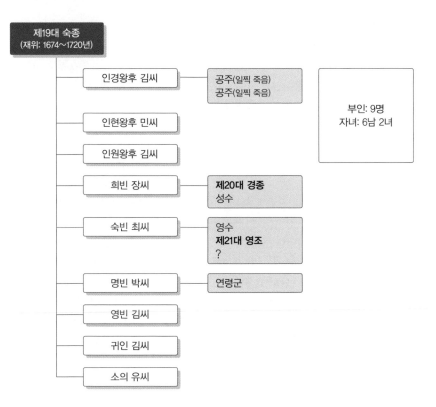

제19대 숙종
(재위: 1674~1720년)

인경왕후 김씨 ── 공주(일찍 죽음)
공주(일찍 죽음)

인현왕후 민씨

인원왕후 김씨

희빈 장씨 ── **제20대 경종**
성수

숙빈 최씨 ── 영수
제21대 영조
?

명빈 박씨 ── 연령군

영빈 김씨

귀인 김씨

소의 유씨

부인: 9명
자녀: 6남 2녀

238 강력한 군주가 등장하다

#허적잔치 #삼복의변 #경신환국

경신대출척이라고 불리는 경신환국은 숙종이 관료보다 우위에 있음을 보여주면서 자신의 정치를 시작하는 출발점이었다. 현종 때 갑인예송에서 정권을 주도하게 된 남인은 서로 협력해 사회문제를 해결하기보다는 청남과 탁남으로 갈라져 갈등하고 반목하는 모습을 보여주었다. 송시열의 극형을 주장하는 허목의 청남과 이를 반대하는 허적의 탁남 간의 갈등이 숙종은 탐탁지 않았다.

1680년(숙종 6년), 영의정 허적은 조부 허잠에게 시호가 내려지는 것을 축하하는 잔치를 크게 열고자 했다. 그러나 잔치가 열리기도 전에 허적의 서자 허견이 잔치에서 병판 김석주와 숙종의 장인 김만기를 죽이려 한다는 소문이 돌았다. 불안해하는 김석주를 비롯해 서인 다수가 잔치에 불참한 가운데, 큰비가 내리는 데도 잔치는 예정대로 열렸다. 숙종은 비로 인해 잔치에 지장이 생길까 걱정해 왕실에서 비를 막는 데 사용하는 천막인 용봉차일을 잔치에 보내라고 명령했다. 그러나 허적이 숙종의 허락도 없이 용봉차일을 이미 가져갔다는 보고를 듣자 화가 났다. 숙종은 왕을 무시하는 허적의 행위에도 화가 났지만, 잔치가 서인 대부분이 참석하지 않은 남인민의 잔치였다는 점에서 붕당을 바로잡아야겠다고 결심했다.

숙종은 철원에 귀양 가 있던 서인 김수항을 영의정에 임명하고 남인의 중심에 있던 이조판서 이원정의 관직을 삭탈했다. 그리고 훈련대장에 김만기, 총융사에 신여철, 수어사에 김익한을 임명했다. 이로써 인사권과 군권이 서인에게 넘어가면서 정국의 주도권이 바뀌게 되었다.

이로부터 얼마 뒤, 정원로가 허견의 역모를 고변하는 삼복의 변(三福之變)이 일어났다. 고변에 따르면 세자도 없는 숙종에게 무슨 일이 생기면 왕위를 이어야 한다는 허견의 말에 숙종의 5촌이던 복선군이 동조했다는 것이었다. 숙종은 허견과 복선군을 역모죄로 처형하고, 복선군의 형제인 복창군과 복평군도 역모에 참여했다는 이유로 유배 보낸 뒤 처형했다. 허적은 선왕을 모신 공적을 참작해 관직에서 물러나는 것으로 일단락되었지만, 이후 역모를 저지른 아들을 감쌌다는 죄로 처형당했다.

남인은 허적이 무단으로 용봉차일을 가져다 쓰고 서자인 허견의 역모를 준비했다는 이유로 벌어진 경신환국으로 인해 100여 명이 처벌받게 되면서 몰락했다. 반면 다시 정권을 잡은 서인은 남인과의 상호 견제와 비판이라는 붕당의 기본 원리를 지키지 않고 일당 전제화를 추구했다.

239 서인, 노론과 소론으로 갈라지다

제19대 숙종

#송시열과윤선거대립 #송시열묘문 #서인분열

송시열과 윤증의 대립으로 서인이 노론과 소론으로 갈라지게 된 사건을 회니시비(懷尼是非)라고 부른다. 송시열이 충청도 회덕에서 살고, 윤증이 이산에서 살았던 것에서 이름 붙여진 회니시비는 개인 간의 서운함과 원망이 사건의 시작이었다. 송시열과 윤증의 아버지 윤선거는 김장생 아래에서 학문을 배우며 친분을 쌓은 친구였다. 그러나 둘은 당대의 뛰어난 학자였던 윤휴를 다르게 평가하면서 사이가 틀어졌다. 송시열은 윤휴가 주자의 성리학을 기존과 다르게 새로이 해석하자 윤휴를 사문난적이라고 비판했고, 윤선거는 윤휴를 옹호했다.

송시열이 이에 대해 강하게 항의하자, 윤선거는 말을 아끼며 더는 윤휴에 대한 자신의 평가를 내비치지 않았다. 송시열도 윤선거가 아무런 반박을 하지 않자 그가 자신의 의견에 동참했다고 생각하며 사건은 일단락되었다. 시간이 흘러 1669년(현종 10년), 윤선거가 죽자 그의 아들 윤증은 송시열에게 묘문(墓文)을 써달라고 부탁했다. 송시열은 묘문을 쓰기 위해 윤증이 가지고 있던 편지를 살피던 중 윤선거가 윤휴를 높이 평가한 글을 보게 되었다. 윤선거가 죽는 순간까지 윤휴를 높게 평가했다는 사실에 화가 난 송시열은 병자호란 당시 윤선거가 강화도에서 청군을 피해 도망친 사실을 비난하며 묘문을 형편없이 적었다. 아버지를 헐뜯는 내용의 묘문에 크게 실망한 윤증은 송시열에게 의리와 이익을 같이 좇으며, 왕도와 패도를 병용했다는 내용의 편지를 보내려다가 스승에게 할 도리가 아니라는 생각에 뜻을 접었다. 이때 윤증이 쓴 편지를 '신유의서'라고 불렀다.

그러나 1684년(숙종 10년), 최신이 '신유의서'를 문제 삼으며 윤증이 스승을 모욕하고 배반한 죄를 지었다며 그의 처벌을 주장했다. 산림으로서 서인의 존경을 받는 송시열이었던 만큼 '신유의서'는 개인적 문제로 끝나지 않고 정치적 현안으로 발전할 수밖에 없었다. 이 과정에서 윤증을 옹호하는 사람들은 소론, 송시열을 옹호하는 사람들은 노론으로 나뉘게 되었다.

회니시비로 서인이 소론과 노론으로 나누어져 30년 가까이 소모적인 논쟁이 이어지자 1716년(숙종 42년), 숙종은 송시열을 두둔하며 윤증을 유현(儒賢)으로 대접하지 말라는 병신처분을 내렸다. 이후 왕이 붕당의 문제를 해결해야 한다는 풍조와 함께 조선의 정치는 다양성이 사라지고 획일화되어 가는 모습을 보였다.

240

남인, 재기에 성공하다

제19대 숙종

#원자정호 #송시열죽음 #기사환국

숙종은 첫 번째 왕비 인경왕후가 죽자 서인 민유중의 딸(인현왕후)을 계비로 맞이했다. 그러나 숙종의 마음은 명성왕후에 의해 궁에서 쫓겨난 장희빈에게 있었다. 1683년(숙종 9년), 장희빈을 미워하던 명성왕후가 죽자 숙종은 장희빈을 다시 궁궐로 불러들여 소의로 승급시키며 장희빈을 늘 가까이했다. 인현왕후가 아이를 낳지 못하는 가운데 숙종은 1689년(숙종 15년), 장희빈의 아들을 원자로 삼겠다고 발표했다. 원자로 삼는다는 것은 왕의 장자로 인정하는 것으로, 세자의 자리에 오른다는 것을 의미했다.

서인은 왕이 21세의 젊은 인현왕후를 두고 중인 출신인 장희빈이 낳은 아들을 원자로 삼는 것을 용납할 수 없었다. 그리하여 영의정 김수흥을 중심으로 서인들이 반대의 뜻을 전했으나, 숙종은 아랑곳하지 않고 장희빈이 낳은 아이를 원자로 정했음을 종묘사직에 고했다. 송시열은 송나라 황제 신종을 예로 들어 신종도 후궁에서 얻은 아들을 태자가 아닌 번왕으로 책봉했다가, 적장자 없이 죽은 뒤에야 태자로 책봉하여 왕으로 즉위시킨 사실을 들면서 숙종의 결정을 물려달라고 요구했다.

숙종은 원자 성호와 희빈 책봉이 끝난 상황에서 송시열이 문제를 제기한 깃은 징국을 어지럽히는 행위라고 규정했다. 숙종은 승지 이현기와 윤빈 등 남인들과 의논해 송시열의 관작을 삭탈하고 그를 제주도로 유배 보냈다. 그러나 유배 가는 송시열에게 다시 한양으로 올라오라고 했다가, 명령을 번복하고 사약을 내렸다. 갑작스러운 왕명의 변경으로 서인들은 숙종의 뜻을 돌릴 시간도 얻지 못한 채 송시열이 정읍에서 죽는 모습을 지켜봐야만 했다. 숙종은 송시열을 죽이는 것에 그치지 않고 영의정 김수흥을 비롯한 이이명·김만중 등 서인 출신의 관료들도 멀리 유배 보냈다. 그리고 그 빈자리에 남인 출신의 권대운·김덕원 등을 채워 넣었다.

서인을 내쫓은 숙종은 질투와 투기를 부리는 인현왕후를 폐비하겠다고 발표했다. 오두인을 비롯한 86명의 서인은 있을 수 없는 일이라며 반대 상소를 올렸지만, 숙종은 이들을 처벌하며 뜻을 굽히지 않았다. 그리고 5월 2일, 인현왕후를 궁궐 밖으로 쫓아내고, 10월에 장희빈을 왕비로 책봉했다. 이로써 경신환국 이후 권력을 잃었던 남인은 정권을 다시 장악할 수 있었다. 인현왕후를 쫓아내고 장희빈을 왕비로 앉힌 기사환국은 단순히 숙종의 애정사로 인한 것이 아니라 거대해지는 서인을 제어하기 위한 숙종의 정치적 한 수였다.

241

왕보다 높은 위치에 서다

제19대 숙종   #산림송시열 #송시열삶 #송시열업적

충청도 옥천군에서 태어난 송시열(1607~1689년)은 김장생과 김집 부자로부터 성리학과 예학을 공부해 26세에 장원급제했다. 그렇게 뛰어난 학식을 갖춘 송시열은 28세의 젊은 나이에 봉림대군(효종)의 스승이 되어 학문을 가르쳤다. 그러나 병자호란 때 인조를 따라 남한산성에서 들어갔다가 조선의 항복을 보고 벼슬을 버리고 낙향했다.

효종은 즉위하면서 스승 송시열에게 관직을 내리며 자신을 도와달라고 부탁했다. 청나라에 대한 복수를 담은 〈기축봉사〉를 올린 송시열은 북벌을 계획하던 효종에게 없어서는 안 되는 매우 중요한 인물이었다. 김자점이 청나라에 북벌 계획을 밀고하면서 송시열은 조정에서 잠시 물러났지만, 효종의 거듭되는 부름에 그는 이조판서가 되어 북벌 계획을 준비했다. 그러나 1659년(효종 10년), 효종이 10년만 준비하면 청나라를 꺾을 수 있으니 도와달라는 말에 송시열은 북벌로 국가가 망할 수도 있으며 자신은 이 계획을 성공시킬 능력이 없다며 북벌을 반대했다.

송시열은 현종 즉위 후 자의대비의 복제를 두고 남인과 벌어진 기해예송에서 기년설을 채택시켰으나, 왕권을 강화하려는 현종과 뜻이 맞지 않아 관직에 오래 있지 않았다. 또한 갑인예송에서 남인이 주도권을 잡게 되자 숙종 초까지 유배 생활을 했다. 하지만 산림으로서 그는 막대한 영향력을 갖고 정국 운영에 깊숙이 개입했다.

숙종이 경신환국으로 남인을 몰아내고 서인을 중용하는 과정에서 송시열은 중앙 정계에 복귀했다. 한편 윤증과의 불화와 임술삼고변 사건에서 김장생의 손자 김익훈을 두둔하면서 서인이 노론과 소론으로 분당하는 계기를 만들기도 했다. 그리고 1689년(숙종 15년), 기사환국에서 장희빈이 낳은 원자 정호를 반대하는 상소를 올렸다가 정읍에서 사사되었다.

송시열은 주자학만을 최고의 학문으로 여겼으며, 그중에서도 이이의 기발이승일도설을 지지했다. 그는 기호학파의 학통을 계승하고 발전시키는 데 크게 기여했지만, 자신과 생각이 같지 않은 자를 사문난적으로 몰아 죽이는 일이 여러 번 있었다. 송시열은 인조에서 숙종까지 4명의 왕을 모시면서 왕에게 수신제가를 권하며 도덕성을 가져야 한다고 강조했다. 사회적으로 양반에게도 군포를 부과하는 호포제 실시와 서북지방의 인재 등용을 주장하는 등 사회문제 해결을 강조했다.

살아 있는 동안 막강한 영향력을 가졌던 송시열은 사후에도 전국 각지의 많은 서원에서 배향되며 송자(宋子)로 떠받들어졌다. 그의 대표 저서로는 《송자대전》, 《우암집》 등이 있다.

242

장희빈, 그녀를 말하다

제19대 숙종

#장희빈영욕 #장희빈저주 #장희빈죽음

장희빈(1659~1701년)의 이름은 옥정으로, 역관의 집안에서 태어났다. 아버지 장형과 외조부 윤성립 모두 역관이었으며, 당숙인 장현은 역관으로 많은 재물을 모은 중인 출신의 거부였다. 어린 나이에 궁궐에 들어와 생활하던 장희빈은 21세에 숙종의 눈에 띄어 승은을 입었다. 하지만 숙종의 어머니인 명성왕후의 미움을 받아 궁에서 쫓겨났다.

장희빈을 잊지 못하던 숙종은 명성왕후가 죽자 다시 장희빈을 궁으로 불러들였다. 숙종과 오랜 시간을 함께한 장희빈은 1688년(숙종 14년), 훗날 경종이 되는 왕자를 낳았다. 장희빈이 숙종의 총애를 이용해 자기가 낳은 아들을 원자로 책봉하려 하자, 송시열을 비롯한 서인들은 크게 반대했다. 이 당시 숙종의 나이가 28세이고, 인현왕후가 21세였으니 명분이 있는 반대였다. 그러나 숙종은 인현왕후를 폐비시키고, 송시열을 사사하는 등 원자 정호를 반대하는 서인들을 죽이거나 유배 보내는 기사환국을 일으켰다.

1690년(숙종 16년), 3세의 경종이 세자가 되면서 장희빈 역시 왕비로 책봉되었다. 장희빈의 오빠 장희재는 장희빈을 등에 업고 부정한 방법으로 부와 권세를 누렸고, 상희빈의 아버지와 조부, 증조부는 영의정, 우의정, 좌의정으로 추증되었다. 하지만 장희빈의 권세는 오래가지 못했다. 1694년(숙종 20년), 서인이 인현왕후를 복위시키려는 과정에서 장희빈의 기반이던 남인이 축출되고 서인이 재등용되는 갑술환국이 벌어졌다. 더욱이 숙종이 훗날 영조를 출산하는 숙빈 최씨에게 마음을 빼앗기면서 장희빈의 몰락은 가속화되었다. 숙종은 장희빈을 희빈으로 강등하고 숙부 장현을 유배 보냈다. 그리고 인현왕후를 복위시켰다.

장희빈은 숙종의 마음을 다시 얻기 위해 노력했으나 상황은 바뀌지 않았다. 결국 장희빈은 인현왕후와 숙빈 최씨를 죽이기 위한 기도와 주술을 행했다. 그러나 이를 알게 된 숙종이 사약을 내리면서 장희빈은 42세의 나이에 죽었다. 숙종은 이후 어떤 왕들도 후궁을 왕비로 올릴 수 없도록 했다. 경종은 즉위 후 친모인 장희빈을 칠궁에 모셔놓고 옥산부 대빈으로 추존했다. 장희빈의 묘는 경기도 양주 인장리에서 광주 진해촌으로 이장되었다가 현재는 경기도 고양시 덕양구 서오릉에 있다.

243

장길산을 끝내 잡지 못하다

제19대 숙종

#조선3대도적 #신출귀몰장길산 #숙종근심

숙종 시기, 환국으로 언제 쫓겨날지 모르는 관료들은 자신의 자리를 지키는 데만 급급해 백성들의 삶에 관심을 두지 않았다. 온갖 명목으로 부여되는 많은 세금 때문에 백성은 고향을 떠나 유랑하거나, 일부는 도적이 되어 생계를 유지했다. 특히 해서 지역의 구월산을 중심으로 활동하던 광대 출신의 장길산이 이끄는 도적단은 신출귀몰해 관군을 농락하며 전국을 무대로 도적질을 했다.

조정은 신엽을 황해도 감사로 임명하고 장길산 일당을 잡으라고 명령했다. 신엽은 장길산의 은신처를 알아내고 몰래 잠입했으나 일당 중 일부만 체포하는 데 만족해야 했다. 1692년(숙종 18년), 장길산이 평안남도 양덕으로 거처를 옮기자 조정은 포도청 장교를 보내 양덕현감과 협력해 장길산을 잡도록 했으나 이마저도 실패했다.

장길산은 정부의 탄압을 피해 은신하기 편하면서도 활동하기 좋은 함경도 서수라 지역으로 이동해 인삼 밀거래로 많은 돈을 벌었다. 장길산이 잡히지 않고 세력을 크게 넓히자, 백성들 사이에서 장길산이 새로운 나라를 세우려 한다는 풍문이 돌았다. 마침 1696년(숙종 22년), 서얼 출신의 이영창이 금강산의 승려 운부와 함경도의 장길산과 규합해 서울로 쳐들어올 준비를 하고 있다는 상소가 올라왔다.

장길산이 역모를 준비하고 있다는 소식에 깜짝 놀란 숙종은 이영창을 잡아들여 국문을 열었다. 이 과정에서 숙종은 "장길산은 날래고 사납기가 견줄 데가 없다. 여러 도로 왕래해 그 무리들이 번성한데, 벌써 10년이 지났으나 아직 잡지 못하고 있다. 지난번 양덕에서 군사를 징발해 체포하려고 포위했지만 끝내 잡지 못했으니 역시 그 음흉함을 알 만하다. 지금 이영창의 진술을 관찰하니 더욱 통탄스럽다. 여러 도에 은밀히 알려 장길산 있는 곳을 상세하게 정탐하게 하고, 별도로 군사를 징발해서 체포해 뒷날의 근심을 없애는 것도 의논해 아뢰도록 하라."라고 지시했다. 그와 함께 장길산을 잡는 자에게 후한 상과 높은 벼슬을 내리겠다고 약속했으나 장길산은 끝내 잡히지 않았다. 훗날 성호 이익은 장길산을 홍길동, 임꺽정과 함께 조선의 3대 도적으로 뽑았다.

244

남인, 재기불능이 되다

기사환국으로 정계에서 밀려난 서인들은 인현왕후를 복위시켜 다시 권력을 잡고자 했다. 1694년(숙종 20년), 함이완이 노론의 김춘택과 소론의 한중혁이 인현왕후 복위를 계획하고 있다는 사실을 남인 민암에게 알렸다. 남인은 이를 계기로 서인을 완전히 누르고 정권을 장악하고자 했다. 혹시라도 인현왕후가 복위되면 서인들의 복수가 이루어질 것은 너무도 자명한 일이었기 때문이었다.

남인 민암은 김춘택 등 서인 수십 명을 체포해 국문을 열었다. 그리고 없던 죄도 만들어 이들을 처벌하고자 했다. 숙종은 권력이 한쪽으로 쏠리는 것을 경계했던 만큼, 남인의 이러한 행동을 좋게 보지 않았다. 또한 숙종의 마음에도 아무 죄 없이 내쳐져야 했던 인현왕후에 대한 미안함과 죄책감이 가득했다.

숙종은 이 기회에 너무 거대해진 남인을 내치고 서인을 중용해야겠다고 결심하고 민암을 사사했다. 그리고 민암과 행동을 같이했던 권대운·목내선·김덕원 등 남인 출신 관료를 유배 보냈다. 반대로 인현왕후의 복위를 논의했던 서인들의 충정을 높이 사며 그들에게 관직을 내렸다. 그 결과 영의정에 남구만, 좌의정에 박세채, 우의정에 윤지완이 임명되었다. 이로써 조정은 다시 서인들이 장악하게 되었다.

숙종은 이후 장희빈을 희빈으로 강등시키고 인현왕후를 6년 만에 복위시켜 궁으로 불러들였다. 그와 함께 송시열·김익훈·김수항 등 기사환국에서 화를 당했던 서인들에게 다시 작위를 주었다. 이를 갑술환국이라 부른다.

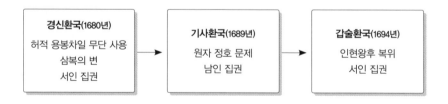

경신환국(1680년)	기사환국(1689년)	갑술환국(1694년)
허적 용봉차일 무단 사용 삼복의 변 서인 집권	원자 정호 문제 남인 집권	인현왕후 복위 서인 집권

245

불영사 주지가 인현왕후를 살리다

제19대 숙종

#인현왕후자살시도 #생명구한양성법사 #울진불영사

경상도 울진에 있는 불영사에는 인현왕후의 전설이 깃들어 있다. 숙종은 왕실 여인들을 내세워 탕평책을 실시하고 왕권을 강화했다. 서인으로 대변되는 인현왕후와 남인으로 대변되는 장희빈, 두 여인 중 숙종이 누구를 선택하느냐에 따라 조선은 정국의 주도권이 바뀌는 환국이 일어났다. 그렇게 경신·기사·갑술 3번의 환국으로 많은 관료가 죽거나 유배를 떠났다. 그러나 그중 가장 큰 피해자는 인현왕후였다.

궁에서 쫓겨나 힘든 시기를 버티던 인현왕후는 결국 자살을 결심하고 독약을 준비했다. 그러나 상 위에 놓인 독약을 마시려는 순간 끊임없는 회한으로 눈물이 계속 흘러내렸다. 멈추지 않는 눈물로 슬픔에 잠겨 있던 인현왕후는 결국 지쳐 쓰러져 잠이 들었다.

잠이 든 인현왕후의 꿈에 한 노승이 나타났다. 자신을 불영사의 승려라 밝힌 노승은 지금 목숨을 끊지 말고 3일만 더 참으면 좋은 일이 생길 것이라며 부처님께 정성껏 기도하라고 타일렀다. 노승의 말을 듣고 잠에서 깨어난 인현왕후는 자살하려던 마음을 뉘우치며 어떻게든 살겠다고 다짐했다.

그리고 3일 뒤, 거짓말처럼 인현왕후는 왕비로 복귀되었다. 왕비로 복귀한 인현왕후는 자살하려는 순간 나타났던 노승의 이야기를 숙종에게 들려주었다. 숙종은 꿈속 이야기가 사실인지 궁금했다. 그리고 불영사에 실제 그 승려가 있다면 감사의 말을 전하고 싶었다. 숙종은 불영사에 기거하는 모든 승려의 화상을 올려보내라는 명을 내렸다.

하지만 올라온 승려의 화상 어디에도 꿈속에서 만났던 노승의 모습은 없었다. 숙종은 혹시나 하는 마음에 불영사에서 수도를 닦았던 모든 승려의 화상을 올려보내라고 명했다. 다시 올라온 승려의 화상을 살피던 인현왕후는 한 그림을 보고 연신 눈물을 흘리며 "고맙습니다."를 외쳤다. 숙종이 이 노승이 누구인지를 묻자, 200여 년 전 불영사에서 머물렀던 양성법사라는 대답이 올라왔다. 숙종은 시간을 초월해 인현왕후를 살려준 양성법사가 너무도 감사했지만 200년 전에 살았던 양성법사에게 은혜를 갚을 방법이 없었다. 고심 끝에 숙종은 불영사 주변 10리 땅을 시주하는 것으로 인현왕후를 살려준 양성법사에게 은혜를 갚았다.

246 이이와 성혼의 문묘 종사를 논의하다

제19대 숙종   #이이·성혼문묘종사배향 #연이은출향·복향 #노련한숙종

이이와 성혼의 문묘 종사는 인조 때 처음 제기되었으나, 여러 번의 논의 끝에 1681년 (숙종 7년)이 되어서야 이루어졌다. 그러나 1689년(숙종 15년)에 출향되었다가 1694년 (숙종 20년)에 복향되는 과정을 겪어야 했다. 이이와 성혼이 문묘 종사에 출향되고 복향 되었던 배경에는 숙종이 서인과 남인을 통제하려던 의도가 숨겨져 있었다.

경신환국을 통해 서인 세력이 집권하자, 500여 명의 서인계 유생들이 이이와 성혼 을 문묘에 종사해달라는 상소문을 올렸다. 이에 영남의 남인계 유생들은 이이는 불교 에 물들었고, 성혼은 임진왜란 당시 선조를 호종하지 않았다는 이유로 반대했으나 숙종은 "양현의 도덕과 학문은 실로 한 세대에서 우러러 사모해 사림의 모범이 되니, 문묘에 종사하는 것을 누가 불가하다고 말하겠는가."라며 문묘 종사를 허락했다. 그리 고 반대하는 남인 관료를 유배 보내거나 파직했다.

이후 기사환국으로 송시열과 김수항 등 서인이 사사되거나 유배형을 당하자, 기회 를 잡은 남인은 이이와 성혼의 문묘 종사를 문제 삼았다. 남인계 유생들이 이이와 성 혼의 출향을 주장하자, 숙종은 "임금의 마음이 처음에 깊이 일고 독실하게 믿지 못해 단지 한때의 숭상하는 것을 따라서 쫓았다면, 그 사람에게는 영화가 아니고 임금에게 는 참된 덕이 아니다."라며 이이와 성혼을 문묘 종사에서 출향했다.

그러나 갑술환국으로 남인이 쫓겨나자, 서인은 이이와 성혼의 문묘 종사 복향을 주장했다. 이에 숙종은 "처음에 정직한 이를 욕하는 무리들에게 속아 두 어진 신하를 출향하기에 이르렀으므로 내가 항상 후회하고 한탄해왔다. 만일 다시 전도될 것을 염 려해 즉시 거행하지 않는다면 끝내 흠이 될 것이다. 특별히 두 신하의 복향을 명한다." 라며 둘의 복향을 지시했다.

이처럼 숙종은 이이와 성혼의 문묘 종사를 통해 신하들을 관리·통제하고 왕권을 강화하는 데 활용했다. 그러나 갑술환국 이후 정국 운영을 서인이 계속 주도하게 되자, 더 이상 이이와 성혼의 문묘 종사에 대한 논란은 제기되지 않았다.

247

빼앗길 뻔한 울릉도를 되찾다

제19대 숙종

#울릉도역사 #어민생계터 #일본억지주장

512년, 신라 장수 이사부가 우산국을 정벌하면서 울릉도와 독도는 우리 영토로 편입되었다. 이후 고려시대에도 울릉도와 독도가 우리의 영토였음을 알려주는 문헌은 많이 남아 있다. 고려 태조 13년에는 울릉도에서 토산물을 갖다 바쳤으며, 의종 때는 김유립을 보내 울릉도를 중앙에서 관리했다. 그러나 현종 9년에 여진족이 울릉도를 노략질하자 많은 사람이 섬을 떠났다. 그 이후로도 여진족의 침략이 계속 이어지는 가운데 고려 말 왜구까지 가세하자 울릉도에는 사람이 살지 않았다. 국가가 보호해주지 않는 울릉도에서 목숨을 걸고 살아갈 사람은 없었기 때문이었다.

하지만 조선이 건국되자 상황이 달라졌다. 조선의 강한 군사력에 왜구와 여진족의 침략은 확연하게 줄어들었다. 이제 울릉도는 위험한 장소가 아니라 기회의 섬이었다. 그러자 농사와 어업이 가능한 울릉도로 많은 사람이 터전을 옮겼다. 그러나 태종이 백성의 안전을 위해 섬에 살던 사람들을 2번이나 뭍으로 불러들이면서, 울릉도 주민들은 어쩔 수 없이 풍족한 삶에 대한 기대를 접어야 했다. 세종 역시 3번에 걸쳐 울릉도민을 육지로 이주시키자, 울릉도는 사람이 살지 않는 무인도가 되었다. 하지만 여전히 많은 어민이 어장이 풍부한 울릉도 주변에서 물고기를 잡으며 생계를 이어갔다.

1693년(숙종 19년), 어부 안용복은 울릉도로 조업을 나갔다가 일본에 피랍되었다. 안용복은 일본 호키주 태수에게 울릉도가 조선의 영토임을 강력하게 주장했고, 일본 태수도 울릉도가 일본 영토가 아니라는 확인 문서를 내주었다. 안용복의 귀국 후 울릉도에 관심을 갖게 된 조선 조정은 울릉도와 독도의 소유권을 두고 에도막부와 협상을 벌였다. 그 결과 일본으로부터 울릉도와 독도는 조선의 영토이며, 앞으로 일본인은 절대로 울릉도 인근에서 조업하지 않겠다는 약속을 받아냈다.

그러나 오늘날 일본은 1600년대에 자신들이 독도를 먼저 발견했고, 1905년(고종 42년) 러·일전쟁 당시 독도가 주인이 없는 섬이라 자기들이 독도를 차지했다고 주장한다. 그리고 광복 이후 미·영·중과 맺은 '샌프란시스코 강화조약'에서 독도를 돌려주라는 문구가 없으므로 독도는 여전히 자신들의 영토라고 주장하고 있다. 이에 대해 대한민국은 일본과 국제 사회에 울릉도와 독도가 512년부터 계속 우리의 영토였음을 고지도와 고문서를 통해 알리고 있다.

248

상을 줘도 모자랄 판에 처벌받다

#울릉도인식 #안용복활약 #독도는우리땅

1693년(숙종 19년), 평민 또는 사노비로 추정되는 안용복은 생계를 위해 울릉도로 40여 명과 물고기를 잡으러 갔다. 하지만 울릉도에서 조업하던 일본 어부들과 시비가 붙어 다투다가 일본에 끌려갔다. 안용복은 일본 호키주 태수를 만난 자리에서 울릉도는 조선의 영토임을 주장했고, 태수는 안용복의 요구에 "울릉도는 일본의 영토가 아니다."라는 문서를 써주며 그를 조선으로 돌려보냈다.

안용복은 울릉도가 조선의 영토라는 문서를 가지고 9개월 만에 귀국했지만, 동래부사는 안용복에게 일본에 건너간 죄를 물어 그에게 곤장을 때렸다. 조정은 동래부사의 보고를 받고 울릉도에 관심을 갖게 되었다. 1694년(숙종 20년), 조정은 일본 어민이 울릉도에서 물고기를 잡거나 섬에 오르는 것을 금지했다. 행정 명령에 그치지 않고 삼척첨사 장한상을 보내 울릉도와 독도를 조사한 뒤 보고하도록 했다. 대외적으로는 에도막부를 대행한 대마도주를 통해 1696년(숙종 22년), 에도막부로부터 울릉도와 독도가 조선의 영토임을 확인받았다. 더불어 일본 어민들의 도해와 어업 활동을 금지하라는 문서도 작성했다.

하지만 대마도주는 에도막부에 울릉도 도해 금지 문서를 넘기지 않고 시간을 끌었다. 이에 화가 난 안용복은 무관으로 변복하고 자신을 따르는 어민 160여 명과 울릉도에 가서 일본 어민을 내쫓았다. 그리고 "울릉우산양도감세간"라고 쓰인 깃발을 배에 걸고 일본 호키주를 찾아갔다. 이 소식에 겁이 난 대마도주는 안용복 일행이 대마도를 통해 막부와 외교 협상을 하던 관행을 어기고 직접 막부를 찾은 행동을 문제 삼았다. 에도막부는 대마도주의 말에 일리가 있다고 여기고, 안용복과 그 일행을 조선으로 돌려보냈다.

조선 조정도 안용복이 관리로 사칭해 일본에 건너간 사실을 문제 삼았다. 특히 노론은 자발적으로 일본으로 넘어간 것도 큰일인데, 왕의 사절단으로 속인 것은 죽음으로 다스려야 한다고 주장했다. 그러나 소론의 생각은 달랐다. 안용복이 울릉도와 독도를 되찾을 수 있도록 노력한 공로를 참작해야 한다고 주장했다. 다행히 사형을 주장하던 노론의 주장이 받아들여지지 않으면서 안용복은 유배형에 처해졌다. 하지만 이후의 안용복에 대한 기록은 어디에도 남아 있지 않아 안타까움을 준다.

249

국경선을 확정 짓다

제19대 숙종

#17세기만주갈등 #조청국경확정 #백두산정계비

명나라를 정복한 청은 중국 본토로 이동하면서 만주에 조선인의 이주를 금지하는 법령인 봉금령을 내렸다. 그러나 조선의 백성들에게 여진족 없는 만주는 기회의 땅이었다. 생계를 유지하기 어려웠던 백성들은 산삼을 비롯한 귀한 약재와 짐승이 넘쳐나는 만주로 넘어갔다. 조선인이 만주에서 사건·사고를 계속 일으키던 중 1685년(숙종 11년), 청나라 관리가 압록강 건너의 삼도구에서 삼을 캐러 온 조선인에게 피살당하는 사건이 발생했다. 이후에도 조선인에게 청나라 사람이 피살당하는 사건이 연이어 발생하자 청은 오라총관 목극등을 파견해 조선과 청의 국경선을 확정 짓게 했다.

1712년(숙종 38년), 목극등이 온다는 소식에 조선은 박권을 접반사(외국 사신을 접대하던 임시직 벼슬)로 임명했다. 박권은 함경감사 이선부와 함께 목극등을 접대한 뒤 백두산으로 향했다. 하지만 박권과 이선부가 중간에 낙오하면서 군관 이의복, 조태상, 허량, 박도상과 역관 김경문, 김응헌 총 6명만이 청나라 목극등과 백두산 정상에 올랐다.

조선의 군관과 역관만이 참여한 상황에서 조·청 양국의 국경은 청의 뜻대로 압록강에서 토문강으로 확정되었다. 목극등은 백두산 정상에서 남동쪽으로 4km 지점이자 물이 두 갈래로 나누어지는 곳에 영토의 경계선을 표시하는 백두산정계비를 세웠다. 호랑이가 엎드린 형상의 바위를 귀부(비석의 받침돌)로 삼아 세운 높이 67cm, 폭 45cm의 백두산정계비에는 목극등을 비롯한 청나라 관료와 조선인 6명의 이름을 새겨넣어 이를 증표로 삼았다. 그리고 토문강이 송화강의 한 지류임을 보여주기 위해 돌과 흙으로 돈대를 쌓아 토문강의 위치를 표시했다.

이로써 조선과 청나라의 국경선은 확실하게 정해졌으나 1881년(고종 18년), 다시 문제가 불거졌다. 청나라가 만주 개척에 나서면서 길림장군 명안과 흠차대신 오대징으로 하여금 간도 지역에 살고 있는 조선인을 탄압하게 한 것이었다. 이에 조선도 어윤중과 김우식을 간도로 보내 그곳이 우리 영토임을 주장하며 국경선을 재논의하게 했다. 이때 양국은 백두산정계비의 "서위압록 동위토문" 문구를 문제 삼았다. 청은 토문강을 두만강이라 주장했지만 조선은 송화강의 한 지류라고 주장하며 양국은 팽팽하게 맞섰다. 조선을 이은 대한제국은 관리를 파견해 간도를 조선의 영토로 확고히 하려 했다. 그러나 을사늑약으로 대한제국의 외교권을 빼앗아간 일본은 남만주 철도부설권을 얻는 대가로 간도를 청에게 넘겼다. 그리고 그 후 누군가에 의해 백두산정계비와 토문강의 위치를 표시해놓은 돈대는 사라졌다.

250 숙종의 사랑을 독차지하다

#숙빈최씨 #영조어머니 #장희빈질투

장희빈이 사약을 먹고 죽게 된 이유 중에는 숙빈 최씨(1670~1718년)가 있었다. 숙빈 최씨는 전라도 태인 출신으로 어렸을 적 이름이 복순이었다. 어린 시절 전염병으로 부모가 죽으면서 고아가 된 최씨는 마을을 떠돌다가 우연히 나주목사를 만났다. 인현왕후의 친척이던 나주목사 부인은 어린 소녀가 다 떨어진 옷에 배고픔으로 오들오들 떠는 모습이 안쓰러워 집으로 데려왔고, 이것이 인연이 되어 최씨는 무수리로 궁궐에서 생활하게 되었다.

궁궐에서 물을 길어 나르는 허드렛일을 하면서도 최씨는 자신을 받아준 인현왕후에게 늘 감사한 마음을 가지고 살았다. 그런 인현왕후가 궁에서 쫓겨나자 최씨는 안타까운 마음에 매일 밤을 눈물로 지새웠다. 그러나 무수리에 불과한 최씨가 할 수 있는 일이라곤 몸이 약한 인현왕후를 위해 촛불을 켜고 절을 올리며 기도를 드리는 일뿐이었다. 마침 궁궐을 거닐던 숙종이 최씨를 보고 기도하는 연유를 물었다. 최씨는 슬픈 얼굴로 인현왕후의 생일이라 절을 올렸다고 답했다. 인현왕후에 대한 미안함과 그리움이 가득했던 숙종은 최씨의 고운 마음에 이끌려 최씨와 하룻밤을 함께 보냈다.

승은을 입은 최씨가 아이를 갖게 되자 숙종은 최씨에게 더욱 큰 사랑을 주었다. 첫째 아들 영수가 태어난 지 얼마 되지 않아 죽었으나, 숙종의 변함없는 사랑을 받은 최씨는 곧이어 둘째 아들을 낳았다. 이 아들이 연잉군으로 훗날 영조가 된다.

장희빈은 숙종의 사랑이 숙빈 최씨에게 향하자 질투와 함께 불안감이 엄습해왔다. 장희빈은 숙빈 최씨의 모든 일에 꼬투리를 잡아 최씨를 괴롭혔고, 장희빈의 오빠 장희재는 장모를 시켜 숙빈 최씨의 생일상에 독을 타 최씨를 죽이려 했다. 결국 이런 사실들이 세간에 드러나면서 장희빈은 사약을 받게 되었다.

숙종은 인현왕후가 죽자 숙빈 최씨에게 왕후로 앉히고 싶다고 말했다. 숙빈 최씨는 자신을 왕후로 앉히고 싶다는 숙종의 말에 너무 놀라 기절해 쓰러졌다. 놀란 숙종이 최씨를 안아 일으키고 기절한 연유를 묻자 최씨는 왕후 자리를 감당할 수 없어 혼절했다고 답했다. 이후 최씨는 정1품인 숙빈에 봉해졌고 1718년(숙종 44년)에 병으로 세상을 떠났다. 영조는 어머니 숙빈 최씨를 위해 최씨의 묘를 소령원으로 승격시키고 "휘덕안순수복"이란 존호를 올렸다. 이인좌의 난 때 태인현감 박필현이 가담해 태인현을 폐현하자는 주장이 올라왔을 때도 영조는 전라도 태인이 어머니의 고향이라 이를 눈감아주었다고도 한다. 숙빈 최씨의 묘 소령원은 경기도 파주시에 있다.

251

백자, 선비들의 사랑을 받다

제19대 숙종

#백자우수성 #조선후기대표자기 #백자일본수출

| 백자호

백자는 백토로 만든 도자기 위에 무색투명한 유약을 입혀 1,300~1,350도에서 구워낸다. 청자보다 순도가 더 좋은 흙으로 빚은 뒤 높은 온도에 구우면 깨끗하고 단단한 모습을 갖게 된다. 백자는 청자에서 보이는 미세한 균열도 보이지 않는 등 보다 한층 발전된 모습으로 조선을 대표하는 자기가 되었다.

백자는 고려 초기부터 청자와 함께 만들어졌으나 통상적으로 백자라고 하면 조선시대 후기에 만들어진 백자를 말한다. 조선 후기에 백자가 많이 만들어지며 유행한 것은 왕실이 일반인에게 백자를 사용하지 못하게 규제한 것이 한몫했다. 금지하면 더 하고 싶은 것처럼 양반들은 백자에 더 많은 관심을 갖고 백자를 소유하고자 했다. 무엇보다 맑고 깨끗한 백자의 순백함은 청렴결백하고 고결한 자신들의 모습을 보여주는 데 가장 적합하다고 생각했다.

백자는 무늬를 표현하는 방법과 안료의 종류에 따라 크게 네 가지로 구분된다. 형태 자체만 변화를 주는 순백자, 회청이라 불리는 코발트 안료로 푸른색 무늬를 주는 청화백자, 백토를 낮은 온도에 구운 다음 산화철 안료로 다갈색 또는 흑갈색 무늬를 갖는 철회백자, 도자기 바탕에 산화동 안료로 그림을 그려 붉은색 무늬가 나타나는 진사백자다.

조선의 백자는 통신사를 통해 일본에 전해졌는데, 그 인기가 매우 높았다. 일본 내에서 백자의 수요가 높아지자 일본은 왜관을 통해 백자를 대량으로 수입했다. 또 임진왜란 때 일본은 많은 백자를 약탈하는 동시에 조선의 도공을 잡아갔다. 조선에서 끌려간 도공들이 규슈, 아리타 등지에서 백자를 만들면서 일본에 백자를 만드는 기술이 전수되었다. 17세기에 일본은 조선의 선진 기술에 자신들의 문화를 덧입히며 독자적인 자기문화를 발달시켰다.

왕들의 장수 비법

조선 왕들의 평균 수명은 46세에 불과했다. 왕들이 단명한 가장 큰 이유는 재위 중의 과중한 업무와 스트레스였다. 스트레스를 받는 가운데 운동량은 부족하고, 고열량의 음식을 먹다 보니 대부분의 왕은 비만으로 각종 병에 시달려야 했다. 또한 뚱뚱한 몸에 통풍이 안 되는 옷을 여러 겹 입고 생활하다 보니 각종 피부병과 종기로 죽는 경우도 부지기수였다. 하지만 태조, 정종, 광해군, 숙종, 영조, 고종은 환갑을 넘기며 장수했다.

태조는 왕으로 즉위하기 전에는 전장에서 말을 타며 군대를 지휘하던 장수였다. 신궁으로 이름이 높을 정도로 뛰어난 무예 실력을 비추어 볼 때 태조는 타고난 강골에 꾸준한 운동으로 건강했음을 알 수 있다. 하지만 태조는 노년에 사랑하는 여인과 두 자식이 죽는 것을 보았다. 이후에도 형제들이 서로에게 칼을 겨루며 싸우는 모습에 큰 충격을 받고 급격하게 체력이 약해지다가 결국 풍으로 74세에 죽었다.

정종도 젊은 시절 아버지 태조를 도와 전쟁터를 누비던 장수였다. 아버지 태조처럼 강인한 체력을 타고난 데다가 운동으로 다져진 건강한 체질이었다. 더욱이 왕위를 동생에게 물려주고 격구를 즐기는 능 마음 편안한 생활을 했나. 권력에 연연해하지 않은 결과 스트레스를 받지 않은 정종은 인생을 즐기다 63세에 죽었다.

광해군도 임진왜란 당시 전장을 누비며 일본군과 싸우면서 강한 체력과 정신력을 길렀다. 왕위에서 쫓겨나 제주도로 유배 가면서 자식들이 죽는 것을 지켜봐야 하는 아픔을 겪었지만, 험난한 제주도에서 살아가기 위해 몸을 꾸준히 움직여야 했다. 먹는 음식이 줄고 많이 움직이다 보니 건강해진 광해군은 66세까지 살 수 있었다.

숙종은 검은빛의 음식을 좋아했다. 혈액순환과 콜레스테롤을 낮춰주는 등 여러 효과가 있다고 알려진 검은콩, 검은깨를 즐겨 먹었다. 또한 흑염소와 오골계처럼 근력을 키우는 데 도움을 주는 단백질 가득한 음식으로 영양의 균형을 맞췄다. 그 결과 46년이라는 엄청난 기간 동안 왕으로 있으면서도 건강을 유지하며 60세까지 살 수 있었다.

영조는 규칙적인 식사와 소식으로 건강을 유지했다. 또한 흰쌀밥보다는 잡곡밥을 더 선호해서 균형 있는 영양분을 섭취했다. 영조가 만들었다는 탕평채도 고기와 미나리, 김 등으로 이루어진 균형 잡힌 식단으로 건강한 생활에 도움을 주었다. 영조는 83세까지 살면서 조선시대 가장 장수한 왕이 되었다.

고종은 고기보다 채소를 즐겼으며 맵고 짠 음식을 좋아하지 않았다. 고종이 좋아했던 음식은 열량이 낮으면서 영양가가 높았다. 무엇보다 고종은 서양 의학의 도입으로 건강을 늘 체크해 건강할 수 있었다. 그러나 일본의 독살로 68세에 죽었다.

◇ 이름: 균

◇ 출생-사망: 1688~1724년

◇ 재위 기간: 1720년 6월~1724년 8월(4년 2개월)

숙종과 장희빈 사이에서 태어난 경종은 송시열과 서인의 반대를 받았지만 숙종의 강한 의지로 세자에 책봉되었다. 이 과정에서 송시열은 사약을 받아 죽고 서인들은 대거 쫓겨나는 기사환국이 일어났다. 경종은 숙종의 사랑과 많은 이의 기대를 받으며 착실하게 세자 수업을 받던 중, 장희빈이 투기를 부리다 죽으면서 모든 일에 소심해지고 우울증을 크게 앓았다. 이런 경종의 모습에 숙종은 숙빈 최씨에게서 얻은 연잉군으로 세자를 바꾸고 싶었다. 그러나 소론과 남인 계열의 관료들이 경종을 강력하게 지지하자 뜻을 철회했다. 이 과정에서 경종을 지지하는 소론과 연잉군을 지지하는 노론 간의 당쟁이 심해졌다.

경종은 숙종을 대신해 대리청정하는 동안 원활하게 국정을 운영하며 흠을 보이지 않았다. 그러나 연잉군을 왕으로 만들려는 노론의 압력을 계속 받았다. 경종이 즉위한 지 한 달이 되던 날 유생 조중우가 경종의 어머니 장희빈의 명호를 높일 것을 건의했다가 노론에 의해 죽는 일이 벌어졌다. 또한 경종에게 후사가 없다는 이유로 연잉군을 세제로 책봉하자는 이정소의 상소가 올라왔다. 경종은 후사를 볼 수 있는 젊은 나이였지만, 노론의 압력을 이기지 못하고 연잉군을 세제로 책봉했다. 그러나 노론은 여기에 그치지 않고 경종의 병약함을 내세워 연잉군에게 대리청정을 맡기자고 했다.

경종은 노론이 주장하는 대리청정을 받아들였으나, 소론의 강력한 반대로 노론의 김창집 등 4대신을 죽이는 신임사화가 일어났다. 소론과 노론의 당쟁이 격화되자 경종의 건강은 급격하게 악화되었고, 결국 경종은 37세라는 젊은 나이로 죽었다. 경종이 병을 이겨내지 못하고 며칠 만에 죽자 연잉군이 게장에 독을 넣어 경종을 죽였다는 소문이 돌았다. 경종의 능호는 의릉이며, 그 능은 서울 성북구 석관동에 있다.

제20대 경종
(재위: 1720~1724년)

단의왕후 심씨

선의왕후 어씨

부인: 2명
자녀: 없음

255

시작부터 왕위를 인정받지 못하다

제20대 경종

#지지세력약한경종 #도넘은노론 #신임사화

경종은 자신의 세력이 미약함을 너무나 잘 알고 있었다. 후궁 출신의 어머니 장희빈이 사약을 받아 죽었다는 사실은 경종에게 있어서 왕위 계승의 정통성에 흠이 되기도 했지만 심적으로 우울증이 올 정도로 큰 충격이었다. 소론이 자신을 보필하며 지지했지만 노론보다 세력이 약했다. 무엇보다 가장 큰 문제는 경종 스스로 왕위에 큰 욕심이 없다는 점이었다.

경종이 즉위한 지 1년밖에 안 되었을 때, 노론은 경종의 병을 내세워 이복동생 연잉군(훗날 영조)을 세제로 책봉하자고 건의했다. 특히 노론의 조성복은 경종이 신하를 맞이하거나 업무를 재결(裁決)할 때마다 연잉군을 옆에 두고 가르쳐야 한다고 주장했다. 자칫 역모로 보일 수 있는 발언이지만, 오히려 경종은 자신에게 병이 있음을 시인하며 연잉군에게 국정을 운영하라고 지시했다.

연잉군이 대리청정을 하게 되자 이번엔 소론이 가만있지 않았다. 연잉군이 왕의 역할을 하게 된다는 것은 권력의 주도권이 노론에게 넘어간다는 것을 의미했다. 소론은 조태구를 중심으로 왕이라 할지라도 대리청정을 사사롭게 결정할 수 없다며 결정을 철회해달라고 경종에게 연일 읍소했다. 왕으로 즉위한 지 1년밖에 안 된 젊은 경종에게 대리청정하자는 것은 말이 안 되는 만큼 소론에게는 명분이 있었다. 경종도 소론의 지지에 힘입어 대리청정을 철회했다.

대리청정 취소에 노론이 강한 불만을 제기하자 소론은 이에 강경하게 대응했다. 소론은 대리청정을 요구하던 이이명, 이건명, 김창집, 조태채를 처단해야 한다고 연일 왕에게 건의했다. 경종은 소론의 주장을 받아들여 이이명은 남해현에, 이건명은 나로도에, 김창집은 거제부에, 조태채는 진도군에 안치하는 형벌을 내렸다.

이듬해 서얼 출신 목호룡이 노론의 김성행·김용택·이기지·이희지가 경종을 제거할 역모를 꾸몄다고 고변했다. 김성행은 김창집의 손자였고, 이기지는 이이명의 아들이며, 이희지는 이이명의 조카였다. 소론은 이를 문제 삼아 김창집·이이명·이건명·조태채를 처형하고, 노론의 많은 인물을 내쫓는 신임사화를 일으켰다. 신임사화는 노론과 소론이 왕위를 결정하려는 정쟁으로, 왕권이 약해졌음을 보여주는 사건이었다.

256 경종은 일부러 자식을 낳지 않았을까?

제20대 경종   #경종자식없는이유 #경종독살설 #의도된성불구

경종은 후궁이던 장희빈의 아들로 태어났지만 숙종의 강력한 의지로 어린 나이에 세자가 되었다. 그러나 14세가 되던 해 어머니가 사약을 먹고 죽자 경종은 큰 충격을 받았다. 또한 숙종과 숙빈 최씨 사이에서 태어난 연잉군(영조)이 영민한 자질을 보일 때마다 경종은 위축될 수밖에 없었다. 자신을 지켜줄 남인도 몰락해버린 상황에서 끊임없이 영조를 왕으로 만들려는 노론도 두려운 존재였다. 고독한 상황에서 누구에게도 고충을 토로하지 못하던 경종은 오랜 시간 스트레스를 받다가 건강이 악화했다.

왕으로 즉위했지만 이복동생 연잉군을 세제로 삼아야 한다는 노론의 주장에 경종은 불안했다. 30대의 젊은 나이였기에 충분히 원자를 생산할 수 있었지만, 경종은 노론의 주장을 수용하고 연잉군을 세제로 삼았다. 그 후 37세의 젊은 나이에 경종이 갑자기 죽자, 경종에게 자식이 없는 이유에 대한 논란이 일었다.

경종이 자식을 낳을 수 없는 남자였다고 주장하는 측은 세자 시절부터 계속되어 온 경종의 스트레스를 원인으로 꼽았다. 이들은 30년간 세자로 있으면서 숙종과 노론 사이에서 눈치를 보며 불안하게 생활한 경종이 스트레스로 아이를 낳지 못하는 몸이 되었다고 추정한다. 또 다른 이유로는 경종의 비만을 성불구의 원인으로 보았다.

야사에서는 경종이 장희빈에 의해 성불구자가 되었다고 한다. 장희빈이 죽기 직전 마지막으로 경종을 만나게 해달라고 요청하자 숙종은 모자지간의 정을 생각해 허락해주었는데, 장희빈이 경종과 이별의 인사를 나누다 갑자기 경종의 성기를 꽉 잡고 자신을 살려달라고 외치는 바람에 경종이 성불구자가 되었다는 것이다. 또 다른 이야기로는 경종의 첫 번째 부인인 단의왕후가 정신질환을 앓고 있어 잠자리를 멀리했다는 설이 있다.

반면 경종이 일부러 자식을 낳지 않았다는 주장도 있다. 소론은 경종에게 연잉군을 견제하며 멀리하라고 이야기했지만 경종은 연잉군을 너무나 아꼈다고 한다. 자신의 힘으로는 정국을 주도할 힘이 없다고 판단한 경종은 동생에게 희망을 품고 왕위를 물려주고자 일부러 잠자리를 갖지 않았다고 한다.

어느 주장이 옳은지 알 수는 없지만, 37세에 자식이 없는 상황에서 왕위를 동생에게 물려준 사건은 조선 왕실에서 특별한 사건이었다. 이렇듯 경종에게는 그가 자식이 없는 이유를 두고 많은 이야기가 나돌았으며, 또한 연잉군이 게장에 독을 넣어 경종을 죽였다는 독살설도 영조가 살아 있는 동안 계속 제기되었다.

257

농촌 경제가 발달하다

#농업기술발달 #모내기보급 #소작료납부방식변화

양난 이후 전 국토가 황폐해지고 인구가 감소하면서 조선은 큰 위기를 맞았다. 그러나 조정은 백성들에게 실질적으로 도움이 되는 정책보다 세금을 감면해주는 정책으로 문제를 해결하고자 했다. 결국 농민들은 조정의 도움에 기대기보다는 스스로 농토를 개간하고 수리시설을 확충하는 등 농업기술 개발에 힘썼다.

논농사의 경우 일부 남부 지역에서만 허용되던 모내기법이 수리시설의 증가에 힘입어 전국적으로 보급되었다. 씨를 직접 뿌리는 직파법의 경우 연중 4~5차례의 김매기가 필요했으나, 모내기법은 2~3차례면 충분했다. 게다가 직파법에서는 볍씨 한 말을 직파하려면 20명 이상의 노동력이 필요했지만 모내기는 3명으로도 가능했다. 무엇보다 모내기가 가져온 가장 큰 변화는 벼를 수확한 이후인 겨울에 보리를 키우는 이모작이 가능해졌다는 사실이었다. 이후 보리는 소작료의 수취 대상이 아니었기에 소작농의 생계를 책임지는 매우 중요한 작물이 되었다.

밭농사는 밭두둑(이랑)이 아닌 파인 부분(고랑)에 보리와 콩 등 작물을 심는 견종법으로 바뀌어갔다. 강한 바람이나 가뭄에도 농작물이 버틸 수 있는 환경을 만들어주는 견종법을 통해 농민들은 더 많은 작물을 수확할 수 있었다. 이 외에도 벼농사 중심의 농법을 소개하는 신속의《농가집성》과 조선시대의 백과사전인 서유구의《임원경제지》편찬도 농촌 경제의 발달에 큰 도움을 주었다.

농업 생산력의 증대는 지주들이 수확량의 일정 비율을 소작료로 납부하는 타조법보다 수확량의 일정액을 소작료로 납부하는 도조법을 선호하게 만들었다. 농민들도 일정액만 납부하는 도조법을 선호했다. 그 결과 농민들은 예전보다 더 열심히 농사를 지어 이익을 남기거나 인삼·담배·목화·채소 등 기호 상품 작물을 재배해 부농이 되기도 했다. 그러나 부농이 되는 경우는 흔하지 않은 일이었고 농민 대부분은 토지에서 쫓겨나 임노동자로서 열악한 환경에서 사는 일이 많았다.

농촌 경제의 발달은 조선 농민층의 분화를 가져오는 동시에 지주와 전호의 관계를 기존의 신분적 종속 관계에서 근대적인 경제적 계약 관계로 바꾸어놓았다. 또한 조선 전기와는 다르게 자본주의의 발달과 신분제의 변동을 가져오는 역할을 하며 조선에 새로운 활기를 불어넣었다.

258 담배가 유입되다

제20대 경종

#담배유입 #담배수출 #담배찬반론

《인조실록》에 따르면 담배는 1616년(광해 8년)에서 1621년(광해 13년) 사이에 조선에 들어왔다고 기록되어 있다. 《인조실록》37권에서는 담배가 가래 치료와 소화에 도움을 주지만 오래 피우면 간을 손상시켜 눈을 어둡게 한다고 기록했다. 또한 오래 피운 자는 끊으려고 해도 끝내 끊지 못하는 요망한 풀이 담배라고 적고 있다. 그러나 1614년(광해 6년)에 간행된 《지봉유설》에 담배 피우는 방법이 소개되어 있는 점을 감안했을 때, 실제로 담배는 임진왜란 직후인 1600년대 초에 일본에서 넘어왔을 것이라 추정하고 있다.

담배를 일본에서 수입해야 했던 1624년(인조 2년)에는 담배 한 근의 가격이 은 한 냥과 거래될 정도로 매우 비쌌다. 그러나 담뱃잎의 국내 재배가 늘어나면서 가격이 내려가자, 담배는 남녀노소 모두 즐기는 기호 식품이 되었다. 많은 사람이 즐겨 피게 된 만큼 담배는 질뿐만 아니라 피우는 방법까지도 발달해, 중국에 수출하는 조선의 주요 물품이 되었다. 만주족은 병자호란이 끝나고 잡혀 온 조선인의 몸값을 담배로 받았을 정도로 청나라에서 조선 담배의 인기는 매우 높았다. 청나라 태종은 자국민이 조선 담배를 너무 많이 구매하면서 엄청난 양의 은이 조선으로 유출되자 흡연을 금지하는 법령을 내리기도 했다. 그러나 법령이 담배를 피우고 싶은 사람들의 욕구까지는 꺾지 못하면서 큰 효과는 없었다. 조선 담배는 중국을 넘어 몽골까지 인기가 높았다. 1637년(인조 15년), 소를 구해오라는 조정의 명령을 받은 성익은 담배로 몽골의 소를 사 오기도 했다.

그러나 담배로 인한 문제점도 많았다. 광해군 때는 담뱃불로 궁궐의 80칸 건물이 전소되었고, 숙종 때는 왕릉에 담뱃불을 떨어뜨려 불을 낸 관리가 체포되는 등 담배는 많은 화재의 원인이 되었다. 또 담배 농사를 짓는 백성이 많아져 나라의 곡식이 부족해지자, 정조 때는 담배 재배를 막아야 한다는 상소가 올라오기도 했다.

담배를 두고 학자들 간의 논쟁이 일어나기도 했다. 이익은 《성호사설》에서 담배가 가래가 나오지 않거나 구역질 날 때 도움이 된다고 했다. 또한 담배는 소화에 도움을 주며 가슴이 답답할 때도 효과가 있다고 했다. 정약용은 담배가 백성들의 기호품이며 소득 증대에 기여하는 작물이니 이것을 산지에 심자고 주장했다. 그는 유달리 유배 생활 동안 차와 술보다 담배가 더 좋다고 말할 정도였다. 반면 이덕무는 자식에게 담배를 가르치는 부모는 무식한 부모고, 피우지 말라는데 피우는 자식은 호로자식이라고 했다. 이익도 담배의 이점을 제시했지만 재산이 줄어들고 건강을 해치는 등 안 좋은 점이 더 크다고 밝혔다.

259

관리의 신고식, 면신례

#신고식유래 #신고식사례 #신고식근절실패

고려시대에는 과거와 음서 두 가지 방식으로 관료를 선발했다. 과거제의 경우 능력을 검증받고 관리가 되었기에 선배가 후임을 인정할 수 있었다. 그러나 가문의 음덕으로 관리가 되는 음서제의 경우는 달랐다. 선배 관리는 신임 관리가 부모의 권세를 믿고 건방지게 될 수 있다는 이유로 신고식을 통해 기율을 잡고 선배로서 대접받기를 원했다. 관리가 되면 당연히 치러야 했던 신고식인 면신례는 고려시대 때 만들어졌고, 조선시대에 들어서도 전통으로 자리 잡혀 계속 이어졌다.

단종 때 과거에 급제하고 승문원에 배정받은 정윤화는 몸에 난 종기로 거동이 불편했다. 선배들은 정윤화가 아프다는 말을 무시한 채 그에게 선배 대접이 소홀하다는 이유로 강제로 술을 먹이는 등 그를 괴롭혔다. 결국 괴롭힘을 당하던 정윤화는 병이 심해져 죽고 말았다. 성종 때는 지금의 장관급에 해당하는 정2품 도총관에 부임한 변종인이 왕을 찾아왔다. 변종인은 아직 정식 벼슬도 받지 못한 수습 관원이 자신을 신래(신참)라 부르며 밥과 술을 대접하지 않았다는 이유로 괴롭힌다며 왕에게 도움을 요청했다. 성종 앞에 불려온 수습 관원은 오히려 면신례는 오래된 관행으로 당상관이라 할지라도 예외가 아니라고 당당하게 말했다. 정약용도 판서 권엄에게 보내는 편지에 "절름발이 걸음으로 게를 줍는 시늉을 하고 수리부엉이 울음을 흉내 내는 일 따위는 제가 직접 하는 것입니다. 시키는 대로 해보려고 애를 썼으나 말소리는 목구멍에서 나오지 않고 발걸음은 떨어지지 않는 걸 어쩌겠습니까?"라며 면신례의 고통을 적었다. 이처럼 조선시대 내내 면신례는 관리가 되는 사람에게 매우 두려운 일이었다.

예문관의 면신례를 예로 들면 우선 선배를 위해 자신의 신상을 적은 명함을 준비하는 것이 시작이었다. 그래야 신임 관료의 인사를 받아주겠다는 허참례가 이루어졌다. 다음 순서로는 선배에게 음식과 술을 대접했는데, 이때 들어가는 비용이 대단했다. 술 3병·생선 3마리·고기 3마리 등 100가지 음식을 3에 맞추어 장만해 선배를 대접하고, 다음 차례에는 5에 맞춰 장만했다. 이런 순서로 3, 5, 7, 9에 맞춰 4번의 연회를 열어야 비로소 면신례가 끝났다. 그러나 선배에 대한 신고식이 끝나면 예문관 관리와 정승, 판서를 위한 연회가 있었다. 연회에는 참석하는 사람 옆에 기녀를 꼭 앉혀야 했고, 신참 관원은 동물의 울음소리를 내거나 얼굴에 숯가루를 묻히는 등 좌중을 웃겨야 했다.

단종과 중종 등 여러 왕은 이런 폐해를 막고자 면신례를 금지하는 명령을 내렸다. 때로는 태형과 파직이라는 강력한 처벌을 내리기도 했다. 하지만 전통이란 이름으로 신임 관리를 괴롭히는 일은 근절되지 않았다.

◇ **이름:** 금

◇ **출생−사망:** 1694~1776년

◇ **재위 기간:** 1724년 8월~1776년 3월(51년 7개월)

숙종과 숙빈 최씨 사이에서 태어난 영조는 1721년(경종 1년)에 왕세제로 책봉되었다. 경종이 재위 4년 만에 자식을 낳지 못하고 죽으면서 영조는 왕으로 즉위했다. 게장에 독을 타서 경종을 죽였다는 의심을 받으며 불안한 출발을 한 영조는 자신의 세제 책봉을 반대하던 소론을 중용하며 안정을 꾀했다.

그러나 어느 정도 정세가 안정되자 영조는 신임사화에서 죽은 4대신의 충절을 높이 기리며 노론을 중용했다. 하지만 이후 노론이 소론에 정치적 보복을 자행하며 국정을 혼란하게 하자 소론을 대거 기용하는 정미환국을 펼쳤다. 그러던 중 1728년(영조 4년), 영조가 숙종의 자식이 아니라며 소론계 일부 관료와 손을 잡은 이인좌가 20만 명을 동원해 반란을 일으키자 영조는 그를 능시처참했다.

붕당 간의 당쟁을 막고 왕권을 강화해야겠다고 생각한 영조는 노론과 소론의 영수를 불러들여 화목을 권했다. 그리고 탕평책을 따르지 않는 관료는 쫓아내고, 탕평책을 따르는 완론자들만 등용해 정국을 이끌어나갔다. 또한 유생들이 당론에 관한 상소를 올리지 못하게 했고, 이조전랑의 삼사 인사권도 폐지했다. 성균관에도 탕평비를 세워 관료와 유생들에게 경각심을 심어주었다. 그러나 자신을 왕에 올려준 노론의 영향력에서 벗어나지 못한 영조는 1762년(영조 38년), 노론과 뜻을 달리하는 사도세자를 뒤주에 가두어 죽게 했다.

재위 시절 영조는 백성을 힘들게 하던 군역을 1필로 줄여주는 균역법을 시행해 백성의 부담을 줄여주었다. 또 조세에 형평성을 기해 은결을 조사하고, 오가작통법을 엄하게 적용했다. 죄인을 심문할 때 쓰이는 압슬형은 금지하고, 사형수에게도 삼복법을 시행해 죄 없는 백성이 처벌받지 않도록 했다. 신문고를 부활해 백성들의 억울한 일을 들어주었으며, 청계천을 준설해 하수처리 문제와 홍수 피해를 막았다. 또 붕당의 폐해를 막으면서 국가 재정 확보를 위해 무분별한 서원과 사우의 설립을 제한했다.《속대전》을 편찬해 법률을 제정하고,《농가집성》등 실생활에 유용한 책을 간행하는 등 많은 업적을 쌓은 영조는 역대 가장 오랜 기간인 52년간의 재위 끝에 1776년(영조 52년), 83세의 나이로 죽었다. 영조의 능호는 원릉이며, 그 능은 경기도 구리시 인창동에 있다.

제21대 영조
(재위: 1724~1776년)

정성왕후 서씨

정순왕후 김씨

정빈 이씨
　진종(효장세자)
　화순옹주

영빈 이씨
　장조(사도세자, 정조 부)
　화평옹주
　화협옹주
　화완옹주

귀인 조씨
　화유옹주

숙의 문씨
　화령옹주
　화길옹주

부인: 6명
자녀: 2남 7녀

경종이 갑자기 죽고 노론이 추대한 영조가 즉위하자 궁 안팎으로 많은 소문과 억측이 돌았다. 하지만 소문과는 상관없이 노론이 정권을 장악하자, 경종을 지지하던 소론의 입지는 매우 좁아질 수밖에 없었다. 경종 비의 오라버니 박필현을 중심으로 이유익과 심유현 등 소론과 남인 일부는 영조를 쫓아내기 위해 은밀하게 사람을 모았다. 이 중에는 세종의 넷째 아들 임영대군의 후손이면서 남인 명문가였던 이인좌와 그 형제들도 있었다.

이들은 몇 년 동안 치밀한 계획과 준비를 통해 소현세자의 증손인 밀풍군 이탄을 왕으로 추대하기로 했다. 그리고 유민과 도적들에게 돈을 주어 은밀하게 군대를 조직했다. 거사가 시작되면 이인좌가 남쪽에서, 평안부사 이사성이 북쪽에서 군대를 이끌기로 했고, 한양에 도착하면 금군별장 남태징이 성문을 열기로 계획했다.

하지만 영조가 정미환국을 통해 이광좌 등 소론 온건파를 다시 등용하자, 역모를 일으킬 명분이 사라진 사람들의 이탈이 늘어났다. 상황이 불리하게 돌아가자 이들은 준비가 덜 된 상황에서 1728년(영조 4년), 이인좌를 대원수로 삼고 한양으로 군대를 이끌고 올라왔다. 하지만 이인좌의 군대와 합류하기로 했던 박필현이 죽도에서, 박필몽은 상주에서 체포되어 처형되고 말았다. 영남에서는 정희량이 안음·거창·합천·함양 4개 군을 점령했으나 경상도 관찰사에 의해 토벌되었다.

오로지 이인좌가 이끄는 군대만 청주성을 함락하며 순조로운 출발을 보였다. 이인좌는 신천영을 병마절도사로 삼아 청주성을 지키게 한 뒤, 군대를 둘로 나누어 한양으로 진격했다. 이인좌는 안성 방면으로, 부원수 정세윤은 죽산 방면으로 나아갔으나 이들은 병조판서 오명항이 이끄는 토벌군에 대패하고 말았다. 이인좌는 전장에서 도망쳤다가 죽산에서 사로잡히고, 박민웅이 이끄는 창의군에 청주성도 함락되면서 이인좌의 난은 실패로 끝나고 말았다.

영조는 숭례문루에 직접 나가 난을 진압하고 돌아오는 군을 맞이하며 크게 기뻐했다. 영조의 간담을 서늘하게 했던 이인좌는 한양으로 압송된 뒤, 영조의 친국을 거쳐 능지처참당했다. 이인좌의 난 이후 소론은 힘이 약해졌고, 노론은 더욱 세력이 강해졌다. 이인좌의 난 이후 역모를 계획하는 사람들은 돈으로 반란군을 모집하는 방식을 따라했다.

263 탕평채에 영조의 의지를 담다

제21대 영조

#탕평채유래 #탕평채조리방법 #탕평채재료의미

| 탕평채

탕평채는 정조 때 유득공이 세시풍속을 기록한《경도잡지》에서 처음 소개되었다. 1800년대《동국세시기》,《송남잡식》등에서 탕평채방, 탄평채라고 불리기도 했던 탕평채는 청포묵에 달걀·미나리·소고기·김 등을 얹어 버무리면 쉽게 완성되는 음식이다.

탕평채는 영조와 깊은 연관을 맺고 있다. 영조는 관료들과 모여 탕평책에 관한 이야기를 나누는 과정에서 붕당 간에 다투지 말고 서로 화합하라는 의미로 탕평채를 상에 올렸다고 한다. 탕평채에 들어가는 재료 중에서 미나리는 동인, 소고기는 남인, 김은 북인, 청포묵은 서인을 상징했다. 영조 때는 서인이 정권을 장악하고 있었기에, 탕평채에 들어가는 주재료가 청포묵이 되었다고 한다.

탕평채를 만드는 방법은 어렵지 않다. 우선 미나리와 당근을 달군 팬에 볶아준다. 다음으로 소고기에 양념 재료를 넣고 잘 무친 다음 이것 역시 달군 팬에 볶아놓는다. 청포묵은 7cm 길이로 썰어 끓는 물에 넣어 투명해질 때까지 데친 후, 물기를 빼고 참기름과 소금에 버무려 둔다. 미나리도 끓는 물에 살짝 데쳐 찬물에 헹군 뒤 물기를 짜놓는다. 이로써 모든 재료의 준비가 끝나면 이것들을 한곳에 넣어 버무린 뒤, 구운 김을 부수어 뿌리면 맛있는 탕평채가 완성된다.

264 호락논쟁으로 정책 변화를 보다

제21대 영조   #호락논쟁 #호론정책방향 #낙론정책방향

호락 시비 또는 인물성 동이 논쟁이라 불리는 호락논쟁은 18세기 송시열의 직계 제자들이 벌인 노론 간의 사상 논쟁이다. 그 시작은 권상하의 문하에 있던 한원진과 이간이었다. 한원진은 사람의 본성인 인성, 그리고 물질의 본성인 물성은 서로 다르다는 '인물성이론'을 주장했다. 그에 반해 이간은 인성과 물성이 본질적으로 같다는 '인물성동론'을 주장했다. 권상하는 둘의 논쟁을 만류했지만 논쟁은 오히려 점점 더 격화되었다. 한원진의 인물성이론을 지지하는 윤봉구를 비롯한 노론 세력이 지금의 충청도인 호서에 살고 있어 호론이라 불렸고, 이간의 인물성동론이 옳다고 본 이재, 박필주 등 노론 세력은 서울 부근의 낙하 지방에 살고 있어 낙론이라 불렸다.

호락논쟁은 학문의 차이를 확인하고 논쟁하는 데서 끝나지 않았다. 인성과 물성의 동질성 여부를 어떻게 보느냐에 따라 노론 내에서도 사회를 바라보는 인식과 행동이 달라졌다. 인물성이론을 주장하는 호론은 조선과 청나라는 엄연히 다르다고 보았다. 이들은 조선을 중화 질서를 이해하고 실천하는 나라로, 청은 중화 질서를 무너뜨린 오랑캐로 보았다. 그리고 세상에 차별이 존재하는 것이 옳은 일이라 여겼다. 이들은 내외적으로는 존화양이론을 강조하며 만주족의 청나라를 내쫓고 명나라를 세우는 북벌론을 옳다고 여겼으며, 대내적으로는 양반과 상민에 차별이 있어야 한다며 신분제와 지주제를 옹호했다. 이들의 사상은 구한말 반침략·반외세 사상인 위정척사와 의병 활동에 영향을 미쳤다.

낙론은 성리학을 학문의 영역에서 탐구하면서도 세상의 변화에 맞추어 대응해야 한다고 주장했다. 이들은 조선과 청나라를 대등한 국가로 인식해 존화양이론을 극복해야 한다고 보았다. 또 중국을 지배하며 강국으로 성장한 청나라를 타도의 대상이 아닌 선진 문물을 보유한 선진국으로 인식하고 배워야 할 대상으로 여겼다. 낙론은 북학파의 과학기술 존중과 더불어 풍요로운 경제와 의식주 생활을 지향하는 이용후생 사상으로 이어졌다. 낙론의 대표적인 인물로는 홍대용과 박지원 등이 있으며, 이들은 구한말 개화파에 영향을 주어 서구 문물을 적극적으로 받아들이는 데 도움을 주었다.

16세기 이후 양반 계층이 군역을 회피하자 일반 상민은 군역에 대한 부담을 견디지 못하고 점점 더 힘들어했다. 더욱이 요역까지 부여되는 상황에서 농사를 포기하고 4~5개월 군인으로 복무하는 것은 생계를 유지하는 데 어려움이 있을 수밖에 없었다. 결국 농민들은 군인으로 복무하기보다는 가난한 임노동자 등에게 포(布)를 지급하고, 군역을 대신 수행하게 하는 대립(代立)을 시도했다.

그러나 대립은 개인 간의 사적 계약으로 강제성이 없는 만큼 임노동자가 포를 받고 군역을 수행하지 않는 문제가 발생했다. 또한 말단 관리들이 군역 대상자와 임노동자를 연결해주는 대가로 뒷돈을 챙기자, 대립가(代立價)가 높아지는 문제도 발생했다. 결국 1541년(중종 36년)에는 정부가 군적수포법을 시행해 개인 간의 대립을 금지하고 포를 병조에 납부하도록 했다. 병조가 군적수포법으로 거둔 포를 관아에 분배해 필요한 군사를 선발하면서, 조선은 부병제에서 모병제로 변화가 일어났다.

인조반정 이후로 조선의 군영은 국가의 필요에 의해 체계적으로 만들어지기보다 당파의 이익에 우선해 만들어졌다. 그렇다 보니 군영마다 필요한 재원을 마련하기 위해 이미 군역을 진 사람에게 또다시 포를 징수해, 한 사람이 이중, 삼중으로 포를 납부하는 문제가 발생했다. 여기에 군영마다 거두는 군포의 양도 일정치 않았다.

효종과 숙종 때 군역의 폐해가 커지자 양반에게도 군포를 징수하자는 호포론, 군포 대신 전화(錢貨)로 징수하자는 구전론 등 여러 논의가 이루어졌으나 끝내는 모두 시행되지 못했다. 영조는 1742년(영조 18년), 양역사정청을 신설해 양역의 실태와 호구조사를 실시하고, 이듬해 《양역실총》을 간행했다. 또한 이를 토대로 군포를 줄이자는 감필론을 중심으로 양반 자제 및 유생에게도 포를 징수하는 유포론에, 토지에 부과세를 부과하는 결포론을 추가한 균역론을 1751년(영조 27년)에 발표했다.

이로써 농민들은 연간 2필에서 1필의 군포만 납부하게 되면서 세금의 부담에서 벗어날 수 있었다. 반면 정부는 부족해진 재정을 보충하기 위해 평안도와 황해도를 제외한 전국에 토지 1결당 쌀 2두를 부과하는 결작미, 왕실 재산인 어염선세(어전·염분·어선에 부과하던 세금), 탈세하던 은결 적발, 놀고 있는 한정(閑丁, 군에 나가지 않는 장정)을 선무군관으로 편성해 포를 거둬들이는 선무군관포를 시행했다. 그러나 지주가 결작미를 소작농민에게 전가하거나 군역 대상자가 도망가는 일이 생기는 등 군포의 근본적인 문제는 해결된 것이 아니어서 농민의 부담은 계속 가중되었다. 결국 19세기 세도정치 시기, 군정은 삼정의 문란으로 확대되면서 민란이 일어나는 주요 원인이 되었다.

266

어린 사도세자, 모두의 기대를 받다

제21대 영조

#영민한사도세자 #늦게얻은아들 #사도세자반항

영조는 정성왕후와 정순왕후 두 명의 왕비에게서 자식을 보지 못했다. 4명의 후궁에게서만 2남 7녀를 두었다. 영조는 첫 번째 아들 효장세자가 9세라는 어린 나이에 죽으면서 후사를 이을 자식이 없었다. 그러다 41세라는 늦은 나이에 사도세자(1735~1762년)가 후궁 영빈 이씨에게서 태어났다. 후사를 이을 자식이 후궁의 자식이 아닌 왕비의 자식으로서 정통성을 갖는 것이 중요했던 영조는 갓 태어난 아이를 친모에게서 떼어내 중전의 양자로 입적시켰다. 그렇게 사도세자는 젖도 제대로 떼지 못한 채 어머니와 떨어져 궁녀와 환관 들의 손에 키워졌다.

사도세자는 어려서부터 영민해 영조를 기쁘게 했다. 2세에 글자를 이해해 왕(王)을 보고 영조를 가리켰으며, 세자(世子)라는 글자를 보면 자신을 가리켰다. 글씨도 쓸 줄 알아서 천지왕춘(天地王春)을 종이에 써 내려가자 대신들이 앞다투어 종이를 가지려 할 정도였다. 이 외에도 영조의 눈에 쏙 들어올 만큼 사도세자의 행동은 남달랐다. 사도세자는 천자문에서 '사치 치(侈)'를 보고 입던 옷과 구슬로 장식한 모자를 벗어 던졌고, 영조가 비단과 무명 중 무엇이 디 낫냐는 질문에 백성에게 필요한 무명이 비단보다 더 낫다는 모범 답안을 이야기하며 영조를 흡족하게 만들었다. 효심 깊은 행동도 잘해 9세가 되던 해, 영조가 부르자 입에 있던 음식을 뱉고 대답해 영조의 사랑을 듬뿍 받았다. 그만큼 사도세자에 대한 영조의 기대감은 높아져갔다.

그러나 사도세자는 10대가 되자 영조의 기대에 어긋나는 행동을 하기 시작했다. 청소년기의 사도세자는 책을 보기보다는 영조의 눈을 피해 무예를 익히길 즐겼다. 이를 알게 된 영조는 자신의 말을 듣지 않고 공부를 소홀히 하는 사도세자에 대해 불만이 쌓이기 시작했다. 사도세자를 바른길로 이끌어야겠다고 생각한 영조는 칭찬하던 자상한 아버지에서 질책만 하는 무서운 아버지로 변했다. 그 결과 영조와 사도세자는 서로를 이해하지 못하고 아쉬움과 원망의 눈길만 보내는 부자지간이 되었다.

267

사도세자 죽다

#사도세자대리청정 #나경언의고변 #사도세자죽음

영조는 사도세자가 5, 6, 10, 11, 15세가 되던 해마다 왕위를 물려주겠다는 선위 의사를 밝혔다. 사도세자는 그때마다 무릎을 꿇고 선위를 철회해달라고 빌어야 했다. 15세 때의 선위 파동은 그 여파가 더욱 커서, 사도세자가 대리청정하는 것으로 파동은 일단락되었다. 사도세자는 대리청정하는 동안 자신을 믿지 않는 영조와 자신을 허수아비 취급하는 관료로 인해 자존감이 계속 떨어졌다. 결국 부담감을 이기지 못한 사도세자는 점차 몸이 아프다는 핑계로 서연에 나가지 않고, 정무도 돌보지 않았다. 영조에게도 몇 달 동안 문안 인사를 가지 않았다. 반면 영조는 왕을 대신하는 막중한 자리에 있음에도 무책임한 태도를 보이는 사도세자에게 화가 났다.

영조가 매우 화를 냈다는 소식을 들은 사도세자는 주변 사람들의 권유로 영조를 찾아가 용서를 빌었다. 영조는 잘못을 뉘우치는 사도세자를 안아주기보다는 사도세자가 남의 이목에만 신경을 쓴 가식적인 행동으로 자신을 기만한다고 생각했다. 영조는 모두가 보라는 듯 상복을 입고 곡을 하며 다시 한번 사도세자에게 선위하겠다는 뜻을 비쳤다. 사도세자는 영조의 행동에 충격을 받아 기절해 쓰러졌고, 이후 영조를 두려워하는 마음에 아버지를 더욱 멀리했다.

영조와 사이가 더욱 멀어진 사도세자는 울적한 마음을 달래고자 병을 핑계로 관서 지역을 몰래 유람하고 왔다. 넉 달 후 이 사실을 알게 된 영조는 사도세자를 도운 내시를 유배 보내고, 사실을 감춘 승지를 파직하며 사도세자의 잘못을 꾸짖었다. 그리고 얼마 지나지 않은 1762년(영조 38년), 사도세자가 역모를 비롯한 10가지의 잘못을 저질렀다는 나경언의 고변서가 홍봉한을 통해 영조에게 전달되었다. 화가 난 영조는 직접 국문을 열어 나경언을 참형에 처하고, 고변서를 불에 태워버렸다.

사도세자는 자신이 역모를 꾀했다고 적힌 고변서로 국문이 열렸다는 소식에 깜짝 놀라 창경궁 시민당 뜰에 나가 영조에게 용서를 빌었다. 하지만 영조가 아무런 반응을 보이지 않자, 사도세자는 불안한 마음에 미쳐 날뛰기 시작했다. 사도세자를 어떤 누구도 말리지 못하자, 사도세자의 생모 영빈 이씨가 영조를 찾아가 세손만이라도 살려달라고 애원했다. 이에 영조는 마음을 굳히고는 선원전에 나가 절을 올린 뒤 사도세자를 휘령전으로 불러 자결을 명했다. 모든 것을 포기하고 자결하려는 사도세자를 신하들이 말리자, 영조는 사도세자를 뒤주로 추정되는 물건 안에 가두라고 명했다. 그리고 8일 뒤, 사도세자는 죽었다. 영조는 죽은 아들의 시호를 사도세자로 정하고, 세손은 효장세자의 양자로 입적시켜 보위를 잇게 했다.

이익을 통해 실학이 발전하다

#출세포기한이익 #청빈한삶 #이익제자

실학의 대명사로 꼽히는 성호 이익(1681~1763년)은 남인 출신의 아버지 이하진이 경신환국으로 평안도 운산에 유배되었을 때 태어났다. 이익이 태어난 1682년(숙종 8년), 아버지가 죽은 이익은 어머니를 따라 안산 첨성리로 내려와 성장했다. 어려서부터 몸이 유달리 약했던 이익은 10세가 되도록 글을 배우지 못하다가 뒤늦게 이복형 이잠에게서 글을 배울 수 있었다.

1705년(숙종 31년), 이익은 과거시험 응시자의 자격을 심사할 때 경신환국에서 죄를 받은 아버지가 문제가 되어 탈락하자 마음에 상처를 입었다. 이듬해에는 이복형 이잠이 장희빈을 두둔하는 소를 올렸다가 고문으로 죽는 아픔을 겪었다. 결국 이익은 다시는 과거시험에 응시하지 않기로 마음먹고 안산 첨성리에 내려와 평생을 지냈다.

집 근처에 있는 성호(星湖)라는 호수의 이름을 자신의 호로 삼은 이익은 셋째 형 이서와 학문 연구에 매진했다. 이익은 어머니의 복상을 마치자 노비와 집기를 종가에 보냈다. 그러면서 말과 글이 아닌 실천으로 세상을 바꾸는 모범을 보이며 청빈한 생활을 이어나갔다. 이익의 훌륭한 성품과 뛰어난 학식이 세상에 알려지자 조정에서는 이익에게 선공감가감역을 제수했으나 이익은 거절했다. 그러나 벼슬을 하지 않은 채 오랜 시간이 흐르자 말할 수 없을 정도로 이익의 삶은 가난해졌다. 생계를 책임지던 외아들 이맹휴마저 병으로 죽고, 70대 후반에는 반신불구로 거동하지 못하면서 이익은 말년을 힘들게 보냈다. 1763년(영조 39년), 조정은 83세의 이익을 첨지중추부사로 제수하며 그의 생계 비용을 지원했으나 이익은 안타깝게도 그해 죽었다. 조정은 이익을 사후 이조판서로 추증했다.

이익은 《곽우록》, 《성호사설》 등 많은 저술을 남겼으며 책 안에 조선 후기의 문제점과 현안, 그리고 대책을 담았다. 이익은 당시 가장 큰 현안이던 토지 문제를 해결하기 위해 개인이 소유할 수 있는 토지를 제한해 백성에게 균등하게 분배하자는 한전론을 주장했다. 또한 실제 토지 소유자인 지주가 세금을 납부해야 한다고 주장했으며, 환곡제가 아닌 사창제 실시로 백성들의 유민을 막아야 한다고 강조했다. 사회적으로는 노비제도 폐지와 양반의 생산 참여를 강조하고 과거제도의 폐단을 거론하며 공거제 실시를 주장했다. 이익은 서양 과학기술의 우수성은 인정했지만, 크리스트교에 대해서는 경계했다. 또한 중국 중심의 세계관에서 벗어나 우리나라만의 고유성과 정통성을 발전시키자고 주장했다. 이익의 사상은 안정복, 이중환 등 많은 실학자에게 계승되어 조선 후기를 변화시키는 원동력이 되었다.

269

토지 개혁만이 살 길이다

제21대 영조

#유형원토지개혁 #이익토지개혁 #정약용토지개혁

갑술환국으로 정권에서 밀려나 서울과 경기도에 거주하던 남인들은 조정이 토지 개혁과 농민 생활의 안정을 위한 정책을 펴야 한다고 주장했다. 이들을 경세치용학파라고 부르는데, 대표적 인물로 유형원, 이익, 정약용 등이 있었다. 이들은 중국 요·순·삼대의 문물제도를 다룬 육경 체제를 학문의 기반으로 삼고, 민본주의를 제창하며 정전제를 모델로 하는 토지 개혁 방안을 제시했다.

유형원(1622~1673년)은 《반계수록》에서 모든 토지를 국유화한 뒤, 신분에 따른 재분배를 주장하는 균전제를 주장했다. 이를 통해 일부 부유층이 토지를 독점하지 못하도록 막으면 토지가 없는 백성들의 빈곤이 해결된다고 믿었다. 유형원의 균전제는 신분제를 극복하지는 못했지만 실학의 시작점이 되었다.

이익(1681~1763년)은 안산 성호 농장에서 직접 농사지으며 얻은 경험을 바탕으로 한전론이라는 토지 개혁안을 내놓았다. 이익은 한 가구가 생활하는 데 필요한 토지를 영업전으로 정한 뒤, 매매를 금지하자고 주장했다. 한전론은 지주들의 이익을 침해하지 않으면서 가난한 백성들의 생계 수단을 보장해주는 현실적인 제안이었다.

정약용(1762~1836년)은 초창기 여전론을 주장했다. 여전론은 30호 정도로 구성된 공동 농장인 '여(閭)'를 구성해 공동 생산한 뒤, 여장이 기록해놓은 노동량에 따라 수확량을 나누는 제도였다. 그러나 현실에서 여전론을 적용하기 어렵다고 생각한 정약용은 《경세유표》를 통해 새로운 토지제도인 정전론을 주장했다. 정전론에서 정약용은 조선이 산이 많은 현실을 감안해 토지가 아닌 농사짓는 사람을 기준으로 국가가 토지(정전)를 지급하자고 했다. 예를 들어 가족 중에 농사지을 수 있는 사람이 5명 이상일 경우 1구역인 100묘를 지급하되, 농사지을 사람이 더 많으면 비옥도가 높은 토지를 지급하자고 했다. 부부만으로 구성된 가족처럼 노동력이 적은 가족에게는 25묘만 지급해 형평성을 맞추자고 주장했다. 국가는 토지 지급을 위해 국유지를 우선 나눠주면서도, 백성에게 지급할 사유지 매입에 힘써야 한다고 당부했다. 정약용은 정전제가 제대로 시행되면 토지가 일부 사람에게 집중되는 지주전호제의 문제점을 해결할 수 있을 거라고 믿었다.

실학의 하나인 북학사상은 집권층인 노론 내에서 형성되었다. 이들은 부국강병과 경제 활성화를 위해 상공업의 발달과 사회 개혁을 주장했다. 청나라 문물의 영향을 많이 받았다고 해서 북학파 또는 이용후생학파라 불렸는데, 대표적인 인물로 유수원, 홍대용, 박지원, 박제가 등이 있었다. 이들은 인물성동론을 바탕으로 중국을 지역이나 국가 개념으로 인식하고 사대주의에서 벗어나고자 노력했다.

유수원(1694~1755년)은《우서》에서 사농공상의 직업적 평등과 전문화를 통해 상공업 진흥을 이루어야 한다고 주장했다. 특히 조선은 토지제도의 개혁보다 농업의 상업적 경영과 기술혁신이 더 필요하다고 주장했다. 하지만 1755년(영조 31년)에 그가 나주 괘서사건에서 역적으로 몰려 처형되고 나머지 가족도 노비가 되면서 그의 주장을 담은 많은 기록은 사라졌다.

홍대용(1731~1783년)은 청에 왕래하면서 얻은 경험을 토대로 기술혁신과 문벌제도의 철폐를 주장했다. 그는 〈임하경륜〉에서 성인 남자에게 2결의 토지를 지급해 병농일치의 군대 조직을 제시하는 동시에 양반의 생산활동 참여를 촉구했다.《의산문답》에서는 지구 자전설을 주장하고, 인간이 다른 생명체보다 우월하지 않다고 주장했다. 또한 성리학과 중국 사대주의에서 벗어나는 것이 부국강병의 시작이라고 보았다. 이 외에도 수학서인《주해수용》을 저술하고, 천문관측기구를 만드는 등 변화에 앞장섰다.

박지원(1737~1805년)은 청에 다녀와《열하일기》를 저술했다. 그는 책에서 수레와 선박을 활용한 교통 발달과 화폐 유통의 필요성을 강조했다. 이 외에도 청나라의 발달된 문물 수용과 상공업 진흥을 강조했다. 더불어 양반 문벌제도의 비생산성을 비판했다.《과농소초》를 통해서는 한전론의 중요성을 인정하면서도 농사를 효과적으로 짓기 위한 농업기술과 관개시설의 확충이 필요하다고 주장했다.

박제가(1750~1805년)는《북학의》를 통해 수레와 배의 이용을 늘려야 한다고 주장했다. 그는 경제를 우물에 비유하며 소비의 중요성을 강조했다. 사용하지 않는 우물이 말라버리는 것처럼 조선도 소비를 촉진해야 한다고 말했다. 또한 국내 경제의 활성화를 위해 청에 무역선을 파견하는 등 국제 무역에 적극적으로 참여해야 한다고 주장했다.

《동사강목》을 저술한 안정복

안정복(1712~1791년)은 할아버지가 울산부사에서 파직되면서 어린 시절을 전라도 무주에서 보냈다. 어려운 집안 여건과 잦은 병치레 때문에 안정복은 10세가 다 되어서야 겨우《소학》을 배울 수 있었다. 할아버지가 죽으면서 경기도 광주 경안면 덕곡리로 거처를 옮긴 안정복은 음양학, 의학, 병서, 불교와 도교 등 다양한 학문을 공부했다. 안정복은 여러 학문을 익힌 만큼 학문적 성취도도 높아서 다양한 방면에서 많은 책을 편찬했다. 그는 26세에《치통도》,《도통도》를 저술하고, 29세에는 고전 연구서인《하학지남》상·하권을 편찬했다.

안정복은 젊은 나이에 뛰어난 학문적 성취를 이루었지만 성호 이익을 만나면서 더 큰 깨달음을 얻었다. 안정복은 학문 연구에 그치지 않고 나라와 백성을 위해 38세라는 늦은 나이로 관직에 나갔다. 강화도 만령전 참봉으로 처음 관직에 나간 안정복은 의영고봉사·사헌부감찰을 역임했으나 아버지의 죽음과 건강 악화로 5년 만에 벼슬을 내려놔야 했다. 이후 18년 동안《임관정요》,《동사강목》등 저술에 몰두하던 안정복은 많은 사람의 추천으로 61세가 되던 해에 세손 시절의 정조를 가르쳤다. 정조가 즉위한 이후에는 충청도 목천현감과 돈녕부주부 등을 역임하다가 다시 고향에 돌아와 학문 연구에 힘썼다. 79세에 종2품 가선대부로 품계가 오른 안정복은 1791년(정조 15년), 80세의 나이로 세상을 떠났다.

안정복은 이익의 제자였던 권철신이 천주교에 옹호적으로 나왔던 것과는 달리《천학고》와《천학문답》이라는 책을 통해 천주교를 비판했다. 특히 이익 제자들의 천주교 입교를 막았는데, 그중에서도 자신의 제자이며 사돈지간인 권철신과 동생 권일신에게 천주교를 멀리하라는 편지를 보내며 천주교를 적극 말렸다. 1801년(순조 1년), 노론 벽파는 신유박해 때 안정복이 천주교를 비판한 사실을 높이 평가해 그를 정2품의 자헌대부로 추증했다.

안정복의 대표적인 업적이며 후대에 가장 큰 영향을 미친 것은 역사책《동사강목》을 저술한 것이었다. 안정복은 22년간 역사 자료를 수집하고 고증해《동사강목》을 집필했는데, 사대주의적 관점에서 벗어나 단군조선에서 고려 말까지의 역사를 자주적인 관점에서 서술했다. 그 결과 체계적이면서도 자주적인 근대 민족주의 역사학이 성립하는 데 영향을 주었다.

272

많은 업적을 쌓은 영조

제21대 영조

#영조치적 #영조개혁 #영조업적

영조는 정국을 안정적으로 운영하기 위해서는 붕당 간의 균형을 맞추는 일이 가장 중요하다고 생각했다. 그리하여 탕평책을 따르는 신하들을 중용하는 한편, 붕당의 근거지인 서원의 사사로운 건립을 금지했다. 1772년(영조 48년)에는 각 당파의 인재를 고르게 등용하기 위해 과거시험인 탕평과를 실시했다. 또한 같은 당파에 속한 집안끼리의 결혼을 금지하는 등 탕평책의 적극적 시행으로, 영조 시기는 왕권이 강화되고 정국이 안정되었다.

1725년(영조 1년)에는 깨진 사기 조각 위에 죄인의 무릎을 꿇린 뒤 무거운 돌을 얹어 벌을 주던 압슬형을 폐지하고, 죽은 자의 죄는 다시 밝히지 못하게 하는 등 가혹한 형벌을 폐지했다. 1729년(영조 5년)에는 사형에 있어 초심·재심·삼심을 거치게 하는 삼복법을 시행해 재판 중 억울한 사람이 나오지 않도록 했다. 1774년(영조 50년)에는 개인이 사사로이 형벌을 주거나, 판결 없이 함부로 벌을 내리지 못하도록 했다. 그리고 죄인임을 표시하는 문신을 얼굴에 새기지 못하게 했다.

무엇보다도 영조의 가상 큰 치적은 백성들의 고통을 줄어준 일이었다. 군역으로 납부하던 포를 2필에서 1필로 줄이는 균역법 시행 덕분에 백성들은 경제적으로 여유가 생겼다. 또한 영조는 오가작통법을 엄격히 준수해 조세의 형평성이 무너지지 않도록 했다. 1760년(영조 36년)에는 청계천의 준설을 통해 하천의 범람을 막아 하층민들의 생활터전을 보호하는 동시에 이들에게 일자리를 제공했다. 1763년(영조 39년)에는 일본에 통신사로 갔던 조엄이 가져온 고구마를 구황작물로 활용하면서 백성들이 굶어 죽지 않게 도와주었다.

1730년(영조 6년)에 영조는 양인 확대와 신분제의 변동을 정책에 반영했다. 양인 어머니와 천인 아버지 사이에서 태어난 자식은 무조건 양인이 되도록 했다가, 이듬해 남자는 아버지의 신분을, 여자는 어머니의 신분을 따르게 했다. 또한 서얼도 관직에 나갈 수 있도록 기회를 제공해 폐쇄적인 신분제에 대한 불만을 줄였다.

영조는 국방력 강화에도 힘을 기울여 1725년(영조 1년), 화폐 주조를 중지하고 군사 무기를 만들었으며, 1727년(영조 3년)에는 북관군병에 총을 지급해 군사력의 강화를 꾀했다. 이후에도 조총과 화차를 개량하고 평양성을 구축하는 등 국방력 강화에 많은 노력을 기울였다. 또한《퇴도언행록》,《속대전》,《동국문헌비고》등 많은 책을 편찬하며 문예 중흥을 이끌었다.

양반, 중인, 상민, 천민으로 엄격하게 구분되던 조선의 신분제인 반상제는 임진왜란을 기점으로 흔들리기 시작했다. 조선은 임진왜란으로 많은 사람이 도망치거나 죽었고, 신분을 확인할 수 있는 호적과 노비문서도 사라졌다. 조정은 인구 파악을 제대로 하지 못하는 가운데에서도 전쟁에 필요한 재원을 마련하기 위해 신분을 공공연하게 매매했다. 관군을 모집하기 위해 그동안 군인으로 징병하지 않던 천민들을 동원했고, 공로에 따라 신분 상승을 상으로 내렸다. 또한 돈이나 곡식을 바친 사람들에게는 납속책을 통해 면역이나 면천을 허용했고, 공명첩을 발급해 양반의 자격을 부여했다.

그러나 조선 후기 양반의 숫자가 늘어나는 만큼 관직의 수는 확보되지 않았다. 오히려 수차례의 환국으로 서울과 경기 지역에 거주하는 노론 출신의 양반이 아니고는 중앙 정계로 진출하기가 더 어려워졌다. 영조와 정조 때는 문벌 중심의 인재 등용으로 관료로 진출하는 문이 더욱 좁아져, 양반 중에서도 일부 가문만이 권력과 부를 행사할 수 있었다.

조정에 나갈 수 없는 양반들은 자신의 고향으로 내려가 향반이 되었다. 이들은 문중을 중심으로 결속력을 강화하면서 비슷한 수준의 가문과 혼인해 양반의 지위를 유지하고자 했다. 향반은 신분 질서를 강조하며 지주로서 향촌민을 지배하고자 했으나, 새로 성장하는 신향과 향촌 지배를 두고 갈등을 일으키는 경우가 많았다.

반면 관직에 진출하지 못하는 가운데 경제적 기반이 없는 양반들은 잔반으로 몰락했다. 이들은 생계를 위해 농사를 짓거나 상공업에 종사했는데, 일부는 소작농이 되어 상민보다도 못한 삶을 살았다. 김홍도의 〈자리짜기〉란 그림에서는 실과 멍석을 만드는 부모 옆에서 바지도 입지 못하고 책을 읽는 아들의 모습이 나온다. 이는 잔반의 삶이 얼마나 비참했는지를 잘 보여준다.

반면 광작과 기호 작물을 재배하며 부를 축적한 농민들은 납속이라는 합법적 방법 외에도 족보를 사거나 위조하는 편법을 통해 양반이 되었다. 위조가 발각되었을 시 처벌받는 위험을 감수하면서도 이들이 양반이 되고자 했던 이유는 각종 세금을 면제받기 위해서였다. 또한 조선 후기는 부정을 통해 과거에 합격할 가능성이 있었던 만큼, 출세를 위해 양반의 지위를 얻는 경우도 있었다. 그 결과 조선 후기로 갈수록 신분제라는 절대적 개념이 사라지고, 경제적 능력이 더 중요해지는 평등한 사회로 넘어가게 된다.

274

중인층의 신분 상승이 이루어지다

제21대 영조

#중인개념 #서얼허통운동 #기술직소청운동

중인은 양반보다는 아래지만 상민보다는 높은 계층을 아우르는 말이다. 넓은 의미로는 양반 서얼과 중앙의 서리, 지방의 토관 등을 지칭하며, 좁은 의미로는 전문 기술직인 의관·역관·율관 등을 지칭한다. 중인의 어원은 서울의 중심부에 중인이 거주해 생겼다는 설과 당파에 가담하지 않은 사람이라서 생겼다는 설 두 가지가 있다. 그러나 일반적으로 중인은 양반 서얼이나 기술직 중인을 의미한다.

조선 초에는 양반 서얼이라도 능력이 있으면 관리가 되는 경우가 간혹 있었다. 그러나 15세기 후반, 조선은《경국대전》을 통해 서얼은 기술관만 할 수 있다고 명시하며 신분 간 이동을 엄격하게 막았다. 조선 중기 이후 서얼은 신분 상승을 위해 과거에 응시할 자격을 허락해달라는 허통 운동을 전개했다. 정부도 점차 서얼의 과거 응시를 허용해주는 등 일부 요구를 들어주었지만, 청요직으로의 진출은 제한하며 서얼을 차별했다. 영조와 정조 때는 서얼을 적극적으로 관직에 등용하면서 중인의 신분 상승이 이루어졌다. 대표적으로 박제가, 유득공, 이덕무 등이 서얼 출신으로서 높은 관직에 올랐다. 1851년(철종 2년)에는 그동안 서얼 출신에게 허용하지 않았던 승문원과 선전관 등의 청요직에도 서얼이 임용되면서 서얼에 대한 차별이 크게 해소되었다.

중앙의 기술관들도 조선 초에는 승진에 제한을 받지 않았다. 그러나 서얼과 마찬가지로 사림이 정계로 진출하면서 이들은 기술직에서 벗어나지 못했다. 이들은 문무 고관이 될 수는 없었지만, 기술직을 세습하면서 경제적으로 안정된 생활을 할 수 있었다. 역관은 사신단을 따라 청나라에 들어가서 무역을 전담하며 경제적 부를 이루었고, 율관은 법률에 대한 전문 지식으로 확고하게 자리매김을 한 경우가 많았다. 의관도 중국과 다른 우리만의 의학서를 저술하는 등 확고한 위치를 확보했다. 전문 지식과 함께 경제적 수준이 양반보다 높아진 기술관들은 점차 신분 상승에 대한 욕구가 높아졌다. 또한 서얼의 허통 운동이 성공하는 모습을 보고, 철종 때 청요직 진출을 허용해달라는 소청 운동을 벌였다.

중인 계층의 신분 상승을 위한 노력은 갑오개혁으로 신분제가 법적으로 완전히 폐지되기까지 계속 이루어졌다. 이들은 개항기 시대에 새로운 문물을 받아들이는 주체로 활동하면서 조선 후기 사회경제적 변화를 이끌었다.

◇ 이름: 산
◇ 출생-사망: 1752~1800년
◇ 재위 기간: 1776년 3월~1800년 6월(24년 3개월)

정조는 11세가 되던 해 아버지 사도세자가 할아버지에 의해 죽으면서 영조의 맏아들 효장세자의 양자로 입적했다. 그 후 1775년(영조 51년), 영조를 대신해 대리청정을 하다가 25세에 왕으로 즉위했다. 그러나 정조의 반대 세력이 궁궐에 괴한을 보내 정조를 해치려 하는 등 그 출발은 불안했다.

정조는 즉위 초 홍국영의 도움을 받아 정적을 제거하고 정국을 안정시켰다. 그러나 홍국영이 권력에 욕심을 부리자 그를 조정에서 내쫓았다. 정조는 붕당 세력은 약화시키면서 왕권은 강화하기 위해 제도적으로 많은 노력을 기울였다. 규장각을 통해 유능한 학자와 관료를 육성한 뒤, 그들을 자신의 친위 세력으로 삼았다. 그 결과 정치에서 소외되었던 남인과 서얼 출신이 국가 운영에 참여하면서 정조의 정책을 실현하는 데 밑바탕이 되어주었다. 또한 정조는 노론이 장악한 5군영에 맞서 왕 자신의 군대를 보유하기 위해 장용영을 설치하기도 했다.

상업 부분에서 정조는 시전 상인들의 독과점을 막고 노론을 견제하기 위해 금난전권을 폐지했으며 난전 상인을 보호하는 통공정책을 실시했다. 종교에 있어서도 새로 유입된 서학에 대해 포용적인 자세를 취했다. 이 시기에는 이승훈이 북경 천주교회당에서 한국 역사상 최초로 천주교 세례를 받고, 천주교 신자 윤지충이 조상의 신주를 불태운 진산사건이 벌어지기도 했다. 정조는 중국인 신부 주문모가 입국해 서학을 전도하자 이를 금지하는 명령을 내리긴 했으나 이들을 강압적으로 탄압하지는 않았다. 정조 때는 문화적으로도 다양한 양상이 일었다. 중인·서얼·서리 출신의 하급관리와 평민들의 문학 양식인 위항문학이 발달했으며, 그림으로는 우리나라의 자연과 정서를 담은 진경산수화 작품들이 나타나는 등 문예 부흥이 이루어졌다.

정조는 후반기에 사도세자의 묘를 수원으로 이장하면서 신도시 화성 건설에 치중했다. 정약용의 거중기 사용 등 최신 축성 기술과 일본·중국의 성에 관한 연구가 반영된 수원 화성은 한 단계 발전된 조선을 보여주었다. 그러나 정조가 갑자기 병으로 쓰러져 49세에 죽고 규장각, 장용영이 모두 폐지되자 일각에선 정조가 독살당했다는 설이 제기되기도 했다. 정조의 능호는 건릉으로, 그 능은 경기도 화성시에 있다.

제22대 정조
(재위: 1776~1800년)

효의왕후 김씨

의빈 성씨 ─ 문효세자(일찍 죽음)

수빈 박씨 ─ 제23대 순조
숙선옹주

원빈 홍씨

화빈 윤씨 ─ ?(옹주)

부인: 5명
자녀: 2남 2녀

277

정조를 암살하라

#정조암살 #삼대모역사건 #세번의암살

노론의 홍계희 가문은 사도세자를 죽음으로 몰고 간 가문이었던 만큼 정조의 즉위를 적극 반대했다. 하지만 온갖 방해에도 불구하고 정조가 끝내 즉위하자 이들은 세 번에 걸쳐 정조를 죽이려는 역모 사건을 일으켰다.

첫 번째 역모 사건은 홍계희의 손자 홍삼범이 주도했다. 홍삼범은 백부와 아버지가 귀양을 가게 되자 앙심을 품었다. 홍삼범은 정조를 죽이기 위해 힘이 장사였던 천민 전흥문에게 많은 돈과 여종을 아내로 주면서 그를 자객으로 매수했다. 또한 호위군관 강용휘를 포섭해 궁궐에 잠입하는 일을 돕게 했다. 1777년(정조 1년) 7월 28일, 무장한 전흥문과 강용휘가 앞장서고, 홍삼범이 20명의 장졸을 이끌고 궁궐로 들어갔다. 미리 매수해놓았던 별감 강계창과 나인 월혜가 이들을 경희궁 존현각까지 안내하면서 암살 계획은 큰 문제없이 진행되었다. 그러나 전흥문과 강용휘가 정조를 죽이기 위해 존현각 지붕 위로 올라가는 순간 궁궐을 지키던 호위무사에게 발각되면서 역모는 실패로 돌아갔다. 정조는 홍삼범을 찢어 죽이는 책형으로 처벌하고, 홍술해·홍지해 등 그의 친척과 역모 연루자를 유배 보냈다.

두 번째 역모 사건은 홍계희의 며느리 효임에 의해 이루어졌다. 효임은 여자라는 이유로 처벌을 면했으나 귀양 간 남편 홍술해를 구하기 위해 무속인에게 정조와 홍국영을 죽여달라고 의뢰했다. 효임의 의뢰를 받은 무속인은 붉은 안료로 그려진 정조와 홍국영의 화상에 화살을 꽂아 땅에 묻었다. 그리고 쑥대 화살 한 대를 하늘에 쏘아 올리는 저주 의식을 펼쳤다. 홍국영의 집에도 저주의 부적을 땅에 묻고 그가 죽기를 기원하는 의식을 행했다. 이러한 행위들이 세간에 알려지면서 이들은 처벌을 받았다.

세 번째 역모 사건은 홍계희의 팔촌인 홍계능과 홍상범의 사촌 홍상길이 정조의 이복형제인 은전군을 왕으로 추대하면서 일어났다. 혜경궁 홍씨의 친동생이자 정조의 외숙부였던 홍낙임도 사건에 연루되었음을 알게 된 정조는 은전군에게 스스로 목숨을 끊게 하고, 주동자 23명을 처형했다.

세 번에 걸친 역모 사건에 정조와 가까이 있는 외척과 환관·내시 등 궁궐 세력과 호위 군관까지 연루되어 있던 점은 정조의 불안했던 즉위 초의 모습을 고스란히 보여준다. 연이어 벌어지는 역모 시도에 불안해진 정조는 자신의 신변 안전과 친위 체제를 강화하기 위해 숙위소를 설치하고, 자신이 믿는 홍국영을 숙위대장에 임명했다. 또한 홍국영에게 훈련대장과 금위대장의 직책을 부여해 역모를 막는 데 힘을 실어줬다.

278

정조의 영원한 숙제로 남다

제22대 정조

#벽파 #시파육성 #붕당쇠퇴

사도세자의 죽음을 두고 조정은 시파와 벽파로 나누어졌다. 사도세자의 죽음을 동정하며 정조의 정책을 지지하는 세력을 시파라 했고, 사도세자의 죽음으로 나라가 바로 세워졌다고 여기는 세력을 벽파라 했다. 그러나 시파와 벽파의 갈등은 사도세자 이전부터 시작되고 있었다.

숙종 때 시작된 노론과 소론의 갈등은 시간이 흐르면서 더욱 첨예해졌다. 경종 때 신임사화로 노론이 숙청되고, 영조 때는 정미환국과 이인좌의 난으로 소론에 대한 숙청이 이루어졌다. 영조는 탕평책을 주도하기 위해 노론과 소론 모두가 옳다고 이야기하며, 양측의 주요 인물을 끌어들여 탕평파를 만들었다. 하지만 시간이 흐를수록 탕평파가 노론 위주의 인물로 채워지면서 영조 자신도 노론이 주도하는 정국에서 벗어나지 못했다.

그러던 중 사도세자가 권력의 중심에 있던 노론을 배척하자 이들 중 일부가 벽파가 되어 사도세자를 죽음으로 몰았다. 벽파는 어떻게든 사도세자의 아들 정조의 즉위를 막아보고자 했으나, 영조가 오랜 세월 정조를 보호해준 덕분에 실패했다. 정조는 왕의 자리에 올랐으나 벽파가 조정을 장악하고 있는 상황에서 할 수 있는 일은 많지 않았다. 안정적인 정국 운영을 위해서는 무엇보다 자신을 도와줄 세력이 필요했다. 정조는 사도세자의 죽음에 문제가 있다고 생각하는 일부 노론과 더불어 정권에서 배제되어 있던 소론과 남인을 끌어안았다. 그리고 이들을 규장각에 소속시킨 뒤, 초계문신제로 역량을 키웠다.

하지만 벽파를 무시하면서 정국을 이끌어갈 수는 없었다. 이들을 배척할 경우 얻는 효과보다 손해가 훨씬 컸기에 정조는 늘 노론을 끌어안아야 했다. 대표적인 예로 정조는 벽파를 대표하는 심환지와 개인적인 편지를 주고받으며 정국 운영을 논의했다. 그 결과 정조는 벽파와 시파의 균형을 맞추어 정국을 잘 운영했고, 많은 문물의 발달과 함께 백성의 삶을 알뜰하게 돌봐줄 수 있었다.

그러나 정조가 죽자 상황이 달라졌다. 정조의 눈치를 살피던 벽파는 신유박해를 통해 정약용을 비롯한 많은 시파를 죽이거나 정계에서 쫓아냈다. 하지만 벽파의 권력 장악도 오래가지 못했다. 시파 김조순이 정권을 잡아 하나의 가문이 권력을 독점하는 세도정치가 시작되면서 붕당정치는 사라지게 된다.

279

정조의 세력을 육성하다

제22대 정조

#규장각설립목적 #초계문신제도 #규장각특혜

정조는 즉위하던 1776년, 선왕들의 책과 어필·유품 등을 보관할 전각을 창덕궁 후원 영화당 옆 언덕에 지었다. 1층은 규장각, 2층은 주합루로 이루어진 전각의 이름을 규장각이라 부르고 왕실 박물관이자 왕실 도서관으로 활용했다. 하지만 정조가 규장각을 세운 실제 목적은 왕권 강화를 위한 친위 세력 형성에 있었다.

정조는 즉위 초 홍국영을 규장각 직제학으로 임명하고, 이덕무·유득공·박제가·서이수 등 서얼 출신의 능력 있는 인재를 뽑아 교육을 진행했다. 정조는 고관 대신도 규장각에 함부로 관여하지 못하게 막는 등 규장각 신하들이 외부의 간섭과 압력을 받지 않도록 이들의 보호에 힘썼다. 또한 초계문신제도로 규장각의 젊은 인재들이 능력을 향상할 수 있는 시간과 공간을 지원했다.

정조는 규장각 출신 관리들에게 특별한 권한을 부여했다. 규장각 관리는 아침·저녁으로 왕을 문안할 수 있었으며, 왕이 신하들과 나누는 대화를 기록할 권한도 부여받았다. 기존의 홍문관·승정원·춘추관 등에서 하던 일을 담당하는 만큼, 이들이 승지 이상의 대우를 받을 수 있도록 신분을 보장해주었다.

1781년(정조 5년)에는 강화도에 외규장각을 설치하며 규장각을 확대·개편했다. 강화도 외규장각에는 제학과 직제학 이외에 직각과 대교를 1명씩 더 두어 모두 6명의 각신(閣臣, 규장각 관리)이 왕실의 책을 보관하고 관리하도록 했다.

규장각의 규모와 권한이 커지는 것을 경계한 이택징은 "규장각의 관리는 임금의 사사로운 신하이지 조정의 신하가 아니며, 일이 비밀스럽게 진행되고 경비를 많이 쓴다."라는 비판의 상소를 올렸다. 이에 정조는 "세손 시절부터 외척이 발호해 자신을 해치려 했기에 이를 원천적으로 차단하고, 규장각에서 인재를 살펴 사대부를 가려 뽑아 직책에 발탁하고, 퇴폐한 문풍을 진착시키기 위해 운용한 것이니 절대 폐지할 수 없다."라고 답하며 규장각을 축소할 생각이 없음을 확실히 밝혔다. 하지만 정조가 죽자 규장각은 그 권한과 역할이 축소되어 명목상의 기능만 남은 채 유지되다가 일제에게 나라를 빼앗기는 1910년에 폐지되었다.

280

초계문신제로 인재를 양성하다

제22대 정조

#규장각입학자격 #초계문신제 #초계문신변질

정조는 조선 전기에 시행되었던 사가독서제의 전통을 이어받아 규장각에서 초계문신
제를 실시했다. 의정부에서 학문적 재능이 있는 젊은 인재를 발탁해 보고하는 '초계'라
는 제도를 규장각과 연계시킨 것이었다. 정조는 37세 이하의 당하관 중 재능 있는 문
신을 의정부에서 발탁하면 그를 규장각에서 교육받게 했다. 조선시대에 과거에 합격
한 사람의 평균 나이가 40세에 가까운 것으로 볼 때, 37세 이하의 당하관은 매우 뛰어
난 능력을 갖춘 인재라 할 수 있었다.

정조는 초계문신에 발탁된 문신들의 본래의 직무를 면제해주고 이들이 학문을 익
히고 연구하는 일에만 전념하도록 지원해주었다. 이들에게는 가장 춥고 더울 때 집에
서 글을 써서 제출하면 공부한 것으로 인정해주는 특혜도 주어졌다. 그러나 기본적으
로 이들은 달마다 2번씩 교육관에게 학문의 성과를 검증받는 구술시험을 치러야 했
고, 또 1번씩 글쓰기 시험으로 평가를 받아야 했다. 자신과 함께 나라를 이끌 관리를
육성하는 일이었던 만큼 정조는 스스로 규장각에 나와 직접 강론에 참여해 관리들의
학문 성취를 확인하거나 시험지를 채점하기도 했다. 성조의 기대에 부응해 뛰어난 능
력을 갖추게 된 규장각 관리들은 40세가 되면 졸업해 실제 국정에 참여했다.

그렇게 초계문신은 1781년부터 1800년까지 10차례에 걸쳐 138명이 선발되었는
데, 대표적인 인물로 정약용·정약전 형제와 채제공의 아들 채홍원 등이 있었다. 이들
은 정조가 신분과 당파에 상관없이 능력으로만 선발했으며, 직접 관리들의 능력과 사
상을 검증했던 만큼 정조의 가장 든든한 관료로 성장했다. 하지만 정조의 죽음 이후,
노론 세력에 의해 규장각 출신 관료들은 대부분 정계에서 쫓겨나거나 말단직에 머물
러야 했다.

초계문신제는 정조가 죽고 난 후 한동안 시행되지 못하다가, 1847년(헌종 13년),
1848년(헌종 14년) 두 차례에 걸쳐 시행되어 56명을 새로 선발했다. 그러나 능력을 보
고 선발해 인재를 육성하던 정조 때와는 달리 헌종 때 선발된 사람들은 대부분 권력의
핵심 세력에 소속된 인물이어서 초계문신제의 원래 취지와는 맞지 않았다.

281 정조는 홍국영을 끝까지 믿었다

제22대 정조

#정조가믿은홍국영 #권력정점 #홍국영최후

명문가에서 태어난 홍국영(1748~1781년)은 영조 때인 1771년(영조 47년)에 과거에 급제한 뒤 예문관원을 거쳐 세자시강원 설서가 되어 세자 시절의 정조를 보필했다. 영조가 손자라고 부를 정도로 왕에게 사랑받던 홍국영은 어떤 당파에도 속하지 않았다. 정조도 홍국영의 뛰어난 능력과 함께 그가 어느 붕당에도 속하지 않았다는 점을 높이 평가해 늘 그를 옆에 두었다. 실제로 홍국영도 홍인한과 정후겸에 맞서 정조의 대리청정을 성사시키며 자신의 능력을 확인시켜 주었다. 1776년(정조 즉위년)에는 노론 벽파들이 정조를 죽이려는 음모를 막아내며 정조의 즉위에 큰 도움을 주었다.

정조는 즉위 후 홍국영을 국왕 명령을 출납하는 승지에 임명했다가 몇 달 후 도승지로 승진시켰다. 또한 홍계희 가문의 삼대 모역 사건 등 자신을 시해하려는 움직임이 계속되자, 그를 왕의 신변을 보호하는 숙위소 대장에 임명했다. 이어 훈련대장과 금위대장을 맡으면서 군권을 장악한 홍국영은 조선에서 가장 큰 권력을 갖게 되었다.

정조는 홍국영과 갈라서는 자는 역적이라고 말할 정도로 홍국영에게 막대한 신뢰를 보냈다. 홍국영은 왕권 강화라는 정조의 뜻에 부응해 홍인한·정후겸·홍계능 등에게 죄를 묻고, 영조의 계비 정순왕후의 친동생 김귀주를 유배 보내면서도 자신의 권력을 강화하는 데 힘을 기울였다. 권력이 커지는 만큼 적도 많이 생겨서 일부 사람들은 홍국영의 횡포가 정후겸 못지않다는 뜻으로 그를 '대후겸'이라 불렀다.

실제로 홍국영은 더 큰 권력을 갖기 위해 정조와 인척 관계를 맺었다. 1778년(정조 2년), 홍국영은 왕비가 자식을 낳지 못한다는 이유로 자신의 13세 된 누이를 후궁으로 들여보냈다. 하지만 누이 원빈 홍씨가 이듬해 죽자, 홍국영은 정조의 비 효의왕후가 누이를 죽였다고 의심했다. 그리고 원빈 홍씨가 독살당한 증거를 찾겠다며 궁궐의 나인에게 칼을 빼 들고 가혹한 형벌을 가하는 등 많은 사람을 괴롭혔다.

홍국영은 이후에도 자신의 가문에서 왕이 나오게 하려는 욕심을 포기하지 못했다. 그는 정조의 이복동생 은언군의 아들 이담을 원빈 홍씨의 양자로 삼아 세자로 책봉하고자 했다. 홍국영의 무리한 행동을 더는 묵과할 수 없었던 정조는 1779년(정조 3년) 9월, 홍국영을 불러 이야기를 나누었고 홍국영은 곧바로 은퇴하겠다는 소를 올렸다. 정조는 조정에서 떠나는 홍국영에게 원로대신이 되어야 받을 수 있는 봉조하를 내렸다. 그리고 홍국영의 죄를 묻는 관료에게 홍국영의 잘못은 자신의 허물이며 과실이라고 답하며 그를 감싸주었다. 한양을 떠난 홍국영은 강릉 근처 바닷가에서 세상을 한탄하다가 1781년(정조 5년), 33세의 나이로 죽었다.

282

중화사상을 비판하다

제22대 정조

#실학자홍대용 #서구문물수용 #의산문답저술

홍대용(1731~1783년)은 목사를 지낸 홍역의 아들로 그의 집안은 노론에서도 알아주는 명문가였다. 홍대용은 12세라는 어린 나이로 당시 가장 유명했던 석실서원에 입학해 35세까지 학문을 익혔다. 그는 이 기간 박지원·박제가 등을 만나 학문을 교류하며 세상을 바라보는 안목을 길렀다. 홍대용은 관직에 오르기보다는 다양한 학문을 익히는 것을 좋아해 입시 공부를 소홀히 했다. 그 결과, 여러 번 과거시험에 낙방해야 했다.

35세가 되던 해에 홍대용은 숙부 홍억이 청으로 가는 사절단의 서장관이 되자 자제 군관으로 숙부를 따라나섰다. 북경에서 60일간 머무는 동안 그는 청나라의 당대 석학이던 육비·엄성 등과 교류하며 역사·종교·풍속 등 다양한 주제에 관심을 갖게 되었다. 무엇보다도 가장 특별한 경험은 청나라 천문대인 흠천감을 방문해 독일계 선교사 유송령·포우관으로부터 천주교와 서양 학문을 접한 일이었다. 북경에서 돌아온 홍대용은 청에서 만난 이들과 꾸준하게 서신을 주고받은 편지를 모아《항전척독》이라는 책을 엮었다. 그리고 북경을 방문했던 내용을《연기》로 편찬했는데, 이 책은 박지원의 《열하일기》에 영향을 미쳤다.

홍대용은 북경을 다녀온 이후 서구 문물을 받아들이면서 변화되는 세계관을《의산문답》에 담았다. 《의산문답》은 의무려산에서 과거에 머무르며 현실에 아무 도움이 되지 않는 말만 하는 허자의 물음에 실학적인 지식을 갖춘 실옹이 대답하는 대화체로 구성되어 있다. 여기서 홍대용은 성리학을 절대적이지 않은 학문으로 평가하며 조선의 지식인들이 새로운 학문도 익혀야 한다고 주장했다. 특히 기존의 우주관이 아닌 지전설과 무한우주관을 제시하며 서구의 과학을 책으로 알렸다. 실학자 중에서도 홍대용이 특별한 이유는 그가 조선의 지식인에게 기존에 다루지 않던 새로운 선진 문물을 보여주며 변화를 요구했기 때문이었다.

홍대용은《의산문답》외에도 그의 사상이 담겨 있는《담헌서》, 수학서《주해수용》 등을 저술했으며, 여러 천문관측기구를 만들어 농수각이라는 관측소에 보관했다. 이처럼 서양 학문을 통해 조선 문제의 변화를 촉구했던 홍대용은 늦은 나이인 43세에 음서제로 관직에 나가 태인현감·영주군수 등을 지내다가 1783년(정조 7년), 풍으로 쓰러져 죽었다.

283 《정감록》에 기반한 역모가 일어나다

제22대 정조

#정감록기반역모 #최치원사슴 #녹정의예언

1785년(정조 3년), 김이용은 홍복영·문양해·이율 등이 역모를 준비하고 있다는 보고를 올렸다. 이들은 가족의 복수 같은 개인적인 원한이나 백성을 명분으로 삼지 않고, 미래를 보여주는 예언서와 기이한 인물에 기반해 역모를 준비했단 점에서 특이했다. 정조는 직접 숙장문으로 나가 역모의 주동자로 잡혀 온 문양해를 심문했는데, 이 과정에서 문양해가 전설에서나 다루어질 특이한 답변을 내놓아 모든 이를 놀라게 했다.

심문 과정에서 문양해는 우연히 지리산 선원촌에서 녹정과 웅정을 만났다고 밝혔다. 문양해의 증언에 따르면 녹정은 최치원이 가야산에서 책을 읽을 때 그 옆에 앉아 있다가 도를 깨우친 사슴으로 나이가 500세이고, 웅정은 녹정보다는 어린 400세로 사람이 되기 전에는 곰이었다. 이들은 스스로를 일컬을 때 녹정은 '백운거사', 웅정은 '청오거사'라고 불렀다.

녹정이 문양해에게 앞으로 일어날 일을 예언하기를 "동국은 말기에 가서 셋으로 갈라져서 100여 년간 싸우다가 하나로 통합되는데, 결국 통일할 사람은 바로 정가 성씨를 가진 사람이다. 싸움의 시작은 임자년과 계축년 사이에 나주에서 일어날 것이며, 어지러운 정세를 바로잡아 반정하게 될 사람은 유가(劉哥), 이가(李哥), 고가(具哥)의 성을 가진 세 사람이다."라고 했다.

너무도 기이한 이야기를 들은 정조는 문양해의 진술 내용이 사실인지 궁금했다. 정조는 곧바로 선전관 이윤춘을 지리산으로 보내 사실을 확인하도록 했다. 선전관 이윤춘은 지리산 일대를 샅샅이 탐문했지만 문양해가 말한 것들은 하나도 찾을 수 없었다. 이에 정조는 홍복영이 벼슬길이 막히자 양형·이율·문양해와 몰래 내통해 역모를 꾸몄다고 보았다. 이들은 널리 알려진 《정감록》을 바탕으로 실제로 존재하지 않는 신인(神人)을 내세워 역모를 준비한다는 죄로 처형되었다.

이 사건을 계기로 정조는 《정감록》이란 비기가 민심을 흔들어놓을 수 있음을 경계하면서, 역모의 배경이 되는 하동 지역의 민심을 진정시킬 것을 수령에게 지시했다. 그러나 삶이 어려워질수록 《정감록》은 백성들의 희망으로 떠올랐으며, 이후의 많은 반란의 배경이 되었다.

정조는 자신을 죽이려는 암살자가 궁궐에 침입하는 사건을 겪으면서 군권을 장악할 필요성을 느꼈다. 이를 위해 왕의 호위를 담당할 숙위소를 만들고 자신이 가장 믿는 홍국영을 숙위소 대장으로 임명했다. 그러나 숙위소는 금위영을 토대로 만들어졌기에 왕의 통제에서 벗어날 가능성이 컸다. 이를 우려한 훈련대장 구선복의 건의로 정조는 숙위소를 폐지하고 무예출신청을 만들어 숙위소의 역할을 대체하도록 했다. 시간이 지날수록 무예출신청의 규모가 커지자 정조는 장용청으로 조직을 개편해 운영하다가 1788년(정조 12년), 장용영으로 명칭을 변경했다.

정조는 장용영이 세워지자 기존의 5군영에서 수어청과 총융청을 폐지해, 군영이 사병화될 가능성을 낮췄다. 군영의 장군을 임명할 때도 병조판서를 거쳐 임금이 반드시 재가하는 절차를 확고히 해, 군에 대한 통제권을 완전히 장악했다. 또한 병서《병학통》을 편찬하고, 현장에 나가 군사를 지휘하거나 군영의 훈련을 감독하는 등 관료들에게 군 운영의 전문성을 보여주었다. 이로써 어느 조정 관료도 군대 운용에 관해서 함부로 정조에게 반대 의사를 표명할 수가 없었다.

정조는 군권을 확실하게 장악하기 위해 30명에서 출발한 장용영을 1793년(정조 17년), 도성 중심의 내영과 수원 성곽 중심의 외영 5사 23초의 1만 8천 명으로 확대했다. 장용영 장교를 선발할 때는 서얼이나 상민 출신이라도 뛰어난 능력과 우수한 잠재력이 보인다면 어떤 것도 문제 삼지 않고 등용했다. 무엇보다 규장각 검서인 이덕무·박제가와 장용영 장교 백동수가 편찬한 훈련 교본《무예도보통지》는 장용영의 군인들을 강군으로 성장시키는 발판이 되었다.

1795년(정조 19년), 정조는 혜경궁 홍씨의 환갑을 맞이해 대소 관료를 데리고 수원으로 행차했다. 수원 화성에 도착한 정조는 아버지가 있는 현륭원을 참배하고 문무 관료와 서장대에 올랐다. 정조는 문무 관료에게 자신이 심혈을 기울여 키워놓은 장용영을 보여주고 싶었다. 황금갑옷을 입은 정조의 구령에 오방색 깃발이 휘날리고, 장용영은 깃발의 신호에 맞춰 낮부터 밤까지 성을 수비하고 공격하는 훈련을 반복했다.

혜경궁 홍씨의 환갑 전날, 정조가 장용영의 절도 있는 모습을 조정 관리들에게 보여준 것은 자신이 강력한 군대를 가지고 있음을 알려주기 위함이었다. 더불어 관료들이 왕권을 농락하는 행위를 더는 용서하지 않겠다는 경고의 의미이기도 했다. 하지만 강력한 군대로 성장했던 장용영은 오래가지 못했다. 장용영은 정조가 죽으면서 제 기능을 잃어버렸고 1802년(순조 2년), 정순왕후에 의해 해체되었다.

285

백동수에게서 무예가 완성되다

제22대 정조

#무사백동수 #실학자와교류 #장용영교관

백동수(1743~1816년)는 영조·정조·순조 대에 살았던 서얼 출신의 무인이다. 백동수의 증조부 백시구는 황해도·함경도·평안도 병마절도사를 지낸 무인이었지만 백동수의 할아버지 백상화가 백시구의 서자였기에, 백동수는 태어나면서 서얼이 되었다. 백동수는 문무에 뛰어난 능력을 갖췄지만, 서얼의 한계에서 벗어나지 못했다. 그리하여 오랜 고민 끝에 서얼이 관직을 가질 수 있는 무과에 도전하기로 결심하고 숙종 때 검선(劍仙)으로 불렸던 김체건의 아들 김광택을 찾아가 검술과 병법을 익혔다.

1771년(영조 47년), 그는 식년시 무과에 병과 18위로 급제했으나 17년 동안 임용되지 않으면서 힘든 시기를 보냈다. 그러나 이 시기 백동수는 박지원·박제가·유득공·이서구 등 당대 뛰어난 지식인들과 깊은 교우 관계를 맺었다. 백동수의 집에서 이덕무와 박제가의 만남이 이루어질 정도로 백동수는 당대 지식인들의 중심에 있었다.

이덕무는 〈야뇌당기〉에서 백동수에 대해 "백동수는 고박(고지식하고 소박함)하고 질실(꾸밈없이 진실함)한 사람으로, 차마 질실한 것으로 세상의 화려한 것을 사모하지 아니하고, 고박한 것으로써 세상의 간사한 것을 따르지 아니해 군세게 우뚝 자립해서 마치 저 딴 세상에 노니는 사람과 같다."라고 평가했다. 박제가는 〈송백영숙기린협서〉에서 "나의 벗 백영숙(백동수)은 재기를 자부하며 살아온 지 30년이로되 여태껏 곤궁하게 지내며 세상에서 대우를 받지 못했다. 그가 이제 양친을 모시고 깊은 골짜기에 들어가 생계를 꾸려가려 한다. (중략) 조정의 고관대작에서 아래로는 지방 수령에 이르기까지 그와 벗했고, 다음으로는 현명한 사람과 어진 선비들 역시 영숙을 받아들이고 추켜세웠다."라며 백동수를 높이 평가했고 그와의 헤어짐을 아쉬워했다.

1788년(정조 12년), 백동수의 매형이던 이덕무가 뛰어난 무사를 찾는 정조에게 백동수를 천거하면서, 백동수는 46세라는 늦은 나이에 장용영 외영의 초관(종9품)에 임명되었다. 이곳에서 장용영 군사들에게 창과 도검무예를 지도하던 백동수는 뛰어난 무예 실력을 인정받아 1790년(정조 14년), 《무예도보통지》를 편찬하는 과정에서 무예 실기를 담당하게 되었다.

《무예도보통지》를 편찬하는 데 크게 기여한 공로를 인정받은 백동수는 훈련원 주부(종6품), 훈련원 판관(종5품)을 거쳐 충청도 비인현감으로 임명되었다. 서얼의 한계를 넘어 현감이 된 백동수는 1806년(순조 6년), 평안도 박천군수로 재직하던 중 73세에 죽었다.

한·중·일 무예를 집대성하다

#무예도보통지편찬 #무예도보통지내용 #유네스코세계기록유산

1790년(정조 14년)에 편찬된 《무예도보통지》는 4권 4책, 언해본 1책으로 구성되어 총 5책으로 이루어졌다. 정조가 무예 훈련 교범인 《무예도보통지》를 편찬한 이유는 군사들이 무예와 병법을 익히는 데 이해를 돕기 위해서였다. 그러기 위해 정조는 기존에 활용되던 《무예제보》, 《무예신보》, 《기효신서》, 《무비지》 등의 병서를 깊이 연구해 필요한 부분을 발췌하는 등 많은 노력을 기울였다. 《무예도보통지》를 만드는 과정은 이러했다. 우선 백동수가 무예를 선보이면 규장각 검서관 이덕무와 박제가가 주석과 해설을 붙였다. 이 작업이 끝나면 백동수가 기록이 올바른지를 확인하는 것으로 마무리되었다. 무예 시범을 관찰해 정확하게 기록하고 재확인하는 과정으로 만들어진 《무예도보통지》는 처음 접하는 사람도 무예를 쉽게 익힐 수 있게 도와주었다.

《무예도보통지》는 한교가 명나라 병법서 《기효신서》를 참고해 만든 《무예제보》 6기, 그리고 사도세자가 대리청정하던 시기에 만든 《무예신보》 12기 외 여러 서적을 바탕으로 만들어졌다. 특히 《무예제보》에서 가져온 내용은 원(原), 새로 보충해 설명하는 것은 증(增), 특별한 논증이나 편찬자의 견해는 안(案)으로 표시했다. 그 결과 《무예도보통지》는 한국·중국·일본의 무예를 집대성한 백과사전이 되었다. 또한 한자를 모르는 양인들이 쉽게 무예를 익힐 수 있도록 한글로 만들어진 언해본도 있었다.

《무예도보통지》는 전략과 전술만 담은 기존의 무예서와 달리 실전에서 활용할 수 있는 무예와 병기를 다루었다. 도식을 통해 무기의 제도와 형태를 그림으로 표현하고, 설을 통해 해당 무기나 무예에 관한 역사적 사례를 설명하면서 병기의 역사와 재료·제작법, 그리고 관련 인물까지 자세하게 설명했다.

《무예도보통지》는 1권에선 찌르는 무기인 장창·죽장창·기창·당파·기창·낭선을, 2권에선 베는 무기인 쌍수도·예도·왜검·교전을, 3권에선 베는 무기인 제독검·본국검·쌍검·마상쌍검·월도·마상월도·협도·등패를, 4권에선 치는 무기인 권법·곤방·편곤·마상편곤·격구·마상재를, 5권에선 관복도설(무기에 필요한 의복에 관한 설명)과 고이표(각 부대별 차이점)를 담으면서 총 24기 무예를 소개하고 있다.

《무예도보통지》는 북한의 신청으로 2017년에 유네스코 세계기록유산에 등재되었다. 유네스코는 《무예도보통지》를 "오늘날 세계적인 무술이 된 태권도의 근원에 해당하는 한국의 전통 무예를 도해와 함께 설명한 종합무예서다. (중략) 태권도의 뿌리가 되는 한국의 전통 무술은 물론이고 무예의 요람으로서 유구한 역사와 우월성을 자랑하는 동아시아 무예를 연구하는 데 있어 매우 귀중한 자료다."라고 설명하고 있다.

287

정조, 활과 의술로 스스로를 지키다

제22대 정조

#활쏘기 #정조무예 #신궁

정조는 11세에 아버지 사도세자를 잃은 이후부터 일부 노론 세력의 위협에 생사를 장담할 수 없었다. 사도세자를 죽게 만든 이들은 정조의 죽음을 바랐고, 실제로 정조를 죽이려고도 했다. 정조는 살아남기 위해 자신을 지킬 수 있는 능력을 갖추려 많은 노력을 기울였다. 그것은 강인한 체력과 무예, 그리고 스스로 병을 치료할 의학 지식이었다.

정조는 무예 중에서도 특히 활을 잘 쏘았다. 활을 쏘기 위해서는 강인한 체력과 집중력이 요구되어, 무인들도 활을 50발(1순에 5발)을 쏘면 한동안 기진맥진할 정도로 많은 체력이 소모된다. 그런 가운데 정조는 활을 100발을 쏘았다고 하니, 평소 그가 체력 관리에 매우 철저했음을 알 수 있다. 정조는 체력만 좋은 것이 아니었다. 활도 매우 잘 쏘아서 과녁을 맞히는 명중률이 매우 높았다.

실록을 보면 1792년(정조 16년) 10~12월 사이에 정조가 춘당대에 올라 활쏘기를 자주 했다는 기록이 나온다. 이때 정조의 나이는 40세로, 그는 10년 이상 활을 쏘지 않았다고 밝혔음에도 50발 중 46발을 과녁에 맞혔다. 그 이후 정조는 관료들과 춘당대에 올라 활을 자주 쏘면서 옛 실력을 금세 되찾아 50발 중 48~49발을 맞추었다. 12월 27일 기록에는 20순, 즉 100발을 쏘아서 98발을 맞추었다고 기록되어 있다. 더 놀라운 것은 1~2발이 빗나간 것이 정조의 실력 부족이 아니라는 사실이었다. "활쏘기는 군자의 경쟁이니 남보다 앞서려고 하지 말아야 한다." "활 쏘는 사람의 예법은 본래 1발을 빼고 49발을 쏘는 것."이라며 정조는 모든 화살을 과녁에 맞히지 않은 이유를 밝혔다.

무예가 뛰어났던 정조는 아버지 사도세자가 대리청정하던 시기 편찬했던《무예신보》를 계승한《무예도보통지》를 만들었다. 규장각의 박제가·이덕무가 글을 쓰고, 장용영 무관 백동수가 실기를 담당해 만들어진《무예도보통지》는 정조의 뛰어난 무예와 지식이 있었기에 가능한 일이었다.

정조는 병이 났을 때도 자신의 병세를 직접 파악해 약과 치료 방법을 스스로 처방할 정도로 의학 지식이 뛰어났다. 그 예로 정조는《동의보감》에 나와 있는 병의 원인과 증세, 그리고 처방 중에서 우리의 풍습에 적합한 것을 직접 선정해《수민묘전》을 편찬했다.《수민묘전》서문에 "고금의 의서 중에 우리나라의 소용에 적합한 것은 오직 허준의《동의보감》뿐이다."라고 적혀 있는 것으로 짐작해봤을 때, 정조 스스로가 굉장히 많은 의서를 공부해 의학 지식이 매우 높았음을 알 수 있다.

288

경제 개혁에 양보란 없다

#금난전권특혜 #금난전권폐지 #신해통공폐지요구

조선은 '농자천하지대본(農者天下之大本, 농사가 천하의 큰 근본이다)'이라는 가치 아래 농업을 제일 중요하게 생각하고 상공업을 천시했다. 농업을 중시했던 가장 근본적인 이유는 백성의 이동을 제한해 안정적으로 조세를 거두기 위해서였다. 그렇다고 상공업의 필요성과 중요성을 모르는 것은 아니었다. 조선은 나라에 필요한 물건을 공급하는 시전 상인을 육성하기 위해 이들에게 '금난전권'이라는 특권을 부여했다. 이들은 정부의 허가 없이 장사하는 다른 난전의 활동을 금지할 수 있는 '금난전권'을 행사해 스스로의 이익을 보존할 수 있었다.

시간이 흐르자 시전 상인들은 금난전권이라는 특권에 만족하지 못하고, 관료들과 결탁해 막대한 이익을 취했다. 이들은 물건을 독점한 뒤 가격을 멋대로 올려 이익을 취하거나, 공납을 대신 납부하는 방납을 주도하며 큰 이익을 얻었다. 그러나 조선 후기 대동법의 시행으로 상품 화폐 경제가 발달하면서 난전이 늘어나자, 시전 상인들은 경제 시장을 독점하는 데 어려움을 겪었다.

조정도 시대적 변화를 인지하고 국가와 백성에 피해를 주는 시전 상인의 특권을 제한하려 노력했으나 상황이 여의치 않았다. 영조조차도 금난전권을 폐지하려다 노론의 반대로 포기할 정도였다. 그러나 정조는 달랐다. 정조는 직접 금난전권 폐지를 주도하기보다 좌의정이 제시한 정책안을 공론화시켜 반대 세력의 반발을 최소화했다.

1791년(정조 15년), 정조는 경제 개혁인 신해통공을 주도해 육의전을 제외한 시전 상인이 가지고 있던 금난전권을 폐지했다. 그 결과 난전이라 불리는 영세 상인들이 자유롭게 상업 활동을 할 수 있게 되면서 경제 활동이 활발해졌다. 백성들은 비싼 값을 치르지 않아도 언제든 필요한 물건을 구입하게 되면서 생활의 안정을 되찾을 수 있었다. 그뿐만 아니라 국가도 난전으로부터 새로운 세수를 거둬들이면서 국고를 채웠다.

하지만 금난전권으로 이익을 취하던 시전 상인과 이들에게 정치 자금을 받아내던 권문세가들은 불만이 점점 커졌다. 권문세가들은 상인들을 동원해 시위를 벌이거나 신해통공으로 경제가 어려워졌다며 정조를 압박하는 정치 공세를 이어나갔다. 노론의 김문순은 국가에 필요한 물건을 납품하던 상인이 없어지면 누가 그 역할을 대신할 수 있겠냐며 신해통공을 강력하게 비판했다. 시전 상인들도 가게 문을 닫는 철시투쟁을 하며 반대 시위를 벌였다. 심지어 수원 유수로 임명된 채제공에게 70여 명의 상인이 찾아가 신해통공 폐지를 요구하기도 했다. 그러나 정조의 경제개혁은 흔들리지 않고 계속 추진되면서 조선에 자본주의 발달을 가져오는 데 크게 기여했다.

289 육의전, 신해통공에서도 살아남다

#육의전등장배경 #난전성장 #육의전쇠퇴

태종은 고려 개경의 시전 체제를 본떠 한양의 주요 도로 양편으로 공랑을 설치했다. 공랑이란 정부가 점포를 건축한 뒤 상인에게 점포세와 상세를 받고 빌려주는 상점을 말한다. 이로써 조선시대 상인들은 크게 공랑상인, 좌상, 행상인으로 나누어졌다.

조선은 양난 이후 나라에 필요한 물품을 공급하거나 장사를 통해 얻은 이익의 일부를 세금으로 바치는 육의전이 등장했다. 육의전은 조선시대에 가장 수요가 많던 비단·명주·모시·종이·생선을 취급했는데, 세부적으로 비단을 판매하는 선전, 명주를 판매하는 면주전, 무명을 판매하는 면포전, 모시를 판매하는 저포전, 종이를 판매하는 지전, 생선을 판매하는 내외어물전이 있었다. 양난 이후 육의전이 등장해 발달할 수 있었던 배경에는 조선의 재정 악화가 있었다. 조정은 양난으로 많은 사람이 농지를 떠나 유랑하자, 토지세와 인두세 등을 제대로 걷지 못하고 재정 부족에 허덕였다. 이를 해결하기 위해 부를 독점하고 있던 시전에게 기존보다 높은 상업세를 거두는 대신 영세 상인을 처벌할 수 있는 금난전권이라는 특권을 부여했다. 육의전의 입장에서도 세금을 더 내면서 정부가 제시한 금난전권을 통해 경제 활동을 독점하는 것이 훨씬 큰 이익이었다. 대동법과 균역법의 시행으로 성장한 난전의 상행위는 육의전을 포함한 시전 상인들의 독점적인 상업 활동을 위협하는 데 충분했기 때문이었다. 조정과 육의전 모두에게 서로 이득이었던 금난전권의 시행으로 육의전을 비롯한 시전 상인들은 한양 주변 100리까지 난전을 금지할 수 있었다.

하지만 상품 화폐 경제가 발달할수록 육의전을 비롯한 시전 상인들의 금난전권은 현실적인 벽에 부딪혔다. 권문세가의 노비가 운영하는 난전이나 군인들의 난전처럼 직접 해결하기 어려운 일이 점차 많아졌다. 또한 난전의 수와 취급하는 품목이 늘어나면서 그들의 힘만으로 이 모든 난전을 막는다는 것은 불가능해졌다. 무엇보다 육의전이 권력과 유착해 일으키는 여러 문제에 대해 일반 백성과 정부의 불만이 점점 커지는 것이 문제였다. 정조는 시전 상인들에 대한 불만을 명분으로 삼아 신해통공을 추친해 육의전을 제외한 시전 상인들의 금난전권을 폐지했다.

육의전은 신해통공에서도 살아남아 금난전권으로 그 특권을 유지했으나 자본주의의 발달과 서구 문물의 유입이라는 거대한 변화에 제대로 대응하지 못하고 개항 이후 무너지기 시작했다. 청나라와 일본 상인들에게 상품의 독점권을 행사할 수 없었던 데다가, 조선 또한 육의전을 보호할 힘이 없었다. 결국 1894년(고종 31년), 갑오개혁을 통해 모든 사람에게 자유로운 상행위가 허가되면서 육의전은 역사에서 사라졌다.

단원 김홍도(1745년~?)는 어디에서 태어나고 자랐는지 알려진 것이 거의 없다. 다만 김홍도가 강세황에게 어린 시절부터 그림을 배웠다는 기록에서 안산을 그의 고향으로 추정하고 있다. 또한 그가 글이 아니라 그림을 배웠다는 점에서 그가 양반 가문이 아니라 중인 계층이었으리라 짐작하고 있다.

어려서부터 그림에 뛰어난 재능을 가졌던 김홍도는 강세황의 가르침으로 모든 화풍의 그림을 완벽하게 그릴 정도로 당대 최고의 그림 실력을 갖추게 되었다. 그는 강세황의 추천으로 20세도 안 되는 나이에 도화선의 화원이 되었다. 21세의 김홍도는 영조가 망팔(71세)이 되는 것을 축하하는 자리에 쓰일 병풍을 그리는 막중한 일을 다른 화원을 제치고 맡을 정도로 특출난 실력을 보였다.

1773년(영조 49년)에는 영조와 왕세손이던 정조의 초상화를 그린 후, 사포서 감목관 벼슬을 받는 등 왕에게도 인정을 받았다. 이 당시 김홍도는 왕성한 활동을 벌여 〈신선도〉〈생황을 부는 신선〉 등의 신선도와 〈평생도〉〈서원아집도〉 등의 인물화, 그리고 〈서당〉〈씨름〉 등의 풍속화 외 많은 작품을 남겼다. 김홍도의 그림을 갖는 것만으로도 남들보다 우위에 있다 생각한 많은 왕족과 선비들이 김홍도의 집에 몰려와 그에게 그림을 요청할 정도로 김홍도는 대단한 인기를 누렸다.

특히 정조는 김홍도의 재주를 크게 아꼈다. 1781년(정조 5년)에는 자신의 초상화를 그린 포상으로 그에게 경상도 안동의 안기찰방 벼슬을 내렸다. 중인이 종6품의 관직을 받는다는 것은 굉장히 이례적인 일이었기에 정조가 얼마나 김홍도의 재주를 높이 샀는지를 알 수 있다. 김홍도도 그 은혜를 갚기 위해 심혈을 기울여 사도세자가 묻힌 현륭원의 원찰인 용주사 후불탱화를 그렸다. 오늘날에도 용주사 후불탱화는 입체감을 나타내는 음영이 들어가 있다는 점에서 그 가치가 매우 높다.

1791년(정조 15년), 정조의 초상화를 그린 김홍도는 충청도 연풍현감에 제수되며 중인이라는 한계를 자신의 능력으로 극복했다. 그러나 관리로서의 업무 수행 능력은 부족했는지 3년이 되는 해 파직되었다. 하지만 돈과 권력 그 무엇에도 크게 얽매이지 않던 김홍도는 노후에 가난하게 살면서도 많은 작품을 남겼다. 김홍도가 언제 죽었는지는 모르지만 그의 화풍은 신윤복, 김득신 등에게 영향을 주며 조선 후기의 르네상스를 이끌었다. 오늘날 전해지는 300여 점의 김홍도 작품은 모두 조선 후기의 생활상을 보여주는 중요한 자료가 되고 있다.

291

남태령의 어원과 온온사

#여우고개전설 #남태령머문정조 #온온사이름풀이

서울에서 과천으로 가기 위해서는 남태령을 넘어야 한다. 남태령은 지금은 어렵지 않게 넘을 수 있는 낮은 언덕에 불과하지만 조선시대에는 매우 위험한 길목이었다. 이곳은 정조가 다녀가기 전까지 '여우고개'라 불렸다. 전설에 따르면 남태령 주변에서 천년 묵은 여우가 사람의 모습으로 변해 사람들을 자주 괴롭혔다고 한다. 이 여우는 건장한 남성을 만나면 얼굴에 소의 탈을 씌웠고, 탈을 쓴 사람은 여지없이 모두 소로 변했다. 소로 변한 사람은 목소리도 잃게 되어 누구에게 하소연도 하지 못하고 평생 소로 남아 논과 밭을 갈아야 했다. 그러다 소로 변한 남자 중 한 명이 우연히 무를 먹고 사람으로 되돌아올 수 있었다고 한다.

전설의 장소였던 여우고개가 남태령으로 알려지게 된 것은 정조의 질문에 의해서였다. 정조는 아버지 사도세자의 묘가 있는 융릉을 가기 위해서 남태령을 지나가야 했다. 왕의 행차에 동원된 많은 사람이 남태령을 한 번에 넘어가기란 보통 어려운 일이 아니었다. 그래서 정조는 남태령 정상에 오면 행렬을 멈추고 지친 신하들을 쉬게 했다. 정조를 모시고 이동하는 사람들에겐 매우 행복한 시간이었지만, 정조는 이곳에서 쉬는 시간이 너무도 아까웠다. 한시라도 빨리 아버지를 만나고 싶었지만 한숨을 돌리는 신하들을 모른 체할 수도 없었다.

기다리는 시간이 너무도 더디게 흐른다고 생각한 정조는 무료함을 달래고자 관료들에게 이곳의 이름을 자주 물었다. 그럴 때마다 길을 안내하던 이방 변씨가 이곳이 '남태령(南泰嶺)'이라고 거짓 대답을 했다. 이를 못마땅하게 여긴 관료 중 한 명이 정조에게 다가가 변씨가 거짓말로 왕을 능멸하고 있다고 고하자 정조는 변씨를 불러 사실 여부를 물었다. 변씨는 '여우고개'라는 저속한 말을 하기가 어려워, 이곳을 삼남대로로 통하는 첫 번째 큰 고개란 뜻으로 남태령이라 속였다고 대답했다. 정조는 이방 변씨의 재치 있는 답변을 크게 칭찬하며, 앞으로 여우고개 대신 이곳을 남태령이라 부르게 했다.

남태령을 넘어선 정조는 과천 객사에 머무르며 휴식을 취했다. 복잡한 한양을 벗어나 푸르른 산과 하천을 볼 수 있는 과천 객사는 정조의 답답한 마음을 시원하게 만들었다. 1790년(정조 14년) 2월, 정조는 융릉에 다녀오는 길에 과천 객사에 머물면서 '경치가 좋고 쉬어가기에 편하다.'라는 뜻으로 이곳에 '온온사'라는 이름을 내렸다. 이후 과천 객사는 오늘날까지 온온사로 불리고 있다.

292 화성 건설로 새로운 시대를 열고자 하다

제22대 정조

#화성건설목적 #화성건설 #화성성역의궤

정조는 왕위에 오르자 사도세자의 묘 이름을 수은묘에서 영우원으로 바꾸며 격을 높였다. 이후 경기도 양주(서울 동대문구 휘경동)에 있던 사도세자의 묘를 경기도 화산(수원)으로 옮겼다. 정조는 사도세자의 묘 이름도 영우원에서 현륭원으로 바꾸고 사도세자에게 장조라는 칭호를 부여했다. 현륭원은 1899년(고종 36년), 융릉으로 격상되며 위상이 높아졌다. 정조는 사도세자의 묘를 화산으로 옮기는 과정에서 개혁의 시작이자 완성을 의미하는 계획도시 화성을 건설했다.

정조는 화성을 군사·정치·행정의 중심지로 육성해 노론 세력의 기반을 약화하는 동시에 이곳에서 자신이 육성한 관료들의 능력을 검증하고자 했다. 정조의 화성 건설을 위해 정약용은 구체적인 건축 방법이 담긴 〈성설〉을 제출했고, 영의정 채제공이 화성 건설의 총 책임을 맡았다. 이 외에도 박지원·홍대용·박제가 등 여러 실학자와 단원 김홍도를 비롯한 예술가들이 화성 건설에 참여한 결과 1794년(정조 18년) 1월에 시작된 화성 건설은 2년 9개월 만인 1796년(정조 20년) 9월에 완공되었다. 수원 화성이 빨리 완성될 수 있었던 배경에는 거중기와 같은 첨단 기계의 사용과 더불어 건설에 동원된 일꾼들에게 정당한 품삯을 지불한 데 있었다. 또한 노동자에게 여름에는 척서단이라는 열병 치료제를 나누어주고, 겨울에는 귀마개와 털모자를 지급하며 사기를 높였던 것도 한몫했다.

정조는 수원 화성의 준비부터 완공에 이르는 모든 과정을 《화성성역의궤》에 기록하도록 명령했다. 총 10권으로 간행된 《화성성역의궤》에는 공사 일정, 동원된 인부, 각 건물에 대한 설명, 사용된 자재 및 건설 방법 등이 자세하게 기록되어 있다. 축성에 동원된 인부 1,280명, 연 동원 일수 37만 6,342일, 축성에 사용된 벽돌 69만 5천 장 등 수원 화성에 대한 모든 것이 자세하게 설명되어 있어 일제강점기와 6·25 전쟁 이후 대한민국은 파손된 화성의 일부를 완벽하게 복원할 수 있었다.

수원 화성의 둘레는 5,744m로 동쪽 지형은 평지를 이루고, 서쪽은 팔달산에 걸쳐 있다. 평산성 행태의 성으로서 문루 4개, 수문 2개, 공심돈 3개, 장대 2개, 노대 2개, 포루(砲壘) 5개, 포루(鋪樓) 5개, 각루 4개, 암문 5개, 봉돈 1개, 적대 4개, 치성 9개, 은구 2개 등 총 48개의 시설물을 갖춘 화성은 오늘날 수원을 상징하는 문화유산으로 자리매김하고 있다.

293

꼭 봐야 할 수원 화성의 건물

제22대 정조

#수원화성 #성곽걷기 #유네스코세계문화유산

◇ **장안문:** 화성의 북문이면서 한양에서 내려오는 정조를 맞이하는 정문. 북쪽으로 서울의 궁궐을, 남쪽으로 융릉을 바라보며 오래도록 평안하라는 의미다. 항아리 모양의 옹성과 좌우에 적대를 세운 군사 시설을 보유하고 있다.

◇ **팔달문:** 화성의 남문. 이름이 팔달이어서 문도 팔달이며, 사방팔방에서 배와 수레가 모인다는 의미다. 삼남 지방으로 통하는 길목에 위치하며, 옹성과 적대 등 군사 시설을 보유하고 있다.

◇ **화서문:** 화성의 서문. 주변을 감시하기 위한 서북공심돈과 함께 축성되었다. 팔달산을 바라보는 서북쪽에 위치하며 옹성 안 석축을 담당한 감독관과 석공의 이름이 새겨져 있다.

◇ **북수문(화홍문):** 화성 북쪽 성벽과 수원천이 만나는 곳에 설치된 수문. 일곱 칸의 홍예문 위로 돌다리를 놓고 그 위에 누각을 세웠다.

◇ **동장대(연무대):** 장수가 평상시 군사 훈련을 지휘하던 곳. 동장대에서 일하는 사람에게 음식을 내려주는 호궤 행사가 열렸다.

◇ **서장대:** 팔달산 정상에 자리한 군사 지휘소. 용인 석성산 봉화와 융릉 입구까지 전망이 가능하다. 혜경궁 홍씨의 환갑을 맞이해 정조가 서장대에서 장용영 군사 훈련을 거행했다.

◇ **동북(서북)공심돈:** 속이 빈 돈대라는 뜻으로 화성에만 존재한다. 벽돌로 3층의 망루를 세웠고 단층 누각으로 적군을 감시했다. 외벽이 화포 공격 시설을 갖췄다.

◇ **방화수류정:** 동북쪽에 위치한 감시용 시설. 용두바위 위에 각루를 세워 감시와 공격이 가능했다. 2층에 임금을 위한 온돌방을 만들고 창문을 설치했다.

◇ **용연:** 화성 북쪽의 성 밖 연못. 출수구에 이무기 상의 원형이 남아 있다. 용연에 비친 달이 떠오르는 용지대월(龍池待月)은 꼭 봐야 할 경치다.

다산 정약용(1762~1836년)은 조선 후기 정권에서 소외된 남인 계열의 집안에서 태어났다. 그의 집안은 고조부부터 벼슬길에 나가지 못하면서 점점 몰락해가고 있었다. 다행히 아버지였던 정재원이 음서로 관직에 나가면서 집안은 다시 일어났다. 그 덕에 정약용은 어려서 학문을 접하고 익힐 수 있었다. 4세 때 천자문을 익히고 7세 때는 한시를 지을 정도로 영특했던 정약용은 날이 갈수록 학문이 일취월장했다. 큰형 정약현은 정약용이 10세 이전에 지었던 한시를 모아《삼미집》을 편찬하기도 했다.

정약용이 백성을 위해 학문을 연구하고 그것을 정책에 반영시키려고 노력한 데는 아버지를 따라 진주, 예천, 화순 등을 다니며 백성들의 어려운 삶을 직접 본 영향이 가장 컸다. 28세에 관직 생활을 한 정약용은 수많은 업적을 세웠다. 정약용은 정조가 한강을 건널 수 있도록 36척의 배로 1,800명이 넘는 사람이 지나갈 수 있는 배다리를 만들었다. 이때 동원된 선주에게는 세곡 운반 등 기여도에 따라 이권을 보장해주고, 동원된 인력에게도 잡역 면제의 혜택을 주었다. 수원 화성을 건설할 때도 중국에서 들여온《기기도설》을 참고해 도르래와 물레의 원리를 이용한 거중기를 제작했다. 거중기는 40근의 힘으로 2만 5천 근의 돌을 들어 올리며 화성 건설에 소요되는 비용과 시간을 크게 단축했으며, 백성들의 고통을 확연하게 줄여주었다.

그러나 정약용은 정조가 죽으면서 기나긴 고통을 겪어야 했다. 정권을 잡은 노론 벽파는 정조 세력을 몰아내기 위해 1801년(순조 1년), 신유박해를 일으켰다. 당시 정약용의 형이었던 정약종을 비롯한 이승훈 등 300여 명이 신유박해로 죽었다. 정약용도 서학을 믿었다는 이유로 18년이라는 긴 시간을 유배지에서 보내야 했다. 정약용이 유배지 강진에 다산초당을 세우고 연구에 몰두하자 여러 제자가 정약용을 찾아왔다. 제자들의 도움을 받아 정약용은《목민심서》《흠흠신서》《경세유표》등 많은 저서를 다산초당에서 집필했다.

정약용은 긴 유배 생활로 함께하지 못한 두 아들에게 미안해했고, 자신의 이상을 담은 책이 사라질까 잠을 이루지 못하는 등 인간적인 모습을 보였다. 그러나 정약용이 고뇌하고 문제를 해결하고자 노력한 만큼 정약용의 두 아들은 잘 성장했다. 정약용은 실학을 대표하는 학자이자 관료로 현재까지도 많은 이에게 기억되고 존경받고 있다. 또한 그의 저서는 오늘날까지 필독서가 되어 많은 이에게 읽히고 있다.

295

정조, 담배를 예찬하다

#정조담배사랑 #정조실록 #담배에피소드

정조는 누구보다도 담배를 사랑했던 인물이었다. 정조의 죽음에 담배가 깊은 관련이 있다고 할 정도로 정조의 담배 사랑은 특별했다. 그만큼 정조와 관련한 담배 이야기도 《조선왕조실록》을 비롯한 여러 문서에 기록되어 있다.

> 제사를 지내기 전 서약하는 글에 술을 마시지 말고, 마늘과 파 등 냄새가 나는 채소를 먹지 말라는 조항은 있으나 담배를 피우지 말라는 조항은 볼 수가 없다. (중략) 기우제를 지낼 때마다 하속들에게 담배 피우는 것을 금했으나 도리어 시끄러운 단서만 야기되었는데 (중략) 이는 마음을 수고롭게 하는 단서가 될 뿐만이 아니라 마음을 정제하는 방도가 아니다. 이 뒤로는 단지 술만 금하게 하라.
>
> — 1777년(정조 1년), 《조선왕조실록》

> 규장각에서 승지가 담배를 한 대 피우는 시간 동안 초계문신에게 시 한 수를 지어내도록 했다. "태평만세 네 글자가 한가운데 놓였다"라는 제목의 칠언율시를 정약용이 제출하자 정조가 "담배 한 대 피우는 사이에 붓을 잡아 바로 써냈으니 어찌 기재가 아니랴."라며 칭찬하고 점수를 세 곱절로 내렸다.
>
> — 1789년(정조 13년), 《다산시문집》

> 규장각 학자들을 창덕궁 후원 춘당대에 모아놓고 시험을 치렀다. 문제는 "온갖 식물 가운데 이롭게 쓰이고 사람에게 유익한 물건으로 남령초(담배)보다 나은 것이 없도다."로 시작하는 긴 문제였다. 다음 날 문을 닫는 시각까지 써서 바치라고 한 시험은 담배의 효능을 백성들에게 어떻게 전할 수 있느냐의 문제였다.
>
> — 1796년(정조20년), 《홍재전서》

> 이시수가 약원 제신들과 정조의 병세를 진찰하기 위해 접견했다. 정조가 잠에서 깨자 이시수는 "신들이 들어온 지 오래되었는데 주무시고 계셨습니다."라고 말했다. 이에 정조가 "그 시간이 오래되었는가?"라고 물으니 이시수는 "담배 한 대 피울 만한 시간이 지났습니다."라고 답했다.
>
> — 1800년(정조 24년), 《조선왕조실록》

296

정조의 죽음에 논란이 일다

#정조종기 #성향정기산처방 #정조죽음예언

1800년(정조 24년) 6월, 종기에 고름이 차면서 고통에 잠을 이루지 못하던 정조는 내의원 서용보에게 진찰을 받았다. 여러 의원이 정조의 종기를 치료하기 위해 다양한 치료 방법을 아뢰고 치료 여부를 정조에게 허락받았다. 6월 14일, 실록에 기록된 내용을 보면 정조는 "두통이 많이 있을 때 등 쪽에서도 열기가 많이 올라오니 이는 다 가슴의 화기 때문이다."라며 병의 원인을 스스로 진단하고 있었다.

종기가 가라앉지 않고 등으로 퍼지자, 좌의정 심환지와 우의정 이시수의 지휘 아래 내의원들이 머리를 맞대고 치료 방법을 논의했다. 그러나 기존의 방법으로 종기가 호전되지 않았다. 이에 결국에는 수은을 태워 그 연기를 쐬는 연훈방 시술까지 폈으나 아무 효과가 없었다. 오히려 병세가 점점 더 심해져서 정조는 미음도 제대로 먹지 못할 정도로 상태가 악화되었다.

정순왕후는 정조의 증세가 과거 영조가 겪었던 병의 증세와 비슷하다며, 당시 영조에게 처방되었던 성향정기산을 정조에게 올리도록 했다. 부제조 조윤대가 성향정기산을 늘고 늘어가 숟가락으로 성소의 입에 두세 숟갈을 떠넣었으나 토해내는 것이 많았다. 정조가 성향정기산을 모두 마시지 못하자 이시수가 명길에게 진맥을 잡도록 했다. 정조의 진맥을 잡은 명길은 "맥도로 보아 이미 가망이 없습니다."라고 말했고, 얼마 후인 6월 28일, 정조는 창경궁 영춘헌에서 승하했다.

정조가 승하하기에 앞서 양주와 장단 등 고을에서 잘 자라던 벼 포기가 갑자기 하얗게 죽었다. 이에 《조선왕조실록》은 노인들이 하얗게 변한 벼 포기를 보고 "이것은 이른바 거상도(상복을 입은 벼)다."라고 하며 슬피 울었다고 기록하고 있다. 정조가 죽자 신하들은 그가 생전에 부친 곁에 묻히고 싶어 하던 소원을 기억해, 사도세자가 묻혀 있는 융릉 동쪽에 정조의 능을 조성했다. 1821년(순조 21년), 정조의 비인 효의왕후가 승하하자 영돈녕부사 김조순은 순조에게 정조의 능인 건릉 자리가 흉지이므로 능을 옮겨 합장해야 한다고 건의했다. 순조는 이를 받아들여 건릉을 현재의 자리로 옮기면서 효의왕후의 능을 정조의 능과 합장했다.

297

정조의 독살설이 제기되다

제22대 정조

#정조독살설근거 #정조자연사근거 #정조죽음아쉬움

정조가 죽은 후, 정조에게는 독살설이 끊임없이 제기되었다. 누구보다 건강하고 체력이 좋았으며 의학에도 뛰어난 지식을 갖춘 정조가 갑자기 생긴 종기로 죽었기 때문이었다. 정조가 독살당했다고 주장하는 사람들은 노론 벽파였던 심환지와 이시수가 제안했던 연훈방이란 치료 방법을 의심했다. 정조가 연훈방으로 치료받는 과정에서 의도적으로 다량의 수은을 쐬게 해 그를 죽게 만들었다고 보았다.

또한 이들은 정순왕후가 정조를 혼자 만난 뒤 얼마 지나지 않아 죽었다는 것도 의심했다. 정약용도 여성 유배인이 성희롱당한 일을 탄식하는 내용을 담은 〈기고금도장씨녀자사〉에서 심환지가 심인을 추천해 정조를 죽였다는 기록을 남겼다. 많은 이가 정조의 죽음에 문제가 있다고 생각했다. 장현광과 장시경 3형제처럼 정조를 독살한 원수를 갚겠다고 군사를 일으키는 일도 있었다.

반면 정조가 독살당하지 않았다는 주장도 만만치 않았다. 이들은 정조가 심환지에게 병세를 설명하는 편지를 써줄 정도로 자신의 증상을 잘 알고 있었기에 정조가 독살될 수 없다고 주장했다. 유봉학은 정조가 한 달 가까이 투병했고 정조 자신도 처방에 관여했으며, 우의정 이시수는 정조가 죽은 후 정순왕후의 수렴청정을 반대했다는 사실을 들어 독살설을 부정했다. 또한 연훈방을 처방한 의관 심연은 심환지와 일가친척이 아니었으며 1806년(순조 6년), 김조순에 의해 벽파가 화를 입는 과정에서 정조의 독살설에 관한 이야기가 나오지 않았음을 내세워 독살설을 부정하는 근거로 제시했다.

2009년 발견되어 2016년에 보물로 지정된 《정조 어찰첩》은 정조가 심환지에게 보낸 편지 300통을 묶은 것으로, 발견되자마자 정치적으로 대립하던 심환지와 정조는 사실 정치 현안을 터놓고 이야기할 정도로 가까운 사이였음이 밝혀졌다. 《어찰첩》에는 정조가 앓고 있던 지병에 관한 내용도 담겨 있어, 노론의 정조 독살설은 힘을 잃어가고 있다. 또한 정조가 필통에 술을 담아 마실 정도로 주당이었고 담배를 너무도 좋아하던 애연가였던 점에서 죽음의 원인을 찾고 있다. 만 24년 동안 많은 업무로 인한 과로와 스트레스를 받았음에도 정조가 조선 왕의 평균 수명인 46세보다도 오래 살았던 점을 들어 정조의 죽음은 자연사에 무게가 실리고 있다. 그럼에도 정조의 독살설이 끊임없이 제기되는 것은 19세기 세도정치로 조선이 망국의 길로 나간 데 따른 아쉬움이 크기 때문이다.

298

제23대 순조

◇ 이름: 공

◇ 출생-사망: 1790~1834년

◇ 재위 기간: 1800년 7월~1834년 11월(34년 4개월)

순조는 태어날 무렵 많은 궁중 사람이 용꿈을 꾸면서 장차 성군이 될 거라는 기대를 받았다. 그러나 학문을 익히고 성군의 자질을 갖추기도 전에 정조가 갑자기 죽으면서 11세라는 어린 나이로 왕에 즉위했다. 순조가 즉위한 초창기에는 영조의 계비 정순왕후가 순조를 대신해 수렴청정하는 가운데 경주 김씨 등 벽파가 정국을 주도했다. 이들은 정조의 개혁을 원점으로 돌리기 위해 신유박해를 통해 시파 등 정조의 측근 세력을 정계에서 쫓아냈다. 이 과정에서 200여 명의 천주교 신자가 죽었다.

1804년(순조 4년), 정순왕후의 수렴청정이 끝났으나 순조의 장인 김조순을 중심으로 한 안동 김씨가 왕실의 권력을 장악해 국정을 운영했다. 안동 김씨는 주요 관직을 차지하고 부정부패를 저질렀다. 그로 인해 과거제와 심정의 문란이 심해졌다. 성인이 된 순조는 왕권을 강화하고 적체된 문제를 해결하고자 재정과 군제, 그리고 토지에 관한 내용을 정리한 《만기요람》을 편찬했다. 그리고 지방에 암행어사를 파견해 부정·비리를 근절하려는 노력을 펼쳤다.

그러나 기근과 전염병 등으로 삶이 어려워진 백성들은 1811년(순조 11년), 홍경래의 난을 필두로 순조 시기 내내 반란을 일으켰다. 1815년(순조 15년)에는 용인의 이응길의 난, 1817년(순조 17년)에는 유칠재·홍찬모 등의 흉서사건, 1819년(순조 19년)에는 액예·원예 모반, 1826년(순조 26년)에는 청주 괘서 사건 등으로 전국이 어수선했다.

순조는 영민했던 효명세자를 풍은부원군 조만영의 딸과 결혼시키고 대리청정을 맡겨 안동 김씨의 권력 농단에 대응하고자 했다. 효명세자도 순조의 기대에 부응해 왕권 강화를 위해 여러 개혁을 펼쳤으나 21세에 죽으면서 개혁은 실패했다. 순조는 34년이라는 긴 시간을 왕으로 있다가 45세에 죽었다. 순조의 능호는 인릉이며, 그 능은 서울 서초구 내곡동에 있다.

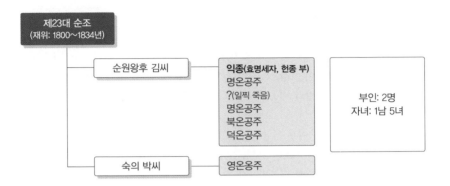

제23대 순조 (재위: 1800~1834년)		
순원왕후 김씨	**익종(효명세자, 헌종 부)** 명온공주 ?(일찍 죽음) 명온공주 북온공주 덕온공주	부인: 2명 자녀: 1남 5녀
숙의 박씨	영온옹주	

1791년(정조 15년)에 천주교 신자 윤지충이 모친의 제사를 지내지 않은 일로 신해박해가 일어난 이후, 조정은 천주교(서학)를 묵인하자는 신서파와 금지해야 한다는 공서파로 나누어졌다. 정조는 성리학을 바로 세우면 서학은 문제 될 것이 없다며 천주교를 크게 탄압하지 않았다. 이는 정조의 정책을 뒷받침해주는 관료 중에 서학을 믿거나 서학에 관련된 사람이 많았기 때문이었다. 특히 남인 출신의 관료 중에 서학을 믿는 신자가 많았다.

그러나 정조가 죽은 이후 어렸던 순조 대신 노론 벽파를 대표하는 정순왕후가 수렴청정하면서 상황이 바뀌었다. 정순왕후의 오라버니인 김귀주를 필두로 벽파는 시파를 조정에서 쫓아내기 위해 신유박해를 일으켰다. 물론 대외적으로는 서학이 부모와 임금을 몰라보는 비윤리적인 종교로서 사회를 어지럽힌다는 명분을 내세웠다.

1801년(순조 1년), 정순왕후는 정치 보복의 성격을 숨기기 위해 서학을 많이 믿는 평민을 대상으로 한글로 된 박해령을 선포하고, 오가작통법을 이용해 천주교도를 잡아들였다. 이 과정에서 우리나라 최초로 북경에서 영세를 받고 귀국한 이승훈과 중국인 신부 주문모를 포함한 300여 명의 천주교도가 잡혔다.

신유박해에서 붙잡힌 권철신·이가환은 고문을 받다가 죽었고, 이승훈·정약종·최필공 등은 서소문 밖에서 참수당했다. 중국인 주문모 신부도 새남터에서 처형당했다. 정조의 정책을 시행하던 뛰어난 관료 정약용은 장기현으로, 정약전은 신지도로 유배되며 서학에 조금이라도 관련 있는 자라면 처벌을 받았다. 여기에 왕족도 예외는 없었다. 주문모 신부가 조선에 들어올 때 강화도에서 만난 정조의 이복동생 은언군의 아내 송씨와 며느리 신씨도 처형당했다.

더 큰 문제는 서양의 군대를 요청하는 황사영의 백서가 발견된 것이었다. 이로써 서학은 물론 서학과 관련된 많은 사람이 탄압받았다. 신유박해의 탄압에서 목숨보다 믿음을 선택한 천주교 신자들은 강원도와 경기도 오지로 숨어들어 믿음을 이어나갔다.

301 서양 군대로 종교의 자유를 얻으려 하다

제23대 순조

#황사영백서 #신앙자유요청 #서양군대요청

황사영(1775~1801년)은 16세에 사마시에 합격해 진사가 될 정도로 총명한 인물이었다. 정약용의 큰형 정약현의 사위였던 황사영은 정약종을 통해 천주교 신자가 되었다. 황사영은 조선에 들어와 천주교를 전도하던 중국 신부 주문모를 누구보다도 적극적으로 도우며 천주교 전파에 큰 힘을 보탰다. 그러던 중 1801년(순조 1년), 신유박해로 많은 천주교도가 잡혀 처형되자 충청북도 제천의 토기 굽는 마을 베론으로 피신했다.

베론에 은신한 황사영은 북경 주교에게 신앙의 자유를 얻을 수 있도록 요청하는 편지를 길이 62cm, 너비 38cm의 흰 비단에 1만 3,311자로 빼곡하게 적었다. 그는 정성스럽게 적은 편지를 옥천희에게 건네며 어떠한 일이 있더라도 꼭 북경 주교에게 전달해야 한다고 당부했다. 그러나 옥천희는 북경으로 가던 도중 발각되어 서신(백서)을 빼앗겼다.

황사영의 백서에는 조선의 교회 현황과 신유박해의 과정이 상세하게 적혀 있었다. 신유박해로 처벌받은 사람들의 이름 중에는 중국인 신부 주문모도 있었다. 황사영 백서에는 신유박해에 대한 부당함만 있지 않았다. 그는 청나라 황제에게 조선에 압력을 넣어 서양인 선교사를 받아들이게 하거나, 조선을 청나라 영토로 편입시켜달라고 요청했다. 그것이 불가능하다면 서양 군대를 조선에 파견해 신앙의 자유를 보장해달라고 요청했다. 개인적으로는 종교의 자유를 위한 신념이었을지 몰라도, 사회적으로는 외세를 끌어들여 나라와 민족을 위태롭게 만드는 매우 위험한 행동이었다.

정순왕후와 노론 세력은 황사영 백서를 통해 천주교를 박해할 명분이 확실하게 생겼다. 천주교가 제사를 거부하는 것에 그치는 것이 아니라, 외국 군대를 끌어들여 전쟁을 일으키려는 역모를 꾸몄기 때문이었다. 그러나 중국인 신부 주문모의 죽음이 외교적 문제로 확대되는 것을 우려한 노론 벽파는 황사영 백서의 내용을 축소·왜곡해 청나라에 보고하는 것으로 마무리 지었다.

한양 주교로 있던 뮈텔은 의금부에서 보관하고 있던 황사영 백서를 입수해 보관하다가 1925년, 한국 순교복자 79위의 시복 때 교황 피우스 11세에게 백서를 바쳤다. 교황청은 황사영 백서를 200부 인쇄해 주요 가톨릭 국가에 배포했다. 백서의 원본은 현재 로마 교황청 민속박물관에 보관되어 있다.

제23대 순조

#평안도차별 #홍경래의난 #무고한백성희생

평안도는 청나라와의 무역으로 상업과 광공업이 발달하며 경제적으로 풍요로웠고 교육 수준도 높았다. 그러나 평안도는 오래도록 지속된 지역 차별 때문에 관직에 나가지 못하는 설움이 가득했다. 게다가 안동 김씨를 비롯한 일부 가문들이 잠상(국가 몰래 상거래하는 행위)과 잠채(국가 몰래 광물을 채굴하는 행위)로 평안도 상인들을 억압하면서 평안도 사람들은 세금도 많이 냈다.

이런 상황에서 평안북도 용강군의 몰락한 양반이던 홍경래는 평양 향시에 합격했으나, 대과에 낙방하면서 나라에 불만을 품게 되었다. 홍경래는 서얼 우군칙, 천민 출신으로 거상이 된 이희저, 곽산의 진사 김창시 등과 역모를 준비했다. 상업과 광업에 대한 조정의 정책에 불만을 가진 대상들은 홍경래에게 군자금을 제공했고, 광산 노동자와 땅 없는 빈농들은 군사로 참여했다. 홍경래의 뜻에 동참해 자발적으로 참여한 사람도 많았지만, 돈을 벌기 위해 참여한 사람도 많았다.

1811년(순조 11년) 12월 18일, 자신을 평서대원수라 이름 붙인 홍경래가 이끄는 반정군은 가산군 다복동에서 봉기했다. 홍총각(홍봉의)이 이끄는 남진군은 10일도 안 되는 짧은 시간에 가산, 정주, 박천을 점령하고, 이제초가 이끄는 북진군도 곽산, 선천, 태천, 철산, 용천을 점령하며 세력을 크게 넓혔다. 홍경래는 점령한 지역의 토호와 관속을 군현의 무관으로 임명해 군졸과 군량을 확보하도록 했다.

순조로운 출발을 보이며 역모에 성공할 것 같았던 반정군은 안주성 공격을 두고 내분이 일어났다. 여기에 박천·송림·곽산·사송야 전투 패배와 함께 홍경래의 부상으로 인해 반정군은 정주성으로 퇴각했다. 관군은 반정군을 쫓는 과정에서 마을을 불태우며 반정군과 농민을 구분하지 않고 마구 죽였다. 관군에게 죽지 않으려는 많은 농민은 어쩔 수 없이 홍경래의 군을 따라 정주성으로 들어갈 수밖에 없었다. 정주성의 봉기군은 관군에 맞서 분전했으나 주변 지역에서 도와주는 세력이 없었다. 1812년(순조 12년) 4월 19일, 관군은 성 밑에 굴을 파고 폭약을 설치한 다음 성벽을 파괴했다. 관군을 막아줄 성벽이 없는 상황에서 정주성에 있는 사람들은 남녀 고하를 막론하고 처형당했다. 당시 기록에 따르면 10세 이하의 남자아이 224명, 여자아이 842명을 제외한 1,917명의 목이 베어졌다. 홍경래의 난은 실패했지만 백성들은 홍경래가 죽지 않았다고 믿으며 사회가 변화되기를 희망했다. 순조는 홍경래의 난 이후 국정을 이끌어가려는 의지를 잃어버리면서 김조순의 안동 김씨가 권력을 장악하는 계기를 제공했다.

세도정치가 정치를 후퇴시키다

#세도정치변천사 #안동김씨·풍양조씨 #비변사장악

세도정치란 외척 및 일부 소수 가문이 권력을 독점하고 왕을 무시하면서 자신의 이익만 추구하는 정치 형태를 말한다. 조선은 순조부터 철종까지 약 60여 년간 지속된 세도정치로 정상적인 정국 운영이 이루어지지 않으면서 관리들의 부정과 비리가 들끓었다. 이로 인해 백성들은 삼정의 문란 등으로 매우 어려운 삶을 살아야 했다. 이 시기 세도정치를 이끌었던 대표적인 가문으로 안동 김씨와 풍양 조씨가 있었다.

세도정치는 순조의 장인 김조순에서 시작되었다. 정조가 죽고 시파가 숙청되는 과정에서 자신의 딸을 순조의 비로 만든 김조순은 국구의 지위를 얻었다. 순조는 수렴청정하던 정순왕후가 죽으면서 비로소 직접 국정을 이끌려 했으나 전국적인 기근과 홍경래의 난으로 의지를 상실했다. 순조 시기 김조순은 병조판서, 이조판서, 형조판서, 예조판서, 어용대장, 훈련대장, 금위대장 등의 주요 관직을 맡았으나 대부분 오래 근무하지 않았다. 그러나 영돈녕부사와 비변사 제조는 오래도록 유지하며 정치적 영향력을 강화한 결과, 안동 김씨의 세도정치를 완성할 수 있었다.

순조가 기대를 걸던 효명세자가 대리청정하는 동안 조만영을 중심으로 한 풍양 조씨가 권력을 장악하며 안동 김씨를 위협했다. 효명세자가 젊은 나이에 갑자기 죽으면서 풍양 조씨는 잠시 위기를 겪기는 했지만 헌종이 즉위하면서 조인영을 중심으로 정국을 계속 주도했다. 그러나 풍양 조씨도 왕권을 제약하고 백성을 돌보지 않았다는 점에서 안동 김씨와 크게 다를 바가 없었다.

헌종이 후사 없이 죽으면서 순조의 비인 순원왕후가 정조의 이복동생 은언군의 자손인 이원범을 양자로 삼아 철종으로 즉위시켰다. 19세까지 제대로 교육을 받지 못한 철종을 내세운 안동 김씨는 김좌근을 중심으로 풍양 조씨에게서 권력을 빼앗았다. 이후 흥선대원군이 집권하기까지 안동 김씨의 세도정치가 이어지며 폐해는 극에 달했다.

19세기 세도정치가 이루어질 수 있었던 배경에는 비변사가 있었다. 비변사는 조선 후기 상설화되어 행정·경제·국방 등 국정의 모든 일을 결정했는데, 구성원이 소수에 불과해 적은 인원으로 정권을 장악하기에 유리했다. 세도정치를 이끌었던 일부 가문은 비변사에 자신의 일족이나 대리인을 임명해 권력을 장악했다. 그리고 이하 관직을 매매해 자신의 사람들로 관직을 채워나갔다. 세도가에게 돈으로 관직을 산 관리들은 더 큰 이익을 얻기 위해 삼정의 문란을 일으키며 백성들을 수탈했다. 그 결과 사회·경제·문화적으로 성장하던 조선 후기는 정치가 역행하면서 새로운 변화를 받아들일 수 없는 환경이 되었다.

304

삼정의 문란으로 삶이 어려워지다

#전정문란 #군정문란 #환정문란

세도정치 시기에는 국가 재정의 근간인 전정(전세 수취 제도), 군정(군포 징수 제도), 환정(구호 제도)이 문란해졌다. 국가 경영을 어렵게 하고 백성의 고통을 가중하던 전정·군정·환정 이 세 가지의 문란을 삼정의 문란이라고 부른다.

전정은 토지의 소유자와 토지의 면적 등을 측량한 뒤 수확되는 곡물의 양을 검사해 세금을 부과한다. 전지(田地)에 대한 조사는 20년에 한 번 하는 것이 원칙이지만, 세도정치 기간에는 한 번도 제대로 이루어지지 않았다. 담당자인 수령들은 실제 있지도 않은 토지에 세금을 징수하는 백지징세를 시행했다. 서리들은 군포를 몰래 빼돌린 뒤, 세금으로 내야 할 부족분을 전세에 부과하는 도결로 백성들을 착취했다. 양반과 토호는 자신의 토지를 대장에 올리지 않는 은결로 탈세했으며, 관아에서는 부족한 세수를 일반 농민에게 강제로 거둬들였다.

군정은 양난 이후 직접 군인으로 복무하지 않고 군포를 납부하는 방식으로 변했다. 양반들이 향교의 교생이나 서원의 원생으로 등록해 군역을 면제받자, 일반 농민은 양반의 군역까지 부담해야 했다. 이웃에게 군포를 징수하는 인정, 친인척에게 징수하는 족징, 어린아이에게 징수하는 황구첨정, 죽은 사람에게 징수하는 백골징포 등 다양한 방식으로 관리들은 군포를 강제로 징수했다. 군포 부담을 감당하지 못한 농민들이 도망가는 일이 많아지자, 남은 농민들의 부담은 날로 커졌다.

환곡 또는 환정은 관아에서 봄에 가난한 백성들에게 곡물과 종자를 빌려주었다가 가을에 거둬들이는 구호 정책이었다. 그러나 관리들이 허위 문서를 작성하거나 이것을 고리대 형식으로 운영하면서 백성의 부담을 가중시켰다. 원래는 원곡의 1/10을 이자로 돌려받아야 했으나, 세도정치 때는 수령과 아전에 따라 고무줄처럼 그 양이 변했다. 원곡을 빌려줄 때도 모래와 겨를 섞어 양을 조작하거나, 빌리지 않아도 되는 농민에게 강제로 곡물을 대여하게 했다.

세도정치 기간 삼정의 문란이 심했던 주요 원인은 관직의 매매였다. 돈을 주고 벼슬을 하게 된 관리는 백성으로부터 재물을 빼앗아 금전적 손해를 메꾸었다. 조정에서는 암행어사를 파견하거나 삼정이정청을 설치해 삼정의 문란을 바로잡으려 했으나 큰 성과를 거두지 못했다. 부정부패의 만연으로 수령과 서리들은 처벌받는 경우가 많지 않았다. 결국 삼정의 문란은 홍경래의 난이나 임술 농민항쟁 등 민란의 주요 원인이 되었다.

305

효명세자에게 국운을 걸다

제23대 순조

#정조닮은효명세자 #순조기대 #21세의죽음

창덕궁 대조전에서 태어난 효명세자(1809~1830년)는 날 때부터 정조의 눈과 이마를 닮았다고 해서 주변 사람들의 큰 기대를 받았다. 무엇보다도 효명세자는 숙종 이후 150년 만의 적통이었기에 4세에 창덕궁 희정당에서 왕세자로 책봉되었다. 조선시대에 적장자로 왕이 되었을 경우 정통성 시비 없이 왕이 막강한 권력을 행사했던 역사를 아는 순조는 효명세자에게 남다른 기대를 걸었다.

효명세자는 9세의 나이에 대제학을 지낸 남공철에게 "어떻게 하면 성인이 될 수 있습니까?"라고 물어볼 정도로 어려서부터 생각이 깊고 영민했다. 순조는 안동 김씨를 견제하기 위한 목적으로 효명세자가 11세가 되던 해에 영돈령부사 조만영의 딸과 가례를 올리게 했다. 그리고 효명세자가 14세가 되던 해에 왕실 제사 업무를 맡기며 일찌감치 정치를 배우게 했다.

1827년(순조 27년), 38세에 불과했던 순조는 자신의 건강이 좋지 않음을 내세우며, 19세의 효명세자에게 대리청정을 맡겼다. 선대의 왕들이 세자에게 인사권과 군사권을 제외한 정무만 맡겼던 것과는 달리 순조는 모든 권한을 부여하며 효명세자에게 힘을 실어주었다. 신하들도 순조의 결정에 크게 반발하지 않으면서 효명세자는 새로운 변화를 순조롭게 진행했다.

효명세자는 왕권을 강화하기 위해 많은 노력을 기울였다. 우선 심상규를 시작으로 안동 김씨를 옹호하는 신하들을 숙청하고, 그 자리에 김로, 이인부, 홍기섭, 김노경, 박규수 등 자신을 뒷받침할 인물을 채워 넣었다. 여기에 풍양 조씨의 조만영, 조인영 등의 지원에 힘입어 호적법을 정비하고 형벌과 옥사를 신중하게 살피는 등 나라와 백성을 위한 정책을 펴나갔다.

효명세자는 예악(禮樂)을 통해 왕권 강화 의지를 표명하고자 했다. 성리학을 표방하는 조선은 공자가 예의와 음악으로써 나라를 일으킨다고 한 말을 중요하게 여겼다. 효명세자는 이 점을 이용해 왕권을 강화하고자 대리청정 3년 동안 매년 큰 궁중 연회를 개최하며 조선시대 왕실의 위엄을 보여주었다. 이 과정에서 효명세자는 상당수의 악장과 가사, 그리고 궁중무용 정재무를 만들며 뛰어난 군주의 자질을 지녔음을 관료들에게 보여주었다. 그러나 1830년(순조 30년), 갑자기 피를 토하더니 14일 만에 죽고 말았다. 이때의 효명세자의 나이가 21세였으므로 너무도 갑작스러운 죽음이었다.

306

과거시험이 부정으로 얼룩지다

제23대 순조

#과거시험부정행위 #부정행위방법 #과거시험역기능

조선시대는 출신 가문보다는 능력을 검증해 관료를 선발하는 관료제 국가였다. 양반들은 개인의 출세를 넘어 집안을 일으키거나 유지하기 위해 과거시험에 꼭 합격해야 했다. 그러나 조선 500년 동안 과거 합격자의 평균 나이는 40세 전후였고, 급제한 사람도 1만 5천 명에 불과했다. 그렇다 보니 양반들은 5, 6세부터 공부를 시작해 수십 년간 확신도 없는 공부를 계속해야만 했다. 조선 후기에는 양반의 수가 급격하게 늘어나면서 과거 급제는 더욱 힘든 일이 되었다. 1800년(정조 24년)의 정시를 살펴보면 응시생 수가 11만 명에 답안지 수가 3만 8천 장이 넘었다. 적은 인원의 시험관으로 빠른 시간 내에 관리를 선발하는 것이 매우 어려운 일임을 간파한 일부 사람들은 과거시험의 허점을 악용해 부정된 방법으로 과거시험에 합격했다.

과거시험의 부정행위 방법은 시대에 따라 차이는 있었지만 돈과 권력이 있을수록 성공할 가능성이 높았다. 우선 많은 사람이 모여든 과거장에서 좋은 자리를 선점하는 일부터 부정행위가 시작되었다. 3만 장 넘게 제출되는 답안지를 하루 안에 채점한다는 것이 불가능했기에, 최소한 앞에서 300장 안에 들 수 있도록 자리를 잡는 것이 중요했다. 그러기 위해 과거가 시행되는 며칠 전부터 힘 좀 쓰는 장정들로 구성된 선접꾼이 말뚝 등으로 자리를 맡아놓았다.

과거가 열리는 당일이 되면 선접꾼이 맡아놓은 자리에 사수가 앉아 출제 문제를 베꼈다. 베껴진 문제를 보고 거벽이라고 불리는 전문 시험 대리인이 답안을 적은 뒤, 사수에게 다시 전달되었다. 사수가 전달된 답안지를 깔끔하게 옮겨 적으면 선접꾼이 시험지를 제출하는 것으로 부정행위는 끝이 났다. 부정행위를 위해서는 최소한 3명 이상이 하나의 팀을 이루어야 했던 만큼 과거 합격을 위해서는 돈과 권력을 얼마나 가졌는지가 중요했다.

부정행위가 만연했음에도 불구하고 정부는 과거시험의 부정행위를 적극적으로 제재할 생각과 의지가 없었다. 특히 왕권과 나라의 기강이 무너질수록 부정행위가 많아졌고, 나라에 필요한 인재를 선발하는 일은 더욱 어려워졌다. 중종 때 조광조의 현량과부터 조선 후기의 실학자들이 과거제 폐단을 이야기하며 대안을 제시한 것은 과거의 순기능보다 역기능이 더 많았기 때문이었다. 결국 조선은 과거시험의 폐단을 바로잡지 못하면서 망국의 길을 걷게 된다.

◇ 이름: 환
◇ 출생-사망: 1827~1849년
◇ 재위 기간: 1834년 11월~1849년 6월(14년 7개월)

차기 왕으로 많은 기대를 받던 효명세자가 갑자기 죽으면서 헌종은 4세의 나이에 왕
세손으로 책봉되었다. 그리고 1834년(순조 34년), 8세에 왕으로 즉위했다. 헌종은 조선
시대를 통틀어 가장 어린 나이로 즉위한 왕이었다. 즉위 초, 헌종의 할머니 순원왕후가
수렴청정하는 동안 안동 김씨는 정국을 운영했다.

헌종이 15세가 되던 해인 1841년(헌종 7년), 순원왕후의 수렴청정이 끝나면서 안
동 김씨와 풍양 조씨의 권력 투쟁이 일어나 정국이 불안정해졌다. 헌종의 어머니인 신
정왕후의 영향으로 풍양 조씨가 조정을 이끌었으나 조만영이 죽은 뒤 안동 김씨가 권
력을 다시 장악했다. 안동 김씨와 풍양 조씨의 권력 투쟁에서 헌종은 정국을 주도하지
못하는 모습을 보였다.

헌종이 재위하는 동안에는 자연재해가 유난히 많았다. 9번의 큰 물난리와 전염
병의 창궐로 백성들의 생활이 어려워진 가운데 관리들의 부정이 극에 달하며 삼정의
문란은 그칠 줄을 몰랐다. 해안가에도 이양선이 출몰해 민가를 약탈하며 정국을 불안
하게 만들었다. 결국 순조 이후 지속된 세도정치와 불안해진 민심으로 인해 1836년
(헌종 2년)에는 남응중, 1844년(헌종 10년)에는 이원덕·민진용 등을 필두로 반란이 자주
일어났다.

또한 이 시기엔 풍양 조씨의 주도로 천주교 탄압이 지속적으로 이루어졌다. 1839년
(헌종 5년)에는 주교 앵베르, 신부 모방을 비롯한 수많은 천주교 신자가 죽는 기해박해
가 일어났다. 1849년(헌종 15년)에는 우리나라 최초의 한국인 신부인 김대건이 처형당
했다.

그러나 헌종은 나라가 혼란한 와중에도《동국사략》,《동국문헌비고》등 여러 문헌
을 편찬·간행했고, 각 도마다 둑을 만드는 대규모 토목사업으로 홍수 방지와 농업용수
를 확보하려는 노력을 기울였다. 그러나 23세라는 젊은 나이에 후사 없이 창덕궁에서
죽으면서, 헌종은 자신이 추구하는 정치를 펼 기회를 얻지 못했다. 헌종의 능호는 경릉
으로, 그 능은 경기도 구리시 인창동 동구릉에 있다.

제24대 헌종
(재위: 1834~1849년)

효현왕후 김씨

효정왕후 홍씨

경빈 김씨

궁인 김씨 — ?(일찍 죽음)

부인: 4명
자녀: 1녀

309

암행어사도 탐관오리다

#관직매매 #암행어사횡포 #가재는게편

1800년(정조 24년), 정조가 죽고 순조가 11세의 나이로 왕에 즉위하자 조선 정국은 다시 혼란스러워졌다. 영조의 계비인 정순왕후가 순조를 대신해 수렴청정하는 동안 노론 벽파에 의해 정조가 육성했던 신진 관료들은 귀양을 가거나 죽임을 당했다. 이 과정에서 시파 출신인 김조순은 정조의 명을 따라 순조를 옆에서 보필하며 눈에 띄는 행동을 보이지 않았다. 그러나 1804년(순조 4년), 정순왕후의 수렴청정이 끝나고 순조가 직접 정치의 일선에 나오자 김조순은 노론 벽파를 몰아내고 안동 김씨가 정국을 주도하는 세도정치를 시작했다.

안동 김씨는 비변사를 통해 인사권을 독점하고 관직을 매매했다. 관직을 얻고자 하는 사람들은 빚을 내서라도 안동 김씨에게 엄청난 뇌물을 바쳐야 벼슬을 얻을 수 있었다. 그러나 관직을 얻었다고 끝이 아니었다. 더 좋은 관직을 얻거나 현재의 자리를 유지하기 위해 매년 세도가에게 뇌물을 바쳐야만 했다. 그러기 위해 일명 '삼정의 문란'이라 불리는 방법으로 백성을 수탈해 재물을 마련했다.

부정·비리를 저지르는 수령의 수탈을 이기지 못하고 고통에 신음하는 백성의 불만이 높아지자, 왕은 관리들의 부정을 바로잡기 위해 암행어사를 보냈다. 왕은 부조리를 바로잡는 암행어사를 보내면 수령들이 잘못된 행위를 멈추고 선정을 베풀 것이라 예상했지만, 실제로는 정반대의 현상이 일어났다.

오늘날 비밀 감찰에 해당하는 암행어사는 비밀리에 업무를 진행해야 하지만, 세도정치 기간 일부 암행어사는 수령에게 몇 날 몇 시에 방문하겠다고 미리 통보하고 관아를 방문했다. 그럴 수밖에 없는 것이 암행어사도 세도가에게 뇌물을 갖다 바치고 자리를 꿰찬 사람이 많았기 때문이었다. 문제는 암행어사는 수령과 달리 직접 백성을 상대로 수탈할 기회가 없었다. 또한 암행어사보다 세도가와 더 밀접한 수령을 잘못 건들면 암행어사 관직을 삭탈 당할 위험성도 컸다.

결국 일부 암행어사는 풍요로운 지역으로 감찰을 많이 나갔고, 그곳의 수령에게 뇌물을 요구했다. 수령은 암행어사가 온다는 소식이 들리면 뇌물을 마련하기 위해 여러 명목으로 백성을 또다시 수탈했다. 공공연하게 이루어지는 수령과 암행어사의 뒷거래를 잘 아는 백성들에게 암행어사는 자신들의 문제를 해결해줄 관리가 아닌 수탈자에 불과했다. 그래서 암행어사가 같은 지역으로 여러 번 오는 경우 백성들은 암행어사의 방문을 거부하는 집단행동을 표출하기도 했다.

310 풍양 조씨가 천주교 박해로 권력을 잡다

제24대 헌종

#풍양조씨권력장악 #기해박해목적 #세도가대결

순조 때 김조순은 정권을 장악하고 안동 김씨가 세도정치를 시작할 수 있는 토대를 마련했다. 효명세자는 순조를 대신해 대리청정을 하는 동안 풍양 조씨를 끌어들여 안동 김씨를 견제하면서 왕권을 강화하고자 했다. 하지만 21세에 죽으면서 왕권 강화에 실패했고, 그의 8세짜리 아들이 헌종으로 즉위했다. 헌종이 어린 관계로 순조의 비였던 순원왕후가 수렴청정을 하면서 조선의 조정은 안동 김씨가 다시 권력을 잡았다.

김조순의 아들 김유근(1785~1840년)은 순원왕후를 도와 정국을 이끌면서 풍양 조씨를 견제했다. 하지만 그는 노년에 중풍에 걸려 말을 제대로 할 수 없을 정도로 쇠약해지면서 천주교에 의지했다. 1839년(헌종 5년), 유진길에게 세례를 받고 심신의 안정을 얻은 김유근이 정계에서 은퇴하자 풍양 조씨의 매서운 반격이 시작되었다.

형조판서 조병현에게 천주교의 상황을 보고받은 풍양 조씨 측근 우의정 이지연은 헌종에게 천주교의 전파를 막아야 한다고 주장했다. 천주교가 부모와 임금을 인정하지 않고 사회 질서를 어지럽히는 해로운 종교라는 것이 이유였다. 정사를 비판하고 관리를 규찰하는 사헌부집의(司憲府執義) 정기화도 이지연에 동조해 천주교의 근절을 요구하는 상소를 올렸다.

조정은 순원왕후의 이름으로 천주교 신자를 체포하라는 칙령을 내렸으나 예상보다 검거율이 낮았다. 더욱이 형조에 체포된 천주교도 43명 중 34명이 천주교를 믿지 않겠다고 맹세하고 집으로 돌아가버렸다. 천주교 신자를 구실로 김유근을 비롯한 안동 김씨를 몰아내려던 풍양 조씨는 자칫 잘못하면 역공을 당할지도 모른다는 마음에 다급해졌다. 그리하여 기존보다 강력하게 천주교도를 발본색원하라고 명령했다.

정부의 천주교 탄압이 심해지자 수원에서 자수한 프랑스 주교 앵베르는 국내에 숨어 있던 모방과 샤스탕 신부에게 자수를 권했다. 두 신부는 자수를 거부하고 체포를 피해 도망 다녔지만 결국은 충청도 홍주에서 체포되어 의금부에서 국문을 받았다. 심문 과정에서 두 신부가 조신철과 정하상의 도움으로 조선에 입국했다는 사실이 밝혀지면서 김유근에게 세례를 내렸던 유진길과 정하상도 처형되었다. 그리고 세 명의 외국인 신부도 국문 후 목이 베였다. 이지연의 후임으로 우의정이 된 조인영은 정당한 재판 결과 없이 옥중에서 천주교인을 죽였는데, 현석문의 《기해일기》에 따르면 참수된 자가 54명, 교수형을 당하거나 병사한 자가 60명이었다. 풍양 조씨는 의도한 대로 기해박해를 통해 안동 김씨를 내쫓고 권력을 장악했다.

311 남연군의 묘를 이장하다

제24대 헌종

#남연군묘이장 #천자가나오는명당 #남은들상여

정조의 이복동생이던 은신군의 양자로 입양되어 평범하게 살던 남연군(1788~1836년)
이 죽자, 그의 네 아들은 경기도 연천에 묘를 조성하고 남연군을 정성껏 모셨다. 남연
군의 아들 중 막내였던 흥선대원군은 다른 형제들과는 달리 나라를 바로잡겠다는 야
망이 있었다. 흥선대원군은 당시 유명한 지관(풍수설에 따라 집터나 묏자리의 좋고 나쁨을 가려
내는 사람)이던 정만인을 찾아가 남연군 묘를 이장할 좋은 장소를 물었다. 정만인은 흥
선대원군의 질문에 두 명의 천자가 나오는 자리와 후손 대대로 영화를 누리는 자리 중
어느 곳을 선택하겠냐고 되물었다. 흥선대원군이 주저 없이 두 명의 천자가 나오는 자
리를 원한다고 대답하자 정만인은 충남 예산 가야사 자리를 알려주었다.

  흥선대원군은 묘를 이장하기 전 가야사를 내쫓기 위해 자기 재산의 절반인 만 냥
을 가야사 주지에게 주었다. 또는 중국의 명품 벼루를 충청감사에게 뇌물로 주고 가야
사를 쫓아냈다고도 한다. 야사에 따르면 가야사를 허물자 흥선대원군 형제의 꿈에 한
노인이 나타나 남연군 묘를 이곳으로 옮기면 모두 요절을 면치 못할 것이라 경고했다
고 한다. 흥선대원군의 형들은 노인의 경고에 겁을 먹고 이장을 반대했으나 흥선대원
군만은 오히려 명당이 증명되었다며 크게 좋아했다고 한다.

  가야사를 철거하는 과정에서 탑을 부수자 커다란 바위가 모습을 드러냈다. 온갖
방법을 다 동원해도 바위가 부서지지 않자 묘지를 만드는 공사는 중단되었다. 이에 화
가 난 흥선대원군이 "나라고 왕의 아버지가 되지 말란 법이 있느냐?"라고 소리치며 도
끼로 바위를 내리쳤다. 그러자 꿈쩍도 하지 않던 커다란 바위가 깨지면서 다시 묘를
조성할 수 있었다. 이후 흥선대원군은 이곳이 왕이 나오는 명당인 만큼 다른 사람이
시신을 묻지 못하도록 남연군의 묘에 수만 근의 철을 부어버렸다.

  연천에서 예산까지는 500리 길로, 약 200km에 달하는 먼 거리였다. 이에 흥선대
원군은 이장 비용을 줄이기 위해 지나가는 고을 사람들을 동원해 상여를 들게 했다.
불평하며 억지로 상여를 들던 다른 지역의 사람들과는 달리 마지막 구간에 있던 광천
리 남은들의 주민들은 정성껏 상여를 들었다. 그리하여 흥선대원군이 감사한 마음을
담아 상여를 마을에 선물로 주자, 마을 주민들은 상여를 마을의 보물로 여기며 '남은
들 상여'라고 불렀다. 이후 1845년(헌종 11년), 남연군의 묘가 예산으로 이장되고 18년
뒤인 1863년(고종 즉위년), 흥선대원군의 둘째 아이가 왕으로 즉위했다. 지관이 2대에
걸쳐 천자가 나온다는 예언대로 흥선대원군의 자손인 고종과 순종은 황제가 되었지
만, 조선은 국운을 다해 멸망했다.

312

정치적 의도 없이 천주교가 박해받다

기해박해 이후로도 천주교 박해는 계속 이루어졌지만, 천주교는 계속 복음을 이어나갔다. 제3대 조선 교구장 페레올은 우리나라 최초의 신부가 된 김대건과 함께 천주교 포교에 힘을 기울였다. 그러나 둘만으로는 조선에서의 포교 활동을 감당하기 어려웠다. 무엇보다도 시급한 것은 전도를 함께할 신부였다. 페레올과 김대건은 만주에서 조선에 입국할 날만 기다리고 있는 메스트르 신부와 최양업을 데려오기 위한 여러 방안을 마련하고자 백방으로 노력했다.

페레올은 군인들이 지키고 있는 육로를 통해서는 신부를 데려오기 어렵다 생각하고 김대건 신부에게 바다로 입국할 길을 알아봐달라고 부탁했다. 김대건 신부는 황해도 백령도 해역에서 신부를 데려올 청나라 배에 입국 경로가 적힌 지도와 편지를 보내고 돌아오던 중 순위도에서 관군에게 체포되었다. 해주감영에서 심문을 받던 김대건 신부는 천주교 탄압의 부당함을 주장하며, 포교를 인정해달라고 주장했다.

김대건 신부가 심문을 당하고 있을 때 선교사를 데려올 해로를 개척 중이던 선주 임성룡을 비롯한 교인 10여 명도 체포되었다. 때마침 홍주 해안에 군함 3척을 끌고 온 프랑스 동양함대 사령관 세실이 기해박해 때 죽은 세 명의 신부에 대한 책임을 물으며 통교를 요청하고 있었다. 정부는 서양 군대를 끌어들여 나라를 위태롭게 만들었다는 죄명으로 김대건 신부를 새남터에서 처형했다. 뒤이어 김대건 신부와 함께 체포된 현석문·임치백·한이형 등 8명의 남녀 교인도 처형했다. 이렇게 26세의 김대건 신부를 비롯한 여러 교인이 1846년(헌종 12년)에 죽은 사건을 병오박해라 불렀다.

병오박해는 기존 박해에 비해 많은 사람이 처형당하지 않았고 다른 천주교 신자들에 대한 박해도 없었다. 박해받는 과정에서도 페레올 신부와 다블뤼 신부는 산간벽지에 조성한 교우촌을 방문할 정도로 자유롭게 행동했다. 신유박해와 기해박해가 정적을 제거하기 위한 수단으로 많은 사람을 죽였던 것과는 매우 다른 모습이었다.

페레올 주교는 김대건 신부를 비롯한 여러 천주교 신자가 순교한 병오박해를《병오일기》에 담아 홍콩으로 보냈다. 그리하여 훗날 김대건 신부는 교황청이《병오일기》와 더불어 최양업 부제가 번역한 기해박해 기록을 인정하면서 1925년, 기해박해 순교자 70여 명과 함께 복자로 시복되었다. 그리고 1984년, 여의도 광장에서 교황 요한 바오로 2세에 의해 성인으로 시성되었다.

313

김대건, 최초의 신부가 되다

제24대 헌종

#조선최초신부 #세계지도번역 #김대건신부삶

김대건(1821~1846년)의 집안은 하느님에 대한 믿음을 지키다 순교했음에도 굳건하게 믿음을 이어갔다. 김대건의 증조부가 천주교를 믿는다는 이유로 10년간 옥살이를 하다가 순교하자 김대건의 조부는 용인으로 거주지를 옮겨 신앙을 이어갔다. 그러나 이마저도 상황이 여의치 않자 김대건의 아버지는 충남 당진으로 거처를 옮겨 믿음을 지켰다. 탄압을 피해 거처를 옮기다 보니 집안은 늘 가난했고, 어린 김대건은 제대로 먹지 못해 늘 허약했다.

집안 대대로 깊은 신앙심을 가지고 살아야 한다고 배운 김대건의 믿음을 본 모방(Maubant, P.) 신부는 그에게 영세를 내린 뒤 마카오에서 신학을 배울 기회를 제공했다. 15세라는 어린 나이에 최양업, 최방제와 함께 마카오 파리 외방 선교회에 입학한 김대건은 모든 방면에서 뛰어난 성적을 거두며 많은 이의 기대를 받았다. 공부하는 도중 아버지와 모방 신부가 서소문 밖에서 처형되었다는 소식을 들었지만, 김대건은 무너지지 않고 더욱 신학 공부에 매진했다.

조선교구 제3대 교구장 페레올(Ferreol, J. J. J. B.)은 김대건의 믿음과 능력이 출중하다는 소식을 듣고 김대건에게 조선에서 믿음을 함께 전파하자고 부탁했다. 김대건은 오랜만에 조선에 들어왔으나 조선 백성들의 삶은 여전히 부패한 관리들의 폭정으로 피폐해 있었다. 조선의 백성을 위해서라도 선교가 꼭 필요하다고 생각한 김대건은 능력을 키우기 위해 만주로 되돌아가서 사제 바로 전 단계인 부제가 되었다.

이후 돌아온 김대건은 페레올의 집전하에 완당신학교에서 신품성사를 받고 우리나라 최초의 신부가 되었다. 이후 페레올, 다블뤼 신부와 함께 한양으로 돌아온 김대건은 조선교구 부교구장이 되어 복음 활동에 매진했다. 하지만 하느님의 말씀을 전하기 위해서는 조선에 더 많은 신부가 필요했다. 김대건은 포교 활동을 하면서도 서양 신부가 조선에 들어올 수 있는 해로 개척에 힘을 기울였다.

그러던 중 1846년(헌종 12년) 5월, 김대건은 황해남도 강령군에 속한 순위도에서 관군에게 체포되었다. 그는 모진 고문 끝에 천주교 유포와 서양 세력을 끌어들였다는 죄로 효수형을 받았으나 도리어 침착했다. 오히려 그는 조선 밖의 상황을 알려달라는 제의를 받아들여 옥중에서 세계 지리 개략을 편술했다. 또한 영국에서 만들어진 세계 지도를 번역해 제출한 뒤 처연하게 죽음을 기다렸다. 김대건은 1846년(헌종 12년) 9월 16일, 서울 용산구 이촌동에 위치한 새남터에서 26세라는 젊은 나이로 순교했다. 1925년, 교황 비오 11세는 김대건을 복자로 선포했고 1984년에는 성인으로 선포했다.

314 열정을 학문으로 승화한 추사 김정희

#김정희자질 #안동김씨견제 #추사체완성

추사 김정희(1786~1856년)가 어머니 배 속에서 24개월 만에 세상 밖으로 나오자 그의 집 주변에 말라가던 나무들이 생기를 되찾았다는 일화는 유명하다. 채제공이 어린 김정희가 쓴 글씨를 보고 놀랐다는 이야기가 전해질 정도로 뛰어난 자질을 보였던 김정희는 당대 석학이자 실학자였던 박제가에게 학문을 배웠다.

23세에 사마시에 합격한 김정희는 호조참판에 오른 아버지 김노경을 따라 북경을 방문했다. 김정희가 얼마나 뛰어난 능력을 갖췄는지 청나라 금석학의 대가였던 옹방강과 완원 등 당대 석학들이 그와의 헤어짐을 아쉬워할 정도였다. 고국에 돌아온 김정희는 중국에서 접한 금석학을 깊이 공부해 19세기까지 무학대사가 세운 비석 또는 글자 없는 비석으로만 알고 있던 북한산비가 진흥왕 순수비라는 사실을 밝혀냈다.

34세에 과거에 급제한 김정희는 세상을 바로잡으려는 큰 뜻을 세웠지만, 아버지 김노경이 1830년(순조 30년)에 탄핵당하면서 뜻을 펼 기회를 잃게 되었다. 이후 그는 병조참판에 임명되었지만 김정희를 경계하는 안동 김씨에 의해 제주도로 9년 동안 유배를 떠나는 등 세도정치하에서 아무것도 할 수 없었다. 김정희는 제주도 유배 시기 〈세한도〉라는 유명한 작품을 남겼다. 그는 〈세한도〉 발문에 "날이 차가워진 연후에야 소나무와 잣나무가 뒤늦게 시드는 것을 알게 된다."라는 공자의 글을 적었다. 많은 이가 이익을 좇아 자신을 멀리하는 것과 달리 통역관 이상적만은 《경세문편》 등 여러 책을 구해주며 자신을 보살펴준 데 따른 고마움을 표현한 것이었다.

힘든 시기를 보내면서도 세상을 바로잡고자 했던 열정을 놓을 수 없었던 김정희는 글로써 감정을 다스렸다. 그는 '벼루 열 개, 붓 천 자루'를 썼다고 전해질 정도로 수많은 글을 쓴 끝에 기존에 없던 자신만의 독특한 서체인 추사체를 완성했다. 김정희와 동시대에 살던 유치진은 《초산잡저》에서 "추사의 예서나 해서에 대해 잘 알지 못하는 이들은 괴기한 글씨라 할 것이요. 알긴 알아도 대충 아는 자들은 황홀해 그 실마리를 종잡을 수 없을 것이다. 원래 글씨의 묘를 깨달은 서예가는 법도를 떠나지 않으면서도 법도에 구속받지 않는 법이다. 글자의 획이 혹은 살지고 혹은 가늘며, 혹은 메마르고 기름지면서 험악하고 괴이해 얼핏 보면 옆으로 삐쳐나가고 종횡으로 비비고 바른 것 같으나 거기에는 아무런 잘못이 없다."라고 설명했다. 김정희는 고금도 4년, 제주도 10년, 함경도 북청 2년 등 생애의 많은 시간을 유배지에서 보냈으나 뛰어난 학문과 지식, 그리고 서체와 그림을 통해 자신의 뜻과 열정을 세상에 남겼다.

315

서학西學이 전해지다

제24대 헌종

#서양학문 #종교로인식 #천주교박해

서학이라는 용어는 명말·청초 때 중국에 천주교를 전도하던 예수회 선교사들에 의해 만들어졌다. 중국의 수준 높은 문화와 국력을 체감한 선교사들은 중국에서는 아프리카와 아메리카처럼 강압적으로 크리스트교를 전도할 수 없다고 판단했다. 중국인들의 환심을 얻어 천천히 접근해야 한다고 생각한 선교사들은 중국에 없는 서적이나 물건을 전해주면서 중국인들에게 천주교를 전도했다.

조선 사절단은 중국 북경을 방문해 기존에 보지 못했던 서구 문물과 서학(천주교)을 접하게 되었다. 이들은 귀국하는 길에 안경과 망원경 등 서구 문물과 함께 천주교 서적을 새로운 학문으로 가지고 들어왔다. 병자호란 이후 청나라에서 볼모 생활을 하던 소현세자도 아담 샬에게 받은 천주상과 한자로 번역된 서학서를 다른 물건들과 함께 가지고 귀국했다. 그러나 이것들을 종교로서 받아들인 것은 아니었다. 김육이 선교사들이 가져온 시헌력을 조선에 적용하는 등 서학은 지식인 및 관료들에게 서양에 대한 지적 호기심을 충족시키는 데 불과했다.

서학은 18세기에 들어서면서부터 학문이 아닌 종교로 인식되기 시작했다. 남인 계통의 이벽·정약전·권철신·이승훈 등은 천진암과 주어사 등에서 하느님에게 예배를 드리며 종교 생활을 이어나갔다. 이승훈은 수행원으로 북경에 가서 세례를 받고 돌아와 조선 천주교회를 서울에 세웠다. 이후 이존창이 내포 지역에서, 윤지충은 전주에서 교회를 세우며 교세를 크게 넓혔다. 인간 평등을 강조했던 서학은 신분제 사회로 억압받던 부녀자와 평민 등 사회적 소외 계층에게 큰 호응을 받았다.

서학 탄압은 19세기부터 시작되었다. 18세기 정조 때 윤지충이 어머니의 제사를 지내지 않아 반인륜적 행위로 처벌받은 일이 있었으나 이것은 종교적 탄압은 아니었다. 그러나 19세기 순조 때 이루어진 신유박해를 시작으로 서학, 즉 천주교는 반국가적 종교로 인식되어 수차례 조정의 박해를 받았다. 많은 천주교 신자가 희생당했지만 천주교의 유입은 성리학의 틀과 신분제에 갇혀 있던 조선에 새로운 변화의 바람을 불어넣었다.

《정감록》은 작자 미상의 예언서로 〈감결〉을 비롯해 〈역대왕도본궁수〉 등 그 종류만 40~50여 개에 달한다. 《정감록》은 그 내용에 조선시대에 만들어진 지명이 자주 등장하고, 조선 초에 사라진 책이 목록에 없는 점으로 보아 양난 전후로 만들어졌다고 추측되고 있다. 후대 사람들은 입신양명을 포기한 몰락한 양반들이 참위설·풍수지리설·도교 등 여러 학문과 사상을 합쳐 조선의 멸망을 그럴듯하게 만든 책이 《정감록》이라고 해석한다.

《정감록》은 중국 촉나라 도인 정감과 완산, 그리고 이백의 둘째 아들 이심과 셋째 아들 이연이 나누는 대화를 통해 미래를 은유적이고 우의적으로 예언하면서 이야기를 전개하고 있다. 그러나 직접적인 예언이 없고 난해한 부분이 많다 보니 《정감록》은 이후 여러 다양한 해석을 낳았다. 하지만 그렇게 종류가 많은 《정감록》이어도 큰 줄기 내용인 "평양이 1천 년 운을 다하고, 송악이 500년 도읍지가 되었다. 그러나 요승과 궁녀의 장난으로 한양으로 운이 옮겨졌다. 한양의 운도 몇백 년 가지 못하고 정씨가 계룡산에서 800년을 이어갈 나라를 세운다. 그리고 조씨가 가야산에서 600년, 범씨가 완산에서 몇백 년, 왕씨가 다시 송악에서 나라를 세울 것이다. 중간마다 큰 재난과 화가 따르는데, 이를 피할 수 있는 십승지가 있다."라는 이야기는 어디에서나 같았다.

자신의 노력만으로는 삶을 변화시킬 수 없는 암울한 현실을 마주한 백성들은 조선이 망하고 곧 살기 좋은 세상이 올 것이라 말해주는 《정감록》이 좋았다. 그리고 백성 스스로가 《정감록》의 예언을 이루는 주체가 되고 싶어 하면서 조선 후기에 많은 민란을 일으켰다. 특히 세도정치로 차마 죽지 못해 살아가던 19세기에 일어난 민란 대부분은 《정감록》을 배경으로 했을 정도였다.

백성들이 《정감록》으로 역모를 일으킨 첫 번째 사건은 1785년(정조 9년), 홍복영의 역모 사건이었다. 그리고 《정감록》에 기반해 가장 크게 일어난 민란은 1811년(순조 11년)의 홍경래의 난이었다. 이후로도 《정감록》에 기반한 민란은 계속 실패하면서 《정감록》은 허무맹랑한 소리라는 비판을 받았지만 그럼에도 많은 사람이 《정감록》의 예언을 믿고 따랐다. 당연히 조선은 반왕조적이며 현실을 부정하는 《정감록》을 금서로 정하고 소유하는 것만으로도 처벌했다. 조선시대 예언서는 《정감록》 외에도 명종 때 남사고가 저술했다는 《격암유록》과 헌종 때 평안남도 대동군에 살던 송하 노인이 작성했다는 《송하비결》 등이 있다.

난을 피할 수 있는 십승지

《정감록》에는 난을 피할 수 있는 좋은 장소인 십승지 10곳이 소개되어 있다.

◇ **강원 영월 연하리·미사리·노루목:** 여자가 이곳에 먼저 들어가면 십승지로서의 역할을 못 한다고 알려져 있다. 조광조의 후손들이 미사리에 숨어 살았다고 하며, 현재는 김삿갓으로 유명한 김병연의 묘가 이곳에 있다.

◇ **경남 합천 가야:** 해인사 주변 일대로 최치원이 마지막으로 정착한 지역이다. 태조 이성계는 팔만대장경을 해인사로 옮겨 보관했다.

◇ **경북 봉화 춘양:** 봉화군 춘양면 도심리 일대이며 《정감록》에 "소라국 옛터"로 표현되어 있다. 이순신 장군이 이곳에 은둔했다는 설이 전해진다.

◇ **경북 영주 풍기:** 풍기읍 금계리 지역이며 《도선비기》와 이중환의 《택리지》에서 살기 좋은 곳으로 거론되었다. 마을 곳곳에 《정감록》 십승지 마을을 알리는 돌탑과 장승이 세워져 있다.

◇ **경북 예천 금당실:** 태조 이성계가 도읍을 정하려다 큰 강이 없다는 이유로 탈락한 장소라고 전해진다. 〈감결〉에는 임금의 수레가 다다르면 십승지로서의 역할을 못 한다고 적혀 있다.

◇ **전북 남원 운봉:** 운봉 일대는 높은 산과 봉우리로 이루어진 분지 안에 위치한다. 《흥부전》의 배경이다. 격암 남사고의 《산수십승보길지지》에 "운봉 두류산 아래 동점촌 100리 안, 영구 보신할 만하다."라고 기록되어 있다.

◇ **전북 무주 무풍:** 무풍면 일대이며 양난 때 18개 성씨의 중시조가 이곳에 들어와 난을 피했다고 한다. 사람의 씨를 보전하고 곡식의 종자를 구할 수 있는 땅으로 표기되어 있다.

◇ **전북 부안 변산:** 우반동 지역 일대이며 허균이 정사암에서 《홍길동전》을 저술하였다. 반계 유형원은 이곳에 반계서당을 짓고 이상적인 국가 건설을 제시하는 《반계수록》을 저술했다.

◇ **충남 공주 유구·마곡:** 계룡산 북쪽 유구와 마곡 일대이며 김구가 감옥에서 도망쳐 마곡사에 숨은 것으로 유명하다. 조선 중종 때 도술가 전우치가 이곳에 살았다는 이야기가 전해진다.

◇ **충북 보은 속리산:** 이중환은 《택리지》에서 "속리산의 증항과 도장산은 구불구불한 골짜기가 있어 난리를 피할 수 있는 최상의 복 받은 땅이다."라고 표현하였다.

◇ 이름: 변
◇ 출생-사망: 1831~1863년
◇ 재위 기간: 1849년 6월~1863년 12월(14년 6개월)

헌종이 후사 없이 23세라는 젊은 나이에 죽자, 대왕대비 순원왕후는 정조의 이복동생 은언군의 자손 이원범을 다음 왕으로 지목했다. 강화도에서 유배 생활을 하며 일반 농민들과 다를 바 없이 생활하던 이원범은 1849년(철종 즉위년), 창덕궁에서 왕으로 즉위했다. 강화도에서 생활했던 젊은 시절에 빗대어 사람들은 그를 '강화도령'이라고 은밀하게 불렀다.

철종이 김문근의 딸을 왕비로 맞이하면서 안동 김씨의 세도정치는 계속 이어졌다. 철종은 1852년(철종 3년), 직접 정치 일선에 나서 나라를 변화시키고자 노력했다. 관서 지방에 기근이 심해지자 선혜청 5만 냥과 사역원 삼포세 6만 냥을 풀어 백성을 구제했다. 화재로 큰 피해를 입은 여주와 함흥, 그리고 수해를 당한 영남 지역에 선정을 베풀며 민심을 다독였다. 철종은 삼정이정청을 통해 백성을 괴롭히는 삼정의 폐해를 바로잡으려고 했으나 이것이 실패로 돌아가면서 진주민란 등 많은 지역에서 민란이 일어났다.

1860년(철종 11년)에는 몰락한 양반이던 최제우가 민간 신앙과 유교, 불교, 도교를 융합한 동학을 만들었다. 후천개벽 사상과 인내천 사상을 바탕으로 하는 동학이 빠른 속도로 전국에 전파되자 철종은 사회를 어지럽혔다는 죄명으로 경주에서 체포한 최제우를 처형했다. 그 후 삼정의 문란과 민란, 그리고 동학의 전파로 어수선한 가운데 철종이 33세의 나이로 죽었다. 그는 재위 시절 5명의 아들을 낳았지만, 모두 어린 나이에 죽어 왕위를 계승할 사람이 없었다. 철종의 능호는 예릉으로, 그 능은 경기도 고양시 원당읍 서삼릉에 있다.

제25대 철종
(재위: 1849~1863년)

철인왕후 김씨 ── 왕자(일찍 죽음)

귀인 박씨 ── 왕자(일찍 죽음)

귀인 조씨 ── 왕자(일찍 죽음)

숙의 방씨 ── 왕자(일찍 죽음)
　　　　　　 왕자(일찍 죽음)

숙의 범씨 ── 영혜옹주

궁인 이씨

궁인 김씨

궁인 박씨

부인: 8명
자녀: 5남 1녀

아무도 철종의 즉위를 예상하지 못했다

제25대 철종

#강화도령 #역적집안 #왕이된이유

철종은 원칙적으로는 왕이 될 수 있는 인물이 아니었다. 사도세자의 후궁에서 태어난 은언군의 손자이자 역적의 집안에서 태어난 철종이 왕이 되리라 생각한 사람은 아무도 없었다. 철종은 원범이란 이름으로 살아갈 때 술 취한 동네 사람에게 무시당하며 매를 맞을 정도로 일반 평민만도 못한 생활을 하고 있었다.

철종의 집안이 몰락한 데는 영조의 역할이 컸다. 영조는 정조의 안정적인 즉위를 위해 사도세자의 이복동생 은언군(철종 할아버지)을 제주도로 유배 보냈다. 은언군은 석방된 후 낮은 벼슬을 하며 살던 중 아들 상계군이 홍국영의 누이였던 원빈 홍씨의 양자가 되었다. 그러나 홍국영이 상계군을 세자로 삼으려다 쫓겨나자 은언군도 강화도로 유배되었다. 1801년(순조 1년)에는 신유사옥 때 처 송씨와 큰며느리가 청나라 신부 주문모에게 세례를 받은 사실이 발각되어 은언군도 함께 죽임을 당했다.

은언군이 죽자 그의 아들 전계대원군(철종 아버지)은 강화도에서 노비 생활을 할 정도로 가난하게 살았다. 철종은 전계대원군이 강화도를 떠나 한양에서 근근이 살던 중 철종이 태어났다. 그러나 철종의 큰형 이원경이 민진용이 주도한 역모에 관련되면서 철종은 서울을 떠나 강화도로 유배 가야만 했다. 이런 배경의 철종이 왕이 될 가능성이란 1%도 없었다.

그러나 헌종이 아들을 못 낳고 죽으면서 상황이 달라졌다. 순조의 왕비 순원왕후는 서둘러 관료를 불러 왕위를 계승할 인물을 추천하라고 했다. 좌의정 권돈인은 이하전을, 영의정 정원용이 이원범을 추천하자, 순원왕후와 안동 김씨는 이원범을 다음 왕으로 택했다. 역적의 집안으로 제대로 교육도 못 받고 친인척도 없는 이원범이야말로 자신들 뜻대로 움직여줄 허수아비 왕으로서 가장 제격이었다. 더욱이 철종의 나이가 19세에 불과해 순원왕후가 수렴청정을 통해 정권을 장악하는 데도 문제가 없었다.

영의정 정원용은 순원왕후의 명을 받들어 강화도로 내려가 이원범을 찾았다. 이원범은 나무를 하고 내려오다 관군이 자신을 죽이러 온 줄 알고 정원용에게 살려달라고 애원했다. 그는 정원용으로부터 자초지종을 들은 후에야 안심하고 창덕궁에서 왕으로 즉위할 수 있었다.

321 무기력하게 살기를 강요당한 철종

제25대 철종

#철종의선정 #철종야사 #강화도령첫사랑길

철종은 왕으로 즉위했지만 늘 왕실과 조정 관료들의 무시를 받으며 생활해야 했다. 철종도 어린 시절《소학》까지는 배웠지만 사람들의 입에서는 한 글자도 읽지 못하고 쓰지 못하는 일자무식으로 알려졌다. 그리하여 철종이 왕으로서 무엇을 하려고 해도 그의 이야기에 귀 기울여주는 사람이 하나 없었다. 하지만 철종은 강화도 유배 시절 몸소 보고 느꼈던 백성들의 어려운 삶을 도와주는 왕이 되고 싶었다. 철종은 열심히 노력하면 순원왕후의 수렴청정이 끝난 이후에 자신이 원하는 세상을 만들 수 있을 거라고 생각했다.

하지만 21세가 되던 해, 그토록 바라던 순원왕후의 수렴청정이 끝났음에도 철종은 여전히 아무것도 할 수 없었다. 철종은 안동 김씨의 수장인 김문근의 딸을 아내로 맞이하면서 오히려 상황이 더 나빠졌다. 안동 김씨는 김문근의 조카 김병학을 대제학에 임명하는 것을 시작으로 훈련대장에 김병국, 좌찬성에 김병기 등 자신의 일족을 주요 관직에 배치하며 조정을 장악했다. 철종이 왕으로서 할 수 있는 일은 많지 않았다.

그러나 철종은 왕으로서 나라를 바로잡고자 하는 마음은 버리지 않았다. 1853년 (철종 4년), 그는 관서 지방에 기근이 심해지자 선혜청과 사역원 삼포세 11만 냥을 백성을 위해 사용했다. 1856년(철종 7년)에는 화재로 모든 것을 잃은 여주 1천 호를 구휼하고 함흥 화재와 영남 수재 지역의 빈민들을 도와주었다.

철종은 삼정의 문란을 바로잡기 위해 부정·비리를 저지르는 관리들의 처벌을 명하기도 했으나 큰 효과가 없었다. 한편 삶이 어려워진 일부 백성들은 철종이 첫사랑 양순이와의 사랑을 잊지 못해 국가와 백성을 제대로 돌보지 않는다고 생각했다. 백성들의 이러한 마음은 철종의 야사를 만들어냈다. 야사에 따르면 철종이 강화도령이던 시절 혼인을 약속했던 양순이라는 처녀가 있었다고 한다. 철종은 양순이를 궁으로 불러들이지 못하는 자신의 처지를 괴로워하며 틈만 나면 강화도로 되돌아가고 싶어 했다. 철종이 아내 철인왕후와 사이가 좋지 않다는 사실이 세상에 알려지면 권력을 놓칠 수 있음을 경계한 안동 김씨는 강화도로 사람을 보내 양순이를 죽여버렸다고 한다. 오늘날 강화도는 철종이 강화도령으로 살던 곳에 용흥궁을 다시 짓고 '강화도령 첫사랑길'을 만들어 관광자원으로 활용하고 있다.

김정호가 〈대동여지도〉를 만들다

#김정호역사왜곡 #대동여지도 #김정호지도제작

일제강점기에 한국어를 가르치기 위해 제작된《조선어독본》에는 〈대동여지도〉를 만든 김정호(1804~1866년, 추정)에 관한 내용이 실려 있었다. "황해도에서 태어난 김정호는 조선의 지도가 엉망인 것을 보고, 직접 발품을 팔아 지도를 만들기로 결심했다. 전국을 세 번 돌고 백두산을 여덟 번이나 오르며 전국을 확인한 김정호는 가난한 살림에도 불구하고 나무판을 사서 딸과 함께 〈대동여지도〉를 만들었다. 쇄국정책을 고수하던 흥선대원군은 〈대동여지도〉 판을 압수하고, 김정호와 그 딸을 옥에 가두어 죽였다."라는 내용이었다. 이 내용은 광복 후에도 교과서에 그대로 실려 활용되었다.

이 내용에는 일제의 의도된 역사 왜곡이 담겨 있었다. 조선이 세계화의 빠른 변화에 능동적으로 대처하지 못하고, 뛰어난 인재를 말살하는 후진적인 나라였음을 강조하며 일제의 지배를 정당화하려는 목적이었다. 실제로 〈대동여지도〉는 김정호 개인이 만든 것이 아니라 조선 조정의 요청으로 만들어졌다. 또한 전국을 돌아다니며 답사해 만든 것이 아닌 기존에 있던 지도와 지리서를 토대로 다양한 자료를 수집하고 검증해 만들어졌다.

〈대동여지도〉는 동서 89리 남북 120리를 한 면에 담아 전국을 총 227면으로 구성했다. 그렇다 보니 그 크기가 6.7×3.8m에 달할 정도로 컸다. 하지만 20×30cm 크기의 책자 형태로 지도를 접을 수 있도록 제작되어 언제 어디서나 쉽게 가지고 다닐 수 있었다. 또한 각 첩 표지에 주요 지명을 표기해 필요한 부분을 찾기 쉽게 했다.

방안 격자와 방안 눈금을 사용하던 기존 지도와는 달리 〈대동여지도〉는 도로를 나타내는 선에 10리마다 표식을 남겨 누구나 쉽게 거리를 계산할 수 있었다. 또한 다양한 색상을 넣을 수 없는 단점을 보완하기 위해 곡선으로 산을 표현하고, 직선으로 도로를 표시했다. 산줄기도 험한 정도를 표현하기 위해 굵기를 다르게 하거나, 특정 산을 강조하는 전통적인 '산악투영법'을 지도 제작에 활용했다.

김정호는 〈대동여지도〉만 제작한 것은 아니었다. 〈대동여지도〉가 너무 유명해서 다른 지도와 지도서들이 덜 알려졌을 뿐, 그는 평생에 걸쳐 많은 지도와 지리서를 만들었다. 1834년(순조 34년)에는《신증동국여지승람》에서 시문과 인물을 제외하고 교정한《동여편고》와《청구도》를 편찬했다. 그리고 최한기와 함께 세계지도인 〈지구전후도〉를 제작했다. 1840년대에는 한양 지도인 〈수선전도〉와 각종 자료를 수집해 만든 세계지도인 〈여지전도〉, 그리고 개정판《청구도》를 편찬했다. 1850년대에는 군현의 경도와 위도를 기록해놓은 전국지리지인《여도비지》를 제작하는 등 왕성하게 지도를 제작했다.

323 화양서원, 공권력을 넘어서다

제25대 철종

#화양서원 #화양묵패 #도를넘은서원

충북 괴산에 있는 화양서원은 공자와 맹자처럼 조선시대에 '子' 칭호를 유일하게 받은 우암 송시열을 모신 서원이다. 송시열은 조선 후기 정국을 이끌어가던 노론의 영수로, 그를 따르는 사람들에 의해 진리처럼 우상시된 인물이었다. 그는 1689년(숙종 15년)에 정읍에서 83세로 사약을 먹고 죽었지만 그의 영향력은 살아 있을 때보다 죽은 이후 더욱 강했다.

1694년(숙종 20년), 송시열이 복권되면서 그를 제향하는 서원이 전국 각지에 많이 세워졌다. 당시 송시열을 제향하는 서원 중에 국가로부터 사액(임금이 이름을 지어서 새긴 편액)을 받은 서원만 37곳에 달했다. 그중에서도 최고의 서원이 화양서원이었다. 화양서원은 송시열의 제자였던 권상하가 국가로부터 사액을 받아, 송시열과 더불어 임진 왜란 당시 군대를 파병한 명나라 황제 신종과 마지막 황제 의종의 신위를 모시는 사당을 지어 제향을 올렸다. 이후 선조가 어필(임금이 손수 쓴 글씨)로 적은 '만절필동(萬折必東, 강물이 꺾여 굽이치더라도 반드시 동쪽으로 흘러간다는 사자성어로 충신의 절개를 의미)'에서 이름을 빌려와 명나라 황제를 모시는 사당을 만동묘라 불렀다.

조선 후기 내내 많은 왕은 만동묘를 중요하게 여기며 각종 지원을 아끼지 않았다. 영조는 만동묘 제사를 올리는 데 필요한 토지와 노비를 하사하고 예조 90명이 묘우를 돌아가며 지키도록 했다. 정조도 어필로 사액을 하사했으며 헌종 때는 음력 3, 9월에 관찰사가 제사를 지내도록 했다. 국가가 적극적으로 화양서원을 지원할수록 서원의 힘은 하늘 높은 줄 모르고 막강해져 갔다.

화양서원은 강원도와 삼남 지역에 많은 토지를 소유하는 데 그치지 않고 제사를 지내는 시기가 되면 화양묵패를 전국 각지에 돌렸다. 화양묵패는 서원에서 지내는 제 사를 위해 필요한 물품과 경비를 정해진 날짜에 봉납(헌납)하라는 문서였다. 묵패를 받고도 응하지 않는 자는 사형을 받기도 했다. 또한 화양서원에서는 제향이 이루어지는 봄과 가을에는 몰려드는 수천 명의 유생을 접대하기 위해 음식과 술을 파는 복주촌이 열렸다. 이때 이 과정에서 인근 양민들에게 강제로 돈을 징수하거나 부역을 면하게 해 준다는 명목으로 돈을 받는 일이 자주 발생하면서 많은 문제가 일어났다. 당시 권력을 쥐고 서원을 운영하던 이들에게도 화양서원의 횡포는 감당하기 어려웠는지 안동 김씨의 실세였던 김좌근은 1858년(철종 9년), 복주촌을 철폐해달라고 주청을 올리기도 했다. 그러나 큰 효력이 없었는지 1862년(철종 13년), 화양서원이 서원 수리를 명목으로 전라도에서 재물을 거두었다는 기록이 남아 있다.

임술농민봉기가 일어나다

임술농민봉기를 대표하는 진주민란은 1862년(철종 13년) 2월에 일어났다. 중앙에서 내려온 관리와 서리들은 중앙에 납부할 세금을 착복하고 부족한 세수는 도결로 채우며 오랫동안 백성을 수탈하고 있었다. 도결이란 부족한 재정을 메꾸기 위해 토지에 추가로 세금을 부과하는 것을 말한다. 그런 가운데 진주목사 홍병원과 경상우병사 백낙신이 가혹하게 세금을 징수하자 농민들은 울분을 토하게 되었다.

1861년(철종 12년) 부임한 목사 홍병원이 도결을 시도하자 백낙신도 부족한 병영 재정을 메꾸기 위해 약 6만 냥을 진주 백성들에게 징수했다. 이 금액은 진주 백성들이 감당할 수 있는 금액이 아니었다. 모두가 집과 토지를 빼앗기고 거리로 나앉을 판이었다. 이에 몰락한 양반이던 유계춘(1815~1862년)과 이계열 등이 민란을 주도했다. 특히 진주민란의 중심으로 큰 역할을 했던 것은 가장 가난했던 초군, 즉 나무꾼들이었다.

유계춘은 장날을 이용해 초군 외에도 봉기를 함께 일으킬 사람들을 한곳에 모았다. 이들은 도결 중지를 외치며 부호들의 집을 공격하면서 진주 관아로 향했다. 수천 명의 백성이 머리에 흰 두건을 쓰고 몽둥이를 들고 몰려오는 모습에 놀란 진주목사 홍병원은 도결을 철폐하겠다고 약속하는 문서를 작성했다.

그러나 민중들은 멈추지 않았다. 백낙신이 있는 병영을 향해서도 나아갔다. 병사 백낙신은 위급함을 모면하려고 서리 김희순에게 책임을 물어 그를 곤장으로 때려죽였다. 그리고 세금을 거두지 않겠다는 문서를 작성했다. 하지만 이것만으로는 성난 민심을 다독일 수 없었다. 봉기에 참여한 사람들은 백낙신의 잘못을 밝히는 동시에 직접적으로 세금을 거두러 다녔던 하급 관리들도 죽였다. 진주민란은 6일간 항쟁하고 해산했으나 다음 달에도 수만 명이 진주성에 진을 치며 세금 문제 해결을 요구했다.

조정에서는 진주민란의 책임을 물어 홍병원과 백낙신을 파직하고 박규수를 안핵사로 파견했다. 진주로 내려간 박규수가 올린 장계를 바탕으로 백낙신은 강진현의 고금도로 유배 보내졌으나, 홍병원은 어떤 처벌도 받지 않았다. 그 후 박규수가 올린《강구방략이정환향적폐소》를 바탕으로 삼정의 문제를 해결할 삼정이정청이 설치되었다.

그러나 관리들만 처벌된 것은 아니었다. 조정은 반란에 대한 책임을 물어 유계춘과 봉기 주동자 10명을 효수하고, 20명을 귀양보냈다. 진주민란을 계기로 그해에만 30여 개의 지역에서 농민들이 봉기하는 등 새로운 사회를 요구하는 일은 가속화되었다.

1862년(철종 13년), 진주를 비롯한 수많은 삼남 지역에서 민란이 일어났다. 삼정의 문란과 관리들의 횡포 등 오랜 세월 쌓여온 폐단들이 일순간에 폭발하자, 정부는 안핵사와 선무사를 파견해 문제를 해결하고자 했다. 그러나 민란의 원인을 조사하고 문제를 해결하는 임시 관리직인 안핵사와 재해와 병란으로 힘들어하는 백성을 구제하는 임시 관리직인 선무사로는 삼정의 문란을 바로잡을 수 없었다. 마침 진주민란을 해결하기 위해 안핵사로 파견되었던 박규수가 문제의 본질을 꿰뚫고 환곡을 중심으로 삼정의 문제를 바로잡을 수 있는 특별 기구를 만들자는 상소를 올렸다.

조정은 정원용, 김흥근, 김좌근, 조두순 등을 총재관으로 삼고 김병기, 김병국 등 선혜청 당상과 8도 사무를 담당하던 구관당상을 중심으로 하는 삼정이정청을 설치했다. 철종도 유생들에게 민란을 해결할 수 있는 대책을 물어 4개월간 해결책을 담은 많은 상소를 받았다. 상소 중에는 삼정의 폐단 또는 삼정 자체를 비판하는 상소도 있었지만 지주전호제의 문제를 꼬집으며 토지제도 개혁을 주장하는 상소도 있었다.

삼정이정청은 유생들이 올려보낸 상소문을 참고해 전정 13개 조, 군정 5개 조, 환곡 23개 조의 〈삼정이정절목〉을 발표했다. 그러나 근본적인 문제 해결이 아닌 급한 불을 끄는 임시방편이 주를 이루었다. 삼정이정청은 전정의 경우 가혹한 징수와 부정행위를 엄격하게 단속할 것을 주장했고, 군정은 여러 가지 편법으로 군적에서 빠진 이들을 찾아내야 한다고 했다. 가장 백성을 괴롭히던 환곡의 경우 전면 폐지하고 토지에 세금을 부여해 별도의 재정을 마련하는 파환귀결과 향류곡 마련을 해결책으로 제시했다.

그러나 〈삼정이정절목〉의 내용은 예전부터 되풀이되던 해결책이었고 본질적인 해결방안이 아니었다. 또한 환곡에서 개혁이 실현될 가능성이 매우 낮았으며 개혁안이 지방 수령과 향리들에게 책임을 떠넘기는 방식이어서 강한 반발을 받았다. 일부 군현은 〈삼정이정절목〉에 반발해 조세를 납부하지 않았고, 일부 군현은 향류곡을 마련하기 위해 다시 백성을 수탈하는 일까지 벌어졌다. 결국 조정은 〈삼정이정절목〉을 폐기하고 옛 법규로 환원하면서, 어느 것 하나 해결하지 못하는 무능력한 모습을 보였다.

경주 출신의 최제우(1824~1864년)는 유교 경전을 공부하며 과거를 준비하던 양반이었다. 그러나 그는 재가녀(다시 결혼한 여성)의 자식으로 차별을 받으며 살았다. 그리고 아버지가 일찍 죽어 가족의 생계를 책임지기 위해 과거를 포기했다. 하지만 그는 서당에서 글을 가르치거나 장사로 돈을 벌면서도 배움의 끈을 놓지 않고, 의술과 점복술 등 다양한 학문을 익혔다.

자신을 포함한 모두가 어렵고 힘든 삶을 극복해 행복해질 수 있는 방법을 늘 고민하던 최제우는 양산의 천성산 내원암과 울산 등지를 다니며 깨달음을 얻기 위해 수련의 시간을 가졌다. 그 과정에서 '우매한 백성을 구한다.'라는 뜻의 '제우'로 이름을 바꾸기도 했다. 최제우는 경주로 돌아와 용담정에서 기도를 드리던 중 1860년(철종 11년) 4월 5일, 한울님(천주, 천도교의 신앙 대상)의 소리를 듣고 깨달음을 얻었다. 천도교에서는 최제우가 한울님의 소리를 듣고 깨달음을 얻은 이날을 포덕 원년이라 부르며 종교로서의 시작점이라고 본다.

최제우는 서양 또는 서학에 대항해 나라를 보호하고 한울님의 뜻을 어기고 있는 현실을 바로잡겠다는 의미로 종교의 이름을 '동학'이라 불렀다. 최제우는 포교 활동을 하는 가운데 틈틈이 한울님으로부터 들은 내용을 한문체로 만든 《동경대전》과 일반 백성을 위해 가사체로 만든 《용담유사》라는 두 권의 경전을 완성했다. 동학이 경상도와 충청도에 빠른 속도로 전파되자, 정부는 동학이 서학을 신봉해 세상을 어지럽힌다는 이유로 탄압했다. 최제우는 정부의 탄압을 피해 전라도 남원 등 여러 거처를 옮겨 다니다가 1862년(철종 13년), 경주에서 관군에게 잡혔다.

제자들의 청원으로 석방된 최제우는 자신의 신상에 문제가 생기면 한울님의 뜻이 세상에 전달되지 못할 것을 우려해 1863년(철종 14년), 최시형에게 '해월'이라는 도호를 내려주고 그를 제2대 교주로 삼았다. 최시형은 최제우의 뜻을 이어받아 전국을 돌아다니며 교단을 정비했고, 동학은 삼남 지방을 넘어 전국적으로 빠르게 전파되었다. 많은 사람이 동학을 믿게 되자 조정은 세상을 어지럽힌다는 명목으로 최제우와 제자 20여 명을 잡아들였다. 그런데 이들이 한양으로 압송되던 중 철종이 죽자, 민심의 동요를 우려한 정부는 최제우를 대구에서 혹세무민의 죄로 급하게 처형했다. 이때가 1864년(고종 1년)으로, 그의 나이 41세였다. 최제우의 묘는 경주시 현곡면 구미산 동쪽에 있으며 태묘라고 부른다. 천도교에서는 태묘를 포함해 최제우가 한울님의 소리를 들은 용담정과 포덕문을 '천도교 용담성지'로 지정해 관리하고 있다.

327
우리의 정서와 바람을 동학에 담다

제25대 철종

#동학교리 #토착종교 #백성희망

동학 교리의 핵심에는 '시천주(侍天主)'가 있다. 최제우는 절대적 신인 한울님이 자신에게 모셔져 있음을 아는 데서 깨달음이 시작된다고 가르쳤다. 동학은 천지와 사람, 그리고 마음까지 모두 다르지 않다는 기일원론(氣一元論)에 바탕을 두었다. 그러면서 사람은 신분·성별·재산 등 현재 조건에 상관없이 누구나 몸과 마음에 천주가 모셔져 있는 평등한 존재임을 강조했다.

제2대 교주인 최시형은 모든 사람을 한울님같이 여기고 받들 것을 강조하며 '시천주' 사상을 '사인여천' 사상으로 발전시켰다. 제3대 교주 손병희는 '사인여천' 사상을 '사람이 곧 하늘'이라며 '인내천(人乃天)'으로 구체화해서 체계적인 사상으로 완성했다. 이후 지금까지 동학은 "저 나무 사이에서 울고 있는 새소리 역시 시천주의 소리니라." 는 최시형의 말처럼 우리 모두가 한울님을 공경하듯이 사람과 만물을 공경하라고 가르치고 있다. 동학은 이를 실천하기 위한 구체적 방법으로 기를 바르게 하는 '수심정기(守心正氣)'의 수양과 더불어 성(誠)·경(敬)·신(信)을 가르치고 있다.

동학은 내세보다는 현세를 중시하는 종교로서 인류의 역사를 크게 선천(先天)과 후천(後天)으로 구분했다. 그리하여 곧 후천의 시대가 개벽한다는 '후천개벽' 사상을 통해 19세기 고통에 신음하던 백성에게 희망을 주었다. 특히 동학에서 강조하는 보국안민(輔國安民)과 제폭구민(除暴救民)은 훗날 동학농민운동을 일으키는 명분으로 작용했다. 나라를 보호하고 백성을 편안하게 한다는 보국안민은 이양선의 출몰 등 서구 열강에 불안해하는 백성의 마음을 다독였고, 폭정을 막고 백성을 구한다는 제폭구민은 삼정의 문란 등으로 피폐해진 백성에게 희망을 주었다.

동학은 천도교로 이름을 바꾼 지금도 인간의 존엄성을 되찾고 지구의 모든 사람이 공동체의 일원으로 존중받으며 행복한 삶을 열어가는 데 도움을 주는 종교로 자부심을 갖고 있다. 더불어 후천개벽의 새로운 시대를 맞아, 인류와 자연 만물, 그리고 신이 어우러져 함께 살 수 있는 세상을 만들고자 노력하고 있다.

328

조선 궁궐 및 한양의 화장실

#궁궐화장실 #궁인화장실 #서울화장실

궁궐에 사는 왕과 왕족들은 이동식 변기인 매화틀(매우틀)을 사용했는데, 매(梅)는 대변, 우(雨)는 소변을 의미했다. 매화틀은 나무로 제작된 작은 상자였으며 위쪽으로는 대소변이 떨어질 수 있는 구멍이 있었고, 상자 안에는 대소변을 받는 그릇이 있었다. 왕과 왕족들이 자신의 대소변이 떨어지는 소리에 민망해하지 않기 위해 매화틀이 준비될 땐 잘게 썬 여물이 그릇에 담겼다. 매화틀 덕분에 왕족들은 언제 어디서든 자신이 원할 때 청결하게 생리 현상을 해결할 수 있었다.

그러나 궁궐에서 일하는 사람들은 화장실 부족으로 불편함을 많이 겪었다. 실제로 고궁 설계도나 옛 문헌에서 화장실과 관련된 직접적인 기록이 밝혀지지 않기도 했다. 그러다 얼마 전 창덕궁 대조전에서 회랑으로 연결되는 경운각 뒤편에서 화장실의 흔적이 발견되었고, 2021년 7월에 경복궁에서 대형 화장실 유적이 발굴되면서 큰 관심을 받고 있다. 하지만 궁궐에 생활하던 수많은 궁인들이 사용하기에 화장실의 개수는 여전히 부족했을 것이라 추정되고 있다. 이처럼 궁궐에 화장실이 없었던 이유는 왕족에게 화장실은 필요 없는 공간이었기 때문이었다. 궁궐에 거주하는 수많은 궁인을 위한 화장실은 되도록 내전에서 멀리 떨어진 별채 또는 행각에 설치되었다. 그러다 보니 궁녀들은 밤에 대변이 마려우면 화장실에 가는 것이 무서워서 옆에서 자는 짝꿍을 깨워 같이 가야만 했다.

농촌과 달리 한양은 농사가 금지되어 분뇨를 거름으로 사용하지 못했다. 그리하여 사람들은 자기 비용을 들여 분뇨를 처리해야 했지만, 때가 되면 찾아오는 똥장수의 도움으로 비용을 들이지 않고 손쉽게 해결할 수 있었다. 한양에서 분뇨를 수거한 똥장수는 인근 농촌에 똥을 거름으로 팔았다. 그는 한양과 농촌 모두에게 없어서는 안 될 존재였다. 그러나 20만 명이 넘는 사람들이 거주하던 한양에서 나오는 분뇨를 똥장수가 모두 수거하기는 어려운 일이었다. 결국 남성들은 거리에서 생리 현상을 해결하는 경우가 많았고, 여성들은 거리에 설치된 몇 개 안 되는 화장실을 사용해야만 했다.

특히 빈민들이 거주하는 지역은 화장실이 없어 거리에 분뇨가 늘 넘쳐흘렀다. 여기에 생활 오수까지 거리에 마구 버려지다 보니 한양의 거리는 매우 불결할 수밖에 없었다. 조선 후기 토지를 잃고 일자리를 구하기 위해 많은 임노동자가 한양으로 유입될수록 빈민가의 주거 환경은 더욱 열악해졌다. 그로 인해 한양에 사는 빈민층은 전염병으로 목숨을 잃는 등 비참한 삶을 사는 경우가 많았다.

329

조선인은 정말 더러웠을까?

#조선시대위생 #신분별청결상태 #머릿니공포

조선시대 우리 선조들의 위생 상태는 어떠했을까? 기록이 많지 않고 신분 계층에 따라 위생 상태가 달라 한마디로 정의하기가 매우 어렵다. 왕의 경우 주변에서 모든 대소사를 도맡아 관리하는 사람들이 있어 청결할 것 같지만, 꼭 그렇지도 않았다. 왕은 격식에 맞추어 옷을 제대로 입는 것을 매우 중요하게 생각했기에 몇 벌의 옷을 늘 겹쳐 입었다. 여름에 옷이 땀으로 축축해져도 옷을 벗지 못하다 보니 왕들은 피부병을 자주 앓을 수밖에 없었다. 그리고 한 번 발생한 피부병은 통풍이 되지 않는 옷으로 인해 악화되면서 결국 종기와 같은 피부병이 생겨 죽는 경우가 많았다.

양반의 경우 왕보다는 덜했지만, 이들도 의복을 함부로 벗지 못했다. 예를 들어 16세기 이문건의 시묘(부모의 상중에 3년간 그 무덤 옆에서 움막을 짓고 삶) 기록을 보면 "1536년 1월 4일 아침에 하반신과 다리를 씻었다. 5월 13일 기거하는 방을 치우고 몸을 씻었다."라고 적혀 있다. 이런 모습이 비단 이문건의 일만이 아니라고 본다면 양반들도 청결하지 않았음을 짐작할 수 있다. 평민도 불결하기는 마찬가지였다. 고된 일을 마치고 집으로 돌아와 씻고 잔다는 것은 쉽지 않았다. 더욱이 생활용수를 우물에서 집까지 길어와야 하는 상황에서 씻는 일은 사치에 가까웠다. 넉넉지 않은 살림에 의복도 몇 개 없어, 더러워진 옷을 매일 갈아입는 것도 힘들었다.

그렇다 보니 이 시대 사람들에게 머릿니는 일상에서 늘 문젯거리였다. 머릿니는 크기가 3~4mm에 불과하지만 매일 10개 전후의 알(서캐)을 낳기 위해 사람의 두피와 겨드랑이, 사타구니에 머무르며 2시간마다 사람 피를 빨아먹는다. 사람들은 머릿니에 피를 빨리는 순간 미치도록 간지러울 뿐 아니라 발진티푸스와 같은 질병을 겪기도 했다. 그래서 선조들은 추운 겨울에도 옷을 벗어 머릿니 잡는 일에 망설이지 않았다. '홀아비 삼 년에 이가 서 말'이란 속담을 통해서도 조선시대 많은 사람이 비위생적인 환경에서 살아갔음을 알 수 있다. 하지만 선조들은 머릿니를 없애기 위해 단오와 유두에 창포 삶은 물에 머리를 감거나 매일 아침 빗질을 하며 위생 관리에 노력을 기울였다.

비위생적인 환경은 조선만 그러했던 것은 아니었다. 같은 시기의 다른 지역과 국가들도 조선과 비슷하거나 더 비위생적이었다. 유럽 프랑스의 베르사유 궁전에는 화장실이 없었고, 일반 시민들은 분뇨를 거리에 그냥 버렸다. 또한 중세 유럽 시기 공중목욕탕이 향락 시설로 사용되면서 씻는 용도로 사용되지 않았고, 흑사병 이후로는 목욕 문화도 사라지면서 유럽인들은 씻지 않았다. 오히려 별도의 공간에 화장실을 만들고 매일 빗질하며 미역을 자주 감았던 조선이 그들보다 더 위생적인 부분이 많았다.

◇ **이름:** 재황

◇ **출생─사망:** 1852~1919년

◇ **재위 기간:** 1863년 12월~1907년 7월(43년 7개월)

철종이 후사 없이 갑자기 죽자 조대비는 흥선대원군의 12세에 불과했던 둘째 아들을 왕으로 즉위시켰다. 고종 즉위 초에는 조대비가 수렴청정했으나 곧 흥선대원군이 정권을 장악하고 정국을 운영했다. 흥선대원군은 집권 10년 동안 안동 김씨를 몰아내며 왕권을 강화하기 위한 정책을 펼쳤다. 그는 비변사를 폐지하고 의정부를 부활시켰으며 호포제 징수, 서원 철폐 등 백성들의 지지를 얻는 정책도 펼쳤지만, 병인양요·신미양요 등 서양 세력의 침략과 경복궁 중건으로 민심이 이반하면서 1873년(고종 10년)에 물러나고 고종이 직접 정치에 나섰다.

하지만 민씨 세력이 정권을 장악한 가운데 일본이 일으킨 운요호 사건으로 1876년(고종 13년), 조선은 최초의 근대적 조약인 강화도조약을 맺었다. 그리고 일본에 조사시찰단과 청에 영선사를 파견해 서구 문물을 시찰한 후에 신식 군대인 별기군을 창설했다. 한편 개화를 두고 벌어진 개화파와 수구파의 갈등이 임오군란, 갑신정변으로 이어지면서 국정이 혼란해졌다. 삼정의 문란과 개항으로 인해 삶이 어려워진 백성들은 1894년(고종 31년), 동학농민운동을 일으켰다. 이 과정에서 청나라와 일본이 조선에 군대를 파병해 청·일전쟁을 일으켰다.

이러한 와중에 조정은 갑오개혁을 통해 국정을 쇄신하려 했으나 일본의 내정간섭으로 큰 효과를 보지 못했다. 그러한 일본을 견제하고자 러시아와 손을 잡으려 하다가 명성황후가 시해되는 을미사변이 벌어졌다. 고종과 세자가 러시아 공사관으로 피신하자 백성들은 왕의 환궁을 요구했다. 1897년(고종 34년), 경운궁으로 환궁한 고종은 국호를 대한제국, 연호를 광무로 고치고 광무개혁을 통해 새로운 국가로의 변신을 천명했다. 그러나 1904년(고종 41년), 러·일전쟁에서 승리한 일본에 의해 조선은 식민지로 전락하기 시작했다. 1905년(고종 42년)에는 외교권을 박탈당하는 을사늑약으로 세계 열강들이 조선이 일본의 식민지라는 인식을 갖게 되었다. 고종은 만국평화회의에 이준 열사 일행을 보내 을사늑약의 부당함을 알리려 했다는 이유로 1907년(고종 44년), 일본에 의해 강제로 순종에게 양위했다. 그는 일제강점기 시대인 1919년 1월 21일, 덕수궁에서 죽었다. 고종의 능호는 홍릉으로, 그 능은 경기도 남양주시 홍유릉에 있다.

제26대 고종
(재위: 1863~1907년)

명성황후 민씨	**제27대 순종**
귀빈 엄씨	영왕
귀인 이씨	완왕 육
귀인 장씨	의왕
소의 이씨	
귀인 정씨	우
귀인 양씨	덕혜옹주

부인: 7명
자녀: 6남 1녀

332

관상으로 고종의 즉위를 예견하다

제26대 고종

#관상대가 #고종즉위예언 #3만냥복채

박유붕(1806년~?)은 경상북도 청도 사람으로 관상학의 대가였다.《매천야록》에 의하면 박유붕은 청도 운문사의 일허 선사가 "한쪽 눈이 멀어야 정확한 관상을 볼 수 있다."라고 한 말에 스스로 왼쪽 눈을 불로 지져 시력을 잃게 했다고 한다. 이후 일허 선사에게 송나라 시대 진희이가 저술한《신상전편》을 물려받고 가르침을 받았다.

관상학을 통달한 박유붕은 1859년(철종 10년), 한양의 운현방(운현궁)을 지나다가 자신도 모르게 어느 집 안으로 들어가 한 아이의 관상을 살폈다. 그리고 곧바로 그 자리에서 일어나 "상감마마 문안 인사드리옵니다."라며 큰절을 올렸다. 이 소식을 들은 흥선대원군이 박유붕을 불러 연유를 묻자, 그는 "이분은 4년 뒤 왕이 되실 분이옵니다."라고 답했다. 이에 흥선대원군이 너무도 기뻐 "내가 지금 상갓집 개 신세라 복채를 줄 수 없다. 훗날 당신 말대로 내 아들이 왕이 된다면 꼭 보답하겠다."라고 하자, 박유붕은 4년 뒤 아이가 왕이 되면 3만 냥의 복채를 달라고 했다.

4년 뒤인 1863년(고종 즉위년), 박유붕의 예언대로 아이가 고종으로 즉위하자 박유붕은 나귀 여러 마리를 끌고 운현궁을 찾아와 복채를 요구했다. 흥선대원군은 박유붕을 무척이나 반기며 그를 책사(남을 도와 꾀를 내는 사람)로 임명했다. 또한 운현궁 옆의 45칸의 집과 수선교에서 돈암동에 이르는 땅을 주었다. 박유붕은 복채에 만족하지 않고, 자신은 벼슬 없이 죽어 신위에 학생(學生)으로 기록되는 것이 싫으니 벼슬을 달라고 했다. 흥선대원군은 이를 받아들여 그에게 경상도 울주군 언양현감, 경기도 화성의 남양부사, 장단부사의 관직을 내렸고 박유붕은 정3품 당상관의 품계에 올랐다.

그러나 명성황후를 간택하는 문제로 의견이 달라지면서 둘은 오래가지 못했다. 자신이 며느리로 선택한 명성황후를 박유붕이 반대하자 대원군은 자신의 안목이 무시당하는 것 같아 기분이 상했다. 그런 가운데 1868년(고종 5년), 흥선대원군이 귀인 이씨 영보당이 낳은 완화군을 원자로 삼으려는 문제로 둘은 다시 의견이 충돌했다. 박유붕은 완화군이 오래 살지 못할 운세라며 원자로 삼는 것을 반대했는데 실제로 완화군은 1880년(고종 17년), 13세의 어린 나이에 죽었다.

하지만 흥선대원군은 박유붕이 이번엔 명성황후의 편을 든다고 생각하고 박유붕의 관직을 삭탈하고 그를 쫓아냈다. 이 기회를 틈타 명성황후가 박유붕에게 관상을 봐달라고 하자 박유붕은 자신의 나머지 한쪽 눈마저 불로 지지고 흥선대원군과의 의리를 지켰다. 화가 난 명성황후가 사람을 보내 박유붕을 죽였다고 하는데, 그가 언제 어디서 죽었는지는 알려지지 않고 있다.

333 흥선대원군의 개혁이 10년 만에 끝나다

제26대 고종

#흥선대원군개혁 #왕권강화 #흥선대원군하야

흥선대원군(1820~1898년)은 남연군 이구의 넷째 아들로 태어났다. 12세에 어머니를 잃고, 17세에 아버지도 죽으면서 이른 나이에 사회로 나온 흥선대원군은 오위도총부 도총관 등 별로 중요하지 않은 한직을 지내며 안동 김씨의 눈치를 보며 살았다. 많은 권세가가 흥선대원군을 궁도령이라 부르며 왕족을 망신시키는 놈이라고 비난했지만 그는 마음속에 세상을 바꾸겠다는 의지를 품고 때가 오기만을 기다리고 있었다.

철종이 죽자 조대비와 손잡고 둘째 아들을 왕으로 즉위시킨 흥선대원군은 우선 안동 김씨의 세력을 제거하기 위해 세도가의 정치적 기반인 비변사를 폐지하고 의정부와 삼군부의 기능을 부활시켰다. 또한 당색과 문벌을 배제하고 인재를 고르게 등용했다. 의정부가 정치를, 삼군부가 군사를 담당하도록 했으며 서구 열강의 침략에 대비해 수군과 훈련도감의 군사력을 강화했다.

그는 민생 안정에도 힘을 기울여 양전 사업과 토지대장에서 누락된 땅을 찾아내 세금을 부과했다. 또 상민에게만 부과하던 군포를 양반에게도 부과하는 호포제를 실시해 조세 납부층을 늘리는 동시에 조세 부담을 공평하게 했다. 백성을 가장 괴롭히던 환곡제도도 리(里) 단위로 백성 스스로 사창을 설치하고 운영하는 사창제를 실시해 바로잡고자 했다. 양반들의 근거지로 각종 면세 혜택을 누리며 농민을 수탈하던 서원도 철폐해 전국에 47개소만 남겼다.

흥선대원군은 왕실의 권위와 위엄을 되찾기 위해 임진왜란 이후 복구되지 않던 경복궁을 중건했다. 재정이 확충되지 않은 상황에서 경복궁 중건에 필요한 막대한 비용을 마련하기 위해 그는 백성들에게 강제로 원납전이라는 기부금을 걷었고, 당시 화폐 가치에 100배가 넘는 당백전을 발행해 물가 상승을 일으켰다. 또한 백성을 공사에 강제로 동원하고 양반의 묘지림을 벌목해 목재를 충당하면서 8년 만에 경복궁을 완공했다.

흥선대원군의 왕권 강화와 부국강병을 위한 여러 개혁은 그동안의 적폐를 해결한 측면도 있었으나 근본적인 원인을 해결한 것은 아니었다. 흥선대원군의 정책은 양반과 백성 모두에게 환영받지 못하는 가운데 삼정의 문란과 관리들의 부정·비리는 멈출 줄 몰랐다. 여기에 병인양요와 신미양요 등 서양 열강의 접근으로 조선은 불안감이 커져갔다. 결국 1873년(고종 10년), 고종이 직접 국정을 운영하면서 흥선대원군은 하야하게 된다.

334 정치적 위기를 넘기려 천주교를 박해하다

#러시아통상요구 #흥선대원군정치위기 #병인박해

십자가를 앞에 내세우고 여러 식민지를 경영하던 서구 열강은 중국에도 똑같은 방식으로 접근했다. 1856년(철종 7년), 영국과 프랑스는 애로호 사건을 핑계 삼아 크리스트교 포교의 허용 등을 요구하며 청과 전쟁을 일으켰다. 전쟁에 진 청나라는 많은 이권을 내줘야 하는 상황에서 러시아의 도움으로 어느 정도 이권을 뺏기지 않을 수 있었다. 그러나 중재의 대가로 러시아의 연해주 지배를 인정했다. 이로 인해 조선은 두만강을 경계로 러시아와 영토를 마주하게 되면서 긴장하지 않을 수 없었다.

러시아는 두만강을 넘어와 문제를 일으키는 것에 그치지 않고 1864년(고종 1년), 함경도 경흥부를 찾아와 통상을 요구했다. 이제는 서구 열강의 압력이 주변국의 이야기가 아님을 알게 된 조정은 대책을 논의했다. 이때 김면호와 홍봉주 등 천주교도가 흥선대원군을 찾아와 프랑스를 끌어들여 러시아를 견제하자고 제의했다. 남종삼도 흥선대원군에게 신부 베르뇌를 소개하며 프랑스와 손잡고 러시아를 막아야 한다고 강력하게 주장했다. 조선의 천주교도들은 흥선대원군의 부대부인이 천주교 신자인 만큼 흥선대원군이 자신들의 요구를 들어줄 것이라 여겼다. 그리고 크리스트교를 강조하는 프랑스가 조선에 들어오기만 하면 신앙의 자유를 얻을 수 있을 것이라고 생각했다.

그러나 상황이 순조롭게 흐르지 않았다. 신부 베르뇌와 주교 다블뤼가 흥선대원군을 찾아온 것은 그로부터 한 달 뒤였다. 그 사이 유생들은 흥선대원군이 천주교를 옹호한다며 연일 상소를 올리며 규탄했다. 많은 유생의 존경을 받던 이항로도 "천주교를 전하려는 자는 우리의 허실을 살피고 군대를 거느리고 침입할 것이다."라고 주장했다. 믿었던 조대비마저도 천주교 옹호를 비난하자 흥선대원군은 정치적 위기를 느끼고 프랑스를 끌어들이려는 계획 대신 천주교 탄압에 나섰다.

1866년(고종 3년) 2월, 흥선대원군은 베르뇌를 비롯한 프랑스 신부 9명과 김면호, 홍봉주, 남종삼 등 천주교도 수천 명을 서울 새남터와 충청남도 보령 갈매못에서 죽였다. 살아남은 신부 리델은 청나라 톈진으로 탈출해 동양함대 사령관 로즈에게 박해 사실을 알렸다. 로즈는 이를 기회로 통상을 요구하며 7척의 군함을 이끌고 강화도를 약탈하는 병인양요를 일으켰다. 1868년(고종 5년), 독일 상인 오페르트가 남연군의 묘를 도굴하려는 사건이 벌어지자 흥선대원군은 천주교 탄압을 더욱 강하게 밀어붙였다. 흥선대원군은 정치 일선에서 밀려나는 1873년(고종 10년)까지 천주교도를 죽이고 박해를 가했는데, 그 숫자가 8천 명에 달했다. 이후 천주교도들은 1886년(고종 23년) 프랑스와의 조약을 통해 종교로 인정받기까지 오랜 시간 탄압을 받으면서도 믿음을 잃지 않았다.

335

프랑스의 침략을 받다

제26대 고종

#프랑스침략 #양헌수·한성근활약 #의궤약탈

흥선대원군은 러시아의 남하를 막기 위해 프랑스 신부를 이용하려다가 상황이 여의치 않자 조선에 들어온 12명의 신부 중 9명의 신부와 수천 명의 천주교도를 죽이는 병인박해를 일으켰다. 이 당시 살아남은 신부 중 한 명이었던 리델은 톈진으로 도망쳐 동양함대 로즈 사령관에게 박해 사실을 알렸다. 프랑스 공사 벨로네는 이를 조선과 통상 교역을 할 수 있는 절호의 기회라 여기고 로즈에게 동양함대를 이끌고 조선을 협박하라고 했다.

1866년(고종 3년) 9월, 3척의 군함을 이끈 로즈는 강화해협을 지나 지금의 마포 지역인 양화진과 서강까지 올라와 주변 지형을 탐색하고 돌아갔다. 타국의 군대가 한양 도성 가까이 접근이 가능할 정도로 조선의 국방력이 약한 것을 확인한 로즈는 10월 11일, 7척의 군함에 1천 명의 군인을 싣고 본격적인 침략에 나섰다. 이때 리델 신부와 최선일·최인서·심순녀 3명의 천주교도가 조선으로 들어오는 길을 안내했다.

10월 14일, 강화도 갑곶진을 점령하고 이틀 뒤 강화부를 점령한 로즈는 죽은 9명의 신부를 대신해 9천 명의 조선인을 죽이겠다는 포고문을 발표하며 강화도를 약탈했다. 또한 전권대신(외교 사절)을 보내 장정(여러 조목으로 나눠 마련한 규정) 체결을 요구했다. 조선은 이경하를 대장으로 삼아 순무영을 설치하고 강화도로 출정했다. 제주목사로 있다가 병인양요에 참전하게 된 양헌수는 문수산성에서 프랑스군을 보고는 정면 승부로는 승산이 없다고 판단하고 기습 작전을 준비했다.

10월 26일, 한성근이 이끄는 부대의 기습 공격에 문수산성을 정찰하던 120여 명의 프랑스군 중 27명이 죽자 전황이 바뀌었다. 양헌수는 프랑스군 몰래 549명의 군인을 이끌고 정족산성에 들어가 배수진을 쳤다. 이것을 알지 못한 프랑스 올리비에 대령은 11월 7일, 경무장한 160명을 데리고 정족산성을 공격하다가 조선군의 기습 공격으로 패배했다. 이 전투에서 조선군은 1명만 죽은 반면 프랑스군은 수십 명이 죽었다.

이 전투를 계기로 조선에 오래 주둔하는 것이 불안해진 이들은 두 달간의 강화도 점령을 끝내고 11월 10일 철수했다. 철수 과정에서 이들은 외규장각에 보관하고 있던 《의궤》를 비롯한 340여 권의 서책과 은 상자 19개를 훔쳐 갔다. 프랑스는 병인양요를 성공적인 원정으로 평가했고 조선은 성공적인 격퇴로 평가하며 둘은 이견을 보였다. 그 결과 프랑스는 1871년(고종 8년) 신미양요 때 병인양요의 보복을 거론하며 조선을 함께 침략하자는 미국의 제안을 거절했다. 반면 조선은 병인양요를 계기로 서양 국가의 침략을 막아낼 수 있다는 자신감을 가지고 쇄국정책을 더욱 강화했다.

336

미국 상선의 횡포를 혼내주다

제26대 고종

#프레스턴욕심 #통상교역요구 #제너럴셔먼호좌초

프랑스 선교사들이 조선에서 죽었다는 소식을 들은 미국인 프레스턴은 절호의 기회가 왔다고 생각했다. 그는 프랑스 함대가 쳐들어올 것이라는 소문을 등에 업고 조선을 위협하면 교역을 성사시킬 수 있다고 자신했다. 프레스턴은 톈진에 주재하던 영국 메도즈 상사와 용선계약을 한 뒤, 덴마크인 선장 페이지와 선교사 토머스를 통역관으로 삼아 대동강을 거슬러 평양에 들어왔다.

그들은 토머스를 내세워 자신들이 싣고 온 비단과 자명종 등을 교역하고 싶다는 의사를 전달했다. 평안도 관찰사 박규수는 통상교역은 국법을 어기는 행위로 들어줄 수 없으니 돌아가라고 명령했다. 또한 조정의 허락을 받지 않고 조선의 연안을 따라 항해한 것은 주권을 침범하는 행위라는 점도 강력하게 명시했다. 그러나 제너럴셔먼호는 박규수의 경고를 무시하고 평양 만경대까지 올라와 정박했다.

서구 문물을 배척하기보다는 수용해 발전시켜야 한다고 생각하던 박규수는 이들에게 강경한 자세보다는 유화적인 자세로 다가갔다. 우선 먼 곳에서 온 손님에게 음식을 대접하던 전통을 따라 음식을 내어주며 돌아갈 것을 당부했다. 그러나 셔먼호는 박규수의 호의를 무시하고 중군 이현익을 인질로 붙잡으며 통상을 요구했다.

조선 관군을 인질로 삼고 평양 군민에게 폭력을 휘두른 셔먼호에 격분한 사람들이 강변으로 몰려들자, 겁을 먹은 셔먼호의 선원들은 총과 대포를 군중에게 발포했다. 이에 박춘권이 셔먼호에 감금되어 있던 이현익을 구출하는 등 평양 군민들은 셔먼호의 발포에도 물러서지 않고 활과 돌팔매로 대항했다.

그렇게 며칠을 대치하던 중 대동강의 수위가 낮아지자 셔먼호의 선체가 섬 양각도의 모래톱에 걸려 좌초되었다. 도망이 불가능해진 셔먼호의 선원들은 이성을 잃고 무차별적인 발포를 했고, 이 과정에서 평양 군민 7명이 죽고 5명이 다쳤다. 박규수는 백성을 죽이며 난동을 부리는 셔먼호를 더는 가만둘 수 없었다. 그는 철산부사 백낙연과 논의 끝에 인화 물질을 가득 실은 서너 척의 배에 불을 붙인 뒤 그것을 셔먼호에 충돌시켜 불태워버렸다. 셔먼호에 있던 선원들은 대부분 불에 타거나 평양 군민에게 맞아 미국인 3명, 영국인 2명, 그리고 중국인과 말레이시아인 19명 등 총 24명이 죽었다. 이후 미국은 제너럴셔먼호 사건을 문제 삼아 1871년(고종 8년), 강화도를 침략하는 신미양요를 일으켰다.

337

적의 눈에 흙모래를 뿌리며 싸우다

제26대 고종

#미군침략 #어재연분전 #신미양요

1866년(고종 3년), 평양에서 난동을 부리다 격침된 제너럴셔먼호 사건을 두고 미국은 조선에 손해배상과 통상수교를 요구했다. 그러나 흥선대원군이 이를 거절하자 미국은 과거 일본을 겁줘 강제로 통상수교를 맺었던 포함외교를 조선에도 적용키로 했다.

주청 미국 공사 로우에게 전권을 위임받은 아시아 함대 로저스 사령관은 군함 5척에 1,230명의 수군을 태우고 1871년(고종 8년) 6월 2일, 강화도 해협으로 들어왔다. 병인양요 이후 강화도 수비를 강화했던 조선군은 손돌목에 들어온 미국 군함을 발견하고 철수를 요구했지만 거절당했다. 조선군은 대포를 쏘면서 먼저 영토를 침범한 미국 군함을 내쫓으려 했으나 큰 타격을 주지 못했다.

미군은 조선군의 함포 사격을 비난하며 손해배상과 사죄를 요구하는 동시에 통상수교를 맺자고 제의했다. 조선은 미국이 먼저 침략했음을 알리며 물러나지 않을 경우 가만히 좌시하지 않겠다고 맞받아쳤다. 미군은 조선과의 협상이 뜻대로 이루어지지 않자 먼저 초지진을 공격했다. 조선군은 미군을 상대로 용감하게 싸웠으나 미군이 보유한 함포에 비해 사정거리가 현저히 떨어진 대포로는 제대로 싸울 수 없었다.

이튿날 덕진진을 무혈입성한 미군은 기세를 몰아 광성보로 향했다. 진무중군 어재연은 600여 명의 병력으로 미군에 맞서 분전했으나 무기의 열세로 미군의 상륙을 허용하고 말았다. 조선 병사들은 광성보로 올라오는 미군과 백병전을 벌였으나 방탄복으로 입은 무명 13겹의 면제배갑이 오히려 움직임을 제한하면서 백병전에서도 밀렸다. 패배가 확실한 상황에서도 조선군은 목숨을 두려워하지 않고 미군에 맞섰다. 당시 미군 슐레이 대령은 "조선군은 결사적으로 싸웠다. (중략) 대부분 무기도 없이 맨주먹으로 싸웠는데, 모래를 뿌려 적들의 눈을 멀게 하려 했다. 항복 같은 것은 아예 몰랐다. 부상자들은 스스로 목을 찔러 자살하거나 바다에 뛰어들어 익사했다."라며 당시의 치열한 전투를 회고했다.

미군은 광성보 전투를 "한 시간의 전투로 미군 3명이 죽고 10명이 다쳤고, 조선군은 350명이 죽고 20여 명이 다쳤다."라고 기록했다. 반면 조선은 57명의 병사가 죽었다고 기록하면서 두 나라는 서로 피해 사실을 다르게 주장했다. 하지만 두 나라 모두 광성보 전투를 아주 격렬한 전투로 평가한 점은 같았다. 미군은 결국 통상수교라는 목표를 이루지 못한 채 수자기(帥字旗)만 가지고 철수했고, 조선은 막대한 피해를 봤음에도 불구하고 신미양요를 승리로 기록했다. 이후 흥선대원군은 전국에 척화비를 세우며 서양과의 통상수교 거부 정책을 더욱 강화했다.

338

최초의 불평등한 근대적 조약을 맺다

제26대 고종

#조선정권교체 #운요호사건 #강화도조약

홍선대원군이 하야하고 민씨 세력이 정권을 잡자 정치권에서는 쇄국정책을 포기하고 개항정책을 실행해야 한다는 분위기가 높아졌다. 국내 상황의 변화를 탐지한 일본은 1875년(고종 12년), 교섭을 위해 조선에 사신을 보냈으나 교섭이 거부당하자 미국에게 당했던 포함외교를 따라 하기로 결정했다. 일본은 조선에 어떠한 통보도 없이 운요호를 강화도에 보내 해안선을 측량했다. 조선군이 운요호에 대해 경고 사격을 하자 이를 문제 삼아 군함 2척과 운송선 3척에 400명의 병력을 싣고 강화도에 상륙했다.

서양 국가보다는 오랫동안 알고 지냈던 일본을 통해 서구 문물을 수용하는 것이 낫다고 판단한 조선은 판중추부사 신헌을 강화도로 파견했다. 1876년(고종 13년) 2월, 신헌과 일본 대표 구로다 기요타카가 협상을 펼친 결과 조선과 일본은 12개 조로 된 조일수호조규(강화도조약)를 체결했다. 이 조약은 우리나라 최초의 근대적 조약이자 일본이 조선 침략의 발판을 마련하게 되는 불평등한 조약이었다. 이어서 같은 해 8월, 양국은 '조일수호조규부록'과 '조일무역규칙'을 추가로 맺으면서 일본은 막대한 이권을 챙겼다. 특히 일본이 '조일무역규칙'을 통해 조선에서 생산된 쌀을 비롯한 곡류를 무제한으로 수입하면서 조선 경제는 큰 타격을 입었다.

◇ **강화도조약**

제1조   조선은 자주의 나라로 일본과 평등한 권리를 가진다. → **청의 종주국 부인**

제2조   양국은 15개월 뒤에 수시로 사신을 파견하여 교제 사무를 협의한다.

제5조   조선은 부산 이외에 경기, 충청, 전라, 경상, 함경 5도 중에서 통상하기 편리한 항구 두 곳을 20개월 이내에 개항하여 통상을 해야 한다. → **정치적·군사적 침략 목적**

제7조   일본국 항해자들이 수시로 조선국 해안을 측량하여 도면을 만들어서 양국의 배와 사람들이 안전하게 항해할 수 있도록 한다. → **군사적 침략 거점 마련**

제10조 일본 사람들이 조선의 지정한 항구에서 죄를 저질렀을 경우 만일 조선과 관계되면 모두 일본에 돌려보내어 조사·판결하게 하며 조선 사람이 죄를 저질렀을 경우 일본과 관계되면 모두 조선 관청에 넘겨서 조사 판결하게 하되, 각기 자기 나라의 법조문에 근거하며 조금이라도 감싸주거나 비호함이 없이 되도록 공평하고 정당하게 처리한다. → **치외법권 인정**

제11조 양국 상인의 편의를 꾀하기 위해 추후 통상 장정을 체결한다.

강화도조약 이후 일본 상인들에 의한 경제적 침탈로 조선 백성들의 삶은 피폐해졌다. 집에서 만든 무명은 일본이 가져온 면직물로 인해 시장에서 팔리지 않았고, 지주들은 일본에 쌀을 팔기 위해 예전보다 더 많은 농민을 수탈하면서 조선의 경제적 빈곤은 더욱 심해졌다. 일본과 서구 문물에 대한 저항이 높아지는 가운데 민씨 일파가 정권을 농단하는 모습은 백성들을 분노케 했다. 백성만큼이나 무위영과 장어영의 구식 군인들도 월급을 받지 못하는 등 형편없는 처우로 불만이 고조되고 있었다.

1882년(고종 19년), 13개월 치 봉급이 밀렸던 구식 군인들은 한 달 치 봉급을 받으라는 연락을 받았다. 이들은 가족에게 밥을 먹일 수 있다는 기쁜 마음으로 선혜청으로 달려갔으나, 봉급으로 받은 쌀에는 모래가 반 이상 섞여 있었다. 자신들의 봉급을 가지고 장난질한 관리들에게 화가 난 구식 군인들은 선혜청 당상 민겸호의 집으로 달려가 폭동을 일으켰다. 이때 왕십리 지역의 빈민도 구식 군인들의 폭동에 동참했다.

구식 군인들은 일의 수습을 위해 흥선대원군에게 도움을 요청했다. 흥선대원군은 구식 군인들의 과격하고 무분별한 행동을 말리는 한편, 허욱을 보내 구식 군인들을 지휘했다. 구식 군인들은 흥선대원군의 지지에 용기를 얻어 별기군 병영에 있던 일본인 교관 호리모토 소위를 죽이고, 일본 공사관에 불을 질렀다. 다음 날에는 영돈령부사 이최응과 민겸호를 죽이고 창덕궁의 명성황후를 찾았다. 그러나 궁녀로 위장하고 궁궐을 탈출한 명성황후는 충주 목사 민응식의 집이 있는 장호원으로 피신하고 있었다.

구식 군인들이 일본 공사관에 불을 지르고 궁궐에 난입하자 고종은 흥선대원군에게 수습을 맡겼다. 다시 권력을 잡게 된 흥선대원군은 개혁기구인 통리기무아문을 혁파하고 삼군부를 부활하는 등 민씨 세력의 개화 정책을 폐기했다. 그리고 아들 이재면을 훈련대장 겸 호조판서에 임명해 병권을 장악한 뒤, 실종된 명성황후가 죽었음을 전국에 알리고 국상을 진행했다.

반면 명성황후와 민씨 일파는 청나라 톈진에 주재하던 김윤식을 통해 청에 원군을 요청했다. 청은 조선에 대한 종주국을 확인받는 동시에 일본을 견제하기 위해 4,500명의 군대를 파견했다. 조선에 들어온 청나라 군은 대원군을 납치해 톈진으로 호송하고 조·청상민수륙무역장정을 체결해 내정과 외교를 간섭했다. 일본은 공사관 피해와 교관의 죽음을 내세워 군함 4척과 보병 1개 대대를 파견해 50만 원이라는 막대한 배상금을 요구했다. 무엇보다 공사관 수비를 빌미로 조선에 군대를 주둔할 수 있는 제물포조약을 체결하며 조선 침략의 발판을 마련했다.

340

마라도에 사람이 살게 되다

제26대 고종

#무인도마라도 #마라도전설 #애기업개전설

1800년대 후반, 제주도 대정에 살던 김성오는 노름으로 가산을 모두 탕진하고 처자식들과 거리에 내쫓겨 어디에도 갈 곳이 없었다. 비바람이 거세게 부는 거리에 가족들을 마냥 둘 수 없었던 김성오는 대정현감으로 있던 심원택을 찾아갔다. 그리고 자신과 가족들이 아무도 살지 않는 무인도였던 마라도에서 거주할 수 있도록 허락해달라고 부탁했다. 현감 심원택은 아무런 가치가 없던 마라도에 누가 살든지 관심이 없었기에 김성오에게 거주와 개간을 허락해주었다. 이후 김성오가 마라도에서 화전을 일구며 살아가자 제주도의 가난한 백성들도 자신의 땅을 갖고자 마라도로 몰려들었다. 이후 마라도에서는 수백 명이 어업에 종사하며 살아가게 되었다.

그러나 마을이 생기는 과정에서 마라도의 자연환경이 크게 변했다. 사람이 거주하기 전의 마라도에는 우거진 숲이 있었으나 사람들이 화전을 일구기 위해 숲을 태우면서 마라도는 나무가 없는 섬이 되었다. 그러나 화전인은 자신들의 잘못을 회피하고자 통소 소리에 몰려오는 뱀을 내쫓으려 불을 피우다 숲을 태워버렸다는 전설을 만들어냈다.

마라도에는 애기업개의 전설도 내려온다. 제주도의 한 여인이 버려진 여자아이를 데려다 키웠다. 그러나 여인이 친자식을 낳자, 데려온 아이를 구박하기 시작했다. 아이를 불쌍하게 여긴 마을 사람들은 여자아이를 애기업개(아기를 업는 천이나 띠)라 부르며 바다로 데려가 물길질을 가르치면서 돌봐주었다. 그러던 어느 날 애기업개와 해녀들이 마라도에서 해산물을 채취하고 다시 육지로 나오려는데, 거센 바람이 불어 몇 날 며칠 동안 집으로 갈 떼배(뗏목처럼 통나무를 엮어 만든 배)를 띄우지 못했다. 그러던 차에 여러 해녀가 애기업개를 마라도에 남겨두면 집으로 돌아갈 수 있다는 꿈을 꾸었다. 꿈을 하늘의 계시로 받아들인 해녀들은 바위에 널어놓은 기저귀를 가져오라는 거짓말로 애기업개를 떼어놓았다. 그러자 바다가 순식간에 잠잠해졌다. 해녀들은 자신도 데려가달라고 울부짖으며 따라오는 애기업개를 남겨두고 집으로 돌아왔다. 하지만 죄책감에 마라도를 한동안 찾지 않았다. 그러나 어쩔 수 없이 생계를 위해 마라도를 다시 찾은 해녀들은 애기업개가 쓰러져 울부짖던 자리에 놓여 있는 뼈를 보고 미안함과 후회로 고개를 들지 못했다. 해녀들은 뒤늦게나마 사죄하는 마음으로 애기업개의 장례를 치르고, 자신들의 잘못을 빌었다. 이후 해녀들은 안전한 물길질을 위해 애기업개의 뼈가 있던 곳에 할망당(제주말로 할망은 여자를 의미)을 만들어 제를 올렸다.

341 급진 개화파가 성급하게 정변을 일으키다

제26대 고종

#갑신정변 #청군개입 #톈진조약

임오군란 이후 정국 운영을 두고 개화파는 온건개화파와 급진개화파로 의견이 갈라졌다. 급진개화파는 청에 정치적으로 종속되고 경제적으로 수탈당하는 지금의 상황이 큰 위기라고 여겼다. 급진개화파의 김옥균은 일본으로부터 차관을 도입해 나라의 부족한 재정을 채우는 동시에 자신들의 영향력을 확대하고자 했으나 실패했다. 여기에 급진개화파들이 양성한 사관생도들이 군에서 밀려나자 그는 세상을 바로잡을 수 없다는 생각에 조급해졌다.

마침 청나라가 베트남에서 프랑스와의 전쟁을 위해 조선에 주둔해 있던 군대 1,500명을 철수시켰다. 이를 조선에 영향력을 확대할 기회로 여긴 일본은 급진개화파에게 정변을 일으키면 군대와 차관을 제공하기로 약속했다. 이에 급진개화파들도 정변을 통해 나라를 바로잡아야겠다고 결심했다. 1884년(고종 21년) 10월 17일 밤 9시, 우정총국 개설 피로연에 고관 대신들이 참여하자 정변 주동자들은 인근 주택에 불을 질렀다. 그리고 고종에게 달려가 청군이 쳐들어왔다고 속이며 일본군을 동원해야 한다고 주장했다. 고종이 허락하지 않자 급진개화파들은 위조문서로 일본군을 동원해 고종을 경우궁으로 옮겼다. 이후 급진개화파들은 민태호, 민영목 등 민씨 세력을 제거하고 80여 개 조의 정강을 발표했다. 현재 김옥균의 《갑신일록》에 14개의 조항이 전해지는데, 정강 안에는 입헌군주제와 재정 기관의 일원화, 혜상공국 폐지 등 자유로운 상업의 발전과 인민평등권 등의 파격적이고 혁신적인 개혁안이 담겨 있었다.

그러나 명성황후가 조선에 주둔해 있던 청군에 몰래 도움을 요청한 뒤 급진개화파가 이끄는 병력으로는 방어하기 어려운 창덕궁으로 거처를 옮기면서 개혁은 실패로 돌아갔다. 10월 19일, 한양에 남아 있던 청군 1,500명이 창덕궁으로 몰려오자, 지원을 약속했던 일본군 150여 명은 바로 철수해버렸다. 이에 급진개화파는 자체적으로 보유한 병력으로 청군을 있는 힘을 다해 막아보았지만 병력과 무기의 열세로 패퇴하고 말았다. 이 과정에서 고종을 호위하던 홍영식과 박영교 등은 죽고, 김옥균·박영효·서재필 등 일부는 일본으로 망명했다.

사흘 만에 끝나면서 '삼일천하'라고도 불린 갑신정변은 일본의 군사적 지원에 의존하고 백성이 원하는 토지 개혁 등이 제시되지 않으면서 실패하고 말았다. 일본은 정변의 책임을 조선에 떠넘기면서 배상금 지불과 공사관 신축 비용을 부담시키는 내용으로 한성조약을 체결했다. 그리고 청과 일본은 양국의 군대를 조선에서 철수하는 조건으로 조선에 군대를 파병할 때는 서로에게 알릴 것을 약속하는 톈진조약을 맺었다.

342

동학농민운동으로 반봉건을 외치다

제26대 고종

#조병갑횡포 #동학농민운동 #청·일개입

임오군란 이후, 내륙 시장까지 진출한 청·일 상인에 의한 경제적 침탈과 수령들의 가렴주구로 백성들의 삶은 형편없이 어려워졌다. 나라가 백성을 위한 해결책을 제시하지 못하고 우왕좌왕하자, 토속 신앙과 불교 등 여러 종교가 백성들을 위로해주었다. 그중에서도 동학에서 주장하는 보국안민과 제폭구민은 종교를 넘어 새로운 사회의 대안으로 떠올랐다.

그런 가운데 전라도 고부 군수 조병갑은 만석보를 축조해 비싼 물세를 거두고 자신의 아버지의 공덕비를 세운다며 강제로 돈을 걷는 등 비리와 학정을 일삼았다. 전봉준을 비롯한 동학 농민들은 군수에게 보세를 줄여달라고 부탁하는 등 선정을 베풀기를 기다렸으나, 돌아오는 것은 매질과 투옥이었다. 조병갑이 익산 군수로 발령 났다는 소식에 잠시나마 희망을 가졌던 고부 농민들은 한 달 만에 조병갑이 돌아오자 봉기를 계획했다.

1894년(고종 31년), 전봉준을 비롯한 동학 지도자들은 사발통문을 돌려 동지를 모은 뒤 봉기를 일으켜 고부 관아를 점령했다. 이들은 관아에 쌓여 있던 곡식을 주민에게 나누어주고 만석보를 파괴해버렸다. 고부에서 농민 봉기가 일어났다는 소식을 접한 조정은 고부 군수를 다시 임명하고 안핵사 이용태를 파견했다. 이용태는 봉기를 조사하는 과정에서 조병갑을 두둔하고 봉기에 가담한 농민을 역적으로 몰았다.

이를 계기로 현 상황이 자신들만 겪는 문제가 아님을 깨달은 전봉준은 손화중·김개남과 함께 백산에서 '호남창의대장소'를 설치하고 4대 강령을 발표했다. 총대장 전봉준을 중심으로 김개남·손화중을 총관령으로 삼은 동학농민군은 전주로 향했다. 황토현에서 전주 감영에서 파견한 진압군을 물리치고, 전남 장성 황룡촌에서 홍계훈이 이끄는 관군을 이긴 동학농민군은 전주성을 함락하며 초반 승세를 잡았다.

조선 조정은 김학진을 전라감사로 임명해 동학농민군을 진정시키면서 민영준의 주장을 따라 청에 원군을 요청했다. 청나라가 조선에 군대를 파병하자 일본도 톈진조약을 내세우며 인천으로 군대를 파병했다. 청·일 양국의 군대가 들어오자 동학농민군은 보국안민이 먼저라는 생각에 조정에 휴전과 폐정개혁안을 제시하며 새로운 세상을 함께 만들자고 제의했다. 조정은 예상치 못했던 일본군의 파병에 당황하며 농민군과 전주화약을 맺었다. 이후 농민군은 전주성에서 철수하고, 여러 고을에 민정을 처리하기 위한 집강소를 설치해 폐정개혁안 12개 조를 실현하고자 했다.

343

조선을 두고 청과 일본이 싸우다

제26대 고종

#청일전쟁 #시모노세키조약 #삼국간섭

1894년(고종 31년), 제1차 봉기에서 동학농민군이 관군을 격파하고 전주를 함락하자, 정부는 청나라 위안스카이에게 원군을 요청했다. 청나라 직례총독 겸 북양대신 이홍장은 톈진조약에 의거해 일본에 파병 사실을 통보하고 충청남도 아산으로 2,800명을 파병했다. 일본은 청나라의 통보를 받고 오시마가 거느린 혼성여단을 시작으로 8천여 명의 일본군을 인천에 상륙시켰다. 일본 공사관 및 거류민을 보호한다는 명분이었다.

조선 조정은 동학농민군과 전주화약을 맺은 뒤 청과 일본에 군대 철수를 요구했다. 일본의 오토리 공사는 청의 위안스카이와 공동철수를 논의하던 중 돌연 경복궁을 불법 점령하고, 흥선대원군과 김홍집을 내세운 친일 정권을 수립했다.

조선 조정을 장악한 일본은 7월 25일 풍도 앞바다에서 청국함대를 기습 공격하며 청·일전쟁을 일으켰다. 29일에 벌어진 성환 전투에서 청군을 격파하며 자신감을 얻은 일본은 8월 1일, 청나라에 선전 포고했다. 이후 일본군은 평양에서 청군 1만 4천 명을 격파하고, 황해전투에서 청나라 함대를 격침하며 조선에서 벌어진 전투를 모두 승리했다.

일본군은 승세를 놓치지 않고, 조선을 넘어 청나라 영토로 진격했다. 10월, 일본 육군은 남만주로 진군하고, 수군은 랴오둥반도에 상륙해 뤼순과 다롄을 점령하는 등 청나라를 압박했다. 북경에서 멀지 않은 곳까지 일본군이 점령하자 청나라는 장인환을 급히 전권대신으로 임명해 강화회담을 진행하려 했으나 일본의 반대로 무산되었다.

이후 일본은 청나라 북양대신 이홍장을 시모노세키로 불러들여 유리한 입장에서 협상을 진행했다. 전쟁에서 패배한 청나라는 시모노세키조약을 맺고, 조선에 대한 종주권을 포기했다. 이외에도 랴오둥반도와 대만, 그리고 펑후 열도를 일본에 할양하고, 당시 일본 재정 수입의 3배가 넘는 3억 엔을 일본에 지불하기로 약속했다.

시모노세키조약을 통해 일본이 영토를 크게 확장하고 조선에 대한 지배권을 확대하자 러시아는 독일과 프랑스를 끌어들여 일본에 압력을 가했다. 러시아가 주도하는 삼국간섭으로 일본은 랴오둥반도 영유권을 포기한 반면 러시아는 랴오둥반도 남부를 조차하게(특별한 합의에 따라 한 나라가 다른 나라 영토의 일부를 빌려 일정 기간 통치함) 되었다. 또한 영국은 웨이하이웨이와 주변 지역을, 독일은 자오저우만 주변 지역을 조차하며 이권을 챙겼다.

전라관찰사 김학진과 전봉준은 폐정개혁 12개 조항에 합의하고 전주화약을 맺어 그동안 적체되었던 문제를 해결하기로 약속했다. 그리하여 곳곳에 집강소를 설치하고 자치적으로 문제를 해결하던 중 이들은 일본 공사 오도리 게이스케가 일본군을 동원해 경복궁을 점령했다는 소식을 들었다. 그리고 얼마 뒤 조선에서 청·일전쟁이 일어났다. 전봉준이 이끄는 남접은 곧바로 충청도와 경상도의 북접과 연합해 일본군을 내쫓기로 결정했다.

1894년(고종 31년) 9월, 삼례에서 다시 봉기한 동학농민군은 일본군을 몰아내기 위해 서울로 향했다. 제1차 봉기가 반봉건 투쟁으로 전라도 지역에서 일어났던 것과는 달리, 제2차 봉기는 반침략 투쟁으로 경기도, 강원도, 황해도 등 더 많은 지역에서 농민들이 봉기했다.

일본은 동학농민군을 진압하기 위해 공주로 내려와 유리한 고지에 진을 쳤다. 일본군에는 강제 동원된 관군과 폐정개혁안에 반발하는 양반 지주들이 함께했다. 11월 9일, 공주 우금치에 모인 1만여 명의 농민군은 일본군과 관군의 막강한 화력 앞에 수천 명이 죽고 말았다. 동학농민군은 40~50차례 돌격을 감행했지만 무기도 제대로 갖추지 못한 상황에서 희생만 늘어날 뿐이었다. 청주성을 공격하던 김개남 부대도 일본군에 패배했다. 제1차 봉기 때와는 달리 동학농민군은 전반적으로 승리를 거두지 못했다. 계속 패퇴하던 동학농민군은 금구 원평과 태인에 집결해 재정비 후 맞서 싸우려 했으나 기울어진 승세를 되돌리진 못했다.

훗날을 기약하며 농민군을 해산하고 순창에 은신하던 전봉준은 부하 김경천의 밀고로 체포되어 한양에서 처형당했다. 김개남·손화중 등 농민군 지도자들도 일본군에게 체포되거나 처형당했다. 하지만 붙잡히지 않은 농민군은 새로운 세상을 만들겠다는 꿈을 포기하지 않고 일본군과 맞서 싸웠다. 이듬해 1월 24일, 동학농민운동은 대둔산 전투에서 일본군에게 25명이 죽으면서 막을 내렸다. 오지영은 《동학사》에서 관병, 일병, 수성군, 민보군에게 당한 동학군의 참살 광경은 이루 말할 수 없으며, 피해자가 30만~40만 명에 다할 것으로 추정했다. 그리고 관리들은 동학군의 재산을 불법적으로 빼앗았으며 부녀자의 강탈, 능욕 등은 차마 다 말할 수가 없었다고 기록했다.

일본이 조선의 국모를 시해하다

청·일전쟁에서 승리한 일본은 중국으로부터 막대한 배상금과 함께 랴오둥반도를 할양받았다. 그리고 조선에 대한 우위권을 확인받았다. 그러나 일본의 팽창정책은 남하정책을 추진하던 러시아를 자극했다. 조선을 차지하고자 했던 러시아는 독일과 프랑스를 끌어들여 랴오둥반도를 청국에 반환할 것을 요구하는 삼국간섭을 통해 일본을 견제했다. 일본의 내정간섭에서 벗어나고자 했던 조선은 삼국간섭에서 러시아의 힘을 확인하고, 러시아 공사 베베르와 손잡고 친일 세력을 제거하기 시작했다. 이에 친일 세력이던 박영효는 러시아와 손잡고 일본을 내쫓으려는 명성황후를 시해하려다 실패하고 일본으로 도망갔다.

일본은 러시아의 압력으로 많은 이권을 빼앗기는 동시에 조선에 구축했던 친일 세력이 무너지자 조급해졌다. 일본은 러시아의 영향력 확대를 막기 위해 이노우에 대신 군인 출신의 미우라를 주한일본공사로 파견해 명성황후 시해를 준비했다. 미우라는 1895년(고종 32년) 10월 2일, 한성신보 사장 아다치를 불러 6천 원의 자금으로 낭인을 준비하고 훈련대 우범선·이두황·이진호 등 조선군을 포섭했다.

10월 8일 새벽, 일본 자객과 일본 군인들은 서대문을 통과한 뒤 우범선·이두황이 이끄는 훈련대와 합류해 경복궁으로 향했다. 훈련대 연대장 홍계훈과 군부대신 안경수가 1개 중대로 이들을 제지하려 했으나 역부족이었다. 궁궐로 진입한 이들은 조선 관리를 죽이고 명성황후가 거처하는 건청궁 안 옥호루에 난입해 명성황후를 찾았다.

명성황후는 상궁으로 위장해 위기를 벗어나려 했으나 결국 실패하면서 일본군에게 난도질당했다. 이들은 명성황후를 시해한 것에 그치지 않고 옆 동산으로 시신을 끌고 가서 불에 태워버렸다. 명성황후의 죽음이 세계에 알려지자 일본은 명성황후 시해가 자신들과 아무 관련이 없다고 발표하면서 이 일이 흥선대원군과 명성황후 사이의 권력다툼으로 벌어진 일이라고 주장했다. 오히려 훈련대 군인들이 궁궐에 침입한 사실을 추궁하며 일본인이 연루된 사실을 규명하라고 조선 조정에 요구했다.

하지만 국제 사회는 일본의 주장을 받아들이지 않았다. 미국인 교관 윌리엄 다이, 러시아인 건축기술자 사바틴 등 여러 외국인과 고종을 비롯한 많은 조선인이 경복궁에서의 일본의 만행을 목격했으며, 일본이 시해를 주도한 사실들도 연이어 드러났기 때문이었다. 일본은 각국의 비난에 미우라 공사를 해임하고 고무라를 판리공사로 임명했다. 그리고 미우라 등 관계자 48명을 감옥에 구치시키며 사건을 마무리 짓는 모양새를 갖췄다. 그러나 얼마 뒤 이들은 증거불충분을 이유로 전원 무죄로 석방되었다.

346

고종, 러시아 공사관으로 피신하다

제26대 고종

#아관파천 #김홍집내각최후 #열강이권침탈

명성황후가 시해된 후, 친일파로 구성된 김홍집 내각이 일본의 뜻대로 단발령 시행 등의 개혁을 추진하자 고종은 불안감을 감추지 못했다. 하지만 자신의 신변조차 지킬 힘이 없었던 고종은 자신의 안위를 위해 러시아 공사관으로 거처를 옮기고자 했다. 러시아 공사관 베베르도 조선 내에서 일본을 누르고 러시아가 주도권을 잡기 위해 고종을 돕겠다는 의사를 전해왔다.

마침 을미사변과 단발령에 대한 반발로 전국에 의병이 일어나자, 중앙의 친위대 병력이 지방으로 이동한 상황이었다. 이범진과 이완용 등 친러파 인사들은 수도 경비가 허술한 틈을 이용해 아관파천을 준비했다. 1896년(고종 33년) 2월 10일, 러시아는 공사관 보호를 명분으로 인천에 정박하고 있던 수군 120여 명을 서울로 이동시켜 만일의 사태를 대비했다. 11일 새벽이 되자 엄귀비는 고종과 세자를 가마에 태워 숨긴 뒤, 경복궁 영추문을 빠져나와 러시아 공사관에 들어갔다.

러시아 공사관에 도착한 고종은 내각을 구성하고 있던 김홍집, 유길준, 정병하, 조희연, 장박 5명의 대신을 역적으로 규정하고 처형을 명령했다. 고종이 김홍집 내각을 버렸다는 소식을 들은 군중들은 김홍집과 정병하를 때려죽였다. 군중을 피해 도망친 김윤식은 관군에 체포되어 제주도로 유배 보내졌고, 나머지 유길준·조희연 등은 일본으로 망명하면서 친일 내각은 무너졌다. 그리고 그 자리는 박정양·이완용 등 친러·친미파가 차지해 친일파 김홍집 내각이 진행하던 개혁을 폐지했다.

러시아는 고종을 보호한다는 조건으로 압록강 연안과 울릉도 삼림채벌권, 경원·종성 광산채굴권, 인천 월미도 저탄소 설치권 등 많은 이권을 챙겼다. 이뿐만 아니라 러시아는 내정과 군사에도 깊은 관여를 했다. 러시아인 재정 고문을 파견하는 등 각 부서마다 러시아 고문을 배치하고 조선 군제도 러시아식으로 바꾸었다. 러시아가 조선의 이권을 많이 가져가자 다른 열강도 동등한 권리를 주장하며 조선에 이권을 요구했다. 이를 막을 힘이 없던 조선 내각은 1년간의 아관파천 시기에 경인선·경의선 등 주요 이권을 열강에 넘기며 자주국으로서의 위신을 잃었다. 아관파천은 1897년(고종 34년) 2월 25일이 되어서야 독립협회 등 백성들로부터 환궁하라는 압력을 받은 고종이 경운궁으로 되돌아오면서 끝을 맺게 된다.

347

자주와 민주주의를 꿈꾸다

제26대 고종

#독립협회창설 #헌의6조채택 #독립협회해산

갑신정변 때 미국으로 망명한 서재필은 의사 면허증을 취득해 평범하게 사는 듯 보였다. 하지만 그의 내면에는 많은 슬픔과 안타까움이 있었다. 그는 조선에 있는 가족들이 역적죄로 끔찍하게 죽은 사실에 슬퍼하면서도 늘 조국을 걱정하고 돕고 싶어 했다. 반역죄가 사면되어 11년 만에 귀국하게 된 서재필은 미국에서 배우고 체득한 자유 민주주의가 조선에 꼭 필요하다고 생각했고, 이를 실현하기 위해 독립협회를 창단했다.

민중을 계몽하기 위한 국문판과 더불어 세계열강에 조선의 개혁 의지를 알리기 위한 영문판 《독립신문》이 4월 7일 발행되자, 많은 지식인과 관료들이 독립 운동 참여 의사를 밝혔다. 그렇게 이상재, 이승만, 윤치호 등 당대 지식인과 이완용, 안경수 등 정부 요인들이 참여하면서 1896년(고종 33년) 7월, 독립협회가 창단되었다.

독립협회는 갑신정변이 민중의 지지를 받지 못했던 일을 기억하며 토론회와 연설회를 통해 민중 속으로 들어가고자 했다. 이들은 토론회에서 교육 진흥, 산업 개발 등 전반적인 것을 논의하는 가운데 국기 게양과 애국가 제정 등 자주적인 나라를 만들기 위해서도 노력했다. 국민들에게 조선이 자주독립 국가임을 보여주는 독립문을 만들기 위해 모금 운동도 벌였다. 이 과정에서 독립문을 세우는 데 보조금을 내면 직업에 상관없이 누구나 독립협회 회원으로 받아들여 국민들이 소속감을 느끼게 했다. 그 결과 독립협회는 청나라 사신을 맞이하던 영은문 터에 독립문을 세우고, 청나라 사신을 접대하던 모화관을 수리해 독립관으로 만들 수 있었다.

독립협회는 러시아 공사관에 머물던 고종의 환궁을 요구하며 열강의 이권 침탈을 저지하기 위해 노력했다. 러시아가 재정 고문을 파견하고 절영도를 조차하는 등 압력을 가하자 이들은 1898년(고종 35년) 3월부터 종로 거리에서 만민공동회를 개최했다. 이때 한양 시민의 1/17에 해당하는 1만여 명이 참여해 고종에게 러시아의 지원을 거절하라는 결의안을 제출한 결과 조선은 러시아의 이권 침탈을 막아낼 수 있었다.

독립협회는 황실 대신들까지 참석하는 관민공동회를 개최해 자주독립 수호와 자유민권 신장 등을 담은 헌의 6조를 채택했다. 고종이 헌의 6조를 수락하자, 기득권을 잃어버릴 것을 우려한 보수 관료들의 반발이 커졌다. 독립협회가 조선을 왕이 없는 나라로 만들려 한다는 보수 관료의 거짓에 넘어간 고종은 독립협회 해산을 명령하고 간부를 체포했다. 독립협회 해산에 반발하는 시위가 계속되자 황실은 보부상으로 이루어진 황국협회를 통해 집회를 방해했다. 그리고 집회의 폭동을 진압한다는 명목으로 군대를 동원해 독립협회를 강제 해산시켰다.

348

대한제국의 황제가 되다

제26대 고종

#고종환궁 #대한제국선포 #광무개혁

고종이 러시아 공사관으로 거처를 옮기자 대내외적으로 환궁을 요구하는 목소리가 커졌다. 안으로는 독립협회를 중심으로 백성들이 환궁을 요구했고, 밖으로는 열강들이 러시아의 독주를 견제하고자 환궁을 요구했다. 고종도 열강의 간섭에서 벗어나 자주독립 국가로 나가기 위해서는 환궁이 필요하다는 사실을 인지하고 관료와 백성들의 요구에 수긍했다.

1897년(고종 34년) 2월 25일, 고종은 러시아 공사관으로 거처를 옮긴 지 일 년 만에 경운궁(덕수궁)으로 환궁했다. 경복궁이 아닌 경운궁으로 옮긴 것은 외국 공사관들이 모여 있는 경운궁이 경복궁보다 안전하면서도 외교 활동에 유리했기 때문이었다. 고종이 경운궁으로 환궁하자 내각 관리와 재야의 전직 관리들이 칭제건원(왕을 황제라 칭하고, 독자적인 연호를 사용하자는 주장)을 건의했다. 고종은 칭제보다 건원을 먼저 하기로 결정하고 8월 16일, 연호를 '건양 2년'에서 '광무(光武) 원년'으로 고쳤다.

그리고 황제로 즉위하는 의식을 거행하기 위해 경운궁 앞에 하늘에 제사를 올리는 환구단을 만들었다. 10월 12일, 완성된 환구단에서 고종은 문무백관을 거느리고 황제 즉위식을 가졌다. 이와 함께 조선의 새로운 국호인 '대한제국'을 대내외에 선포해 실추된 국가의 위상을 높이는 동시에 대한제국이 자주독립 국가임을 알렸다.

대한제국을 선포하는 시기의 고종은 독립협회에 우호적이었다. 그러나 독립협회가 만민공동회를 개최해 민권 확대와 체제 개혁을 주장하자 고종은 황권의 약화를 걱정했다. 고종은 전제군주제를 주장하는 보수 관료의 손을 잡고, 보부상으로 구성된 황국협회를 통해 독립협회를 강제로 해산시켰다. 그리고 1899년(고종 36년) 8월 17일, 한국 최초의 근대적 헌법인 '대한국 국제'를 제정·반포했다.

대한국 국제는 전문 9조로 되어 있는데 제1조에 "대한국은 세계 만국이 공인한 자주독립제국"이며 제2조 "대한제국의 정치는 이전으로 보면 500년 전래하시고 이후로 보면 만세에 걸쳐 불변할 전제 정치."라고 하여 자주독립국과 황제의 전제 정치를 명문화했다. 또한 황제가 군 통수권, 입법권, 행정권, 사법권 등 모든 권한을 갖는다고 규정했다. 이로써 대한제국은 황제가 무한한 군권을 행사하는 전제 군주국임을 확인하면서 동시에 옛것을 근본으로 삼아 새것을 참고한다는 구본신참의 원칙 아래 광무개혁을 실시했다.

349

조선을 두고 일본과 러시아가 싸우다

#러일전쟁 #포츠머스조약 #조선식민지화

청·일전쟁에서 승리한 일본은 조선에 대한 우위권을 확보했지만 삼국간섭 이후 조선에 대한 영향력이 약화되고 있었다. 일본은 명성황후를 시해하며 상황을 반전시키고자 했으나 고종이 러시아 공사관으로 거처를 옮기는 아관파천으로 인해 상황은 더욱 나빠졌다. 반면 러시아는 고종을 보호한다는 명분으로 조선에 내정간섭하며 이권을 챙겼다. 동시에 청의 의화단 운동을 진압한다는 구실로 만주에 군대를 주둔시키는 등 동아시아에 영향력을 크게 확장하고 있었다.

일본은 러시아의 남하정책을 우려하는 영국과 미국의 의중을 파악하고 문제 해결에 나섰다. 그리하여 영국과 제1차 영·일동맹을 체결해 전쟁 비용을 마련하는 등 전쟁 준비를 차근차근해나갔다. 미국도 아시아에 영향력을 행사하기 위해 일본에 차관을 제공하며 일본 지지 의사를 확고히 했다. 그런 가운데 러시아가 조선을 분할해 나눠 갖자고 일본에 제안했다. 영국과 미국의 지지를 얻고 조선을 오로지 혼자서 독차지할 생각이던 일본은 러시아의 제안을 거절하고 1904년(고종 41년) 2월 6일, 전쟁을 일으켰다.

일본 함대는 인천에 정박해 있던 러시아 순양함 2척을 침몰시키고 곧이어 여순의 러시아 전함 2척과 순양함 1척마저도 격침했다. 육지에서도 일본군은 러시아군을 상대로 승리하며 여순항을 점령했다. 러시아는 불리한 전황을 뒤집기 위해 유럽에 있는 발틱 함대를 파견했으나 발틱 함대는 아프리카 최남단을 돌아서 대한해협까지 오느라 지친 상태로 일본 함대를 맞아 전멸했다.

그러나 러시아는 만만한 나라가 아니었다. 러시아 육군의 선전으로 전쟁이 장기전으로 이어지자 일본은 당황했다. 일본은 예상했던 전쟁 비용이 4억 5천만 원을 훌쩍 넘어 19억 원에 이르자 미국에 중재를 요청했다. 1905년(고종 42년), 러시아 혁명으로 전쟁을 더 이상 치를 수 없던 러시아도 현실을 인정하고 미국의 중재를 받아들였다. 그 결과 러시아는 한국에 대한 일본의 보호를 인정하고 배상금을 청구하지 않는 조건으로 북위 50도 이남의 사할린을 할양하는 내용의 포츠머스조약을 체결했다. 이로써 일본은 영국·미국·러시아로부터 조선에 대한 독점적 지배를 인정받고 조선을 본격적으로 식민지화하는 작업을 진행했다.

조선은 러·일전쟁 중 국외 중립을 선언했으나 일본의 강압을 못 이겨 군용지 제공, 경부·경의선 부설권, 전국 개간권을 넘겨주는 한일의정서를 강제로 체결해야 했다. 러·일전쟁 후에는 일본에 의해 러시아와 체결했던 조약과 협정을 폐기하는 선언을 한 뒤, 일본인 메가타와 미국인 스티븐스를 고문으로 임명해 내정과 외교에 간섭을 받았다.

350

자주국의 지위를 잃다

제26대 고종

#을사늑약 #외교권박탈 #을사오적

러·일전쟁 승리와 영·일동맹, 그리고 가쓰라·태프트 밀약을 통해 국제 사회로부터 조선 지배를 인정받은 일본은 1905년(고종 42년) 10월 27일, 을사늑약 체결에 대한 방침을 정했다. 을사늑약은 5가지 내용으로 구성되어 있었다.

첫째. 대한제국의 외국에 대한 관계 및 사무를 감리, 지휘한다.

둘째. 일본의 중개 없이는 대한제국이 외국과 어떤 조약이나 약속도 하지 않는다.

셋째. 일본인 1명을 통감으로 두어 서울에 주재하게 하며 외교에 관한 사항을 관리한다.

넷째. 일본과 대한제국 사이의 현존하는 조약 및 약속은 본 협약에 저촉되지 않는 한 효력이 계속된다.

다섯째. 일본은 대한제국 황실의 안녕과 존엄의 유지를 보증한다.

요약하자면 외교권 박탈을 시작으로 대한제국을 본격적으로 식민지로 삼겠다는 방침이었다.

일본은 주한일본공사 하야시 곤스케 대신 대한제국을 위문한다는 명목으로 이토 히로부미를 특사로 파견해 을사늑약 체결을 강요했다. 11월 9일, 서울에 도착한 이토 히로부미가 고종을 만나고자 했으나, 고종이 병을 핑계로 만남을 거부했다.

고종과의 만남이 이루어지지 않자 이토 히로부미는 외부대신 박제순을 제외한 의정부 대신 7명을 자신의 숙소로 불러들였다. 그 시간 하야시 일본 공사는 외부대신 박제순을 일본 공사관으로 따로 불러들여 을사늑약의 초안을 보여주며 조약의 체결을 요구했다. 11월 17일, 하야시 공사는 일본 공사관으로 정부 대신을 불러 을사늑약 체결을 강요했으나 뜻대로 이루어지지 않자 궁궐 안으로 들어가 을사늑약 체결을 강요했다.

그럼에도 대한제국이 강력하게 거부하자 저녁 8시, 하세가와 조선주차군 사령관은 군인을 동원해 궁궐을 에워싸고 조선에 위협을 가했다. 궁궐 안에서는 이토 히로부미가 대신을 한 명씩 불러 찬성을 강요했다. 참정대신 한규설과 탁지부대신 민영기는 늑약 서명을 끝까지 거부했으나 외부대신 박제순, 내부대신 이지용, 군부대신 이근택, 학부대신 이완용, 농상부대신 권중현은 찬성했다. 결국 11월 18일 새벽 1시, 외부대신 박제순과 하야시 공사는 고종의 허락 없이 외부대신 관인으로 을사늑약을 체결했다. 이로써 대한제국은 일본의 보호국으로 전락하며 자주국으로서의 위치를 상실했다.

351

마지막 희망을 걸다

#특사파견 #만국평화회의 #고종강제퇴위

을사늑약으로 외교권이 박탈된 상황에서 고종은 각국의 왕과 대통령에게 도움을 요청하는 서신을 비밀리에 보냈다. 모든 국가가 고종의 서신에 대한 답변을 보내지 않는 가운데, 러시아 황제 니콜라이 2세만이 희망적인 답변을 보내왔다. 러시아 황제는 러·일 전쟁의 패배를 설욕하기 위해 제2회 만국평화회의 의장국으로서 고종에게 회의 초청장을 보냈다. 고종에게 있어 만국평화회의 특사 파견은 을사늑약의 부당함을 세계에 알릴 절호의 기회였다.

1907년(고종 44년), 고종은 전 평리원검사로 법 전문가였던 이준을 부사로 삼아 그를 연해주로 몰래 이동시켰다. 블라디보스토크에서 정사로 임명된 이상설을 만난 이준은 시베리아 열차를 타고 상트페테르부르크에 도착해 이범진의 아들 이위종을 만났다. 이상설은 을사늑약 당시의 의정부 참찬으로서 강제로 조약이 맺어지는 현장을 본 증인이었으며, 이위종은 영어·러시아어·프랑스어 등 여러 언어로 을사늑약의 부당함을 전달할 수 있는 인물이었다. 이준, 이상설, 이위종, 세 사람은 고종이 가동할 수 있는 최소한의 인원이자 최적의 효과를 가져올 수 있는 조합이었다.

이들은 6월 25일, 네덜란드 헤이그에 도착해 만국평화회의 의장 러시아 넬리도프 백작과 네덜란드 외무대신 후온데스를 방문했다. 그러나 예상과 달리 이들의 반응은 냉담했다. 헤이그로 오는 사이 러시아와 일본의 관계가 회복되면서 특사 일행이 회의장에서 연설할 기회가 사라져버린 것이었다. 특사 일행은 만국평화회의에 참석하는 각국의 대표들을 만나 간곡히 부탁했으나 일본과 이해관계에 있던 모든 열강들은 거부의 의사를 확고히 했다.

그러나 특사 일행이 포기하지 않고 을사늑약의 부당함을 호소하고 다닌 결과 7월 9일, 이들은 각국 신문기자단 국제협회에 참석해 발언할 기회를 얻게 되었다. 이위종은 을사늑약의 부당함과 대한제국의 어려움을 호소하며 도움을 요청하는 연설을 했다. 이 연설은 '한국의 호소'로 신문 1면을 장식했다. 특사 일행의 활약에 긴장한 일본은 특사 일행의 활동을 방해했고, 이 과정에서 이준이 순국했다. 일본은 고종이 을사늑약을 어기고 헤이그 특사를 파견했다는 이유로 고종을 강제 퇴위시키고 즉위를 원하지 않던 순종을 왕으로 즉위시켰다.

대례복으로 구장복을 입은 조선의 왕

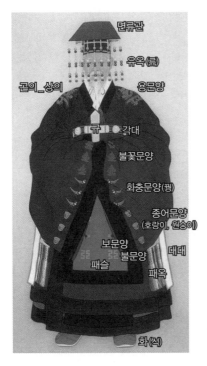

왕은 즉위식이나 종묘제례, 정초의 하례식이 있을 때 구장복을 입었다. 왕의 대례복을 구장복이라 부르는 것은 옷에 아홉 가지 그림이 들어가 있기 때문이었다. 상의에는 용(龍)·산(山)·화(火)·화충(華蟲, 꿩 모양)·종이(宗彝, 오른쪽 소매에는 호랑이, 왼쪽 소매에는 원숭이) 5개의 그림이 새겨져 있었고, 하의에는 마름(藻, 수초)·분미(粉米, 쌀)·보(黼, 도끼 모양)·불(黻, 己자 2개를 서로 반대로 놓은 모양)의 4개의 그림이 들어가 있다.

상의 문양에서 용은 최고 통치자를 상징했고, 산은 사람들이 우러러보는 것을 의미했다. 화충(꿩)은 화려한 문체를, 화(불꽃무늬)는 밝음을, 호랑이는 용맹을, 원숭이는 지혜를 상징했다. 하의 문양에서 마름(수초)은 청결과 맑음을, 분미(쌀)는 백성을 먹여 살릴 수 있는 왕의 덕을, 보(도끼)는 선악을 가려내는 결단력, 불(己자 2개)은 선을 향하는 마음을 상징했다. 이 중에서 용의 무늬만 들어간 옷을 곤룡포라 불렀다.

353

제26대 고종   #문묘=공자모시는사당 #문묘18현=최고성리학자 #존경받는조선학자

순번	이름	배향	업적
1	설총(655년~?)	1022년(고려 현종13년)	이두 집대성, 화왕계 지음
2	최치원(857년~?)	1020년(고려 현종11년)	진성여왕에게 시무책 올림
3	안향(1243~1306년)	1319년(고려 충숙왕6년)	원나라에서 성리학 도입
4	정몽주(1337~1392년)	1517년(조선 중종12년)	성리학의 조종
5	김굉필(1454~1504년)	1610년(조선 광해군2년)	정몽주·길재로 이어지는 의리지학 계승
6	정여창(1450~1504년)	1610년(조선 광해군2년)	김종직 문인으로 오경과 성리학 연구
7	조광조(1482~1519년)	1610년(조선 광해군2년)	김굉필에게 수학, 도학정치 추구
8	이언적(1419~1553년)	1610년(조선 광해군2년)	주리적 성리설이 이황에게 계승
9	이황(1501~1570년)	1610년(조선 광해군2년)	이기호발설 주장, 성학십도
10	김인후(1510~1560년)	1796년(조선 정조20년)	성경(誠敬) 실천, 이기는 혼합 주장
11	이이(1536~1584년)	1681년(조선 숙종7년)	기발이승일도설 주장, 성학집요
12	성혼(1535~1598년)	1610년(조선 광해군2년)	이기호발설 지지, 소론 계보 형성
13	김장생(1548~1631년)	1717년(조선 숙종43년)	노론 계보 형성
14	조헌(1544~1592년)	1883년(조선 고종20년)	금산전투 사망, 기발이승일도설 지지
15	김집(1574~1656년)	1883년(조선 고종20년)	예학 체계 완성, 김장생의 아들
16	송시열(1607~1689년)	1756년(조선 영조32년)	기발이승일도설 지지, 노론의 영수
17	송준길(1606~1672년)	1756년(조선 영조32년)	북벌 참여, 이이 학설 지지
18	박세채(1631~1695년)	1764년(조선 영조40년)	황극탕평설로 탕평책 기반 마련

◇ 이름: 척
◇ 출생-사망: 1874~1926년
◇ 재위 기간: 1907년 7월~1910년 8월(3년 1개월)

순종은 고종과 명성황후의 둘째 아들로 창덕궁에서 태어났다. 태어난 이듬해에 왕세자로 책봉된 순종은 1897년(고종 34년), 대한제국 수립 때 황태자가 되었다. 고종이 네덜란드 헤이그에 특사를 파견했다가 일본에 의해 강제 퇴위당하면서 1907년(순종 즉위년), 제2대 황제로 즉위했다. 순종은 연호를 융희로 삼고 동생 영친왕을 황태자로 책봉했다.

순종은 즉위한 해에 법령제정권, 관리임명권, 행정권 및 일본 관리임명 등 대한제국을 식민지로 만드는 정미7조약을 체결했다. 그리고 군대를 해산하고 영친왕을 일본 유학이라는 명목 아래 일본에 인질로 보냈다. 이듬해에는 동양척식주식회사 설립을 허가해 일본이 대한제국의 영토를 빼앗을 수 있는 경제적 침탈을 허용했다.

1909년(순종 2년)에는 기유각서로 일본에게 사법권을 넘겨주면서, 대한제국은 실권을 행사할 수 있는 것이 하나도 없는 이름뿐인 국가로 전락했다. 한국의 제3대 통감으로 온 데라우치는 이완용·송병준·이용구 등으로 구성된 친일파 일진회를 앞세워 대한제국과 일본의 합병을 청원하도록 했다. 그리하여 1910년(순종 3년) 8월 29일, 한일병합조약(경술국치)이 체결되면서 대한제국은 멸망하고 순종은 이왕으로 강등되었다.

일제는 순종을 창덕궁 이왕으로 예우하고 이왕직을 설치해 왕실 업무를 담당하도록 했다. 나라를 빼앗긴 후 건강이 더욱 나빠진 순종은 1926년, 창덕궁에서 52세의 나이로 죽었다. 순종의 능호는 유릉으로, 그 능은 경기도 남양주시 홍유릉에 있다.

제27대 순종
(재위: 1863~1907년)

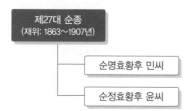

순명효황후 민씨

순정효황후 윤씨

부인: 2명
자녀: 없음

356 엄귀비, 명성황후와 다른 행보를 걷다

#쫓겨난엄상궁 #아관파천주역 #학교설립

순헌황귀비(1854~1911년)는 고종의 후궁이자 황태자 영친왕의 어머니로서 보통 엄귀비로 잘 알려져 있다. 5세에 궁녀로 입궁해 명성황후를 보필하다가 고종의 승은을 입었다. 명성황후는 고종의 사랑을 받는 엄귀비를 질투해 궁궐에서 엄귀비를 쫓아냈다. 31세에 쫓겨난 엄귀비는 명성황후가 시해당하자 41세의 나이로 다시 입궁해 고종을 위로하고 보듬어주었다.

고종은 명성황후가 죽자 정화당 김씨를 왕비로 삼으려 했으나 춘생문 사건으로 일이 무산되자 엄귀비를 왕비처럼 대우했다. 1896년(고종 33년), 생명의 위협을 느낀 고종이 러시아 공사관으로 도피하는 데 있어 엄귀비는 매우 중요한 임무를 담당했다. 일제의 감시로 이동이 용이하지 않은 상황에서 엄귀비는 매일 가마를 타고 궁궐을 드나들면서 경비병에게 돈을 주며 그들과 친분을 쌓았다. 아관파천 당일, 엄귀비는 가마의 앞쪽에 앉고 뒤에는 고종을 앉혔다. 다른 가마에는 세자를 숨긴 엄귀비는 평소 궁궐 밖을 드나들 듯 경비병에게 돈을 주고 여유 있게 빠져나왔다. 그 결과 고종과 세자를 러시아 공사관으로 안전하게 피신시킬 수 있었다.

러시아 공사관에 머무는 동안 43세의 엄귀비는 영친왕 이은을 잉태하고 낳았다. 이후 엄귀비를 황후로 맞이하자고 주장하는 사람이 많았지만 반대하는 사람도 만만치 않았다. 결국 엄귀비는 황후에 책봉되지 못한 채, 황후와 같은 역할을 한다는 의미로 황귀비라 불렸다.

엄귀비는 기울어져가는 나라를 붙잡기 위해 많은 노력을 기울였다. 엄귀비는 여성도 신학문을 배워야 한다는 생각을 가지고 개인 돈으로 1906년(고종 43년), 진명여학교(진명여고)와 숙명여대 전신인 명신여학교를 세웠다. 1907년(고종 44년)에는 양정의숙(양정고)의 경영을 도와주었다. 이 외에도 종로의 걸인을 도와주고 진명부인회에 돈과 건물을 하사하며 사회 발전에 많은 기여를 했다.

그러나 1907년(고종 44년), 고종이 강제 퇴위당하고 영친왕이 일본으로 떠나자 엄귀비는 매우 힘들어했다. 영친왕을 그리워하던 엄귀비는 1911년, 덕수궁에서 장티푸스로 57세의 나이에 죽었다. 다른 이야기로는 14세의 영친왕이 주먹밥을 먹으며 군사훈련을 받는 사진을 보고 감정이 격해져서 죽었다고도 한다. 엄귀비는 사후 순헌이란 시호를 받았다.

357 순정효황후, 옥새를 치마에 숨기다

제27대 순종

#옥새지킨순정효황후 #윤덕영횡포 #조선마지막어른

윤택영의 딸이던 순정효황후(1894~1966년)는 순종의 황태자비 민씨가 사망하자 1906년(고종 43년), 13세의 나이로 황태자비가 되었다. 순종보다 20세나 어린 순정효황후가 황태자비로 간택될 수 있었던 것은 아버지 윤택영이 엄청난 거액의 뇌물을 바쳤기 때문이라고 알려져 있다. 순종이 제2대 황제로 즉위하면서 순정효황후는 몸이 약했던 순종을 옆에서 잘 보필했다. 그러던 중 1910년(순종 3년), 창덕궁 대조전 흥복헌 병풍 뒤에서 순정효황후는 한일병합조약(경술국치) 승인과 관련된 마지막 어전회의를 듣게 되었다.

나라가 망할 위기에 처했음을 알게 된 순정효황후는 옥새를 자신의 치마폭에 숨겼다. 나라를 일본에게 갖다 바치려는 친일파 관료들이 쫓아왔으나 어느 누구도 순정효황후의 치마 속에 있는 옥새를 빼앗지는 못했다. 젊은 황후의 치마를 들치고 강제로 옥새를 빼앗았다가는 당대는 물론 후대까지 비난받을 것이 자명했기 때문이었다.

모두가 말로만 옥새를 내놓으라고 협박하고 있을 때 한 남자가 성큼성큼 순정효황후에게 걸어왔다. 그리고 순정효황후의 치마를 걷어 올리고 옥새를 빼앗았다. 바로 순정효황후의 큰아버지 윤덕영이었다. 윤덕영은 옥새를 뺏은 공로로 일제에게 자작 작위와 은사공채 5만 원을 받았다. 윤덕영은 나라를 판 돈으로 서울 종로구 옥인동에 벽수산장이란 대저택을 세우고 일제강점기 내내 친일 행각을 이어나갔다.

반면 순정효황후는 나라를 빼앗긴 후 낙선재에서 궁인과 머물며 왕실을 끝까지 지키려 노력했다. 그러나 너무도 힘든 생활에 지친 순정효황후는 마음을 다잡기 위해 불교에 귀의해 대지월이라는 법명을 받았다. 6·25전쟁 중에는 인민군이 낙선재에 들어오자 "이곳은 나라의 어머니가 사는 곳이다. 당장 나가라."고 호통치며 인민군을 내쫓았다는 일화가 있다. 그러나 전쟁 이후 대한제국을 인정하지 않던 이승만 대통령에 의해 순정효황후는 낙선재에서 쫓겨나 정릉으로 거처를 옮겨야 했다. 이승만이 4·19혁명으로 쫓겨난 이후에야 낙선재로 돌아올 수 있었던 순정효황후는 일본에 있던 영친왕 내외와 덕혜옹주를 불러들여 함께 생활했다. 조선은 망했지만 왕실의 마지막 주인으로서 해야 할 책무를 잊지 않았던 순정효황후는 마지막 황태자 내외와 온전한 정신을 갖지 못한 옹주를 보살피다가 1966년, 낙선재에서 생을 마감했다.

358

나라를 잃다

#경술국치 #한일병합용어 #식민지전락

1910년(순종3년) 8월 22일, 3대 통감 데라우치와 총리대신 이완용은 한일병합조약(경술국치)을 조인했다. 한일병합조약에 대한 반발을 두려워한 이들은 각종 집회를 금지하는 동시에 발표를 유보했다. 그러나 8월 29일, 원로 대신들을 연금한 일제는 순종에게 나라를 넘긴다는 발표를 하게 했다.

◇ 한일병합조약

제1조   한국 황제 폐하는 한국 전체에 관한 일체 통치권을 완전하고도 영구히 일본 황제 폐하에게 양여한다.

제2조   일본국 황제 폐하는 앞 조에 기재된 양여한다는 것을 수락하고, 또 완전히 한국을 일본 제국에 병합하는 것을 승낙한다.

제3조   일본국 황제 폐하는 한국 황제 폐하, 태황제 폐하, 황태자 전하와 그들의 황후, 황비 및 후손들로 하여금 각기 지위에 적응하여 적당한 존칭, 위신과 명예를 누리게 하는 동시에 이것을 유지하는 데 충분한 세비를 공급함을 약속한다.

제4조   일본국 황제 폐하는 앞 조항 이외에 한국 황족 및 후손에 대해 상당한 명예와 대우를 누리게 하고, 또 이를 유지하기에 필요한 자금을 공여함을 약속한다.

제5조   일본국 황제 폐하는 공로가 있는 한국인으로서 특별히 표창하는 것이 적당하다고 인정되는 경우에 대하여 영예 작위를 주는 동시에 은금(恩金)을 준다.

제6조   일본국 정부는 앞에 기록된 병합의 결과로 완전히 한국의 시정을 위임하여 해당 지역에 시행할 법규를 준수하는 한국인의 신체 및 재산에 대하여 전적인 보호를 제공하고 또 그 복리의 증진을 도모한다.

제7조   일본국 정부는 성의 충실히 새 제도를 존중하는 한국인으로 적당한 자금이 있는 자를 사정이 허락하는 범위에서 한국에 있는 제국 관리에 등용한다.

이로써 조선은 27대 519년 만에 멸망하고 일본의 식민지로 전락했다. 일본 외무성 정무국장 구라치 데쓰키치는 "병탄이라는 용어는 침략적이어서 사용할 수 없다. 여러 가지로 고심한 결과 지금까지 사용된 적이 없는 병합이라는 문자를 새롭게 고안해 냈다. 이것이라면 다른 영토를 제국 영토의 일부로 삼는다고 하는 의미가 합병보다 강하다."라고 말하며 그 침략성을 숨겼다. 최근 우리는 국권을 상실한 치욕이라는 의미로 위 한일병합조약을 '경술국치'라고 부르고 있다.

359

#조선최초법궁 #경복궁중건 #경복궁시련

경복궁은 착공에 들어간 지 일 년 만인 1395년(태조 4년)에 완공되었다. 경복궁 중건이 빠른 시간에 완공이 가능했던 것은 중건하는 건물이 정전인 근정전과 왕의 침전인 강녕전 등 꼭 필요한 전각만 채운 390여 칸에 불과했기 때문이었다. 경복궁이란 명칭은 《시경》주아에 나오는 "이미 술에 취하고 이미 덕에 배부르니 군자만년 그대의 큰 복을 도우리라(旣醉以酒 旣飽以德 君子萬年 介爾景福)." 문구의 마지막 두 글자에서 나왔다.

왕자의 난 이후, 정종이 개경으로 환도하자 경복궁은 빈 궁궐이 되어 관리가 되지 않았다. 그러나 다시 한양으로 수도를 옮긴 태종은 창덕궁에 머물면서도 태조가 사랑했던 경복궁 관리에 최선을 다했다. 경복궁에 연못을 파고 그 옆에 큰 누각인 경회루를 지어 사신을 접대하거나 연회를 열었다. 또는 과거시험을 개최했다. 연못을 만들면서 파낸 흙으로는 침전 뒤편에 작은 동산을 만들어 아미산이라 불렀다. 세종은 경복궁에 자주 머무르면서 자신의 이상을 표현하고 실현할 수 있는 집현전과 천문관측기구인 간의대와 옥루기 등을 설치했다.

1592년(선조 25년), 경복궁이 임진왜란으로 불에 타버렸다. 이는 왜군이 불을 질렀다고도 하고 도망간 왕에 불만을 품은 백성들이 불을 질렀다고도 한다. 선조는 한양으로 돌아온 후 경복궁 중건을 지시했으나 전쟁 후 고갈된 국고로 경복궁을 지을 수 없다는 반대에 부딪쳐 포기했다. 광해군도 경복궁을 중건하려다 중간에 멈추었다.

흥선대원군이 경복궁을 중건하기까지 270여 년이 걸렸던 것은 경복궁이 왕자의 난, 단종 폐위 등 안 좋은 일이 발생하는 궁궐이라는 인식이 한몫했다. 그러나 흥선대원군은 경복궁 중건이야말로 왕의 위엄을 보여줄 기회라고 생각했다. 하지만 국가 재정이 없는 상황에서 경복궁 중건을 위해 무리하게 당백전을 발행해 물가를 올렸고, 백성을 강제 동원해 반발을 샀다. 1868년(고종 5년)부터 고종은 경복궁에서 생활했으나 1895년(고종 32년), 명성황후가 시해되는 을미사변 이후 러시아 공사관으로 거처를 옮겼다. 이후 버려진 것과 다를 바 없던 경복궁은 국권 피탈 후 일제가 박람회 장소로 활용했으며 경복궁 내 전각은 헐값에 판매되어 뜯겨졌다. 1926년에는 일제가 경복궁 앞에 조선총독부 건물을 세워 사람들이 기억에서 경복궁을 잊게 했다. 대한민국은 광복 후 정부종합청사로 활용하던 조선총독부 건물을 1995년에 철거하고 광화문을 제 위치로 복원시켰다. 경복궁은 지금도 복원 작업을 통해 옛 모습을 되찾고 있다.

창덕궁

#자연에맞춘궁궐 #동궐 #황실마지막장소

1404년(태종 4년), 태종은 한양으로 수도를 옮기는 과정에서 경복궁을 대신할 궁궐을 짓게 했다. 경복궁은 태종 개인적으로도 꺼림직했지만 왕자의 난 등 왕실에서 벌어진 권력 투쟁을 관료와 백성에게 상기시켜줄 가능성이 있었다. 곧 이극과 신극례가 궁궐 공사의 책임을 맡아 1405년(태종 5년)에 창덕궁을 완성했다.

창덕궁은 좌우 대칭의 경복궁과는 달리 자연 지형에 맞추어 건물을 자유분방하게 배치했다. 금천교를 건너 진선문, 인정문, 숙장문으로 이어지는 사다리꼴의 공간은 창덕궁의 특별함을 보여주는데, 여기에는 박자청이 있었다. 노비 출신의 내시였던 박자청은 공조판서와 판한성부사까지 역임하며 종1품까지 오른 인물로, 건축에 뛰어난 능력을 보였다. 박자청의 능력을 높이 산 태종은 창덕궁을 직사각형으로 만들라고 어명을 내렸다. 그러나 박자청은 태종의 어명을 어기고 창덕궁을 자연 지형에 맞춘 사다리꼴 형태로 만들었다. 태종은 반듯하지 않은 궁의 모습에 처음에는 화를 냈지만 나중에는 박자청을 인정하는 포용성을 보였다. 그리고 그 결과 1997년, 창덕궁은 자연환경에 맞춘 궁궐이란 점에 높은 점수를 받아 세계문화유산으로 지정되었다.

동궐로도 불리던 창덕궁 역시 임진왜란의 전란은 피하지 못해 불에 타버렸다. 선조는 한양으로 돌아온 후 여러 궁궐 중 창덕궁을 가장 먼저 짓기 시작해 1610년(광해 2년)에 궁을 재건했다. 그러나 인조반정 과정에서 또다시 창덕궁은 많은 전각이 불에 소실되어 한동안 방치되었고 그 후 인조에 의해 다시 중건되었다.

숙종은 창덕궁 후원을 좋아해 청심정과 애련정 등 여러 전각을 세웠다. 정조는 창덕궁에서 왕권을 강화하기 위한 초석을 닦았다. 창덕궁 후원에 규장각을 세워 역대 임금의 자료와 새로 구입한 도서류를 보관하고 탕평책을 수행할 인재를 양성했다.

하지만 1803년(순조 3년), 큰 화재가 일어나 인정전을 비롯한 내전의 많은 전각이 또 불탔다. 다시 많은 예산을 투입해 창덕궁을 재건했지만 일제강점기인 1917년, 한 번 더 큰 화재가 났다. 창덕궁은 복원 과정에서 경복궁의 강녕전과 교태전 등의 전각을 가져다 활용했다. 여러 번의 화마에서도 1609년(광해 1년)에 만들어진 창덕궁의 정문인 돈화문은 불에 타지 않고 살아남아 현재 가장 오랜 역사를 가지고 있다.

창덕궁의 낙선재는 조선의 왕족이 마지막까지 남아 있던 장소다. 헌종의 후궁 김 씨가 생활하기 위해 만들어진 낙선재에서 순종의 비였던 순정효황후가 머물렀다. 광복 이후에는 마지막 황태자 영친왕과 이방자 여사, 그리고 덕혜옹주도 일본에서 건너와 이곳 낙선재에서 생애의 마지막을 보냈다.

세종은 아버지 태종을 위해 고려시대에 활용하던 이궁 터에 수강궁을 세웠다. 성종은 태종이 죽고 빈 공간으로 남아 있던 수강궁을 수리·확장하도록 명령했다. 세조의 비 정희왕후, 덕종의 비 소혜왕후, 예종의 계비 안순왕후를 별도의 공간에 모시기 위해서였다. 3년간의 공사로 1484년(성종 15년)에 완공된 수강궁은 창경궁으로 이름이 고쳐졌다. 이후로도 창경궁은 보완 공사가 계속 이루어지면서 후대에는 왕이 머무르며 정국을 운영하는 궁궐의 기능을 갖게 되었다. 정도전을 비롯한 훈구파가 경복궁 전각의 이름을 지었다면 창경궁은 사림파인 서거정이 전각의 이름을 짓고 김종직이 정전인 명정전 상량문 등에 이름을 붙였다.

창경궁도 임진왜란 당시 모두 불에 타, 1616년(광해 8년)에 재건되었다. 그러나 인조반정과 이괄의 난 때 전각 대부분이 소실되어 1633년(인조 11년)에 다시 중건해야 했다. 이 당시엔 광해군이 지은 인경궁의 전각을 활용함으로써 빠른 시간에 공사를 마무리 지을 수 있었다. 이후로도 창경궁은 작은 화재가 계속 일어나 재건하기를 반복하다가 1830년(순조 30년), 대화재로 완전히 잿더미가 되었다. 순조는 창경궁을 다시 중건하는 과정에서 통명전 등 예전에 있다가 사라진 전각들도 복원했다.

창경궁에서는 우리에게 잘 알려진 역사적 사건이 많이 일어났다. 환경전은 대장금이 중종의 병을 치료하던 장소였으며, 통명전은 숙종의 비 인현왕후의 처소로 장희빈이 인현왕후를 저주하기 위해 죽은 쥐나 새, 꼭두각시를 이곳에 묻다가 발각되어 사약을 받고 죽은 장소였다. 특히 창경궁은 정조와 관련이 깊다. 문정전은 사도세자가 뒤주에 갇혀 죽은 장소이면서 사도세자의 어머니 혜경궁 홍씨의 회갑 때 정조가 직접 백성들에게 쌀을 나눠 준 장소였다. 그리고 정조 자신도 창경궁 영춘헌에서 죽었다.

조선의 많은 역사가 만들어졌던 창경궁은 1907년(순종 즉위년)에 크게 훼손되었다. 일제강점기 시절 일제는 창경궁의 전각을 모두 헐어버리고 동물원과 식물원을 설치해 창경궁을 사람들의 오락 거리로 만들었다. 1911년에는 창경궁을 창경원으로 격하시키고 창경궁에서 종묘와 연결되는 산맥을 끊은 후 도로를 만들었다. 또한 일본의 모습을 보여주기 위해 수천 그루의 벚꽃을 심어 창경궁의 옛 모습을 감추었다. 광복 이후에도 창경궁은 유원지로 활용되면서 많은 사람이 여유를 즐기기 위해 방문했다. 1983년부터는 창경궁에 있던 동물원과 식물원을 이전하고 궁궐로 되돌리기 위한 작업이 이루어졌다. 벚나무가 있던 자리에도 궁궐에 있던 나무를 심는 세심한 작업으로 창경궁은 옛 모습을 되찾았다.

362

궁궐 산책　　　　　　　　　　　　　#경운궁 #덕수궁의미 #근현대사역사현장

세조의 손자 월산대군의 사저가 있던 자리에 세워진 덕수궁은 원래 이름이 경운궁이었다. 임진왜란 때 피난 갔던 선조는 한양에 돌아왔음에도 경복궁을 비롯한 모든 궁궐이 불타 거처할 곳이 없었다. 선조는 어쩔 수 없이 월산대군의 자손들이 살던 집을 정릉동 행궁이라 부르며 임시 거처로 사용했다. 그리고 16년을 이곳에서 지내다 죽었다. 정릉동 행궁의 서청에서 즉위한 광해군은 창덕궁으로 거처를 옮기면서 이곳에 경운궁이란 궁호를 붙였다. 그러나 두 달 만에 다시 되돌아온 광해군은 4년간 경운궁에 머물다가 1615년(광해 7년)에 창덕궁으로 거처를 옮겼다. 이후 그는 왕권에 위협이 된다고 생각한 인목대비를 폐위해 경운궁에 유폐했다. 이 과정에서 궁궐로 사용되던 경운궁은 관리가 되지 않아 아문이 허물어지는 등 옛 모습을 잃어갔다.

1623년(인조 1년), 광해군을 내쫓고 반정에 성공한 인조는 경운궁에 유폐되어 있는 인목대비를 찾아와 반정을 인정받고 즉조당에서 즉위했다. 인조가 창덕궁으로 거처를 옮기면서 경운궁은 별궁 정도로 축소되었다. 궁궐의 기능을 상실했던 경운궁은 1896년(고종 33년), 고종이 러시아 공사관에 머무는 동안 태후와 태자비를 머물게 하면서 다시 역사에 등장했다. 이듬해 고종은 경운궁에 전각을 세워 궁궐의 형태를 갖추게 한 뒤 이곳으로 환궁해 대한제국의 황제로 즉위식을 가졌다.

1904년(고종 41년), 의문의 큰 화재로 경운궁 전각 대부분이 불에 타자 즉조당 등을 비롯한 많은 전각이 중건되었다. 이후 조선이 네덜란드 헤이그에 특사를 보낸 것을 문제 삼은 일본에 의해 고종은 경운궁에서 강제 퇴위당하고 돈덕전에서 순종이 제2대 황제로 즉위했다. 순종이 창덕궁으로 거처를 옮기자 일본은 덕을 누리며 오래 살라는 의미인 덕수(德壽)로 궁호를 바꾸면서 경운궁은 덕수궁이 되었다. 그러나 덕수의 의미에는 고종에게 더는 정치에 관여하지 말라는 협박이 깔려 있었다.

1919년 1월, 고종이 덕수궁 함녕전에서 의문의 죽음을 맞이한 이후 덕수궁에는 아무도 거주하지 않았다. 일제강점기에 덕수궁은 공원으로 일반인들에게 공개되어 운영되었고 광복 이후에는 석조전에서 미소공동위원회를 열었다. 1947년에는 국제연합한국위원회가 자리하며 덕수궁이 근현대사의 중심이 되었으나 6·25전쟁 당시 석조전이 불타는 등 피해도 보았다. 덕수궁은 여러 전각이 필요에 따라 즉흥적으로 만들어지다 보니 다른 궁궐과는 전각 배치 양식이 다르게 나타났다. 일제강점기와 광복 이후, 덕수궁은 그 일부가 사라지거나 변형되었으나 기존 궁궐에서 볼 수 없는 서양 건축물인 석조전 등 이색적인 모습을 만나볼 수 있다.

광해군은 창덕궁에 좋지 않은 기운이 있다는 이유로 인왕산 아래에 인경궁을 건설했다. 그러나 일부 풍수지리가들이 불길하다는 말에 이어(왕의 거처를 옮김)를 망설였다. 그러던 중 광해군은 정원군(인조 아버지)의 옛집에 왕의 기운이 깃든 왕암이라 불리는 큰 바위가 있다는 소식을 듣고 그 자리에 경덕궁을 지었다. 그러나 정작 그는 인조반정으로 경덕궁의 완공은 보지 못했다. 인조는 창덕궁과 창경궁이 반정과 이괄의 난으로 전소되자 어쩔 수 없이 경덕궁에 머무르며 국가를 경영했다. 이후 경덕궁은 서궐로 불리며 많은 왕의 사랑을 받았다.

경덕궁을 가장 사랑한 왕은 영조였다. 재위 기간의 절반을 이곳에서 보낸 영조는 1760년(영조 36년)에는 원종으로 추존된 정원군의 시호에 쓰인 경덕(慶德)과 궁궐의 이름이 같다 해서 경덕궁을 경희궁으로 고쳐 부르게 했다. 경희궁은 조선 후기 1,500칸에 달하는 전각이 들어설 정도로 매우 큰 궁궐이었다. 경희궁에서는 숙종이 태어나고, 경종, 정조, 헌종이 즉위했다. 그리고 숙종, 영조, 순조가 경희궁에서 죽으면서 경희궁은 조선 후기 궁궐로서의 기능을 다 했다.

그러나 1829년(순조 29년)에 큰불이 일어나면서 경희궁은 전각의 절반 이상이 소실되었다. 이후 여러 전각을 보수했지만 완벽하게 복원되지 않았다. 고종이 즉위하면서는 경복궁을 중건하려는 흥선대원군에 의해 경희궁은 점차 궁궐의 기능을 잃었다. 흥선대원군은 경희궁의 전각을 가져다 경복궁 중건에 사용했으며, 경희궁의 영역도 줄여나갔다. 일제강점기에는 경희궁 내에 있던 전각 대부분을 헐어내고 그곳에 일본인 학생을 가르치기 위한 총독부 중학교(경성중학교로 개칭)를 세웠다. 정전이었던 숭정전은 중학교 교실로 사용되다가 일본 불교 조계사에 팔렸고, 정문 흥화문은 이토 히로부미를 위해 세워진 박문사 사찰에 이용되었다.

광복하고서도 복원되지 못했던 경희궁은 1984년, 서울시가 복원에 나섰다. 그리하여 숭정전과 자정전, 그리고 태령전 등 일부 전각을 세웠지만 옛 경희궁 터에 이미 많은 현대 건축물들이 자리 잡고 있어 복원에 한계가 있었다. 정문인 흥화문만 해도 신라호텔의 정문으로 사용하다가 경희궁으로 돌아왔지만 원래 위치에 세울 공간이 없어 다른 곳에 세워졌다. 경희궁 옛터에는 복원된 경희궁과 함께 서울시립미술관과 서울역사박물관이 들어서 있다.

종묘는 선왕의 영혼을 담은 신주를 모셔놓고 제를 올리는 곳이다. 태조 이성계는 1395년(태조 4년) 9월에 왕이 살 궁궐보다 종묘를 먼저 세웠다. 왕이 거처할 궁궐보다 종묘를 중요하게 생각했던 이유는 입구에 세워진 외삼문의 이름에서도 확인할 수 있다. 정도전이 지은 외삼문의 이름은 창엽문인데, '조선이 푸른 나무처럼 오래도록 유지되라.'라는 의미로 조선이 영원하기를 바라는 마음이 담겼다.

처음 만들어진 종묘는 태조와 4대조의 신실만 있어 규모가 크지 않았다. 그러나 후대 왕들이 들어갈 신실이 부족해지자 세종은 중요성이 떨어지는 4대조의 신주를 보관하기 위해 별도의 작은 전각인 영녕전을 마련했다. 이후 영녕전에는 재위 기간이 짧거나 업적이 부족해 중요도가 떨어지는 문종이나 경종을 비롯한 왕과 왕후 34위의 신주를 모셨다.

정전도 왕이 늘어나면서 여러 번 증축했다. 그 결과 정전의 경우 동서 길이만 109m로 세계에서 가장 긴 건축물이 되었다. 정전에는 왕의 신실이 모셔지지 않는 공간인 동서월랑이 양 끝으로 꺾어져 있다. 동월랑은 벽을 허물어 신하들이 뜨거운 햇볕이나 비를 피하는 공간이었으며, 서월랑은 제기를 보관하는 창고였다. 두 전각은 태종이 신하들의 반대를 무릅쓰고 종묘에서 애쓰는 이들을 위해 설치한 애민의 상징이었다. 또한 동서월랑은 중국의 종묘에는 없는 것으로, 우리나라만의 독창적인 구조이면서 조선의 자주성을 보여주는 공간이다.

임진왜란 때 선조는 신주만 가지고 몽진했고(임금이 난리를 피해 안전한 곳으로 떠남) 종묘는 왜군에게 불태워졌다. 신주만 가지고 다시 한양으로 돌아온 선조는 명종 때 영의정을 지낸 심연원의 집을 임시 종묘로 삼았다가 1608년(광해 즉위년), 종묘가 중건되자 신주를 옮겼다. 이후 1667년(현종 8년)에 영녕전을 증·개축하고 1726년(영조 2년)에 정전을 증축하면서 종묘는 15칸으로 확장되었다. 마지막 증축은 1836년(헌종 2년)으로 신실 19칸과 협실 3칸, 그리고 동서월랑 각각 5칸으로 마무리되었다. 이 외에도 종묘에는 공민왕 신당, 망묘루, 전사청, 악공청 등이 자리하고 있다. 창덕궁과 창경궁으로 연결되어 궁궐과 하나의 공간이었던 종묘는 아쉽게도 일제강점기 때 도로를 만드는 과정에서 궁궐에서 떨어져 나와 별도의 공간이 되었다. 종묘는 1995년에 유네스코 세계문화유산으로 등록되었으며 매년 한 차례씩 종묘제례가 거행되고 있다.

365

궁궐 산책

운현궁

#흥선대원군거처 #운현궁소유자이력 #운현궁일부판매

흥선대원군 이하응은 둘째 아들이 왕(고종)으로 즉위하자 대원군 교지를 받았다. 그리고 그가 머물던 집은 운현궁이라 불리게 되었다. 세도정치하에서 억압받던 흥선대원군은 처음부터 9,600평이 넘는 저택을 갖고 있지는 않았다. 고종이 즉위하던 1863년(고종 즉위년), 조대비는 대원군에게 경제적 지원을 해주라는 명령을 내렸다. 그리하여 경제와 관련된 정무를 담당하던 호조로부터 17,800냥을 지원받은 흥선대원군은 운현궁의 규모를 확장하며 여러 전각을 세웠다.

운현궁의 확장 공사가 끝나자 흥선대원군은 자신이 거처하는 운현궁에서 과거시험을 개최하며 새로운 세상이 열렸음을 알렸다. 그리고 명성황후를 간택해 운현궁에서 직접 신부 수업을 진행한 뒤, 노락당에서 고종과 가례를 올리게 했다. 이후 10년 동안 조선의 국정은 왕이 거처하는 궁궐이 아닌 흥선대원군이 있는 운현궁에서 이루어졌다.

흥선대원군이 임오군란 때 중국에 잡혀갔다 온 뒤, 운현궁은 세상과 단절된 공간으로 변했다. 여러 번 정치 일선에 나서려 했으나 번번이 실패하며 운현궁에 머물러야 했던 흥선대원군은 1898년(고종 35년), 78세로 노안당에서 죽었다. 운현궁은 그의 장남 이준용이 물려받았지만 일제강점기 시절에 구황실의 재산으로 간주되어 이준용은 운현궁의 실질적인 주인 행사를 하지 못했다. 이준용이 죽고 고종의 다섯 번째 아들 의친왕의 아들 이우가 운현궁의 주인이 되었지만 그는 일본에서 원자폭탄의 피해로 죽으면서 운현궁의 소유권은 큰아들 이청에게 넘어갔다.

광복 후 미군정은 운현궁을 사유재산으로 판단하고 이청에게 돌려주었다. 이청은 6·25전쟁과 어려운 경제 상황에서 운현궁을 관리할 비용을 감당하지 못하고 운현궁에 예식장과 상가를 설치해 운영했다. 그러나 이것만으로는 운현궁 관리 비용을 감당하기 어렵자 운현궁 일부를 팔았다. 그 결과 운현궁이 있던 자리에는 여러 빌딩이 세워지고, 일부는 덕성여대의 소유가 되면서 9,600평에 달했던 부지는 서울시에 인수될 당시 2,148평으로 축소되었다. 현재의 운현궁에는 사랑채인 노안당과 궁의 경비와 관리를 담당하는 사람들의 거처인 수직사, 그리고 고종이 가례를 올린 안채 노락당과 명성황후가 궁중 법도를 익혔던 별당채 이로당만이 남아 있다.

역사란 과거와 현재의
끊임없는 대화다.

에드워드 카(Edward Hallett Carr)
영국의 정치인이자 사학자

참고자료

◇ 논문

곽낙현, "사학: 백동수의 생애와 무예관", 온지논총 37권 0호, 온지학회, 2013, p189-213.

김대길, "조선 후기 장시 발달과 사회·문화 생활 변화", 한국학 35권 4호, 한국학중앙연구원, 2012, p87-113.

김은아, "조선전기 여성의 법적 지위", 한국고전여성문학연구 19호, 한국고전여성문학회, 2009, p5-33.

박수진, 안상우, 이선아, "곽향정기산에 얽힌 허준 설화", 한국한의학연구원 논문집 13권 1호, 한국한의학연구원, 2007, p69-75.

박지현, "화가에서 어머니로: 신사임당을 둘러싼 담론의 역사", 동양한문학연구 25권 25호, 동양한문학연화, 2007, p141-167.

심경호, "구소수간(歐蘇手簡)과 세종의 지식경영", 여주대학교 산악협력단 세종리더십연구소, 2006.

심승구, "효명세자의 삶과 예술", 한국무용연구 36권 4호, 한국무용연구학회, 2018, p.141-162.

장순순, "16세기 후반 조일관계와 대일사행의 파견무료", 한일관계사연구 68호, 한일관계사학회, 2020, p187-216.

장희흥, "조선시대 환관 김처선의 활동", 대구사학 113권, 대구사학회, 2013, p67-98.

허태용, "조선왕조의 건국과 국호 문제(朝鮮王朝의 건국과 國號 문제)", 한국사학보, 2015 허태용, 한국사학보, p145-175.

홍양희, "'현모양처'의 상징, 신사임당: 식민지시기 신사임당의 재현과 젠더 정치학", 사학연구 122호, 한국사학회, 2016, p155-190.

◇ **도서**

『조선의 유토피아 십승지를 걷다』, 남민, 믹스커피, 2019
『한시 작가·작품 사전』, 전관수, 국학자료원, 2007
『허준의 동의보감 연구』, 김호, 일지사, 2000

◇ **사이트**

SERICEO(www.sericeo.org/about/AboutCeoIntro)
국립중앙박물관(www.museum.go.kr/site/main/home)
농촌진흥청(www.rda.go.kr:2360/main/mainPage.do)
문화컨텐츠 진흥원(www.culturecontent.com)
수원문화재단(www.swcf.or.kr)
조선왕조실록(sillok.history.go.kr)
천도교 홈페이지(www.chondogyo.kr/niabbs4)

◇ **본문에 사용된 이미지 출처**

분청사기박지연어문편병 ⓒ위키피디아
고사관수도 ⓒ국립중앙박물관
백자호 ⓒ국립중앙박물관
탕평채 ⓒ농촌진흥원

찾아보기

1일 1페이지 조선사 365

초판 1쇄 발행 2021년 10월 7일
초판 5쇄 발행 2023년 5월 25일

지은이 | 유정호
펴낸곳 | 믹스커피
펴낸이 | 오운영
경영총괄 | 박종명
편집 | 최윤정 김형욱 이광민
디자인 | 윤지예 이영재
마케팅 | 문준영 이지은 박미애
등록번호 | 제2018-000146호(2018년 1월 23일)
주소 | 04091 서울시 마포구 토정로 222 한국출판콘텐츠센터 319호(신수동)
전화 | (02)719-7735   팩스 | (02)719-7736
이메일 | onobooks2018@naver.com   블로그 | blog.naver.com/onobooks2018
값 | 18,000원
ISBN 979-11-7043-248-7 03910